Jack
o estripador

Donald Rumbelow

Jack o estripador

Tradução de
ALESSANDRA BONRRUQUER

1ª edição

2018

CIP-BRASIL. CATALOGAÇÃO NA PUBLICAÇÃO
SINDICATO NACIONAL DOS EDITORES DE LIVROS, RJ

R889j

Rumbelow, Donald
Jack, o Estripador: a investigação definitiva sobre o serial killer mais famoso da história / Donald Rumbelow; tradução de Alessandra Bonrruquer. – 1ª ed.– Rio de Janeiro: Record, 2018.
:il.

Tradução de: The complete Jack The Ripper
Inclui bibliografia e índice
ISBN 978-85-01-11309-2

1. Jack, O Estripador, Crimes de (Inglaterra, 1888). 2. Homicidas em série – Biografia. I. Bonrruquer, Alessandra. II. Título.

18-47288

CDD: 920.3641523
CDU: 929:343.61

Originalmente publicado pela WH Allen em 1975. Esta edição foi originalmente publicada em 2013 pela Virgin Books, selo da Ebury Publishing, uma empresa do Random House Group.

Título original em inglês: The complete Jack The Ripper

Texto revisado segundo o novo Acordo Ortográfico da Língua Portuguesa.

Direitos exclusivos de publicação em língua portuguesa para o Brasil
adquiridos pela
EDITORA RECORD LTDA.
Rua Argentina, 171 – 20921-380 – Rio de Janeiro, RJ – Tel.: (21) 2585-2000,
que se reserva a propriedade literária desta tradução.

Impresso no Brasil

ISBN 978-85-01-11309-2

Atendimento e venda direta ao leitor:
mdireto@record.com.br ou (21) 2585-2002.

Para Molly

"Estamos em 1888, não estamos? Eu sabia que era Jack. Tirem seus chapéus. Eu disse Jack, o astuto Jack, o discreto Jack. Jack é meu nome. Jack, cuja espada nunca dorme. Tirem seus chapéus, sou Jack, não o Bom Pastor, não o Príncipe da Paz. Sou Jack Vermelho, Jack Pés de Mola, Atrevido Jack, Jack do Inferno, nome profissional: Jack, o Estripador!"

Peter Barnes, *A classe governante*

Sumário

Prefácio à edição de 2013 11

1. Londres proscrita 13
2. Faca ensanguentada 36
3. Duplo evento 63
4. Miller's Court 97
5. Do inferno 116
6. Sequência 139
7. Suspeitos 144
8. Demônios manipuladores 290
9. Além-túmulo 310
10. Conclusão 364

Bibliografia 365
Índice 367

Prefácio à edição de 2013

Entre as atualizações presentes nesta edição, excluí Timothy Donovan, durante muito tempo meu próprio suspeito, que, como o Bunbury de Oscar Wilde, "explodiu" em função de novas informações. De modo mais controverso, incluí uma fotografia (detalhe de um registro em grupo feito no distrito policial da Leman Street) do próprio inspetor Abberline. Essa inclusão é controversa porque não se sabe de sua existência em nenhuma fotografia. Temos apenas desenhos — e incluí um para fins de comparação —, mas o chapéu, o rosto, as costeletas, o bigode e o queixo barbeado me convenceram de que possuímos, sim, uma fotografia, certa vez descrita como o Santo Graal das pesquisas sobre o Estripador.

De modo igualmente controverso, argumento que "Long Liz" Stride não foi vítima do Estripador.

As cartas relacionadas aos homicídios recebidas pela Polícia da City de Londres, que depositei no Guildhall Records Office, podem agora ser vistas nos Arquivos Metropolitanos de Londres. Uma lista completa pode ser encontrada no apêndice 2 de *Jack the Ripper: Scotland Yard Investigates* [Jack, o Estripador: Investigações da Scotland Yard], escrito em colaboração com Stewart P. Evans.

Mais uma vez, preciso agradecer a Stewart Evans por seus conselhos e sempre generoso auxílio. Obrigado também a Rosie, sua esposa, que me guiou pelos difíceis e problemáticos baixios do PowerPoint. Do mesmo modo, obrigado a minha esposa Molly pela "gentil orientação".

Donald Rumbelow, 2013

1.

Londres proscrita

"Essa rua é no East End": assim começa *Tales of Mean Streets* [Contos sobre ruas miseráveis], que trata da vida no fim do século XIX.

Não é preciso dizer East End do quê. O East End é uma vasta cidade, tão famosa, a sua maneira, quanto qualquer outra que a mão do homem tenha construído. Mas quem conhece o East End? Fica lá embaixo, passando por Cornhill e após Leadenhall Street e Aldgate Pump, dirá alguém; um lugar chocante, que certa vez ele visitou com um pároco; um complexo maligno de cortiços que esconde assustadoras coisas humanas; onde homens e mulheres sujos vivem à base de gim; colarinhos e camisas limpas são decências desconhecidas, todo cidadão tem um olho roxo e ninguém jamais penteia o cabelo. O East End é um lugar, dirá outro, que foi dado aos Desempregados. E os Desempregados são uma raça cujo símbolo é o cachimbo de barro e cujo inimigo é o sabonete; de vez em quando, ela migra em peso para o Hyde Park com cartazes e abastece os tribunais adjacentes com bêbados desordeiros. Outro ainda conhece o East End somente como local de onde vêm as cartas de pedintes; há

> fundos para carvão e cobertores por lá, todos perenemente insolventes; e todo o restante quer passar um dia no campo. Muitas e nebulosas são as noções das pessoas sobre o East End e, comumente, cada uma delas é apenas a distorção de uma característica menor.

Para o vitoriano comum, o East End era uma Londres proscrita. Havia uma sensação de que era separado do resto da metrópole, tanto geográfica quanto espiritual e economicamente. Seus habitantes eram tão estranhos quanto os pigmeus africanos e os nativos polinésios, aos quais eram frequentemente comparados pelos jornalistas e sociólogos que queriam chamar atenção para seus problemas. Antes que a visitação a cortiços virasse moda nos anos 1870–1880, tão pouco se sabia sobre eles que uma mulher culta, após uma visita a St. George-in-the-East nos anos 1870, observou, com algum espanto, que as pessoas não dormiam agachadas contra os muros e viviam em casas, não em vagões ferroviários como ela imaginava.

Durante grande parte do reinado de Vitória, o East End foi ignorado pela Igreja. Ocasionais declarações de intenções eram feitas em relação às necessidades das "massas não praticantes", mas na prática pouquíssima ajuda era oferecida a elas. Certo impacto sobre alguns dos principais problemas sociais da área começava a ser criado por filantropos e sociedades de caridade privadas quando o reverendo Samuel Barnett e sua esposa se mudaram para a paróquia de St. Jude, em 1873. O incumbente anterior ainda ocupava a residência e estava doente demais para se mudar; assim, eles foram forçados a se alojar nas proximidades. A proprietária tinha alguns hábitos descuidados: certo dia, ela se desculpou por não servir ao sr. Barnett seu habitual pudim de arroz, pois um rato havia se afogado nele. Muitos anos depois, ainda havia certa estridência na voz da sra. Barnett ao contar a história em suas memórias.

Sua igreja, St. Jude's, era isolada e vazia. Na primeira missa de domingo, houve uma congregação de seis ou sete senhoras idosas, todas esperando receber donativos por terem comparecido. O pianista recém-contratado tocou suas melodias em um instrumento cheio de manchas de umidade e a sra. Barnett, incapaz de cantar uma única música no tom, conduziu os hinos.

Muitos de seus párocos haviam sido atraídos pelo mercado dominical na Middlesex Street (Petticoat Lane), para onde amoladores de facas, apostadores e trapaceiros de toda sorte, assim como homens procurando trabalho casual, iam aos milhares, esperando conseguir dinheiro suficiente para passar a semana. Igualmente infames para a sra. Barnett eram os rebanhos conduzidos pelas ruas de Whitechapel todas as semanas, até os abatedouros em redor de Aldgate. Às vezes, os chifres enroscavam nos raios das rodas em movimento e os animais, enlouquecidos de dor e de medo, escorregavam pelas calçadas, dispersando a multidão. Nos abatedouros, que frequentemente eram lojas ordinárias, as ovelhas eram arrastadas de costas, pelas patas traseiras, e os bois eram arrebanhados por cachorros e golpes, enquanto meninos se amontoavam excitadamente diante da entrada e pedestres caminhavam da melhor maneira que conseguiam em meio ao sangue e à urina que inundavam a calçada.

Os limites da paróquia do sr. Barnett iam da City*, a oeste, até a Whitechapel High Street, onde ficavam quarenta lojistas e suas famílias, ao sul. À exceção dos arrendatários de alguns grandes armazéns na Commercial Street e várias fileiras de chalés bem-cuidados alugados para judeus, a maior parte de seus paroquianos se amontoava em uma rede de vielas e becos, nenhum deles interceptado por ruas principais. Todas essas vielas cheiravam mal, em virtude das pilhas de trapos e lixo e do miasma do esgoto que invadia o porão das casas. Ao fim de cada viela, poderia haver um hidrante solitário, única fonte de água fresca.

A maioria dos cômodos nessas casas era alugada para famílias individuais a 8 *pennies* por noite. Em 1883, o presidente do conselho da London School relatou que, das 1.129 famílias de crianças de três escolas distintas, 871 tinham apenas um cômodo para viver e, na maioria dos casos, o número de pessoas dividindo o mesmo cômodo chegava a cinco e, às vezes, nove.

As janelas quebradas, em geral, eram recobertas com trapos ou papel (raramente eram deixadas descobertas por causa do cheiro do lado de fora e porque

*Não confundir com Londres. A City de Londres é uma cidade e condado dentro de Londres, com administração e leis próprias.

os miseráveis que lá viviam se vestiam precariamente e não suportavam o ar frio). Na Wentworth Street, uma procissão diária de vagões carregava pilhas descobertas de lixo até a fornalha, que a sra. Barnett apelidou de "espalhador de cinzas", por causa das nuvens de pó que lançava e pela maneira como as cinzas entupiam os bueiros. Em alguns casos, mesmo esses inadequados "consertos" das janelas podiam justificar que o senhorio cobrasse 3 *pennies* a mais por semana. Na casa situada na Hanbury Street, n. 35, típica da paróquia, havia sete pessoas em cada cômodo, com filhos e filhas adultos dormindo no chão. Em nove dos cômodos, estavam mais de uma cama e o único banheiro ficava no térreo. Normalmente, era tão imundo que os inquilinos usavam urinóis, dissera o reverendo R. C. Billing ao testemunhar perante um comitê da Câmara dos Comuns, deixados em seus quartos por muito tempo antes de serem levados para baixo e esvaziados no pátio. Os corrimãos das escadas frequentemente eram removidos para serem transformados em lenha e era comum ver, penduradas e infestadas de insetos, tiras de papel de parede. A pouca mobília existente consistia nos restos quebrados de camas e mesas, mas era mais provável que fosse utilizada uma prancha de madeira sobre tijolos ou um velho caixote ou cesto virado de cabeça para baixo; o colchão poderia ser um saco de palha infestada de pulgas.

Em *The Bitter Cry of Outcast London* [O grito amargo da Londres proscrita], Andrew Mearns fez algumas críticas:

> Cada cômodo dessas podres e fedorentas casas de aluguel abriga uma família, frequentemente duas. Em certo porão, um inspetor sanitário relatou ter encontrado pai, mãe, três filhos e quatro porcos! Em outro, um missionário encontrou um homem com varíola, sua esposa se recuperando do oitavo parto e os filhos correndo ao redor, seminus e cobertos de sujeira. Aqui, sete pessoas vivem em uma cozinha subterrânea com uma criancinha morta. Ali, uma pobre viúva, seus três filhos e uma criança morta há treze dias. Seu marido, que era cocheiro de aluguel, cometera suicídio pouco antes. Aqui, vivem uma viúva e seus seis filhos, dois dos quais sofrem de escarlatina. Acolá, nove irmãos e irmãs, de 29 anos para baixo, vivem, comem e dormem juntos. Aqui, uma

> mãe manda os filhos para a rua no início da noite, pois seu quarto é usado para propósitos imorais até depois da meia-noite, quando os pequenos infelizes rastejam de volta, se não tiverem encontrado algum abrigo miserável em outro lugar. Onde deveria haver camas, há simplesmente pilhas de trapos sujos, aparas ou palha, mas, na maior parte dos casos, esses seres miseráveis encontram descanso sobre tábuas sujas. A inquilina de certo cômodo é uma viúva, que ocupa a única cama e deixa o chão para um casal por 2 xelins e 6 *pennies* por semana. Em muitos casos, as coisas são pioradas pelas insalubres ocupações dos que residem nessas habitações. Aqui, ao entrar, você sufoca com o ar carregado de partículas de pelo de coelhos, ratos, cachorros e outros animais, resquícios do processo de preparação de peles. Ali, o cheiro de cola e de caixas de fósforo secando, combinado a outros odores doentios, prevalece; ou pode ser a fragrância de peixe ou vegetais estragados, não vendidos no dia anterior e mantidos no quarto durante a noite. Mesmo quando é possível, as pessoas raramente abrem as janelas; mas, se o fizessem, é questionável o benefício que isso proporcionaria, pois o ar externo dificilmente é menos carregado de venenos que a atmosfera interna.

A população de Whitechapel era de aproximadamente 80 mil pessoas. No East End como um todo, os números chegavam a 900 mil. Charles Booth, autor de *Life and Labour of the People in London* [Vida e trabalho dos moradores de Londres], distribuiu esses números em várias categorias. Na base, estavam os trabalhadores casuais, vagabundos e semicriminosos. Acima deles, os muito pobres e os pobres. Ele definiu os pobres como os que possuíam renda escassa, porém regular, de 18 a 21 xelins por semana, e os muito pobres como os que contavam com menos que isso. Os primeiros lutavam para sobreviver e os últimos viviam em estado de necessidade crônica. A condição da classe mais baixa de todas, que sequer recebeu nome, pode ser imaginada. Em uma estimativa grosseira, havia aproximadamente 11 mil deles — 1,25% da população total. Esse número incluía os moradores de abrigos e os párias desabrigados que dormiam em escadarias, pórticos e mesmo em lixeiras e banheiros, buscando se aquecer. Suas vidas, segundo Booth, era a vida dos selvagens, "com vicissitudes de extrema dificuldade e ocasional excesso". Não é fácil dizer como viviam. Quando não conseguiam encontrar 3 *pennies* para o alojamento noturno, eram mandados para a rua. Booth escreveu, falando sobre eles: "Não prestam nenhum serviço útil e não criam riqueza; mais frequentemente a destroem. Degradam o que quer que toquem e, como indivíduos, são completamente incapazes de progresso." Seus filhos eram as esfarrapadas crianças de rua que podiam ser encontradas, separadas dos pais, nas escolas para pobres ou em casas como as do Dr. Barnardo.

Os muito pobres somavam 100 mil pessoas ou 11,25% da população do East End. Três quartos eram mulheres e crianças; crianças com menos de 15 anos chegavam a 38 mil e jovens entre 15 e 20 anos, a 9 mil. Essa categoria jazia entre a cruz e a espada dos párias e dos pobres. Quando a situação estava ruim, o mercado era invadido pela mão de obra de categorias superiores e, assim, a renda casual pela qual os mais pobres lutavam podia simplesmente desaparecer. As mulheres costumavam trabalhar para pessoas tão pobres quanto elas, esfregando o chão, lavando roupa e costurando.

Os pobres perfaziam 75 mil pessoas ou 8% da população. Essa categoria consistia em homens cujos empregos eram sazonais, como operários, que conseguiam trabalhar entre oito e nove meses por ano, ou doqueiros, que trabalhavam um ou dois dias por semana. Também estavam incluídas as outras vítimas do mercado competitivo, como artesãos, vendedores de rua e os comerciantes mais humildes. Alguns dos homens com emprego casual podiam receber entre 15 e 20 xelins por semana carregando carvão, grãos ou madeira, mas em geral isso era feito ao custo de grande exaustão física, que resultava em muitos gastos com alimentação e bebida, restando pouco dinheiro para levar para casa no fim do dia. Segundo Booth:

> Os pobres coitados se cobrem de maneira terrível, mal têm uma bota nos pés e mesmo assim em estado miserável, e não conseguem correr, pois as botas não permitiriam [...] há homens que vêm trabalhar em nossas docas (e, se é assim aqui, ocorre em extensão muito maior em outros locais) que chegam sem nada de comida no estômago, provavelmente desde o dia anterior; trabalham por uma hora e ganham 5 *pennies* para comprar comida, talvez a primeira que ingerirão em 24 horas. Muitas pessoas se queixam sobre o fato de os doqueiros não trabalharem depois das 16 horas. Mas, na verdade, se pensarmos a respeito, é natural. Esses pobres homens vêm trabalhar sem nenhum dinheiro no bolso; não têm nada para comer no meio do dia; alguns conseguirão ou terão 1 *penny* e comprarão um pouquinho de peixe frito e, às 16 horas, sua força estará completamente exaurida; eles vão embora; é a necessidade absoluta que os compele.

O trabalho mais comum era a costura em condições desumanas. Para fazer o acabamento de calças (costurar o forro, casear e costurar os botões), uma mulher poderia conseguir 2,5 *pennies* pelo par e ter de comprar sua própria linha. Para fazer calções masculinos, recebia-se 10 *pennies* por dúzia; aventais, 3 *pennies* por dúzia; e gorros para bebês, entre 1 xelim e 6 *pennies* e 2 xelins e 6 *pennies* por dúzia. Em St. George-in-the-East, mulheres e crianças, algumas com apenas 7 anos, eram empregadas como saqueiras e recebiam 0,25 *penny* por cada saco que produziam. Algumas vezes, as mulheres podiam conseguir 1 ou 2 *pennies* por cesto para descascar ervilhas ou 2,25 *pennies* por 144 caixas de fósforo — mas, neste caso, teriam de fornecer a corda e a cola. Nenhum desses empregos lhes renderia mais que 10 *pennies* ou 1 xelim por dia e podia significar dezessete horas de trabalho.

A vida em tais circunstâncias tinha de ser vivida dia a dia ou, melhor ainda, hora a hora. A comida era comprada para consumo imediato. Em certa família, segundo Booth, não se comprava nada até que fosse necessário. "Eles iam até a loja na mesma proporção que uma dona de casa comum usa os armários; compravam chá duas vezes por dia, ou três, se fizessem chá com essa frequência; em 35 dias, fizeram 72 compras, em um total de 5 xelins e 2,75 *pennies*, tudo cuidadosamente anotado. A 'pitada de chá' custa 0,75 *penny* [sem dúvida, 15 gramas a 4 xelins o quilo]. Houve 77 compras de açúcar no mesmo período."

Casais batalhavam juntos em meio a uma existência precária até a chegada dos filhos. (As formas mais comuns de contracepção eram a ducha, a esponja vaginal, o coito interrompido e a tabelinha.) A maioria das crianças — isto é, as que não morriam durante o parto — era física e mentalmente subdesenvolvida. 55 por cento das crianças do East End morriam antes dos 5 anos. Mais tarde, estimou-se que um décimo dos alunos do ensino fundamental sofria de algum distúrbio mental ou era anormalmente estúpido. Crianças com frequência iam para a escola chorando de fome e caíam de suas carteiras em função da exaustão. No inverno, não conseguiam aprender porque sentiam muito frio.

Quando os tempos estavam muito difíceis, era esperado algum tipo de ajuda financeira da Igreja. Desde o início, o reverendo Barnett deixou claro que nada se poderia esperar dele nesse sentido. Caridade indiscriminada, argumentava, era uma das maldições de Londres. Ele chegou a ponto de afirmar que os pobres passavam fome "por causa das almas que haviam recebido". Demandas por dinheiro eram frequentemente acompanhadas de mentiras e seguidas de ameaças de violência. Em muitas ocasiões, a casa paroquial foi cercada e teve as janelas apedrejadas; por fim, foi preciso instalar uma porta na igreja para que o vigário tivesse uma rota de fuga a fim de pedir reforço policial. Sua inflexibilidade em relação a esse ponto era baseada na firme crença de que o sofrimento seria reduzido não pela distribuição indiscriminada de dinheiro, mas sim por uma avaliação realista dos problemas de cada um, seguida da ajuda prática exigida por tais problemas. Em sua forma mais simples, era uma exortação à parcimônia e ao melhor gerenciamento do dinheiro, mas, como observou raivosamente o romancista americano Jack London em *The People of the Abyss* [Os moradores do abismo], um relato das várias semanas que passou no East End, para ser parcimonioso um homem precisa "gastar menos do que ganha — em outras palavras, viver com menos". E continuou:

> Isso equivale a baixar o padrão de vida. Na competição por oportunidades de trabalho, o homem com o menor padrão de vida pedirá menos que aquele com padrões mais elevados. E um pequeno grupo de tais trabalhadores parcimoniosos em qualquer profissão superpovoada reduzirá permanentemente os salários dessa profissão. Os parcimoniosos já não o serão, pois sua renda será reduzida até equivaler a seus gastos. Em resumo, a parcimônia nega a parcimônia [...]. E, de qualquer modo, é asneira e absurdo pregar parcimônia para os 1,8 milhão de trabalhadores de Londres, divididos em famílias cuja renda total é de menos de 21 xelins por semana, dos quais entre um quarto e metade deste valor tem de ser gasto com aluguel.

Uma tentativa de solução dos problemas de superpopulação foi feita com a aprovação do Ato de Habitação para os Artesãos, em 1875. Tal ato permitia que os dois órgãos dirigentes de Londres — a City of London Corporation (responsável por apenas 2,6 km^2) e o Metropolitan Board — comprassem propriedades nos cortiços, as demolissem e revendessem a terra para a acomodação das classes operárias. O financiamento das novas propriedades foi deixado para empresas comerciais de habitação e filantropos privados. O sistema não significava, de modo algum, uma violação da ampla crença de que era errado o Estado financiar esquemas para pessoas que, por qualquer razão, não praticavam os princípios da autoajuda.

No ano seguinte, apenas em Whitechapel, 4 mil casas foram condenadas como inabitáveis. As demolições ainda demorariam quatro anos e, neste meio-tempo, até serem expulsos, os inquilinos sofreram além do normal, enquanto suas condições de vida se deterioravam constantemente e os senhorios se recusavam a fazer reparos. Ironicamente, logo se percebeu que o ato, em vez de penalizar os senhorios dos cortiços, os deixava em condições ainda melhores. Os lucros eram tão grandes que uma onda de especulação atraiu até mesmo alguns dos reformadores que, durante anos, haviam afirmado que as propriedades então compradas deviam ser demolidas. A indenização tinha de levar em conta todos os fatores que afetavam o valor. Isso era um convite aberto para que os senhorios comprimissem ainda mais pessoas em suas propriedades dilapidadas e pedissem mais dinheiro em função dos aluguéis perdidos. No esquema da Goulston Street, em Whitechapel, propriedade e terra foram compradas por 371,6 mil libras, mas, em função das condições impostas pelo Parlamento e pelas quais teriam de ser vendidas, o preço de revenda em leilão foi de apenas 87,6 mil libras. A perda geral foi catastrófica. Vinte hectares foram comprados por 1.661.372 libras. O assombroso prejuízo, uma vez que a terra foi revendida para residências, e não escritórios, foi de 1,1 milhão de libras.

Em pouquíssimo tempo, tanto a City of London Corporation quanto o Metropolitan Board passaram a pedir que os termos do ato fossem modificados, a fim de tornar desnecessária a venda das terras para habitação, algo pouco rentável. Em dois anos, quase 2 mil pessoas haviam sido retiradas dos cortiços na fronteira norte da City, uma área tão perigosa que, segundo se dizia, nenhum policial ousava entrar à noite. As terras foram deixadas vazias. A City se recusava a vendê-las para residências porque o valor comercial era muito alto. Em 1879, o ato foi retificado para permitir que os moradores que haviam sido expulsos pela City e pelo Metropolitan Board fossem reabrigados pelas duas instituições em outros locais. Na verdade, elas apenas contribuíram para a superpopulação.

Em outubro de 1888, a área de Bell Lane, em Spitalfields, foi considerada a pior de Londres. Seu epicentro era a Dorset Street, onde quatro vítimas do Estripador — Chapman, Stride, Kelly e Eddowes — moraram em períodos diferentes. Esse lugar amaldiçoado, como era descrito na época, ofereceu abrigo em cortiços a uma imensa superpopulação de mais de oitocentas pessoas por acre. Tal número, no coração da área de caça do Estripador, era horrendamente desproporcional ao distrito de Whitechapel: 176 pessoas por acre, enquanto o da metrópole era de cinquenta pessoas por acre.

Enquanto isso, filantropos como Octavia Hill compravam propriedades e encontravam maneiras de fazê-las render estáveis 5%. A grande superlotação de antes era a mesma, mas ao menos havia certa estabilidade para os artesãos em melhor situação. Isso, contudo, dependia do pontual pagamento do aluguel. Falta de pagamento, por qualquer razão, significava expulsão imediata. Mesmo assim, era somente atrasando o aluguel ou passando fome que, ocasionalmente, eles conseguiam comprar roupas e os utensílios domésticos necessários. Os filantropos viam o problema de maneira bastante diferente. Achavam que esses métodos brutais forçariam os inquilinos a praticar os princípios de parcimônia constantemente defendidos pelo sr. Barnett e pelas senhoras coletoras de aluguel que apareciam todas as semanas. Infelizmente, isso não levava em conta os frequentes períodos em que os homens ficavam sem trabalho, não por vontade própria, mas por causa da recessão ou de crises sazonais. Os artesãos em melhores condições tinham a chance de, a longo prazo, ser capazes de se mudar de uma instalação de um cômodo para outra de dois e ensinar a profissão aos filhos para um futuro melhor. Esse foi o único nível em que o esquema poderia ter funcionado. Um senhorio se queixou amargamente da sujeira e dos hábitos destrutivos da camada inferior da humanidade que fora obrigado a aceitar como inquilinos. Lamentavelmente, nenhum deles absorvera os princípios da autoajuda.

A maior parte dos que haviam sido desalojados pelo esquema de renovação e limpeza era composta de doqueiros, feirantes, barqueiros e operadores de barcaça. Alguns receberam ofertas de acomodação nos conjuntos habitacionais Peabody, mas poucos podiam pagar o alto aluguel de 4 xelins por semana. Em vez disso, foram forçados a se amontoar em acomodações já superlotadas, a viver nas ruas e a dormir nas hospedarias comuns, quando tinham dinheiro, ou procurar refúgio em abrigos. Nos meses de verão, muitos dormiam ao ar livre, mas entre novembro e abril as ruas costumavam ficar vazias. Mesmo assim, havia certo resquício, como Jack London descobriu ao visitar Christchurch Gardens, em Spitalfields, quase trinta anos depois:

> Soprava um vento frio e cortante e essas criaturas se aconchegavam em seus trapos, dormindo ou tentando dormir. Aqui, uma dúzia de mulheres, com idades entre 20 e 70 anos. Lá, um bebê, provavelmente de 9 meses, dormindo no banco duro, sem travesseiro nem cobertas ou alguém que olhasse por ele. Adiante, meia dúzia de homens dormindo sentados com as costas contra a parede ou encostados uns nos outros. Em certo local, um grupo familiar com uma criança dormindo nos braços da mãe e o marido (ou parceiro) consertando desajeitadamente um sapato dilapidado. Em outro banco, uma mulher cortando os pedaços puídos de seus trapos com uma faca e outra, com agulha e linha, fazendo remendos. Por perto, um homem segurando uma mulher adormecida nos braços. Adiante, um homem, com a roupa endurecida pela lama da sarjeta, dormia com a cabeça no colo de uma mulher de não mais de 25 anos, também adormecida.

As mulheres, contou seu guia, se venderiam "por 2 ou 3 *pennies* ou um pedaço de pão velho". Para ilustrar o valor dado a seus corpos, seis ovos poderiam ser comprados por 5 ou 6 *pennies*, meio litro de leite ou cerveja por 2 *pennies* e meio quilo de queijo por 7,5 *pennies*. Assim, um homem pagaria mais por meio quilo de queijo que por sexo com uma daquelas mulheres.

De fato, o jornal *The Lancet* estimara que, em 1857, uma em cada sessenta casas de Londres era um bordel e uma em cada dezesseis mulheres, prostituta. Se fosse verdade, isso significaria que havia 6 mil bordéis e cerca de 80 mil prostitutas na capital.

Em outubro de 1888, a Polícia Metropolitana estimou que houvesse cerca de 1.200 prostitutas, de classe muito baixa, em Whitechapel. Dos números fornecidos pelos clientes, acreditava-se na existência de ao menos 62 bordéis. Provavelmente havia um número ainda maior de casas utilizadas intermitentemente para o mesmo propósito. Contudo, era habitual várias prostitutas dividirem o aluguel de um cômodo, para o qual levavam homens. Em 1851, um novo ato tornou tal subterfúgio praticamente impossível, pois seus termos davam à polícia o direito de fazer buscas nos cortiços. Se expostos, tanto proprietários quanto inquilinos corriam o risco de ser acusados de manter ou permitir a existência de uma casa ilícita. Embora as prostitutas continuassem a levar seus clientes para os cortiços, as coisas já não eram tão óbvias quanto antes. Em geral, casais partilhavam uma cama dupla. Tinham pouca privacidade. As camas ficavam nos dormitórios e havia biombos ou partições, abertos em cima e embaixo, dispostos ao redor da cama. Naturalmente, as mulheres preferiam alugar quartos em casas particulares, se pudessem pagar, pois, além da privacidade, a polícia não tinha o direito imediato de entrar em propriedades privadas. Qualquer acusação teria de ser feita por um dos conselhos paroquiais locais, mas isto podia custar muito caro e poucos o faziam. O único conselho que tentou suprimir os bordéis em sua área foi o de Mile End, onde um policial aposentado foi contratado para obter provas e apresentar acusações contra os proprietários. Dessa maneira, duas ruas ficaram livres de bordéis, mas, a longo prazo, o único resultado foi o drástico aumento do número de prostitutas que abordavam e incomodavam homens nas ruas.

A cruel necessidade econômica que levava essas mulheres a "ganhar a vida deitadas" geralmente era disfarçada pela insípida crença de que haviam se perdido por terem sido traídas por um sedutor abastado. Em 1890, uma pesquisa realizada por um capelão da prisão descobriu que, das 16 mil mulheres entrevistadas, mais de 11 mil haviam tomado a decisão deliberadamente e menos de 7 mil haviam sido seduzidas. A idade de consentimento na época era 13 anos, mas, até 1875, fora 12. (Na Hanbury Street, Whitechapel, havia um refúgio do Exército da Salvação para meninas, muitas com 10, 11 e 12 anos.)

Dadas as casas superlotadas, o incesto era inevitável e comum. Geralmente, ocorria entre pai e filha ou irmão e irmã. Lorde Salisbury contou a história de um amigo que caminhava pela viela de uma favela quando

> viu na calçada duas crianças muito jovens, de 10 ou 11 anos, tentando estabelecer relação sexual. Ele correu e agarrou o garoto, puxando-o para trás, e o único comentário que o garoto fez foi: "Por que você está me segurando? Há uma dúzia deles fazendo isso lá embaixo." Como se pode perceber, aquilo não acontecera em função de tendências sexuais, mas por imitação do que viam.

Poucos casais se preocupavam com casamento. Frequentemente, a questão era econômica. Para grande desgosto do sr. Barnett, a "Igreja Vermelha", como a chamava, em Bethnal Green Road, estava disposta a realizar casamentos de graça. Sua objeção era que ele achava errado começar a vida matrimonial com uma mentira, pois os casais tinham de dizer que viviam no local e, na maioria dos casos, isso simplesmente não era verdade. Em uma ocasião mais alegre, uma filantropa enfim conseguira convencer um homem e uma mulher a se casarem, tanto para seu próprio bem quanto em nome dos filhos, e fez os arranjos necessários. No dia da cerimônia, o casal não apareceu e, muito zangada, ela foi até sua casa para descobrir a razão. A mulher lhe contou que o companheiro havia recebido a oferta de 5 xelins para fazer um carregamento naquele dia, e isto era muito mais importante.

Casais, casados ou não, costumavam viver durante anos nos cortiços, pagando diárias. Havia 233 cortiços em Whitechapel, acomodando 8,5 mil pessoas. Frequentemente, eram "o refúgio de ladrões e vagabundos do pior tipo, e alguns eram mantidos por receptadores de mercadorias roubadas. Na cozinha, homens e mulheres podem ser vistos cozinhando sua comida, lavando suas roupas ou à toa, fumando e jogando. Nos dormitórios, havia longas fileiras de camas de cada lado, às vezes sessenta ou oitenta em cada quarto". Em geral, havia uma mistura de camas de solteiro e de casal, tanto para homens quanto para mulheres. Uma cama de casal custava 8 *pennies* por noite e uma cama de solteiro, 4 *pennies*. Em alguns cortiços, havia o meio-termo de uma corda por 2 *pennies*; tratava-se de uma corda estendida pelo quarto, na qual os homens podiam se encostar e dormir da melhor maneira que conseguiam. Se as mulheres não tivessem conseguido dinheiro suficiente vendendo flores, lavando roupas ou esfregando pisos e arranjassem o bastante para pão e cerveja, mas não para uma cama, elas quase sempre conseguiam encontrar alguém que dividisse a cama com elas em troca de sexo.

Cada cortiço geralmente era visitado uma vez por semana por um sargento da polícia. Ele poderia muito bem não se dar ao trabalho. O horário de sua visita era conhecido com antecedência, sempre durante o dia, quando os dormitórios estavam vazios, e nunca à noite, quando estavam lotados e havia colchões no chão, entre as camas. Ele tinha de contar o número de camas, verificar se os quartos estavam limpos e arrumados e se os urinóis haviam sido esvaziados. Os proprietários dos cortiços quase sempre viviam na vizinhança. Durante o dia, estocavam as camas e cobertores adicionais em suas casas. Um empregado — normalmente alguém com "bilhete de saída" (um prisioneiro em liberdade condicional) — era o encarregado nominal. A despeito dessas inspeções, as condições no interior dos cortiços eram frequentemente repulsivas. Em um deles, o inspetor da polícia relatou que "O lugar estava infestado, com grandes blocos de seres rastejantes sendo retirados das paredes e do teto. As camas também fervilhavam de insetos e eram extremamente nojentas".

A maioria dos inquilinos tinha empregos casuais e qualquer trabalho que fizessem costumava ser malfeito. O dinheiro que recebiam era gasto em necessidades básicas como pão, margarina, chá e açúcar. As refeições custavam em média 1,75 *penny* por pessoa. No fim do verão, na modorra de agosto nas docas e em muitas outras atividades, cerca de 30 mil londrinos colhiam flores de lúpulo em Sussex e Kent. Era a coisa mais próxima de um feriado que conheciam. Melhor ainda — o trabalho era familiar. Todas as crianças que já podiam andar eram necessárias. As com mais de 12 anos podiam facilmente ganhar, por três semanas de trabalho, entre 1 xelim e 6 *pennies* e 2 xelins e 6 *pennies* por dia.

Ainda assim, mesmo quando tinham dinheiro, poucos tentavam economizar para os tempos difíceis no dia ou na semana seguinte. Além de ser um modo de vida brutal e sem raízes, a existência era descuidada, sem pensar no amanhã. A vida que viviam foi ousadamente descrita no depoimento feito pelo marinheiro James Thomas Sadler, em 1891, ao ser preso por assassinar a prostituta Frances Coles em Whitechapel. Como ela fora cortada de uma maneira então familiar, ele era suspeito de ser não apenas seu assassino, mas também Jack, o Estripador.

No depoimento feito após a prisão, ele disse que fora dispensado de seu navio às 19 horas de 11 de fevereiro e, após tomar alguns drinques, achara um lugar para dormir. Então fora para o Princess Alice, onde se encontrara com uma prostituta chamada Frances Coles.

Ele a escolhera em Whitechapel Road dezoito meses antes, em outra folga, e passara a noite com ela em um cortiço na Thrawl Street. Ele lhe oferecera uma bebida, mas ela dissera que preferia ir para outro lugar, pois, sempre que tinha dinheiro, os outros clientes do Princess Alice esperavam que o gastasse com eles. Após uma noitada de bebedeira em outros pubs da área e de terem comprado 250 mililitros de uísque para levar para casa (Sadler mais tarde recebeu um vale de 2 *pennies*, a ser gasto em bebidas, por ter devolvido a garrafa), eles terminaram a noite na cama de casal de 8 *pennies* e ficaram no cortiço até aproximadamente meio-dia.

Recomeçaram a beber assim que acordaram. Visitaram vários outros pubs, incluindo o The Bell, na Middlesex Street, onde ficaram por cerca de duas horas. Frances conseguira arrancar de Sadler a promessa de lhe comprar um chapéu. Na loja em Baker's Row, ele deu a ela meia coroa e esperou do lado de fora enquanto ela entrava para comprá-lo. Como o tamanho precisava ser ajustado, eles fizeram hora em um pub próximo e beberam mais um pouco, até que Frances retornou para buscar o chapéu.

Nesse ponto, houve alguma suspeita de que ela tramaria um plano e cuidaria de tudo para que Sadler fosse roubado mais tarde naquele dia e, naquelas circunstâncias, é provável que fosse verdade.

Quando ela voltou com o chapéu, Sadler fez com que Coles o experimentasse. E lhe disse para jogar fora seu antigo chapéu, mas ela se recusou e, em vez disso, o prendeu ao vestido com um alfinete. Mais tarde, o chapéu seria visto pendurado no mesmo lugar quando o corpo de Coles foi encontrado no fim da noite, com a garganta cortada e o estômago eviscerado.

A essa altura, Sadler estava começando a se sentir embriagado. Eles continuaram a beber no Marlborough Head, em Brick Lane, e ele se lembrava de a senhoria ter algo contra a presença de Frances, mas não conseguia dizer o quê. Logo em seguida, quando caminhavam pela Thrawl Street, ele foi roubado. Uma mulher usando xale vermelho o atingiu na cabeça e o derrubou. Enquanto tentava se levantar, foi cercado por vários homens que o chutaram e roubaram seu dinheiro e o relógio. Eles escaparam para dentro de um cortiço. Quando conseguiu se levantar, Sadler discutiu violentamente com Frances (foi isso que levou a sua prisão), pois achava que o mínimo que ela poderia ter feito era ajudá-lo enquanto estava caído.

Como estava sem dinheiro e não podia pagar por uma cama, ele voltou para as docas, a fim de tentar embarcar em seu navio. Estava de péssimo humor e xingou alguns doqueiros, que ameaçaram espancá-lo tão logo o jovem policial nas proximidades desse as costas. O policial fez mais que isso. Ele se afastou e, assim que virou a esquina, um dos doqueiros, com quem Sadler fora particularmente agressivo, o atacou. Sadler caiu, foi coberto de chutes e teria se ferido seriamente se seu agressor não tivesse sido contido pelos outros homens. Ele conseguiu cambalear até um cortiço em East Smithfield, onde era conhecido, e implorou ao porteiro noturno para conseguir uma cama. Quando viu que sua tentativa seria inútil, claudicou de volta até o cortiço na Dorset Street, onde passara a noite anterior com Frances, e a encontrou na cozinha, com a cabeça sobre os braços. Ela estava confusa em razão da bebida e também não tinha dinheiro, nem mesmo 1 *penny*, para pagar por uma cama. Sadler disse a ela que tinha 4 libras e 15 xelins a receber do navio. Mas quando tentou persuadir o encarregado do cortiço a deixá-lo ficar com uma cama em troca da garantia do dinheiro, foi posto para fora, embora Frances tenha recebido permissão para ficar.

Sadler se dirigiu ao London Hospital, a fim de tratar seus ferimentos. No caminho, foi parado por um policial. O marinheiro resmungou que o haviam atacado duas vezes naquele dia e que fora cortado e golpeado com uma faca ou garrafa. Assim que mencionou a palavra "faca", o policial perguntou: "Ah, você tem uma faca?", e começou a revistá-lo, a despeito de seus protestos de não carregar faca alguma. No hospital, sua cabeça foi enfaixada e lhe permitiram passar a noite em um sofá na ala de acidentados, de onde foi expulso na manhã seguinte. Novamente retornou ao seu habitual alojamento e implorou pelo empréstimo de alguns *pennies*. Mais uma vez não teve sorte. Sadler precisou esperar até que o escritório responsável pelo navio abrisse e quitasse a dívida de 4 libras e 15 xelins que tinha com ele. A primeira coisa que fez foi pagar por uma cama. Dormiu e, mais tarde, de mau humor, bebeu sozinho, sem sair da cama durante 24 horas, quando foi preso e acusado — porém jamais julgado — pelo assassinato de Frances na noite anterior.

Sem dinheiro, qualquer um que estivesse destituído não tinha outra escolha além do abrigo. A despeito de seu regime desagradável, oferecia uma chance de sobrevivência. As filas quase sempre começavam no início da manhã e a admissão, à tarde, era feita de três em três. A experiência de Jack London em 1902, como relatada em *The People of the Abyss*, foi de um sistema *depois* de sua melhoria e não, como se poderia facilmente supor, em função de seu relato das condições existentes, *antes* dela. Ao entrar, ele recebeu um pedaço de pão que, em suas palavras, parecia um tijolo e foi revistado em busca de facas, fósforos e tabaco, que não eram permitidos a moradores ocasionais como ele. No porão para onde foi enviado primeiro, a luz era muito tênue. A maioria dos homens estava exaustamente retirando os sapatos e desenrolando as faixas dos pés cheios de bolhas. Para comer, Jack London recebeu uma *pannikin*, uma pequena caneca, contendo três quartos de *skilly*, uma mistura de milho e água quente. A aparência e o cheiro lhe deram náuseas e ele teve de recusar. Não teve melhor sorte com o pão. Estava tão duro que ele precisou amolecê-lo com água antes de conseguir morder. A maioria dos homens mergulhava o pão nas pilhas de sal espalhadas sobre as mesas sujas.

Às 19 horas, eles eram forçados a tomar banho em duplas. Vinte e dois homens se lavavam na mesma tina de água. Jack London empalideceu quando viu que as costas de um homem eram "uma massa sanguinolenta causada por picadas de insetos e pela consequente coceira". Em seguida, suas roupas foram levadas embora e ele recebeu um camisolão e um par de cobertores nos quais se enrolar. Em um dormitório comprido e estreito, tiras de lona eram estendidas entre dois trilhos de ferro, cada tira a aproximadamente 15 centímetros uma da outra e a 20 centímetros do chão. Essas eram as camas. London tentou dormir, sem sucesso. Melancolicamente, ficou ouvindo as crianças brincarem na rua e cochilou perto da meia-noite, mas foi acordado por um rato em seu peito. Seus gritos acordaram todo mundo e ele foi sonoramente amaldiçoado por cada um.

Às 6 horas, todos foram acordados e, após uma nova ração de *skilly*, que London novamente recusou, receberam várias tarefas. Em alguns abrigos, elas eram tanto punitivas quanto irracionais. Pedras poderiam ter de ser marteladas até virarem um pó fino e então peneiradas através de uma grade na parede do quarto. London foi incluído no grupo de trabalho enviado à enfermaria de Whitechapel para vasculhar o lixo.

"Não toque nisso, camarada, a enfermeira disse que é mortal", avisou um dos homens quando London segurou um saco aberto no qual uma lata de lixo era esvaziada. A comida jogada fora tinha de ser recolhida das enfermarias, e London tinha de carregar os sacos cinco lances escada abaixo e esvaziá-los nas lixeiras, que eram imediatamente vaporizadas com desinfetante. Quando o trabalho terminou, eles receberam chá e alguns restos de comida que London, incapaz de esconder a repulsa, descreveu como

> empilhados em uma grande travessa em uma bagunça indescritível — lascas de pão, pedaços de gordura e banha de porco, a parte queimada de assados, ossos, em resumo, todos os restos das bocas e dedos dos enfermos, sofrendo de todo tipo de doenças. Os homens mergulhavam as mãos nessa bagunça, escavando, apalpando, virando, examinando, rejeitando e procurando. Não era bonito. Porcos não fariam pior. Mas os pobres coitados estavam famélicos e consumiam esfomeadamente aquela lavagem. Quando não conseguiam mais comer, enrolavam o que restara em seus lenços e guardavam dentro da camisa.
>
> — Certa vez, quando estive aqui, adivinha o que encontrei? Costelinhas de porco — disse-me Ginger. Por "aqui" ele queria dizer o lugar onde a comida estragada era jogada e vaporizada com forte desinfetante. — Era uma porção de primeira, carne que não acabava mais, eu a peguei e saí pelo portão e pela rua, procurando alguém a quem pudesse dá-la. Não consegui encontrar vivalma e fiquei andando em círculos, com o sujeito correndo atrás de mim e achando que eu estava fugindo. Mas, logo antes de ele me pegar, encontrei uma mulher e joguei as costelinhas dentro do bolso de seu avental.

London já não conseguia suportar. Foi embora, em busca de um banho quente, cama decente e comida.

Nos anos 1870, havia a impressão generalizada de que a classe trabalhadora estava se saindo melhor. Foi um choque descobrir que superlotação, saneamento ruim e prolongados períodos de desemprego começavam a borrar desconfortavelmente as distinções entre a respeitável classe operária e os milhares que eram "física, mental e moralmente incapazes" de viver e pelos quais o Estado nada podia fazer, a não ser deixá-los morrer. Havia também o medo crescente de que ambos pudessem se combinar para arruinar a ordem estabelecida.

George Sims, em *How the Poor Live* [Como vivem os pobres], escreveu:

> Essa imensa multidão de escravos famintos, doentes e sujos está se tornando perigosa; física, moral e politicamente perigosa. As barreiras que a mantinham afastada estão podres e cedendo, e o Estado pode se ver prejudicado se não prestar atenção a ela enquanto é tempo. Suas febres e sua sujeira podem se espalhar pelas casas dos abastados; seus exércitos sem lei podem atacar e nos dar um gosto da lição que a multidão tentou nos ensinar várias vezes em Paris, onde longos anos de negligência fizeram seu trabalho.

Outro panfletário, Arnold White, escreveu em *The Problems of a Great City* [Os problemas de uma grande cidade]: "Como é repugnante para a razão e para o instinto que os fortes sejam dominados pelos fracos, doentes e incapazes!"

Eventos em 1886 e 1887 intensificaram esses medos. O inverno de 1885–1886 foi o mais frio em trinta anos. Homens e mulheres com faces emaciadas e corpos magros e exauridos se amontoavam nos gabinetes de auxílio. Até mesmo a esposa do pastor, a sra. Barnett, chegou perto de trair seus princípios em nome da visão de uma felicidade temporária "naqueles rostos tristes" ao receberem "o presente de belas e brilhantes moedas de meia coroa" — mas o sr. Barnett, "sempre em busca de redimir os caracteres, permaneceu resoluto". A sra. Barnett ainda estremecia, muitos anos depois, ao se lembrar das palavras de reprovação de uma mãe de coração partido, enquanto soluçava sobre seu bebê, cuja vida poderia ter sido salva: "Eles disseram que era inútil procurar a igreja, pois vocês nunca dão nada, embora falem de maneira gentil."

Mesmo o trabalho como catador de lixo estava além das capacidades físicas da maioria dos homens. Uma imensa reunião de desempregados foi realizada na Trafalgar Square naquele inverno e, em seguida, parte da multidão marchou até o Hyde Park, onde pretendia se dispersar. Em Pall Mall, houve provocação de alguns membros dos clubes de cavalheiros e a marcha se transformou em tumulto. Aproximadamente 3 mil manifestantes causaram destruição e fizeram pilhagens em seu caminho por Piccadilly e Mayfair até Oxford Street, onde finalmente foram dispersados pela polícia. Logo após o incidente, o ministro do Interior nomeou um comitê de investigação para avaliar a conduta da polícia e tomou a incomum iniciativa de presidi-lo... o que significava que apresentaria as descobertas do comitê a si mesmo. O comissário da Polícia Metropolitana, Sir Edmund Henderson, foi transformado em bode expiatório e pediu demissão.

Seu sucessor foi Sir Charles Warren. A nomeação de outro soldado fez com que algumas sobrancelhas se arqueassem, mas a sensação era de que poderia fornecer à força uma disciplina que parecia em falta. Problemas já começavam a ser fomentados por agitadores externos, que incitavam greves, e havia queixas genuínas em relação ao pagamento e às punições.

O ano seguinte, 1887, foi o Jubileu da rainha Vitória. O comércio estava em baixa, mas o clima era agradável e, durante o verão, muitos destituídos dormiram na Trafalgar Square e St. James's Park. Em outubro, o clima mudou, mas a essa altura os acampamentos — especialmente na Trafalgar Square — haviam praticamente se tornado um modo permanente de vida. Instituições de caridade e indivíduos bem-intencionados haviam se habituado a levar comida e roupas até a praça, que foi descrita por certo escritor como um "fétido campo de vagabundos" e por outro como a "escória de Londres". Sir Charles Warren também se queixou por precisar empregar 2 mil homens para pastorear manifestações de trabalhadores através do West End, enquanto a Polícia da City, com muito menos homens e fora do controle do Ministério do Interior, dispersava multidões de tamanho similar. Parecia haver uma lei para a City e outra para a metrópole. Warren limpou a Trafalgar Square de seu esfarrapado exército de ocupantes, mas sua ação o fez entrar em conflito direto com o ministro do Interior, que rescindiu sua ordem original dando-lhe poderes para tais ações. Lojistas do West End ameaçaram publicamente fazer cumprir a lei com as próprias mãos e contratar grupos armados para limpar a praça. Warren pediu poderes adicionais para controlar uma situação que rapidamente ficava fora de controle. Com a aprovação do ministro do Interior, proibiu o uso da praça em certos dias.

Seu desafio foi aceito e, em 13 de novembro, a batalha do *Bloody Sunday* [Domingo Sangrento] teve lugar na praça. No total, 4 mil oficiais, trezentos policiais montados, trezentos granadeiros e trezentos Life Guards, assim como 7 mil policiais da reserva, foram utilizados para dispersar a gigantesca multidão de manifestantes — muitos armados com barras de ferro, pedaços de pau e facas — que lutava para entrar na praça. Mais de 150 manifestantes tiveram de ser atendidos em função de ferimentos e quase trezentos foram presos. Alguns foram sentenciados a trabalhos forçados durante um, dois, três ou seis meses.

A iniciativa pouco diplomática de Warren foi tanto censurada quanto elogiada. Talvez o melhor símbolo do ódio que a classe operária sentia por ele tenha sido uma das muitas ameaças pessoais que recebeu: "Sua vida está em perigo, seu cão. Não vá muito longe. Tome cuidado. Este aqui é para você." Abaixo, o esboço grosseiro de um caixão. A ameaça de novas manifestações contra o "governo policial em Londres" nunca se materializou e Warren foi capaz de se banhar no bálsamo da aprovação oficial. No mês seguinte, a rainha o sagrou cavaleiro.

Conforme diminuía o medo do governo de massa, as críticas à polícia, e a Warren em especial, começaram a aumentar. Em um ano, o desdém e a agressividade que haviam sido destinados às multidões na Trafalgar Square se voltaram contra a polícia, que, de defensora da liberdade, tornara-se opressora dos pobres sofredores. George Bernard Shaw logo observou quão rapidamente as atitudes haviam se modificado:

> Há menos de um ano, a imprensa do West End literalmente clamava pelo sangue do povo — acossando Sir Charles Warren a subjugar e calar a escória que ousava reclamar do fato de estar passando fome [...] comportando-se, em resumo, como a classe abastada se comporta quando os operários a lançam em um frenesi de terror ao se arriscar a mostrar os dentes.
>
> Enquanto nós, os convencionais social-democratas, perdemos nosso tempo em educação, agitação e organização, algum gênio independente está cuidando do assunto...

Ele ficaria conhecido como Jack, o Estripador!

2.

Faca ensanguentada

Quando Charles Cross caminhou pela escura e vazia Buck's Row a caminho do trabalho como carregador de mercado, por volta das 3h40 de sexta-feira, 31 de agosto de 1888, a única luz vinha de uma solitária lamparina a gás. De um lado da rua ficava o muro de um armazém; do outro, algumas casas geminadas, na maior parte ocupadas por comerciantes. Ele estava entre o armazém e as casas, quando, em um portão que conduzia aos estábulos entre as moradias e o colégio interno, viu uma trouxa do que, a princípio, pensou ser lona. Quando atravessou a rua para olhar mais de perto, percebeu que a trouxa era, de fato, uma mulher. Ela estava de costas, com uma das mãos quase tocando o portão dos estábulos e a outra segurando um chapéu de palha preto. A saia estava erguida até quase a cintura. Seu primeiro pensamento foi de que fora estuprada e ainda estava inconsciente em razão do ataque; o seguinte, de que interrompera o atacante. Normalmente havia muito barulho na rua, mas àquela hora ela estava silenciosa e, embora Cross prestasse atenção a ruídos estranhos, não ouviu nenhum. Se tivesse interrompido o atacante, teria ouvido seus passos enquanto escapava ou, supondo que a mulher tivesse sido levada até ali em uma carruagem e abandonada, o estalar das rodas. Ainda estava perto do corpo quando ouviu passos atrás de si.

Robert Paul, outro carregador de mercado, também estava a caminho do trabalho quando viu Cross parado na rua. Desviou da calçada para evitá-lo, mas, ao fazê-lo, Cross tocou seu ombro e disse: "Venha dar uma olhada nessa mulher." Paul o fez cautelosamente, mas quando Cross, achando que ela estava apenas bêbada, sugeriu que a levantassem, ele se recusou. Em vez disso, ajoelhou-se e tocou o rosto e as mãos da mulher. Já estavam frios e ele concluiu que ela estava morta. Mas, enquanto arrumava suas roupas para deixá-la um pouco mais decente, sentiu seu coração e pensou ter detectado leve movimento. Os dois correram em busca de um policial. No escuro, nenhum deles notara o sangue, então escondido pela saia, coagulando na calçada.

O policial John Neil deixou de vê-los por uma questão de minutos. Quase meia hora havia se passado desde que caminhara pela última vez por Buck's Row, embora sua rota fosse curta e pudesse ser feita em 20 minutos, se caminhasse rapidamente. Aproximando seu lampião do portão do estábulo, ele viu o que os dois homens não tinham sido capazes de ver — que a mulher fora assassinada. O sangue escorria de um talho profundo em sua garganta, cortada quase de orelha a orelha. A traqueia e o esôfago haviam sido completamente dilacerados. Tinha os olhos abertos e, embora mãos e pulsos estivessem frios, os braços ainda estavam tépidos dos cotovelos para cima. O brilho de seu lampião, enquanto examinava o corpo, atraiu o policial de uma rota próxima e Neil lhe pediu que conseguisse um médico. Havia um cirurgião por perto e, em 15 minutos, o dr. Llewellyn estava na cena. Ele fez um exame superficial, observado por vários policiais, que prestativamente aproximaram seus lampiões sobre o corpo, e por mais dois ou três homens que, tendo acabado de deixar o trabalho em um matadouro próximo, estavam a caminho de casa.

Do lado esquerdo do pescoço, a 2,5 centímetros do maxilar, havia uma incisão de 10 centímetros, começando em um ponto imediatamente abaixo da orelha. Do mesmo lado, 2,5 centímetros abaixo da primeira, havia uma segunda incisão, que terminava a 7,5 centímetros do maxilar direito. Essa segunda incisão, de uns 20 centímetros de comprimento, atravessara a garganta até as vértebras.

As principais artérias haviam sido cortadas, mas parecia haver pouco sangue no chão. A maior parte, como notou a polícia ao colocar o corpo na ambulância, encharcara as roupas da mulher ao escorrer por suas costas, do pescoço à cintura. A despeito da posição e da grande perda de sangue, as pernas ainda estavam quentes. O médico estimou que a mulher estava morta havia não mais que meia hora. Seguindo suas instruções, o corpo foi levado até o necrotério, ao lado do abrigo local.

O cadáver foi deixado no quintal do abrigo até que dois internos paupérrimos, um deles sujeito a surtos, terminaram seu café da manhã e começaram a despi-lo. O inspetor policial presente fez uma lista das peças de vestuário enquanto eles as retiravam — um casaco marrom-avermelhado bastante puído, um vestido marrom de lã e meias caneladas pretas, também de lã. Ela usava duas anáguas, uma de flanela cinza e outra de lã, cujos elásticos tiveram de ser cortados para que pudessem ser retiradas. Quando o atendente as rasgou, expondo o corpete marrom, o inspetor viu, na parte inferior do abdome, a uns 5 centímetros em direção ao lado esquerdo, uma profunda incisão serrilhada e outras mutilações. Ele rapidamente mandou chamar o dr. Llewellyn, que fez uma minuciosa autópsia, concluindo que a vítima tinha entre 40 e 45 anos. Havia algumas contusões na parte inferior do maxilar, do lado direito da face, que poderiam ter sido causadas por um soco ou por pressão dos polegares. Do outro lado, havia uma contusão circular, que também poderia ter sido causada pela pressão dos dedos. Além dos ferimentos já mencionados, havia outras incisões no abdome, assim como vários cortes descendentes do lado direito do corpo. O abdome fora aberto desde a parte inferior das costelas, pelo lado direito, passando por sob a pélvis até o lado esquerdo do estômago — aqui a ferida era serrilhada; o omento, uma membrana gordurosa que cobre a parte frontal do estômago, fora cortado em vários lugares e havia duas pequenas lacerações na vagina. Pelo ângulo dos ferimentos, abertos da esquerda para a direita, o dr. Llewellyn concluiu que as mutilações poderiam ter sido feitas por uma pessoa canhota usando uma faca robusta, como as usadas por um cortador de cortiça ou um sapateiro, com lâmina entre 15 e 20 centímetros.

O primeiro problema era identificar a mulher. Suas únicas posses eram um pente, um lenço branco e um espelho quebrado. Mas, nos elásticos das duas anáguas, estava estampada a marca do Abrigo Lambeth. A polícia esperava que a matrona de lá fosse capaz de identificar as roupas, que poderiam ter sido distribuídas em qualquer momento dos dois ou três anos anteriores. O espelho quebrado era uma boa indicação de que a mulher estivera alojada em um cortiço, onde espelhos eram um luxo incomum. Quando a polícia questionou os responsáveis pela habitação e notícias sobre o assassinato começaram a circular, primeiro uma mulher e então outra se apresentaram para tentar identificar o corpo. Em breve, descobriu-se que uma mulher correspondente à descrição da vítima vivia em um cortiço na Thrawl Street, n. 18, em Spitalfields. Diversas mulheres foram levadas até a presença do corpo, até que o identificaram como uma mulher chamada Polly. Ela estivera dormindo no cortiço durante cerca de seis semanas, até oito ou dez dias antes. Uma garota que dividira a cama com ela a vira pela última vez uma hora antes de o cadáver ter sido encontrado. Mais cedo, naquela mesma noite, ela cambaleara de volta para o cortiço, vinda do pub Frying Pan, em Brick Lane, mas fora recusada por não ter os 4 *pennies* necessários para a cama.

— Em breve terei dinheiro para alojamento. — Ela rira. — Veja que belo chapéu tenho agora.

A mulher usava um chapéu de palha novo, preto, adornado com veludo da mesma cor. Tinha 42 anos, 1,57 m, cabelo castanho começando a ficar grisalho e cinco dentes da frente faltando; suas roupas estavam puídas e manchadas, e as botas que usava tinham solas de aço e as gáspeas cortadas. Após deixar o cortiço, fora vista, cerca de uma hora depois, na Whitechapel Road, embriagada e apoiando-se nas paredes. Sua amiga tentara persuadi-la a voltar para o lugar. Em vez disso, Polly se gabara de ter ganhado três vezes o valor da hospedagem naquele dia, mas ter gastado tudo. Acrescentara que conseguiria o dinheiro para a noite e voltaria em breve. Às 3h40, cerca de 1 hora e 15 minutos mais tarde, foi encontrada com a garganta cortada a não mais de 1 quilômetro do local onde a viram pela última vez.

Uma interna do Abrigo Lambeth, levada ao necrotério um ou dois dias depois do assassinato, identificou o corpo como o de Mary Ann (ou Polly) Nichols. De acordo com sua própria declaração, feita no Abrigo Mitcham em 13 de fevereiro de 1888, Nichols nascera em agosto de 1845, em Shoe Lane, no fim da Fleet Street. Seu pai, Edward Walker, era ferreiro, e seu marido, William Nichols, impressor na Fleet Street. Ela se casara aos 19 anos, na igreja dele, St. Bride, também na Fleet Street, em 16 de janeiro de 1864. Ela e o marido haviam vivido durante seis anos (ela não forneceu datas) no número 6, bloco D, dos conjuntos habitacionais Peabody, na Stamford Street, pagando um aluguel de 5 xelins e 9 *pennies* por semana. Quando se separaram, em 1880, após vários anos de disputa matrimonial, ela fora para o Abrigo Lambeth e eles concordaram que o marido lhe daria 5 xelins por semana, o que fez durante dois anos. Ela nunca mais tivera uma casa desde a separação. De acordo com o mesmo depoimento, não sabia onde o marido vivera durante os últimos seis ou sete anos.

William Nichols, o marido, vivia em Old Kent Road. De acordo com ele, não via a esposa havia três anos. Eles tinham cinco filhos; o mais velho (então com 21 anos) morava com o avô e o mais novo (8 ou

9 anos) vivia com ele. O casal havia se separado várias vezes por causa de bebida, mas sempre que ele a aceitava de volta ela se embriagava novamente e, por fim, a ruptura foi definitiva. Em 1882, ele descobriu que ela se prostituía e suspendeu a pensão semanal. Como resultado, ela se tornou responsabilidade dos Guardiões da Paróquia de Lambeth, que o intimaram a explicar por que não contribuía para seu sustento. Mas suspenderam as intimações quando souberam a razão. Desde então, após três ou quatro anos morando e brigando intermitentemente com o pai, ela passara por vários abrigos em Edmonton, City de Londres, Holborn e Lambeth. Tentara recomeçar e deixara o Abrigo Lambeth em 12 de maio para trabalhar como criada em Wandsworth. Permanecera durante dois meses e então fugira com roupas no valor de 3 libras e 10 xelins, que provavelmente penhorara. Desde então, vivia no cortiço da Thrawl Street ou em outra similar, próxima, na Flower and Dean Street.

Após dez dias no Abrigo Lambeth, em dezembro de 1887, Nichols fora expulsa. Cinco dias depois, aparecera no Abrigo Mitcham, dirigido pelo Conselho de Guardiões de Holborn, onde permanecera por mais de três meses. Como não conseguira um "assentamento" — ou seja, não cumprira o período necessário de residência sem recorrer à paróquia —, a Holborn Union, após lhe prestar auxílio, recorrera à Justiça, que expediu uma "ordem de remoção" transferindo-a de volta para Lambeth, onde um "assentamento" fora conseguido. Isso foi levado a termo em 16 de abril de 1888.

Não havia motivo aparente para seu assassinato. Uma teoria era de que fora vítima de uma gangue que supostamente aterrorizava e maltratava prostitutas que não cediam parte de seus ganhos. Havia algumas evidências apoiando essa teoria: duas prostitutas já haviam sido mutiladas de maneira similar e assassinadas em um raio de 270 metros a partir do local onde Polly Nichols fora encontrada, meses antes dos assassinatos do Estripador.

Mary Ann Nichols

Períodos passados em abrigos e enfermarias. As chaves indicam períodos consecutivos de refúgio.

Abrigo Lambeth	{24/4/1882–18/1/1883
Enfermaria Lambeth	{18–20/1/1883
Abrigo Lambeth	{20/1–24/3/1883
Abrigo Lambeth	21/5–2/6/1883
Abrigo Strand, Edmonton	26/10–2/12/1887
Abrigo Lambeth	19–29/12/1887
Abrigo Mitcham (Holborn) e Enfermaria Holborn (Archway Hospital)	{4/1–16/4/1888
Abrigo Lambeth	{16/4–12/5/1888
Abrigo temporário Gray's Inn Road, Holborn	1–2/8/1888

A primeira fora Emma Elizabeth Smith, uma prostituta comum do tipo mais baixo, morando em um cortiço na George Street, n. 18, Spitalfields. Acreditava-se que era viúva e tinha filho e filha vivendo em algum lugar perto de Finsbury Park, pois frequentemente dizia achar que eles deveriam fazer algo por ela.

Ela morara na George Street por aproximadamente dezoito meses. Costumava deixar o cortiço entre 18 e 19 horas, retornando de madrugada. Quando estava embriagada, brigava e se comportava como louca, e era bastante comum vê-la com um olho roxo e outros ferimentos, que justificava como frutos de alguma briga ou queda.

Em 2 de abril, deixou a casa no horário habitual e às 12h15 do dia seguinte foi vista falando com um homem de roupas pretas e cachecol branco, na Fairance Street, em Limehouse. Não foi vista novamente até cambalear para casa quatro horas depois e dizer ao administrador que fora atacada e roubada na Osborn Street. Muito contra sua vontade, foi levada até o London Hospital pelo administrador e pelo outro inquilino.

Ela disse que fora atacada por quatro homens, mas não podia ou não estava em condições de descrevê-los. Seu rosto estava ensanguentado e a orelha fora cortada, mas os piores ferimentos eram internos. Algo, não uma faca, fora inserido em sua vagina com tanta força que rompera, mas não cortara, o peritôneo. No dia seguinte, a vítima morreu de peritonite.

A polícia só foi informada sobre o ataque em 6 de abril, quando o escritório do investigador informou que o inquérito seria realizado no dia seguinte.

Depois de tanto tempo, havia pouco que a polícia pudesse fazer, embora uma investigação tenha sido iniciada. O local onde Emma Smith fora atacada foi indicado pelo inquilino que a levara ao hospital. Não havia manchas na calçada, mas o exame de suas roupas mostrou que seu xale de lã estava encharcado de sangue. Ela aparentemente o retirara e o colocara entre as pernas para absorver o sangue ao perceber o quanto estava ferida. Suas outras roupas estavam tão sujas e puídas que era impossível dizer se algum dos rasgões era recente.

Um ponto enigmático era o fato de que, após o ataque, ela caminhara cerca de 400 metros até o cortiço na George Street e, de lá, mais 800 metros até o London Hospital. Ao fazê-lo, deve ter passado por vários policiais na Brick Lane e na Osborn Street. Como estava sentindo muita dor e caminhando com considerável dificuldade, por que não pedira ajuda? Por que estivera tão relutante em ir para o hospital? Se a polícia tivesse conhecido o fato com antecedência, poderia ter respostas para essas perguntas.

A segunda vítima pré-Estripador fora Martha Tabram, cujo corpo, com 39 perfurações, fora encontrado às 3 horas de terça-feira, 7 de agosto, no primeiro andar dos edifícios George Yard. Em nenhum dos casos o assassino foi pego. Subsequentemente, o primeiro jurado do investigador alegou preconceito de classe e disse que, se uma recompensa tivesse sido oferecida pelo assassino que agira nos edifícios George Yard, nem aquele nem o assassinato de Polly Nichols, que se seguiu, teriam ocorrido. Apesar dos regulamentos contrários, ele estava convencido de que uma recompensa substancial teria sido oferecida pela captura do assassino se a vítima fosse rica.

No caso Nichols, a aparente facilidade com que o assassino atacara e então fugira era desconcertante. As circunstâncias em que o corpo fora encontrado provavam conclusivamente que ela fora morta no local. Da mesma forma, era óbvio que a vítima tinha encontrado a morte sem gritar ou pedir socorro, pois o local era praticamente embaixo da janela da srta. Green, que tinha sono leve, e em frente ao quarto da sra. Purkiss, que estava acordada no horário do crime. Ainda pior, do ponto de vista da investigação, era o fato de que, assim como os policiais fazendo ronda, havia três vigias por perto — e nenhum deles ouvira gritos. Parecia assombroso que o assassino pudesse ter escapado, pois devia ter sangue nas mãos e nas roupas. Contudo, havia tantos abatedouros naquela área que as pessoas não reparariam em mãos e roupas ensanguentadas, o que poderia explicar por que ele não atraíra atenção, até desaparecer em Whitechapel Road durante o crepúsculo e se misturar ao movimento do mercado no início da manhã.

Não apenas não havia motivo, como também não havia suspeitos. Roubo e ciúmes foram excluídos como motivações. As investigações da polícia na localidade e dos policiais nas rondas adjacentes e em qualquer quarteirão suspeito de conter uma pista falharam em descobrir qualquer evidência que pudesse ligar alguém ao crime. As investigações revelaram que um homem chamado Jack Pizer, conhecido como Avental de Couro, estivera maltratando prostitutas naquela e em outras partes da metrópole e uma busca infrutífera foi realizada a fim de eliminá-lo como suspeito, embora nada concreto o conectasse aos assassinatos. A suspeita de que poderia ser o assassino, contudo, praticamente se transformou em certeza quando um segundo corpo foi descoberto oito dias depois, com um avental de couro por perto.

O segundo corpo foi encontrado logo depois das 6 horas de sábado, 8 de setembro, atrás do cortiço na Hanbury Street, n. 28, a menos de 800 metros de Buck's Row. A casa, como centenas de outras na área, fora construída para os tecelões de Spitalfields, mas, quando o vapor tomou o lugar dos teares manuais, elas haviam sido transformadas em habitações baratas. Dezessete pessoas dormiam na casa, desde uma mulher e seu filho, donos de uma loja que vendia comida para animais, no térreo, até os cinco adultos no sótão. Havia um quintal nos fundos e uma passagem lateral que levava às escadas. Para ter acesso aos quartos, era costume deixar abertas as portas frontal e traseira da passagem. As prostitutas locais sabiam disso e usavam o quintal para atender clientes casuais. John Davis, um dos interrogados, cuja mãe tinha um pequeno negócio no primeiro andar montando embalagens, mais tarde disse ao investigador que, à noite, ele frequentemente se deparava com prostitutas e seus clientes no quintal e no patamar do primeiro andar e não hesitava em mandá-los embora.

A mulher fora vista pela última vez às 5h30 pela esposa de um zelador de parques a caminho do mercado. Ela se lembrava de ter visto um homem e uma mulher — ela de costas para as venezianas de uma casa, aparentemente discutindo. Tinha certeza do horário porque o relógio do cervejeiro acabara de tocar a meia-hora. Mais tarde, identificou o corpo como sendo o da mulher que vira. A única descrição que podia fazer do homem era que parecia estrangeiro, ter mais de 40 anos, e usar roupas refinadas, porém puídas, além de um chapéu de caçador, provavelmente marrom. Quando passou por eles, ela o ouvira perguntar "Você fará?" e a mulher respondera "Sim". Ela não olhara para trás e, em meio ao barulho e à azáfama dos carros do mercado, ninguém os vira entrar na passagem e fechar a porta.

Não foi feita nenhuma tentativa de esconder o corpo mutilado. A passagem ficava a pouco mais de 1 metro do chão e três degraus de pedra levavam ao quintal. À direita dos degraus havia um pequeno recuo e, à esquerda, uma cerca de madeira de quase 2 metros de altura. A mulher estava a 10 centímetros do primeiro degrau, paralela à cerca, com os pés apontando para o depósito de lenha. De acordo com a reconstituição feita pelo investigador, eles provavelmente haviam ido para o quintal e fechado a porta traseira.

> O desgraçado deve então ter agarrado a falecida, talvez com uma abordagem como a de Judas. Ele a segurou pelo queixo. Apertou sua garganta, evitando qualquer ruído e ao mesmo tempo produzindo insensibilidade e sufocamento. Não há evidência de luta. As roupas não foram rasgadas [...] A falecida foi então depositada no chão, de costas, e, embora possa ter tombado ligeiramente contra a cerca, o movimento provavelmente foi feito com cuidado. Sua garganta foi cortada em dois lugares com selvagem determinação e então começaram os ferimentos no abdome.

O corpo foi encontrado por um dos inquilinos, John Davis, que vivia na casa havia apenas duas semanas. Ele estivera acordado entre as 3 e as 5 horas e então dormira por meia hora. Levantara-se às 5h45 e descera as escadas quando o relógio da igreja anunciava as 6 horas. A porta para o quintal estava fechada, embora ele não soubesse dizer se estava trancada. Ele a abriu e, ao descer os degraus, viu o corpo. Alguns homens de uma loja de embalagens próxima o viram tropeçar pela rua com o cinto nas mãos, chamando-os até o quintal para vê-lo. Curiosos, eles o seguiram pela passagem, mas nenhum deles quis descer os degraus, nem ninguém da multidão que se formara na rua quando as notícias sobre o assassinato começaram a se espalhar. Alguns trabalhadores correram para chamar a polícia; um deles, após beber um pouco de conhaque para ganhar coragem, jogou uma lona sobre os restos mortais mutilados.

Dos degraus, o rosto da mulher era claramente visível. As mãos estavam erguidas, com as palmas visíveis, como se tentassem agarrar a garganta do assassino. As mãos e o rosto estavam manchados de sangue, como se ela tivesse oferecido resistência. As pernas estavam levantadas, com os pés apoiados no chão e os joelhos voltados para fora. A saia e o longo casaco preto haviam sido levantados, mostrando as meias ensanguentadas, e ela fora eviscerada. De acordo com o desconexo relatório policial:

> estava deitada de costas, morta, com o braço esquerdo repousando sobre o seio esquerdo, as pernas erguidas, estripada, com o intestino delgado e a aba do abdome caídos do lado direito, acima do ombro, ligados por um fio ao restante do intestino dentro do corpo; duas abas de pele da parte inferior do abdome estavam sobre grande quantidade de sangue acima do ombro esquerdo; a garganta fora cortada profundamente, por trás e pela esquerda, de maneira irregular.

Havia uma espécie de lenço em torno do pescoço. A garganta fora cortada tão severamente que a cabeça estava quase separada do corpo. De acordo com alguns jornais, o assassino amarrara o lenço a fim de impedir que a cabeça rolasse, mas provas subsequentes mostraram que ela usava o lenço como echarpe e o estivera vestindo ao ser assassinada.

O inspetor Joseph Chandler estava de plantão na Commercial Street quando vários homens desceram correndo a Hanbury Street em sua direção e relataram o ocorrido. Ele chegou a casa minutos depois da descoberta do corpo. Uma multidão (alguns relatos falam em uma súcia) havia se reunido do lado de fora da casa, e ele teve de forçar passagem. Enquanto a multidão crescia, alguns começaram a ameaçar os judeus locais, agredindo os que encontravam pelas ruas e, segundo o *East London Observer*, repetindo que "nenhum inglês poderia ter cometido crime tão horrível, e ele deve ter sido obra de um judeu". Assim que os reforços chegaram, Chandler retirou os observadores da passagem e proibiu a entrada no quintal até que o corpo fosse examinado pelo cirurgião da divisão, que já fora acionado. Rapidamente, fez com que telegramas fossem enviados para o inspetor Frederick Abberline, da Scotland Yard, solicitando a auxiliar na investigação do assassinato de Buck's Row, e vários outros oficiais, informando-os do ocorrido.

Enquanto esperava pela chegada do cirurgião, o inspetor Chandler fez uma busca preliminar no terreno, observado por vários rostos amontoados nas janelas de trás, a fim de uma vista melhor; durante alguns dias, os inquilinos conseguiram dinheiro fácil cobrando por uma espiada de suas janelas. O inspetor cobriu o corpo com alguns sacos de pano. O quintal não fora adequadamente pavimentado e era uma colcha de retalhos de pedras e terra. Ele não conseguiu detectar sinais de luta nem indícios de que alguém houvesse escalado a cerca. Nenhuma das estacas fora quebrada, mas havia algumas manchas de sangue na cerca, a 30 centímetros do solo, imediatamente sobre o sangue que esguichara da garganta da mulher. As únicas outras manchas, com tamanhos que variavam de uma moeda de 6 *pennies* até um único ponto, estavam na parede dos fundos da casa, na altura da cabeça da vítima.

Além do cirurgião da divisão — cujo papel era muito parecido com o dos peritos que hoje atuam em cenas de crimes —, a polícia não tinha conselheiros científicos. Cirurgiões de divisão como o dr. George Bagster Phillips, com vinte anos de experiência, eram inestimáveis para uma investigação. Após certificar formalmente que a mulher estava morta, ele ordenou que o corpo fosse levado ao necrotério — o cadáver, ironicamente, foi envolto na mesma capa utilizada para envolver o de Polly Nichols na semana anterior.

Phillips fez uma busca cuidadosa no quintal, descobrindo várias pistas. Diversos itens haviam sido deliberadamente depositados ou espalhados pelo quintal. As roupas da mulher não haviam sido rasgadas, mas o bolso da anágua fora cortado na frente e na lateral. Um pedaço de musselina, um pente e uma embalagem de papel estavam perto do corpo. Uma aliança de noivado e seu anel aparador, para impedir que o primeiro escorregasse do dedo, ambos de latão, haviam sido forçosamente removidos. Perto da cabeça estavam parte de um envelope e um pedaço de papel contendo duas pílulas. No verso do envelope estava o selo do Regimento de Sussex; do outro lado, a letra M e um carimbo do correio: "Londres, 28 de agosto de 1888."

Também havia um avental de couro, encharcado de água, a cerca de 60 centímetros de uma torneira.

Um rumor popular era de que o assassino havia escrito na parede do quintal: "Cinco; mais quinze e então me entregarei." Igualmente dramática era a história contada por uma jovem chamada Lyons no dia seguinte. Ela alegava ter conhecido um homem estranho na Flower and Dean Street, que lhe pedira para encontrá-lo às 18h30 no pub Queen's Head e tomar um drinque com ele. Tendo feito com que ela prometesse comparecer, o homem desaparecera, mas voltara no horário combinado. Enquanto bebiam, ele a assustou dizendo: "Você tem o mesmo tipo daquela mulher assassinada." Quando ela perguntou o que sabia sobre o assassinato, ele murmurou: "Você está começando a suspeitar. Raposas caçam gansos, mas nem sempre os alcançam." E deixou o bar às pressas. A jovem o seguiu até perto da Igreja Spitalfields e então, subitamente percebendo que estava sendo seguido, ele passou a caminhar mais rápido e desapareceu. A descrição da jovem era idêntica às descrições do elusivo Avental de Couro. De acordo com o *Times*, a polícia já realizara buscas em mais de duzentos cortiços à procura do suspeito.

Logo depois das 14 horas de sábado, o dr. Phillips foi ao necrotério para realizar a autópsia e ficou pasmo ao descobrir que o corpo fora despido; o sangue, lavado do peito; e as roupas, jogadas no canto do galpão, com exceção do lenço, que ainda estava amarrado em torno do pescoço. O secretário da paróquia ordenara que isso fosse feito por duas enfermeiras. Mais tarde, durante o inquérito, Phillips reclamou, como fizera antes, das condições em que era forçado a trabalhar. Era inacreditável que um bairro tão grande não tivesse seu próprio necrotério. Corpos retirados do rio tinham de ser armazenados em caixas.

Foi uma amiga da vítima, Amelia Farmer, quem a identificou. Ela disse ao investigador, quando o inquérito foi iniciado na segunda-feira, 10 de setembro, no Working Lad's Institute, em Whitechapel Road, que vivia no cortiço na Dorset Street, n. 20. Farmer identificou o corpo de Annie Chapman, apelidada de Siffey, que durante os últimos quatro anos vivera em cortiços em Spitalfields e Whitechapel. Ela recebia do marido uma pensão de 10 xelins por semana. Dezoito meses antes, os pagamentos haviam sido interrompidos e fora então que Chapman soubera que ele havia morrido, aos 42 anos, no Natal de 1886, após seis meses lutando contra uma enfermidade.

O ambiente familiar de Annie era militar. Seu pai fora membro da Guarda Real e ela crescera em quartéis em Londres e Windsor. Tinha 28 anos quando se casara com o cocheiro John Chapman, em 1869. Eles tinham três filhos e um deles, um menino, possivelmente era deficiente. A família se mudara para o interior, para Clewer, perto de Windsor, mas os problemas de Annie com a bebida, enfim, forçaram um relutante John a se separar dela. Annie rondara as ruas de Clewer e Windsor como prostituta antes de partir para Londres.

De acordo com todos os relatos, Chapman era uma mulher esperta. Quieta, sociável e bem-educada. Ocasionalmente, tentava ganhar dinheiro vendendo flores ou fazendo crochê. Embriagava-se com frequência, em geral bebendo seu rum favorito, e, como não era exigente em relação ao modo de ganhar a vida, logo ficou bastante conhecida como prostituta nas ruas de Spitalfields e Whitechapel. Em 1886, estava vivendo com um homem que fazia peneiras — do inglês *sieves* — de ferro. Por isso, era conhecida como Siffey ou Dark Annie Sievey.

Amelia Farmer a vira duas ou três vezes na semana da morte. Ela a encontrara na segunda-feira, quando a amiga se queixara de não se sentir bem. Na ocasião, tinha um olho roxo e o peito bastante machucado, resultado de uma discussão, embriagada, com Liza Cooper, uma prostituta que conhecia havia quinze anos. Dark Annie, como também era chamada, ocasionalmente passava o fim de semana no cortiço com um homem conhecido como Pensionista. Ele vivia a uma pequena distância de lá, na Osborn Street. A disputa entre as duas começara em função de um pedaço de sabonete que Dark Annie pegara para o banho do Pensionista. Ela prometera devolvê-lo, mas não o fizera e, interpelada na semana seguinte, desdenhosamente jogara uma moeda de meio *penny* para Liza e lhe dissera para comprar outro. Mais tarde, elas se encontraram no pub Britannia. Liza estava bêbada — provavelmente, Dark Annie também — e elas começaram a discutir. Ainda estavam brigando quando cambalearam até a cozinha do cortiço. Dark Annie finalmente estapeara a outra mulher, dizendo: "Você tem sorte por eu não fazer pior." Annie tinha 41 anos; corpulenta e com o peso muito bem distribuído, era descrita como alguém que já tivera dias melhores. Baixa, com apenas 1,50 m, tinha cabelo castanho-escuro e crespo, olhos azuis, nariz largo e dois dentes faltando na arcada inferior. E era uma oponente formidável. Infelizmente, subestimara Liza Cooper, que a atacara, chutara, socara seu olho e ferira seus seios. Quando Amelia Farmer a vira alguns dias depois, ela ainda se arrastava como um gato doente. No dia seguinte, terça-feira, 3 de setembro, Amelia a vira novamente ao lado da Igreja Spitalfields. Dark Annie novamente se queixara, dizendo não se sentir bem e cogitar ir para a enfermaria por um ou dois dias. Não comera ou bebera nada na ocasião, à exceção de uma xícara de chá. Amelia Farmer lhe dera 2 *pennies* para outra xícara e lhe dissera para não beber rum. Não a vira novamente até as 17 horas de sexta-feira, quando lhe perguntara se iria para Stratford. Annie novamente afirmara estar doente demais para fazer qualquer coisa. Estava letárgica e não queria se mover, mas dissera: "Não adianta esmorecer. Preciso me levantar e ganhar algum dinheiro ou não terei onde dormir." Fora a última vez em que Amelia Farmer a vira.

A testemunha seguinte foi Timothy Donovan, encarregado do cortiço da Dorset Street, n. 35. Ele disse à corte que Annie Chapman vivera na casa durante os últimos quatro meses, com exceção da última semana, durante a qual só a vira na noite de sexta-feira. Por volta das 19 horas, ela fora até a casa e perguntara se podia ficar na cozinha. Donovan a conhecia fazia dezesseis meses e deixara que ficasse na cozinha até as 2 horas, quando fora obrigado a expulsá-la, pois se tornara óbvio que ela não alugaria uma cama. Ela lhe dissera que estivera doente, na enfermaria, e pedira que confiasse nela em relação ao aluguel. O encarregado respondera que ela conhecia as regras e que não podia ficar sem pagar. Normalmente, Annie se embriagaria na noite de sábado, mas não durante o restante da semana. Naquela noite, contudo, estivera bebendo, embora ainda conseguisse andar. Donovan não vira para que lado ela fora, mas, ao sair, a mulher dissera que, mesmo que não tivesse dinheiro, ele deveria reservar sua cama, que ainda não fora alugada, pois voltaria em breve.

Com exceção de um relato não confirmado de que fora atendida em um pub no mercado de Spitalfields menos de meia hora antes de ser assassinada, as duas últimas pessoas que a viram foram o vigia noturno do cortiço, que a avistara caminhando na direção da Brushfield Street, e a esposa do zelador de parques, que a reconheceu justamente quando Annie conversava com o assassino.

Nem todas as evidências do dr. Bagster Phillips podiam ser publicadas nos jornais. Algumas só podiam ser reproduzidas no periódico *The Lancet*. No tribunal, ele disse que o rosto e a língua da mulher estavam inchados e havia contusões no rosto e no peito. Ele encontrara abrasões no dedo que indicavam que o anel fora arrancado. As incisões na garganta atestaram que haviam sido feitas a partir do lado esquerdo do pescoço. Havia dois cortes distintos e paralelos, a cerca de 1 centímetro um do outro. Pela maneira como os músculos haviam sido lacerados, parecia que o assassino tentara cortar a espinha e retirar a cabeça.

> O abdome foi completamente aberto; os intestinos, separados de seus ligamentos mesentéricos, haviam sido erguidos e colocados sobre o ombro; ao passo que a pélvis, o útero e seus apêndices, a parte superior da vagina e dois terços posteriores da bexiga foram inteiramente removidos. Obviamente, o trabalho foi feito por um especialista — ou, ao menos, alguém que possui conhecimento de exames anatômicos ou patológicos, o que lhe permitiu retirar os órgãos pélvicos com um único movimento da faca.

A causa da morte, segundo ele, era óbvia a partir dos ferimentos que descrevera. Pelo que vira, sua opinião era de que a morte fora causada por síncope, ou falha na ação do coração, como consequência da perda de sangue causada pela laceração da garganta. Seu relatório também mostrou que, além de estar subnutrida, ela já estava morrendo em função de doenças crônicas nos pulmões e no cérebro, que a teriam matado em pouco tempo.

Questionado pelo investigador, o dr. Phillips respondeu que a arma do crime deveria ser uma faca muito afiada, com lâmina fina e estreita e de pelo menos 20 centímetros de comprimento, provavelmente mais longa. Os ferimentos não poderiam ter sido infligidos por espada ou baioneta, mas talvez causados por uma faca de autópsia — se conjuntos cirúrgicos comuns contivessem facas desse tipo. As facas utilizadas por açougueiros, bastante delgadas, eram possíveis alternativas, mas as usadas na manufatura de couro não teriam lâminas longas o bastante. Havia indícios de que o assassino possuía conhecimentos anatômicos. Mesmo sem resistência, ele não teria condições de causar todos os ferimentos em menos de 15 minutos. Se o fizesse de maneira deliberada, como profissional, provavelmente levaria quase uma hora.

Na opinião do dr. Phillips, o avental de couro não tinha importância. Ele não apresentava sangue nem sinais de ter sido recentemente desdobrado. Algumas manchas na parede de uma casa próxima pareciam sangue, mas o exame demonstrou serem urina. Referindo-se novamente às abrasões no rosto de Annie Chapman, afirmou que aquelas do queixo e das laterais da mandíbula eram recentes, mas as do peito e das têmporas tinham vários dias. Claramente, eram resultado da briga com Liza Cooper. Ele achava que o assassino segurara Chapman pelo queixo e fizera a incisão da esquerda para a direita. Diante da sugestão de que poderia ter sido sufocada, citou o rosto inchado e a língua saliente, ambos sinais de estrangulamento.

Parecia que a sociedade como um todo precisou desse horror para despertar para o fato de que, à distância de uma corrida de táxi dos palácios e mansões do West End, havia "dezenas de milhares de criaturas geradas e educadas em uma atmosfera de ímpia brutalidade, uma espécie de esgoto humano, o próprio dreno da mais vil produção do vício ordinário; tal esgoto cresce sem parar e, em seu crescimento, desenvolve novas profundezas de degradação".

Um moralista anônimo, em carta para o jornal *The Times*, responsabilizou diretamente a sociedade, não algum monstro meio maluco que estaria aterrorizando o East End em busca de sangue e cuja lenda já começava a ser criada. A sociedade havia plantado a semente e agora devia colher o que plantara.

Já o reverendo Samuel Barnett, vigário de St. Jude's, Whitechapel, concluiu, de maneira mais pragmática, que os horrores de Whitechapel não teriam sido em vão se, finalmente, a consciência pública despertasse para a vida que esses horrores revelavam.

> Quase se pode dizer que os assassinatos estavam fadados a acontecer; gerações não poderiam se suceder em intercursos desordenados, crianças não poderiam se familiarizar com cenas de degradação e o crime comunitário não poderia ser o elo da sociedade sem que, no fim, houvesse ruptura da paz.

Como um dos que, havia anos, conhecia as condições que os assassinatos levaram à atenção do público em geral, ele ofereceu algumas soluções práticas para esses problemas. Foi cuidadoso em indicar que esses antros de crime tinham extensão limitada. A maior parte de Whitechapel era tão ordeira quanto qualquer lugar de Londres e a conduta da maioria dos habitantes era tão moral quanto — se não mais — a encontrada nas localidades mais prósperas da capital. A maior parte do mal estava concentrada em uma área em torno de 0,5 km^2 e, para lidar com ele, ou ao menos controlá-lo, o vigário ofereceu algumas sugestões práticas.

> Poderia haver supervisão policial mais eficiente. Nunca houve policiais suficientes para fazer algo além de confinar o crime a certas áreas. Permitiu-se que altercações, brigas e furtos continuassem a existir nesses viveiros de crime, desde que as ruas principais estivessem seguras. Assim, mais policiais são necessários para impor a lei nessas áreas. Deveria haver, ao menos, iluminação e limpeza adequadas nas ruas. As ruas secundárias são escuras, sujas e encorajam o crime.

O que Barnett não mencionou foi que isso não era culpa das autoridades locais. Era simplesmente uma questão econômica. Por causa da pobreza generalizada da área, a quantidade de dinheiro que se arrecadava em impostos simplesmente não era suficiente para pagar por esses serviços básicos. A menos que algum tipo de ajuda financeira viesse dos bairros mais ricos e o East End como um todo fosse transferido para a responsabilidade de Londres, a sordidez e o vício em Whitechapel jamais poderiam ser mitigados.

Contudo, nem Barnett nem o jornal *The Times*, no qual suas propostas foram extensamente discutidas, eram ousados o bastante para sugerir que se tratava antes de responsabilidade pública que de caridade individual. A questão mais sensível mencionada pelo reverendo se referia à propriedade privada e aos grandes lucros de senhorios e inquilinos — que locavam, sublocavam e sublocavam novamente, empilhando aluguel em cima de aluguel, até chegar a uma situação, como na Hanbury Street, n. 29, em que dezessete pessoas podiam viver em uma gigantesca sordidez superlotada. Ele apenas expressou a pia esperança de que tais propriedades fossem compradas por filantropos imbuídos de espírito público, que não se ateriam aos lucros fáceis obtidos por meio da prostituição e da flagrante superlotação. Sua conclusão era de que a sociedade tinha de fazer novos e determinados esforços para extirpar os males existentes, intoleráveis em uma sociedade cristã e civilizada. Ou isso, ou "nos conformarmos à desoladora conclusão de que nossa organização social exige como base uma massa corrompida de oculta e irredimível iniquidade".

Imprensa e público criticaram a incompetência da polícia. Durante o inquérito Chapman, uma testemunha contou que ao informar a um policial que ocorrera um segundo assassinato, similar ao de Buck's Row, o oficial respondera que não podia ir até lá e que ele (a testemunha) deveria encontrar outra pessoa. A explicação fornecida por um inspetor de que policiais em pontos fixos não podiam abandoná-los, devendo enviar um colega, não reavivou a decrescente confiança dos presentes.

Também houve críticas contundentes à superficialidade da investigação. Até mesmo o investigador expressou suas críticas. Ele não recebera diagramas e nada que mostrasse onde o corpo fora encontrado, nem mesmo um mapa da rua. Claramente, contudo, havia vários problemas no caminho da investigação policial. As impressões digitais, como ciência, ainda não haviam sido comprovadas e aceitas nos tribunais ingleses; dezessete anos se passariam até que houvesse uma condenação baseada nelas. A diferença entre sangue humano e animal só seria estabelecida em 1901. Grupos sanguíneos foram desconhecidos até 1905. Rádios portáteis, telefones e viaturas com sistemas de comunicação estavam no futuro. A detecção, na verdade, baseava-se muito fortemente em conhecimento local, nos informantes e na prisão em flagrante. De acordo com relatos da Press Association, a polícia sentia que não chegaria a lugar algum com suas investigações. Nenhuma tentativa foi feita para disfarçar o fato de que as investigações realizadas haviam sido tão infrutíferas que praticamente produziram uma sensação de desespero na mente dos oficiais.

Os comerciantes tinham tão pouca confiança nos esforços que estavam sendo realizados que alguns deles formaram um comitê de vigilância e publicaram o seguinte anúncio:

> Em virtude do fato de que, a despeito dos assassinatos cometidos em nosso meio, nossa força policial é inadequada para descobrir o autor ou autores destas últimas atrocidades, nós, os abaixo relacionados, formamos um comitê e pretendemos oferecer uma recompensa substancial a qualquer um, cidadão ou não, que forneça informações que permitam levar o assassino ou assassinos à Justiça.

Samuel Montagu, o parlamentar local, ofereceu 500 libras de recompensa pela captura do assassino e, como resultado, a polícia foi bombardeada com literalmente centenas de cartas, de todas as partes do país, oferecendo conselhos.

Bem cedo, na manhã de segunda-feira, 10 de setembro, o elusivo John Pizer (o Avental de Couro) foi localizado na Mulberry Street, n. 22. As suspeitas da polícia haviam se intensificado depois que Timothy Donovan, encarregado do cortiço de Annie Chapman, dissera durante uma entrevista a um repórter da Press Association que não somente expulsara Pizer da casa de cômodos alguns meses antes por atacar ou ameaçar uma mulher como também notara, juntamente com outra testemunha, que, na última vez que o vira, ele usava um chapéu de caçador similar ao usado pelo assassino de Annie Chapman.

O suspeito foi preso pelo sargento Thicke, apelidado de "Johnny Upright" ["Johnny Honrado"]. O sargento afirmou que Pizer era procurado para interrogatório por ter conexão com a morte de Annie Chapman. Enquanto realizavam uma busca na casa, os policiais encontraram cinco facas de lâmina longa, que Pizer afirmou utilizar para fazer o acabamento de botas. Encontraram ainda vários chapéus velhos, uma infeliz lembrança de que Pizer também confeccionava chapéus — Polly Nichols se jactara de ter um novo logo antes de ser assassinada.

Protestando por sua inocência, Pizer foi levado ao distrito policial da Leman Street. Os amigos com quem estivera se escondendo o acompanharam e insistiram que ele não saíra de casa desde a quinta-feira anterior e nada sabia sobre o caso.

Na mesma tarde, havia multidões esperando do lado de fora do distrito policial da Commercial Street quando o inspetor Frederick Abberline chegou de Gravesend com William Piggott, um suspeito que se parecia muito com o Avental de Couro. Alguém chamara a polícia ao notar suas roupas ensanguentadas enquanto ele bebia em um pub em Gravesend. O comportamento de Piggott durante o interrogatório fora tão errático que o prenderam imediatamente. Suas mãos apresentavam vários ferimentos recentes. Em custódia, ele prestou uma declaração incoerente, dizendo que estivera em Whitechapel, caminhando pela Brick Lane, por volta das 4h30 de sábado, quando vira uma mulher ter uma convulsão e cair. Ao tentar ajudá-la, ela mordera sua mão. Exasperado com tal comportamento, ele lhe desferiu um soco e, percebendo a aproximação de dois policiais, saiu correndo. Nada disso explicava a camisa ensanguentada na trouxa de roupas que carregava, nem o sangue que recentemente fora limpo de suas botas. Em Londres, contudo, nenhuma das testemunhas conseguiu identificá-lo. Mesmo assim, ao invés de liberá-lo, achou-se melhor mantê-lo sob custódia até que se soubesse mais a seu respeito. Mas, depois de duas horas na cela, seu comportamento e sua fala se tornaram tão estranhos e incoerentes que um médico foi chamado e, a seu conselho, Piggott foi declarado insano e logo enviado para um hospício em Bow.

Um ponto importante, que teve de ser esclarecido quando o inquérito foi retomado era a hora exata do assassinato de Annie Chapman. De acordo com as provas, o crime teria ocorrido após as 5h30, o que, se correto, significava que o assassino caminhara pelas ruas em plena luz do dia, com sangue nas mãos e nas roupas. Algumas evidências corroboravam essa teoria. Segundo uma declaração policial, um lixeiro vira um homem com roupas ensanguentadas caminhando pela rua por volta desse horário.

Havia dúvidas sobre o horário do crime. O dr. Bagster Phillips concluíra que Chapman estava morta havia duas horas quando examinou o corpo às 6h30. Subsequentemente, ele admitiu que a grande perda de sangue e a baixa temperatura da manhã poderiam ter feito com que errasse nos cálculos. Outra testemunha, que vivia na porta ao lado, disse que cruzava o quintal do número 27 da Hanbury Street quando ouvira claramente uma mulher dizer "Não" do outro lado da cerca. Alguns minutos depois, ouvira algo indo de encontro à cerca. Poderia facilmente ter se enganado quanto ao horário, pois dissera que só se levantara às 5h15 e saíra para o trabalho às 5h30. Seu cronograma parece ser um pouco rígido demais — um pouco mais de flexibilidade poderia explicar a discrepância.

A primeira testemunha foi John Richardson. Sua mãe viúva alugava o térreo de uma casa na Hanbury Street, n. 29, assim como a oficina e o quintal dos fundos. Ela tinha o hábito de deixar a porta aberta, pois confiava na vizinhança. Mas, algum tempo antes, o porão do quintal fora invadido e uma serra e um martelo haviam sido roubados. Desde então, trancava regularmente o porão com cadeado durante a noite. John Richardson costumava conferir a tranca sempre que estava no mercado. No dia do assassinato, fora para casa entre 4h40 e 4h45, apenas uma hora antes de o corpo ser encontrado. Tanto a porta da frente quanto a porta do quintal estavam fechadas. Ele não descera os degraus até o quintal, mas o corpo ainda não estava lá nesse horário. De fato, como uma de suas botas o machucava, ele se sentou no primeiro degrau, com os pés no chão do quintal, e cortou um pedaço de couro da bota com a faca de mesa que, por distração, pegou em casa pela manhã e colocou no bolso. O investigador agarrou-se nessa revelação e o interrogou atentamente sobre a faca, que ele afirmara ter 12 centímetros de comprimento. Richardson foi enviado até sua casa para buscar a faca e o investigador a entregou à polícia (ela ainda estava sobre a mesa onde ele a deixara).

Outro ponto que criara algumas dúvidas sobre a inocência de John Richardson na mente do investigador era o avental de couro que o dr. Phillips encontrara parcialmente imerso em uma bacia de água no quintal. A mãe de Richardson explicou que o filho normalmente usava o avental quando trabalhava no porão. Na quinta-feira, ela o lavara, deixando-o na cerca, onde os oficiais o encontraram na manhã de sábado. A polícia erroneamente assumira que ele pertencia ao Avental de Couro, John Pizer, o fabricante de botas. O sargento Thicke disse que conhecia Pizer havia vários anos e que todos na Hanbury Street se referiam a ele como "Avental de Couro".

Pizer já não estava em custódia. A polícia confirmara seu álibi: ele estivera escondido na casa do irmão e da madrasta durante quatro dias e só cruzara a porta ao ser preso pelo sargento Thicke na manhã de segunda-feira. Seu irmão o aconselhara a não sair, uma vez que ele era o principal suspeito. Em outras palavras, Richardson tinha um álibi inabalável: de quinta-feira, dia 6, até segunda-feira, dia 10, estivera em casa.

Era igualmente importante que tivesse um álibi para a noite de 30–31 de agosto, quando Polly Nichols fora assassinada. Ao ser interrogado, disse ao investigador que passara a noite na casa de cômodos Crossman, na Holloway Road. Ela era chamada de Round-house [Casa Redonda]. Às 23 horas, ele jantara e então caminhara até a Seven Sisters Road. Voltara e descera a Holloway Road, de onde vira o clarão de um grande incêndio nas docas de Londres. Do lado de fora do cortiço, ao voltar, conversara com o encarregado e dois policiais. Quando perguntara onde era o fogo, eles haviam respondido que era longe. Um deles acrescentara que devia ser "perto de Albert Docks". Era por volta de 1h30, pelo que conseguia se lembrar. Então caminhara até a estação ferroviária Highbury antes de, por fim, voltar para o cortiço. Como já passava das 23 horas, quando todas as camas não ocupadas eram alugadas, ele pagara ao atendente noturno 4 xelins por uma cama extra. Antes de se deitar, sentara-se na cozinha e fumara um cachimbo de barro. Na manhã seguinte, fora acordado pelo atendente do dia, que lhe dissera que tinha de sair para que a cama fosse arrumada. Ele se levantara e descera as escadas até a cozinha.

O investigador disse achar justo esclarecer que essa declaração podia ser corroborada. Pizer deixou o tribunal completamente inocentado das alegações que haviam sido feitas a seu respeito e livre para iniciar o primeiro de uma série de processos legais contra os jornais que tanto o haviam difamado.

Em 26 de setembro, o sr. Wynne E. Baxter, investigador de homicídios, fez o sumário das provas — e reservou uma bomba para o fim. Duas coisas estavam faltando no corpo de Annie Chapman: os anéis, que não haviam sido encontrados, e o útero, retirado do abdome. O corpo não fora dissecado, mas os ferimentos haviam sido feitos por alguém com considerável habilidade e conhecimento anatômico. Não havia cortes sem propósito. O órgão que estava faltando caberia em uma xícara de chá; sua ausência poderia não ter sido notada se a autópsia tivesse sido menos cuidadosa.

Uma pessoa inexperiente não poderia ter cometido tal ato, muito menos um mero abatedor de animais, acrescentou, jogando água fria em outra teoria popular. Tinha de ser alguém habituado à sala de autópsia. Era impossível escapar da conclusão de que o desejo de possuir o órgão abdominal ausente fora o motivo do ataque. Se o motivo fosse roubo, os ferimentos nas vísceras não fariam sentido, pois a morte resultara da perda de sangue causada pela laceração da garganta. Além disso, ao comparar o fácil roubo de desprezíveis anéis de latão com um órgão interno cuja remoção exigira ao menos 15 minutos de alguém muito habilidoso, chegava-se à conclusão de que o motivo do ataque havia sido o roubo das vísceras, com o roubo dos anéis sendo apenas uma débil tentativa de mascarar o fato.

Não era necessário presumir que o assassino era lunático, pois havia mercado para tais órgãos. Depois que as evidências médicas iniciais haviam sido publicadas nos jornais, o subcurador do museu de patologia associado a uma das maiores escolas de medicina locais informara ao investigador sobre um incidente que poderia ser importante para o caso. Alguns meses antes, um americano lhe pedira para obter certo número de exemplares do órgão ausente, pelos quais estava disposto a pagar 20 libras cada; espantosamente, planejava anexar um órgão real a cada exemplar da publicação com a qual estava envolvido. Mesmo após ouvir que o pedido era impossível, o americano insistira, explicando que queria que fossem preservados em glicerina para se manterem flácidos. Mais tarde, fizera o mesmo pedido a outra instituição.

O sr. Baxter disse ao júri que passara a informação à Scotland Yard e perguntara se não era possível que alguém, tendo ouvido o pedido do americano, tivesse sido incitado a cometer homicídio visando ao lucro.

Isso, como observou o jornal *The Times* em seu editorial do dia seguinte, não apenas lançava uma luz diferente sobre o assassinato de Annie Chapman como também o atribuía a um motivo estarrecedor. Sessenta anos haviam se passado desde que Burke e Hare haviam cometido a série de homicídios que acrescentara uma nova palavra à língua inglesa — *to burke*, matar alguém com a finalidade de dissecação —, característica principal desses crimes. Alguns anos depois, outro ladrão de corpos fora condenado pelo mesmo crime. O preço por um corpo na época estivera entre 7 e 10 libras, o que, mesmo considerando a desvalorização da moeda, era menos que a soma supostamente oferecida pelo americano. Esse fato, associado à conclusão geral de que o assassino possuía habilidades cirúrgicas e um método especial para deixar as vítimas inconscientes, imediatamente estreitou o campo de busca. Obviamente, ele estava uma classe acima das pessoas que matara e sua educação era consideravelmente superior à dos primeiros suspeitos da polícia.

> "Existe abundância de pistas, desde que sejam seguidas [...]. Espera-se que a polícia siga com grande diligência a valiosa pista revelada pelo inquérito do investigador e, dado que as linhas de sua investigação foram traçadas claramente por uma informação que falhou em conseguir, será um sinal de sua desgraça se não for bem-sucedida."

3.

Duplo evento

Após uma calmaria de três semanas, dois assassinatos igualmente brutais foram cometidos nas primeiras horas de domingo, 30 de setembro, com um intervalo de 15 minutos de caminhada um do outro.

O primeiro corpo foi encontrado logo após uma hora da manhã em um pátio estreito no fim da Berner Street, então uma rua silenciosa que ia da Commercial Road até a ferrovia London, Tilbury & Southend. Na entrada do pátio, havia dois grandes portões, um deles equipado com uma portinhola, usada quando os portões estavam fechados. À esquerda do pátio, ficavam alguns chalés geminados, ocupados por alfaiates e fabricantes de cigarros. A maioria dos residentes estivera na cama desde a meia-noite, mas alguns haviam sido mantidos acordados pelo International Men's Educational Club, do outro lado do pátio, onde, mais cedo naquela noite, houvera um acalorado debate, seguido de canto e dança. Embora já passasse da meia-noite, ainda havia luzes nas janelas do primeiro andar do clube, refletindo nas janelas e telhados dos chalés em frente. À exceção dessa fonte de iluminação, o pátio estava escuro e as lamparinas de rua estavam apagadas. Qualquer um que entrasse no pátio, portanto, teria de tatear seu caminho durante os 5 ou 6 metros de completa escuridão que ladeavam os portões.

O intendente do clube era Louis Diemschutz, que também era vendedor de bijuterias baratas, o que significava que a administração diária do clube ficava sob responsabilidade da esposa. Era por volta de 1 hora quando ele finalmente entrou no pátio com seu pônei e sua charrete de mercado. Mas, logo em seguida, o pônei puxou para a esquerda e se recusou a andar em linha reta. Inicialmente, Diemschutz achou que havia lama ou lixo no caminho, mas, quando o pônei refugou de novo, olhou em volta e viu uma trouxa no chão. Ele a cutucou com o chicote antes de descer e riscar um fósforo para iluminar um pouco o local. Ventava muito e a chama logo se apagou. No entanto, durante o breve clarão, Diemschutz viu que a trouxa era uma mulher, provavelmente embriagada. Ele correu até o clube e pegou uma vela. Alguns dos associados voltaram com ele e o ajudaram a erguer a cabeça e os ombros da mulher. Foi então que descobriram que não estava meramente alcoolizada. Sangue havia coagulado nas pedras do calçamento, oriundo do corte em sua garganta, e uma quantidade muito maior — cerca de meio litro, em sua avaliação — escorrera até a porta do clube. Suas puídas roupas pretas estavam molhadas por causa da chuva. Quando a ergueram, viram que os braços estavam dobrados sob ela, uma das mãos segurando um pacote de pastilhas. Flores vermelhas e brancas estavam presas ao casaco forrado de pele.

Imediatamente, vários homens partiram em busca de um policial. Quando foi encontrado, seus apitos fizeram com que outros fossem correndo até o pátio e os chalés, que foram rapidamente isolados. O dr. Bagster Phillips examinou o corpo e confirmou a morte. Colocando a mão por entre a jaqueta e o vestido da mulher, que estavam intactos, disse a um dos policiais que ela ainda estava morna. Então, em busca de manchas de sangue, examinou as mãos e as roupas de todos que estavam no clube ou viviam nos chalés, para indignação geral. Eles ficaram igualmente enraivecidos quando suas casas foram cuidadosamente vasculhadas. Às 5 horas, a polícia finalmente desistiu da busca. Àquela altura, já circulavam notícias de que um segundo corpo fora encontrado a quase 2 quilômetros dali, em Mitre Square, na City.

O jornal *The Times* afirmou que "o assassino, se não for insano, parece não ter qualquer receio de ser interrompido enquanto realiza seu horrendo trabalho". Ele correra riscos imensos. Mitre Square tinha três entradas — uma pela Mitre Street e duas passagens por Duke Street e St. James's Place. Em dois lados da praça, havia armazéns pertencentes a Kearley & Tonge, guardados por um vigia noturno. No terceiro lado, oposto ao local onde o corpo fora encontrado, havia duas casas antigas, uma vazia e outra ocupada por um policial. No quarto lado, três casas vazias. A cada 15 minutos, durante toda a noite, a praça era patrulhada por um policial: à 1h30, a praça estivera vazia; à 1h45, ele encontrara o corpo.

Em certo sentido, o quarto assassinato era único. Como se descobriu, a vítima fora a única a ser assassinada na City de Londres e a investigação, ao contrário dos outros assassinatos, estava a cargo dos policiais da City. Responsáveis por apenas pouco menos de 3 km², eles respondiam à City of London Corporation, ao passo que Sir Charles Warren e a Polícia Metropolitana respondiam ao Ministério do Interior. O comissário era Sir James Fraser, mas, como se aproximava da aposentadoria e estivera ausente por dois meses, a investigação ficou a cargo do comissário em exercício, major Henry Smith, descrito por um contemporâneo como piadista e bom camarada. Desde agosto, ele estivera desesperado para colocar as mãos no assassino e, para garantir seu sucesso, destacara cerca de um terço da força em roupas civis, com instruções para que, como candidamente admitiu em suas memórias, os policiais fizessem "tudo que, em circunstâncias ordinárias, não devem fazer. Isso subvertia a disciplina, mas eles eram supervisionados por oficiais superiores. O clima estava ótimo e eu tinha poucas dúvidas de que estavam se divertindo, sentados em degraus, fumando cachimbos, frequentando pubs e fofocando".

Smith começava a achar que o assassino fugira para o exterior ou desistira dos crimes quando foi acordado com a notícia sobre o assassinato na Mitre Square. Ele estivera passando uma noite desconfortável no distrito policial de Cloak Lane, perto da Southwark Bridge. Havia um depósito ferroviário na frente do distrito e um armazém de peleiro nos fundos, o que significava que o enjoativo cheiro das peles estava sempre presente. Dormir era uma impossibilidade e foi um alívio quando o sino perto de sua cabeça tocou com violência. Depois de ser informado sobre o ocorrido, em poucos minutos ele se vestiu e embarcou na carruagem, que detestava:

> Afirma-se que essa invenção do demônio é segura. Não é segura nem agradável. Quando o vidro está baixado, geralmente seu chapéu é esmagado, os dedos ficam presos entre as portas ou metade dos dentes da frente acaba frouxa. Com uma licença para carregar duas pessoas, não demorei muito para descobrir que um superintendente de 95 quilos do lado de dentro comigo e três detetives se segurando atrás não contribuíam nem para o conforto nem para a segurança. Embora a carruagem parecesse uma nau durante uma tempestade, chegamos ao nosso destino — Mitre Square — sem incidentes e lá encontrei um pequeno grupo de meus homens cercando o corpo mutilado de uma mulher.

Ela estava deitada de costas, com a perna esquerda estendida e a direita flexionada. A garganta estava lacerada e ela fora horrivelmente mutilada. Um talho largo na bochecha esquerda cortara a ponta do nariz e parte da orelha direita, que, no necrotério, rolou de suas roupas. Fora cortada do reto ao esterno e eviscerada. Alguns dos cortes haviam sido feitos através das roupas, o que teria reduzido o risco de manchas de sangue no assassino, o qual, deduziram os médicos, ajoelhara-se do lado direito do corpo, abaixo da cintura. A saia do vestido de chita com falbalá triplo apresentava um corte irregular de 16 centímetros partindo da cintura; o corpete, de áspero tecido marrom com gola de veludo preto, mostrava um corte limpo de 12,5 centímetros, da direita para a esquerda; a saia muito velha de alpaca marrom tinha um corte serrilhado descendente de 26 centímetros na parte da frente da cintura; a saia azul com babados vermelhos, também muito velha, tinha um corte irregular de 26 centímetros na cintura; a camisa branca de morim estava rasgada na parte da frente e completamente ensanguentada. Era o único vestígio de sangue na parte frontal das roupas. As peças remanescentes incluíam uma jaqueta preta de tecido com forro imitando pele; uma anágua rígida cinza; um colete masculino branco; nenhum espartilho ou roupas de baixo; meias caneladas marrons e cerzidas com linha branca; e um par de botas masculinas com o pé direito remendado com barbante vermelho. Seu chapéu de palha preto, enfeitado com contas pretas e veludo preto e verde, ainda estava amarrado à parte de trás da cabeça.

Os bolsos carregavam provavelmente tudo que ela possuía: duas bolsinhas azuis de tecido; dois cachimbos curtos de barro, pretos; uma latinha de açúcar e outra de chá; uma flanela e seis pedaços de sabão; um pente pequeno; uma faca de mesa, branca com cabo de osso e correspondente colher de chá de metal; uma caixa de cigarro vermelha com enfeites metálicos brancos; uma caixa de fósforos de estanho, vazia; um pedaço de flanela vermelha contendo alfinetes e agulhas; uma bola de cânhamo; um velho avental branco; um pedaço de um par de óculos; e dois lenços, um com borda vermelha. O dr. Frederick Brown e o dr. Sequeira fizeram um exame inicial na Mitre Square e outro mais detalhado no necrotério, naquela tarde de domingo. O dr. Brown disse que os braços estavam ao lado do corpo, com as palmas das mãos viradas para cima, e os intestinos haviam sido retirados do corpo e colocados do lado direito, espalhados de maneira peculiar: um pedaço de aproximadamente 60 centímetros estava bastante separado e posicionado entre o corpo e o braço esquerdo, aparentemente de propósito. O lóbulo e a aurícula da orelha direita haviam sido cortados obliquamente. Havia algum sangue coagulado no calçamento, do lado esquerdo do pescoço, e o corpo estava tépido. Em torno do pescoço, um pedaço de seda vermelha com vários cortes.

Eles examinaram o corpo logo depois das 2 horas e concluíram que a morte ocorrera cerca de meia hora antes. Não havia esguichos de sangue nas pedras do calçamento em torno do corpo. Não havia traços de relação sexual recente.

O exame no necrotério constatou a inexistência de ferimentos no escalpo, costas ou cotovelos. Os médicos acreditavam que o ferimento na garganta, um corte de aproximadamente 15 centímetros, fora o primeiro e que a vítima estivera deitada no chão ao recebê-lo. Não teria havido barulho. A garganta fora instantaneamente lacerada. A morte teria sido imediata e as mutilações, *post mortem*. Não haveria muito sangue nas roupas do assassino, que utilizara uma faca de ponta com lâmina de 15 centímetros. Após retirar cuidadosamente o rim esquerdo, ele ainda tivera tempo de remover as pálpebras enquanto desfigurava o corpo. Uma análise subsequente do conteúdo estomacal não mostrou nenhum sinal de envenenamento. Ao menos 5 minutos haviam sido necessários para a evisceração e as mutilações.

Uma possível explicação para a retirada da ponta do nariz, que parece nunca ter sido considerada, era de que essa era a maneira de o assassino marcar a mulher, de forma verdadeira ou não, como sifilítica. Muito disseminada na era vitoriana, a sífilis, em seu estágio terciário, corrói o osso do nariz, deixando um buraco no rosto. Era tão grande o número de sifilíticos apresentando sintomas dos últimos estágios da doença que narizes artificiais estavam disponíveis em toda parte. Na Grande Exibição de 1851, um fabricante ofereceu narizes artificiais de prata de lei, enquanto outro, de Whitechapel, onde a prostituição era corrente, oferecia produtos mais baratos. Remover o nariz pode ter sido o modo de o assassino dizer que ela era tanto sifilítica quanto prostituta.

O major Henry Smith ordenara que todo casal visto após a meia-noite fosse parado e interrogado. O major estava convencido de que, se as ordens fossem cumpridas, o assassino seria pego. O que o irritava agora era que a mulher, Catherine Eddowes, estivera sob custódia policial, em um distrito da City, até pouco antes de sua morte.

Às 20h30 de sábado, ela fora encontrada embriagada, caída em uma calçada em Aldgate. O policial Robinson, distintivo 931, a ajudara a se levantar e a apoiara contra algumas venezianas, mas ela caíra novamente.

Ele então a levara até o distrito policial de Bishopsgate e a colocara em uma cela até se recuperar. À meia-noite, fora ouvida cantando e, cerca de meia hora depois, perguntara quando seria solta, pois era capaz de se cuidar. Era uma política normal e humana liberar os embriagados depois que ficavam sóbrios, em vez de levá-los ao tribunal e submetê-los a uma multa que poucos podiam pagar. Ela fora liberada e, após dizer "Boa noite, meu velho", caminhara para fora do distrito, em direção a Houndsditch e Mitre Square, que ficava a menos de 400 metros.

Em algum ponto dessa trajetória, encontrara o Estripador.

Quando fora liberada, dissera que seu nome era Kate Kelly (Eddowes era seu nome de solteira), moradora da Fashion Street, n. 6, em Spitalfields. Em seu bolso, havia duas cartelas de penhor, uma delas em nome de Kelly. Seu nome de casada na verdade era Conway, mas, durante os últimos sete anos, vivera com certo John Kelly. Os três ganhavam a vida como mascates. Conway a deixara sete ou oito anos antes por causa da bebida (ele era abstêmio) e ficara com os três filhos, dois meninos e uma menina, Annie. Esta última, então com 23 anos e casada, testemunhou durante o inquérito. Ela disse que não via a mãe havia 25 meses; na época, estava grávida e a mãe lhe pedira dinheiro. Intencionalmente, não informara onde os irmãos moravam, para que a mãe não os incomodasse também. O pai morara com ela e o marido até dezoito meses antes, mas Annie não sabia onde ele e os irmãos — então com 15 e 20 anos — estavam vivendo. A polícia fora incapaz de encontrá-los.

Eddowes provavelmente se unira a John Kelly assim que o marido a deixara. De acordo com Kelly, eles haviam sido colocados juntos várias vezes no cortiço onde viviam, na Flower and Dean Street, n. 25, razão pela qual haviam se aproximado. Ela costumava fazer faxinas ocasionais, e ele pegava todos os trabalhos que conseguia no mercado. Ela bebia, mas não causava problemas. Na maioria dos anos, eles colhiam lúpulo, tanto para diversão quanto para ganhar dinheiro. Mas não haviam se saído muito bem naquele ano e então caminharam de volta para a cidade, chegando na quinta-feira, 27 de setembro. A sorte, como sempre, estava contra eles. Não tinham dinheiro e a única coisa de valor que possuíam era um par de botas, que penhoraram a fim de conseguir um pouco de comida. Haviam conseguido 1 xelim e 6 *pennies* pelas botas e o mesmo valor por uma camisa masculina de flanela. Passaram a primeira noite de volta a Londres na ala de mendigos de um abrigo na Shoe Lane. Na sexta-feira, Kelly conseguira ganhar 6 *pennies* e quisera gastá-los em comida, mas Kate lhe dissera para pegar 4 *pennies* e ir até o cortiço, onde conseguiria alojamento pelo menos por uma noite. Então pegara os 2 *pennies* restantes e fora para o Abrigo Mile End. Kelly a vira às 8 horas da manhã seguinte e novamente na tarde de sábado, quando ela lhe dissera que iria até Bermondsey para tentar encontrar a filha Annie e presumivelmente conseguir algum dinheiro com ela. Mais tarde, ele ouvira que Kate fora presa porque bebera um pouco. Kelly não se preocupara em procurá-la, pois tinha certeza de que voltaria na manhã de domingo.

Quando o corpo de Eddowes estava sendo despido no necrotério, os detetives notaram que parte do ensanguentado avental em torno do pescoço fora cortada. O pedaço ausente foi encontrado logo depois na Goulston Street, que ficava a 540 metros, ou uns 10 minutos de caminhada, da Mitre Square. O pedaço de material, que parecia ter sido usado para limpar a faca, fora jogado na passagem para alguns apartamentos. Era impossível dizer se o sangue era humano. Ele foi recolhido por um patrulheiro, o oficial Alfred Long, que imediatamente fez uma busca na escadaria próxima à procura de manchas de sangue. Enquanto vasculhava o local com seu lampião, viu que uma mensagem (que transcreveria erroneamente) fora garatujada nos lambris negros da parede. A mensagem, escrita com carvão — "em boa caligrafia manuscrita", de acordo com uma testemunha —, dizia:

Os judeus não são
Os homens que
Serão
Culpados de nada

Ele presumiu que a frase deveria ter sido escrita recentemente porque, dada a quantidade de pessoas que viviam nos apartamentos, as palavras certamente teriam sido apagadas logo depois de escritas.

Assim que o oficial relatou sua descoberta no distrito policial da Leman Street e entregou o material recolhido ao dr. Phillips, os detetives seguiram para o edifício. Fizeram buscas nos apartamentos e na vizinhança, mas, como sempre, nada encontraram. Um dos detetives da City, Daniel Halse, ficou para trás, enviando ao chefe do Departamento de Investigação Criminal, sr. McWilliam, a mensagem de que esperaria na passagem até que houvesse luz suficiente para fotografar as palavras. Isso porque a Goulston Street estava na jurisdição da Polícia Metropolitana e o superintendente Arnold, encarregado da divisão, queria que as palavras fossem apagadas, pois achava que, se vistas, poderiam inflamar os preconceitos locais e aumentar o risco de agitações antissemitas. Contudo, ele não estava disposto a assumir a responsabilidade pela destruição de uma peça tão vital de evidência. Sua solução foi enviar um inspetor, que ficou aguardando no local com uma esponja.

Sir Charles Warren, comissário da Polícia Metropolitana, não tinha dúvidas sobre o que precisava ser feito quando chegou ao distrito policial da Leman Street pouco antes das 5 horas. Ele correu até a Goulston Street e ordenou que as palavras fossem apagadas. Halse tentou persuadi-lo a esperar apenas mais uma hora, até que houvesse luz suficiente para uma fotografia. Mais tarde, em uma carta de justificativa ao ministro do Interior, Warren disse ter achado que, se esperassem mais, o prédio poderia ser destruído. Os comerciantes estavam começando a montar suas barracas e as ruas em breve estariam cheias.

A explicação de Warren deveria ter sido ignorada pelo disparate que era. Seguramente de volta à Scotland Yard, ele deve ter percebido que, ao ordenar a destruição da mensagem, expusera-se não somente a ainda mais críticas da imprensa, mas também ao criticismo da própria força policial. Ele fizera algo que, no caso de qualquer outro policial, teria justificado dispensa imediata: destruíra provas *prima facie* em uma importante investigação. O Ministério do Interior lhe pediu que fizesse um relatório justificando seu comportamento, e ele só conseguiu se livrar afirmando que, se a mensagem fosse deixada lá por mais uma hora, a casa teria sido destruída por manifestantes antissemitas. Foi muito econômico com a verdade. A passagem onde a mensagem fora escrita não pertencia a uma casa. Era uma de várias escadarias em um grande e solidamente construído edifício de cinco andares, como ainda se pode ver atualmente. Não havia possibilidade de ser destruído em tão pouco tempo e, com todos os recursos a sua disposição, era ridículo que Warren argumentasse que não podia manter a rua segura e deixar a mensagem intacta por mais uma hora. Uma possível explicação para sua ação é o fato de ser maçom de alto nível e, como se sugeriu, ter percebido que a mensagem possuía conotações maçônicas.

Warren rejeitara a sugestão de que a mensagem fosse temporariamente coberta, pois achava que havia perigo de tumulto enquanto ela permanecesse no local. E também várias propostas de compromisso — de Halse, para que apagassem apenas a primeira linha, e de um de seus próprios homens (provavelmente o superintendente Arnold), para que apagassem apenas a palavra "judeus". De acordo com o major Smith, comissário em exercício da Polícia da City, assim que as palavras foram copiadas, Warren as apagou pessoalmente.

Quais eram as palavras exatas ainda é questão de debate. A controvérsia começou já no inquérito. O policial Long (Polícia Metropolitana) disse que eram "Os judeus são os homens que não serão culpados de nada". Sua acuidade é questionável, pois ele admitiu que não notara a maneira como a palavra "judeus" fora escrita [*Juwes*, e não *Jews*] até que um inspetor comentasse o fato. Quando se pediu que o detetive Halse (City) fornecesse as palavras exatas, ele respondeu: "Os judeus não são os homens que serão culpados de nada." Como Halse estivera na cena por mais tempo, tentando obter uma fotografia e argumentando pela preservação da mensagem, a balança das probabilidades tende para sua versão. Mas, tanto para Smith quanto para Warren, admitir que seu homem estava errado significaria uma inaceitável perda de dignidade — o que provavelmente é a razão de não haver consenso sobre a mensagem. Se, contudo, foi escrita como demonstrado anteriormente, com uma letra maiúscula no início de cada sentença, então ela se conforma à descrição de Halse, com três linhas. (O exemplo de Stephen Knight em seu livro sobre o Estripador segue a versão de Long e ocupa seis linhas. Ele argumenta que o escrevente tentou imitar a versão manuscrita, mas isso não tem sentido. É a cópia de uma cópia. A fonte foi a caderneta de Long, que teve de ser trazida de Westminster — presumivelmente da Scotland Yard — quando o investigador pediu que o policial a mostrasse, pois estava testemunhando de memória.)

Smith já fora para a cama quando Warren chegou à sede da Polícia da City para contar o que havia feito. Coube ao chefe do Departamento de Investigação Criminal, sr. McWilliam, dizer-lhe bruscamente que cometera um erro ao destruir a mensagem, pois a fotografia poderia revelar pistas.

Smith percorrera as ruas durante a maior parte da noite, esperando em vão por uma prisão. Na Dorset Street, seus homens estavam tão perto do rastro do assassino que ele chegara a tempo de ver a água ensanguentada onde o Estripador supostamente lavara as mãos. Finalmente, fora para a cama por volta das 5 horas, "após uma noite muito cansativa" e sentindo--se "completamente derrotado".

No inverno de 1887–1888, as relações entre o comissário da Polícia Metropolitana (Sir Charles Warren) e o ministro do Interior (Henry Matthews) se tornaram cada vez piores. Warren também estava em conflito com o chefe do Departamento de Investigação Criminal, James Monro. De acordo com um de seus contemporâneos, "Warren era o melhor homem que tínhamos em Whitehall, mas provavelmente a pior nomeação, pois tinha necessidade de ser independente e o comissário de polícia é mantido em rédeas muito curtas pelo Ministério do Interior. Matthews era um advogado excepcionalmente bom, mas bastante inábil ao lidar com homens".

O principal conflito entre Warren e o Ministério do Interior era o fato de este interferir demais na administração interna da força e não lhe dar a liberdade à qual ele alegava ter direito pelo estatuto que o nomeara comissário. Certamente, tinha razão ao pedir um inquérito sobre as relações entre a polícia e o Ministério do Interior. Confrontado com (e constantemente lembrado de) memorandos e cartas que nunca vira, ele podia apenas manter sua posição e insistir em seus direitos legais.

Seu conflito interno com Monro, chefe do Departamento de Investigação Criminal desde 1884, era sobre a alegação de independência de seu departamento — um Estado dentro do Estado, na verdade, e livre do controle do comissariado. O *The Times* relatou que as informações que Monro entregava a Sir Charles eram as mais escassas possíveis. Embora tivesse o cargo de comissário assistente, Monro alegava ser independente do comissário e responsabilidade apenas do ministro do Interior — tanto que se recusou a permitir que Warren visse sua correspondência. O Ministério do Interior jogava um contra o outro e Matthews aborreceu Warren ainda mais ao escrever diretamente a Monro. Tal estado de coisas não podia durar indefinidamente e, em agosto de 1888, Warren obrigou Monro a pedir demissão.

Os oficiais do Departamento de Investigação Criminal, como observou Robert Anderson ao assumir o lugar de Monro, em setembro de 1888, já estavam desmoralizados pela maneira como seu antigo chefe fora tratado. Toda sorte de rumores foi espalhada sobre seu possível sucessor e, por alguma "razão oculta", Anderson teve de jurar manter segredo quanto a sua nomeação. Como tinha o hábito de se encontrar frequentemente com Monro para discutir outras questões relacionadas ao Ministério do Interior, quando Warren começou a lhe fazer visitas regulares, concluiu-se, de forma imediata e errônea, que o comissário o espionava por ser amigo de Monro. A indignação era tão grande entre os oficiais superiores que Anderson teve grande dificuldade para impedir que seu principal subordinado se demitisse.

Uma situação complicada ficou ainda pior, pois o próprio Anderson sofria o desgaste de longos períodos de estresse e se mostrava fisicamente inadequado para o trabalho. Seu médico insistiu para que tirasse dois meses de repouso absoluto e lhe disse que provavelmente lhe daria um atestado para dois meses adicionais de licença médica. Anderson respondeu que isso estava fora de questão. E disse ao ministro do Interior que, para "sua grande aflição", não podia começar no novo emprego sem antes passar um mês de férias na Suíça. Assim, uma semana após assumir o cargo como chefe do Departamento de Investigação Criminal, ele cruzou o canal da Mancha.

Na noite anterior a sua partida, Annie Chapman foi assassinada na Hanbury Street. Logo os jornais começaram a comentar sua ausência.

Cartas vindas de Whitehall (presumivelmente pedindo seu retorno) forçaram Anderson a passar a última semana de férias em Paris, a fim de estar mais próximo do gabinete. Ele chegou a Paris na noite dos assassinatos da Berner Street e Mitre Square. No dia seguinte, um apelo urgente do ministro do Interior o forçou a voltar a Londres. Ele passou o dia do retorno e metade da noite subsequente reinvestigando o caso. No dia seguinte, teve uma reunião com Matthews, que lhe disse que era sua responsabilidade encontrar o assassino, mas Anderson negou com a cabeça.

— Minha responsabilidade — disse ele — é tomar todas as medidas legítimas para encontrá-lo.

Ele achava que, até então, os métodos policiais haviam sido "completamente indefensáveis e escandalosos, pois aquelas infelizes definitivamente exerciam seu ofício sob proteção policial". E chegou a sugerir que todas as prostitutas encontradas nas ruas após a meia-noite fossem presas ou avisadas de que a polícia não as protegeria. A primeira medida foi considerada muito drástica e, consequentemente, de acordo com Anderson, a segunda foi adotada.

O *The Times* afirmou que Warren enviara "cada homem disponível" para o East End, na esperança de capturar o assassino em flagrante.

Na ausência de Anderson, Warren decidira colocar toda a investigação nas mãos de um único homem, que seria os olhos e ouvidos do comissário. O escolhido foi o inspetor-chefe Donald Swanson, e não o inspetor Abberline, como popularmente se acredita. Warren achava que os assassinatos seriam solucionados com facilidade e, de maneira confiante — embora tola em retrospecto —, escreveu, em 15 de setembro (grifos do autor): "Estou convencido de que o homicídio de Whitechapel pode ser resolvido com sucesso se for tratado de maneira sistemática. *Chego a dizer que eu mesmo resolveria o mistério em poucos dias, se tivesse tempo e dedicasse atenção somente a ele.*"

O encarregado local era o inspetor Frederick George Abberline. Sabe-se tão pouco a seu respeito que é válido expor os parcos detalhes conhecidos. De acordo com os registros da Scotland Yard, ele nasceu em Blandford, Dorset, em 8 de janeiro de 1843 e ingressou na Polícia Metropolitana em 5 de janeiro de 1863. Os registros o descrevem como tendo 1,76 m, cabelo castanho-escuro, olhos cor de avelã e tez clara. Mais mundanamente, tinha uma veia varicosa na perna esquerda, logo abaixo do joelho. O nome de sua esposa era Emma, mas não se sabe onde e quando se casaram. Ele foi nomeado para a Divisão N ao ingressar na instituição, promovido a sargento em 19 de agosto de 1865 (muito rapidamente), transferido para a Divisão Y em 10 de outubro de 1865 e promovido a inspetor em 10 de março de 1878. Foi transferido para a Divisão A e então para a Divisão CO em 19 de novembro de 1887. Foi nomeado inspetor de primeira classe em 9 de fevereiro de 1888 e inspetor-chefe em 22 de dezembro de 1890.

Abberline fora um dos quatorze "nomeados de divisões", em 1878, para o recém-formado Departamento de Investigação Criminal, que substituiu o velho Departamento de Detetives. Era um homem de fala macia, corpulento, com a aparência de gerente de banco ou advogado. Possuía conhecimento inigualável sobre o East End e, durante muitos anos, fora inspetor da divisão de Whitechapel, que deixou apenas ao ser promovido para a Scotland Yard. Era o mais conhecido do esquadrão de detetives que investigava Whitechapel. A partir de 30 de setembro, seus principais assessores foram os sargentos Thicke, McCarthy e Pearce (todos da Divisão H). Em média, cada um deles tinha de conduzir cerca de trinta investigações principais por semana em Londres e nos subúrbios.

Após o assassinato de Emma Smith, em abril, as pessoas haviam começado a comentar nas esquinas sobre sua morte, mas nada mais que isto — crimes brutais e mesmo assassinatos não eram incomuns em Whitechapel. Não havia indícios do pânico e do medo que se seguiriam, quando as pessoas começariam a andar em grupos, muitas vezes com terror absoluto estampado no rosto. Mas, quando o pânico se dissipasse, começariam a andar em pares e, finalmente, a brincar sobre os assassinatos com o policial local que patrulhava a Flower and Dean Street, dizendo "Sou a próxima de Jack" ou "É ele ou a ponte". Os homens com frequência ameaçavam, particularmente em disputas domésticas: "Será Whitechapel para você."

Os policiais da Scotland Yard deviam manter os jornais a distância. Inevitavelmente, a imprensa, com poucos fatos com que trabalhar, voltou sua atenção para a polícia como um todo e para indivíduos como o comissário, mas nenhum deles — incluindo Abberline — tinha permissão para dar entrevistas. Essa política estava errada. Como escreveu um policial mais tarde: "Sempre achei que as mais altas autoridades policiais, ao ignorar o poder da imprensa, deliberadamente rejeitaram um grande aliado potencial e, de fato, podem ter transformado esse aliado em inimigo."

A primeira teoria da polícia era de que os assassinatos eram obra de uma gangue que chantageava as mulheres. A hipótese rapidamente deu lugar a uma segunda, mais provável, de que eram de autoria de um único homem. Uma vez que isso foi percebido, tornou-se muito mais difícil obter informações. As pessoas achavam que, se a teoria fosse verdadeira, então os riscos pessoais para si mesmas eram muito maiores, pois ele não tinha cúmplices para traí-lo. Em vez de arriscar as próprias vidas, elas omitiam informações que poderiam ter levado ao assassino. Inevitavelmente, havia um contínuo fluxo de informações para a polícia, algumas vindas de pessoas que ansiavam por publicidade e queriam apenas ver seu nome nos jornais, e grande parte delas era inútil.

Uma questão permanente era a motivação do assassino. As vítimas eram pobres demais para justificar roubo; o que tinham em comum era o fato de serem prostitutas.

O Ministério do Interior se recusou a oferecer recompensa pela captura do assassino. (Um jurado do inquérito observou, com alguma veemência, que, se a vítima tivesse vindo do West End, o contrário seria verdadeiro.) Warren era a favor da recompensa, mas foi vencido pelo ministro. Havia boas razões para tal decisão. A experiência mostrara que as recompensas costumavam ser uma tentação forte demais para os vigilantes e policiais autointitulados e proporcionava a formação de complôs sangrentos, nos quais o dinheiro da recompensa levava os conspiradores a incriminar homens inocentes, resultando em mortes e prisões indevidas. Os últimos julgamentos dessa natureza haviam sido em 1816 e 1818. Mesmo assim, particulares ainda as ofereciam.

Com o aumento do terror, o apetite por sangue se tornou mais voraz. Entre os homens que se concentravam na Hanbury Street e arredores, estava o policial Walter Dew, que mais tarde se tornaria famoso como o homem que prendeu Crippen.* Ele estava na Hanbury Street quando avistou um vilão local, chamado Squibby, procurado por agressão (ele estivera jogando tijolos em um policial quando um deles atingiu uma criança). Enquanto se aproximava para realizar a prisão, Squibby se esgueirou por entre as pernas de um cavalo e correu, com Dew logo atrás brandindo o cassetete. Imediatamente, a multidão concluiu que o homem que perseguia era Jack, o Estripador.

— Jack, o Estripador! Jack, o Estripador! Vamos linchá-lo — gritaram.

* Hawley Harvey Crippen (1862 – 1910), conhecido como dr. Crippen, acusado de assassinar a esposa e ocultar seu cadáver, foi capturado ao fugir de navio para o Canadá e condenado à morte. É considerado um dos criminosos mais famosos da história do Reino Unido e foi o primeiro a ser capturado com o auxílio da comunicação sem fio. [*N. do R.*]

O grito foi rapidamente ecoado e, enquanto corria, Dew podia ouvir centenas de pés atrás de si. Na Flower and Dean Street, Squibby correu para um cortiço e então para o prédio ao lado, onde foi pego enquanto tentava escalar uma janela traseira. A reação imediata de Dew foi se preparar para a briga. Normalmente, eram necessários seis ou oito policiais para levar Squibby até o distrito. Dessa vez, contudo, o homem tremia de medo. Do lado de fora, a multidão gritava:

— Vamos linchá-lo! Tragam-no para fora!

Felizmente, outros policiais chegaram à casa a tempo e formaram uma barricada contra a multidão na porta, enquanto outros correram até os distritos policiais da Leman e da Commercial Street em busca de reforços. Isso apenas confirmou as suspeitas da multidão de que a polícia prendera o assassino e os gritos de "Vamos linchá-lo", "Vamos matá-lo" e "Vamos pegá-lo" se tornaram ainda mais insistentes.

Enquanto a polícia tentava forçar caminho pela multidão, os gritos se tornaram ainda mais furiosos. A turba investiu contra a linha de policiais que a tentava conter e fez esforços determinados para pegar Squibby. Mas os policiais conseguiram enfiar o prisioneiro em um coche e, com escolta, levá-lo até o distrito. Mesmo assim, o coche quase foi virado. No mercado de Spitalfields, eles foram obrigados a descer do veículo e forçar caminho por entre uma linha dupla de policiais para chegar ao distrito policial da Commercial Street, atravessando a multidão frenética. Mesmo depois de chegarem ao distrito, a multidão não desistiu de linchar o prisioneiro. Várias vezes, o prédio foi invadido. Todos os esforços para demonstrar que o homem não tinha nada a ver com os assassinatos foram em vão e passaram-se várias horas antes que a situação se acalmasse.

Tudo isso, como afirmou Dew, porque algum tolo, vendo um homem sendo perseguido pela polícia, gritara: "Jack, o Estripador!"

Em 1º de outubro, a noite após seu assassinato, a vítima da Berner Street foi identificada como Elizabeth Stride. Uma das testemunhas, que foi levada ao necrotério para identificá-la, também a conhecia como Annie

Fitzgerald. Ela era detida regularmente por embriaguez, mas, sempre que era acusada, negava estar embriagada e dizia sofrer convulsões. O inquérito foi realizado em Vestry Hall, Cable Street, sob a presidência do sr. Wynne E. Baxter. Uma das testemunhas, um inquilino da Flower and Dean Street, n. 32, que conhecia Stride havia seis anos, disse que sempre a conhecera como Long Liz. Isso não era referência a sua altura. Fazia parte do humor do East End que homens e mulheres cujo sobrenome fosse Stride [passo, pernada] tivessem "Long" [longo] acrescentado antes do primeiro nome. Ela também era chamada de Mother Gum [Mãe Gengiva], pois, quando ria, uma peculiaridade de sua boca expunha a gengiva superior. Outra testemunha foi Sven Olsson, sacristão da igreja sueca em Trinity Square, que a conhecia havia ainda mais tempo, dezessete anos.

Seu nome de solteira era Elizabeth Gustafsdotter. Nascera em 27 de novembro de 1843 na paróquia de Torslanda, norte de Gotemburgo, Suécia. Era filha de um fazendeiro chamado Gustaf Ericsson e de sua esposa Beata Carlsdotter. Sua fazenda era chamada de Stora (Grande) Tumlehed. Elizabeth tinha uma irmã e dois irmãos. Foi crismada na igreja de Torslanda em 1859. Em 14 de outubro de 1860, após deixar a escola e ter idade suficiente para trabalhar longe de casa, solicitou um certificado de alteração de residência e se mudou para a paróquia de Carl Johan, em Gotemburgo, onde trabalhou como criada até 1864 para um operário chamado Lars Fredrik Olofsson, que tinha quatro filhos. Ela se mudou novamente e, em 2 de fevereiro de 1862, solicitou um novo certificado à paróquia da Catedral de Gotemburgo, mas seu endereço residencial e local de trabalho não são conhecidos. Novamente informou trabalhar como criada.

Em março de 1865, foi registrada como prostituta pela polícia de Gotemburgo. No mês seguinte, deu à luz uma menina natimorta. Possivelmente a gravidez a forçou a trabalhar nas ruas, como única maneira de garantir seu sustento. De acordo com o registro oficial — entrada número 97 —, em outubro do mesmo ano morou em Philgaten, Östra Haga, um subúrbio de Gotemburgo. Foi descrita como de compleição magra, olhos azuis, cabelo castanho, nariz reto e rosto oval. As entradas no registro em outubro e novembro de 1865 são notificações de doenças transmissíveis. Ela estivera duas vezes no Kurhuset, o hospital para doenças venéreas, da última vez três semanas antes. A entrada de 17 de outubro especifica cancro (úlcera venérea), mas as entradas de 3, 7, 10 e 14 de novembro declaram que estava "saudável". Após a última entrada, disseram-lhe que já não precisava mais se reportar à polícia.

Em 7 de fevereiro de 1866, ela solicitou um novo certificado de alteração de residência da paróquia da catedral para a paróquia sueca em Londres. De acordo com o certificado, conseguia ler razoavelmente bem, mas tinha pouco entendimento da Bíblia e do catecismo. Foi registrada em Londres em julho de 1866 como mulher solteira. Acredita-se que seu primeiro emprego tenha sido com uma família em Hyde Park. Em 1869, supõe-se que tenha se casado com John Thomas Stride, carpinteiro que vivia em Sheerness. Subsequentemente, alegou que ele, com dois de seus nove filhos, estava entre os mais de novecentos afogados do vapor *Princess Alice*, abalroado e afundado por um navio carvoeiro em Woolwich, em 1878. A lista de passageiros, todavia, mostra que ninguém chamado Stride estava a bordo e o único caso relatado de um pai com dois filhos se afogando foi o de um contador com dois meninos de 7 e 10 anos.

Durante os três anos anteriores a sua morte, viveu na Fashion Street com um trabalhador das docas chamado Michael Kidney. Ocasionalmente, ganhava dinheiro costurando e fazendo faxina, mas, sempre que sentia vontade ou quando as restrições de sua vida se tornavam insuportáveis, ela se afastava dele por um tempo. Durante o período que estiveram juntos, chegaram a ficar separados por aproximadamente cinco meses. A causa era sempre a mesma: bebida. Kidney nunca fora atrás dela, pois sabia que voltaria quando estivesse pronta. Na terça-feira anterior, ela fora embora novamente. Ele só voltaria a vê-la ao identificar seu corpo no necrotério.

Ela parecia ter ido diretamente para o número 32 da Dean Street, onde fora vista na noite seguinte pelo dr. Thomas Bernardo, que se tornaria suspeito dos crimes do Estripador. Médico e cirurgião com então 40 anos e com conhecimento das ruas e da escória do East End, ele escreveu para o jornal *The Times*:

> Apenas quatro dias antes dos assassinatos recentes, visitei o número 32 da Flower and Dean Street, a casa na qual a desafortunada chamada Stride ocasionalmente se hospedava. Estivera examinando muitos cortiços em Bethnal Green naquela noite, querendo ouvir as opiniões dos inquilinos sobre certo assunto. Na cozinha do número 32, havia muitas garotas e mulheres da mesma classe infeliz a que pertencia a pobre Elizabeth Stride. Elas rapidamente me reconheceram e a conversa se voltou para os assassinatos anteriores. As pensionistas na cozinha pareciam muito assustadas com os perigos a que presumivelmente estavam expostas. De maneira didática, expus a elas a cena que surgira em minha mente, pela qual as crianças poderiam ser salvas da contaminação dos cortiços e das ruas, cortando assim, em certa extensão, o fornecimento que alimenta o vasto oceano de miséria nesta grande cidade.
>
> A parte patética de minha história é que minhas observações foram ouvidas com profundo interesse por todas as mulheres. Nem uma única voz desdenhosa se ergueu para ridicularizá-las ou se opor a elas. Uma pobre criatura, que evidentemente estivera bebendo, exclamou de maneira amarga: "Estamos todas erradas e ninguém se importa com o que acontece conosco. Talvez uma de nós seja morta em seguida!" E então acrescentou: "Se alguém tivesse nos ajudado no passado, jamais teríamos chegado a isto!"
>
> Impressionado por sua conduta incomum, não pude evitar observá-las mais de perto e ver quão evidentemente algumas delas haviam sido atingidas. Depois disso, visitei o necrotério no qual jaziam os restos mortais da pobre Stride e imediatamente a reconheci como uma das mulheres que me rodeavam na cozinha do cortiço durante minha visita na última quarta-feira.

Os doutores Blackwell e Phillips testemunharam durante o inquérito do investigador. A polícia chamara ambos para a cena do crime e eles haviam chegado com minutos de diferença. O corpo de Stride ainda estava quente quando Blackwell o examinou, com exceção das mãos, que estavam frias.

> A mão direita jazia sobre o peito e estava respingada de sangue em ambos os lados. A mão esquerda tocava o solo e estava parcialmente fechada, contendo um pequeno pacote de pastilhas enroladas em um lenço de papel. Não havia anéis ou marca de anéis nos dedos. A aparência do rosto era bastante plácida e a boca estava ligeiramente aberta. Havia um lenço de seda xadrez em torno do pescoço, com o laço voltado para a esquerda e bem apertado. Havia uma longa incisão no pescoço, correspondendo exatamente à extremidade inferior do lenço. A borda inferior do lenço estava ligeiramente desfiada, como se tivesse sido cortada por uma faca afiada. A incisão no pescoço começava no lado esquerdo, a 6,5 centímetros do ângulo da mandíbula e quase alinhada a ela. Quase secionou os vasos daquele lado.

Ambos os médicos realizaram a autópsia na tarde seguinte, no necrotério de St. George, na presença de dois outros médicos. Phillips disse que, com exceção do ferimento na garganta, não havia outras marcas no corpo, apenas algumas feridas já em processo de cicatrização.

A opinião de ambos era a mesma em relação à faca, encontrada à 1h20 na Whitechapel Road por outra testemunha, Thomas Corman. Um policial o vira encontrá-la do lado de fora de uma lavanderia, onde jazia no primeiro degrau da porta de entrada. Um lenço ensanguentado estava amarrado em torno do cabo com um pedaço de barbante. A lâmina, com formato de adaga, tinha 25 centímetros de comprimento. Era uma faca de fatiar e viera da loja de um fabricante de velas. A lâmina possuía ponta arredondada e ambos os médicos achavam que era altamente improvável que fosse a arma do crime, pois só podia ser utilizada de uma maneira — embora pudesse ter feito as incisões na garganta.

Duas testemunhas, que alegavam ter visto o crime, não foram chamadas para depor durante o inquérito. A primeira era Matthew Packer, um velho fruteiro e verdureiro cuja pequena loja ficava na Berner Street, n. 44. Ao ser entrevistado durante a investigação, ele dissera ter fechado a loja à 0h30 e não ter visto ninguém, ouvido nenhum ruído ou presenciado nada suspeito. Dois dias depois, contara uma história diferente aos dois detetives contratados pelo Comitê de Vigilância de Whitechapel. Ele dissera que, por volta das 23h45, vendera 200 gramas de uvas negras para um homem e uma mulher que haviam se demorado na rua por cerca de meia hora, comendo as uvas sob a chuva. A história sofreu novas modificações ao ser contada aos jornais. Detalhes e minúcias, que Packer lera nos jornais ou soubera pelas fofocas locais, foram acrescentados. Ao serem interrogados, os médicos foram enfáticos em dizer que nenhuma uva havia sido encontrada nas mãos de Stride ou perto do corpo e que ela não engolira ou comera uvas antes da morte. As mudanças que Packer introduziu em sua história pareciam estar diretamente relacionadas à recompensa oferecida após o "duplo evento" dos homicídios de Stride e Eddowes e sua esperança de se beneficiar com a captura do assassino. Suas diferentes declarações foram consideradas inaceitáveis como evidência e ele não compareceu como testemunha durante o inquérito.

Várias pessoas haviam visto Stride naquela noite, pouco antes de sua morte, e testemunharam a respeito. Uma enigmática omissão foi a de um morador local, um imigrante húngaro chamado Israel Schwarz, que vira Stride ser atacada.

À 0h45, Schwarz entrara na Berner Street, vindo da Commercial Road. À sua frente estava um homem de 30 anos, vestindo jaqueta, calças escuras e boné preto e parecendo embriagado. Ele estava claramente zangado, o que pode explicar por que estivera bebendo, e procurando confusão. Foi descrito como tendo pele clara, pequeno bigode castanho e cabelo preto.

No portão de Dutfield's Yard, parara para falar com Stride e imediatamente começara a discutir com ela. A discussão se tornara mais física quando o homem tentara empurrar Stride para a rua, onde poderia ser vista, certamente indicando que homicídio não era sua intenção original e que, como concluiu Schwarz, tratava-se de uma disputa doméstica. Enquanto se debatiam, Stride gritara três vezes, mas não muito alto, obviamente não querendo chamar atenção para a discussão; havia outras pessoas cantando e conversando no bar do outro lado do pátio que, de outra forma, os teriam ouvido. Schwarz atravessara a rua. Era húngaro, não falava inglês e, compreensivelmente, estava ansioso para não se envolver. Vendo-o, o atacante de Stride gritara "Lipski", referência ao assassinato Lipski do ano anterior, que passara a ser usada para se referir a judeus. Seu grito alarmara Schwarz ainda mais. Ao mesmo tempo, um homem saíra de um pub próximo segurando um cachimbo, que alguns teóricos argumentam ter sido uma faca, e, vendo o que ocorria, gritara algo para o agressor de Stride, possivelmente dizendo-lhe para parar. Ainda mais ansioso, Schwarz apressara o passo, seguido pelo fumante de cachimbo que, em minha opinião, assim como Schwarz, não quis se envolver em um incidente desagradável.

Stride fora então empurrada ou arrastada até o portão de Dutfield's Yard. Fora empurrada contra o muro, com o lado esquerdo do corpo e o rosto recobertos de lama, enquanto algumas das pastilhas que segurava na mão esquerda se espalhavam pelo chão. Seu atacante deve então ter se jogado sobre ela, causando as contusões, ajoelhando-se parcialmente sobre seu corpo para mantê-la imóvel e esticando-se para alcançar seu queixo, cortando-lhe a garganta, com a faca rompendo parcialmente a carótida esquerda e secionando completamente a traqueia, causando hemorragia. Então fizera um corte menor do lado direito, mas não com força suficiente para cortar os vasos mais profundos daquele lado, o que não teria sido fatal. De acordo com o dr. Phillips, o corte na garganta fora feito em apenas alguns segundos, possivelmente um ou dois.

O "duplo evento" daquela noite naturalmente levara à conclusão de que ambas as mulheres eram vítimas do Estripador. Os jornais certamente acharam que sim, assim como os principais investigadores da polícia, como Abberline, Swanson, Smith, Macnaghten e Anderson, enquanto outros, como Walter Dew, então um jovem policial, discordavam.

Embora certamente seja verdade que Eddowes foi vítima do Estripador, o mesmo não pode ser dito de Stride. Todas as evidências sugerem que foi assassinada não pelo Estripador, mas sim por outra pessoa.

No dia de seu assassinato, Stride ganhou 6 xelins limpando quartos na casa onde se hospedava na Flower and Dean Street. Mais tarde, saiu e, às 23 horas, foi vista por duas testemunhas, J. Best e John Gardner, deixando o pub Bricklayers Arms, na Settle Street. Chovia muito e ela estava com um homem que a abraçava e beijava. Best e Gardner zombaram do comportamento do homem. Eles o descreveram como definitivamente inglês, com cerca de 1,70 m, bigode negro e vestindo fraque e chapéu-coco. Às 23h45, quando parou temporariamente de chover, William Marshall, que vivia na Berner Street, viu um homem com Stride a algumas casas de distância, mas não seu rosto; o homem estava decentemente vestido, com um casaco preto curto, calças escuras, boné de aba pequena e modos e aparência de escrivão. Marshall o ouviu conversando com Stride. Era uma voz inglesa. O homem a estava beijando e abraçando e tinha as mãos em torno de seu pescoço. Foi ouvido dizendo: "Você diz qualquer coisa, menos suas preces." Os dois então se afastaram caminhando. Esse apaixonado era quase certamente o mesmo homem visto por Best e Gardner. À meia-noite, recomeçou a chover e Matthew Packer, que afirmava ter vendido uvas negras ao companheiro de Stride, comentou que as pessoas eram malucas por caminharem na chuva. Ao mesmo tempo, observou que os pubs já haviam fechado e que eram 0h10 ou 0h15. Packer descreveu o homem como tendo cerca de 35 anos, 1,70 m, robusto e forte, vestindo um chapéu de caçador com abas largas, roupas pretas e aparência de escrivão, pronunciando as palavras de maneira rápida e clara. Assim como na descrição de Marshall, existe a referência à aparência de escrivão. A descrição de Packer, contudo, precisa ser questionada, dado o descrédito recebido por suas outras declarações.

O policial Smith, distintivo 452H, viu Stride entre 0h30 e 0h35. Ele descreveu o homem que a acompanhava como tendo cerca de 1,70 m, vestindo sobretudo e calças pretas e usando um chapéu rígido de feltro. Estava barbeado e parecia respeitável. Sugiro novamente que esse foi o mesmo homem visto pelas testemunhas anteriores. As ligeiras discrepâncias na descrição são compreensíveis se lembrarmos que a noite estava escura e chuvosa. Essa confusão se reflete nas flutuantes descrições do suspeito feitas subsequentemente na *Police Gazette*.

Outra testemunha, James Brown, alegou ter visto Stride com um homem na Fairclough Street, cruzando a Berner Street, à 0h45. Era o mesmo horário no qual Israel Schwarz afirmara ter visto Stride ser atacada e jogada no chão. O homem tinha o braço contra o muro para detê-la. Brown ouviu a mulher dizer: "Não hoje à noite, algum outro dia." Mais tarde, os jornais descobriram que havia um casal namorando na rua e que certamente sua linguagem podia ser descrita como sexualmente explícita: ele solicitando sexo e ela recusando. Acho que Brown de fato viu Stride, mas com o mesmo homem com que estivera durante a última hora e meia, e que Brown, que sabidamente não era muito observador, apenas se enganou quanto ao horário.

O que acredito ter acontecido naquela noite é que o homem que estivera com Stride durante grande parte da noite era alguém que, de acordo com suas palavras e comportamento, claramente estava apaixonado por ela. Ele estivera com ela de forma constante desde que haviam deixado o pub e fora bastante explícito tanto lá quanto na Berner Street; ele queria sexo, ela prometia que o atenderia, mas continuamente recusava, daí as palavras "Você diz qualquer coisa, menos suas preces". Eles ainda estavam conversando, mesmo sob a chuva, o que levou ao comentário de Packer de que eram malucos, e então se afastaram, possivelmente procurando abrigo, quando então ocorreu a rejeição final, "Não hoje à noite, algum outro dia", que foi quando seu companheiro enfim aceitou que não conseguiria o que queria e partiu. Stride então voltou para a Berner Street, em Dutfield's Yard.

Um dos fatores enigmáticos é por que ela permaneceu tanto tempo na Berner Street. Estava com alguém com quem não tinha intenção de fazer sexo; não estava ganhando dinheiro; era uma noite escura; já era bem tarde; os pubs já haviam fechado; e, ainda por cima, chovia — então por que não voltou para o cortiço? A única teoria que se encaixa nos fatos é que estava aguardando outra pessoa, quase certamente alguém com quem mantinha um relacionamento, e esse alguém a matou. Schwarz comentou que, ao presenciar o ataque a Stride, pensara estar testemunhando uma disputa doméstica, razão pela qual cruzara a rua, a fim de evitá-la, e é disto precisamente que se tratava: uma espécie de disputa doméstica que terminou em homicídio.

Todas as evidências indicam que Stride não foi vítima do Estripador. O primeiro corte do assassino foi suficiente para matá-la. Não houve tentativa de mutilação, como ocorrera nos assassinatos de Nichols e Chapman, embora tenha havido um intervalo de quinze minutos entre o momento em que Schwarz viu o ataque e a descoberta do corpo. Alguns argumentaram, notadamente Swanson, que esses 15 minutos teriam permitido que o atacante se afastasse e ela conseguisse um cliente. Todas as evidências mostram, na verdade, que ela não estava tentando conseguir um cliente naquela noite e esse espaço de tempo de 15 minutos não é tão amplo se Schwarz viu o ataque à 0h45. Em contraste, Swanson, ao se referir ao assassinato da Mitre Square, achou que, dado o intervalo de 10 minutos entre o momento em que Eddowes fora vista e o momento em que seu corpo fora encontrado, era seguro dizer que o homem que a acompanhava era o assassino. A despeito dos 2 ou 3 minutos de diferença no caso de Stride, pode-se dizer, com a mesma confiança, que Schwarz e possivelmente dois outros homens viram o assassino.

Mas ele quase certamente não era Jack, o Estripador.

Creio que Stride foi vítima de algum tipo de triângulo amoroso ou disputa doméstica. Olhando para o *modus operandi* do Estripador, não houve estrangulamento ou asfixia antes do corte na garganta. Não houve mutilações abdominais. Certamente, o espaço de quinze minutos permitiria que isso fosse feito. Estima-se que os ferimentos em Polly Nichols tenham sido feitos em menos de 4 minutos. Aqueles encontrados em Eddowes poderiam ter levado menos de 5. A garganta de Stride fora cortada, mas não com uma longa faca reta de 15 ou 20 centímetros e ponta afiada, que poderia perfurar as vértebras, como a usada em Eddowes menos de uma hora depois, mas sim com uma faca curta, larga e possivelmente cega, com ponta chanfrada. O dr. Phillips concluiu que os ferimentos de Stride, o corte na carótida esquerda e a divisão da traqueia poderiam ter sido infligidos em apenas dois segundos. Além disso, indicou a grande diferença no corte das gargantas de Chapman e Stride: no primeiro caso, o pescoço fora cortado até a coluna vertebral, em uma evidente tentativa de separar os ossos. O fato de que a faca usada em Stride era cega sugere que se homicídio fosse a intenção original do atacante, ele ao menos teria levado consigo uma faca afiada.

Se não o Estripador, então quem assassinou Stride? O suspeito mais provável e mais óbvio, embora não haja evidências contra ele, é Michael Kidney, de 36 anos, que vivera com ela pela maior parte dos três anos anteriores ao crime. Eles tinham um relacionamento turbulento, tendo se separado várias vezes, em um total de quatro meses. Em julho de 1888, ele ficara preso durante três dias por embriaguez e desordem e, na época do assassinato, não vira Stride por cinco dias. Em setembro, foi ao distrito policial da Leman Street pedindo para ver um detetive, pois tinha informações sobre o assassinato, que no entanto se revelaram apenas divagações embriagadas. Em junho de 1889, foi tratado de sífilis na enfermaria do Abrigo Whitechapel.

As evidências que possuímos sugerem que Kidney jamais foi suspeito do assassinato de Stride, embora no ano anterior ela o tivesse acusado de agressão, sem, no entanto, comparecer ao tribunal para depor contra ele. Uma possível explicação para o fato de Kidney não ser considerado suspeito refere-se à posição assumida pelos investigadores da polícia de que o "duplo evento" era obra de um único homem e Kidney não ser o homem que procuravam.

O que essa revisão do assassinato de Stride sugere é que já não temos o cenário, apresentado por muitos, do Estripador, enlouquecido por sua falha em mutilar e retirar partes do corpo, cruzando a vizinhança entre os dois distritos policiais e ganhando tempo ao fazê-lo, procurando uma quarta vítima para abreviar sua frustração.

Em vez disso, o que temos é o Estripador procurando uma vítima dentro da jurisdição da Polícia da City, sem saber que um assassinato já ocorrera e que por isto corria o risco de ser capturado, já que as duas forças haviam se unido e começado revistas aleatórias nas ruas de ambos os lados da divisa.

Vinte e quatro horas após o "duplo evento", o público clamava pela demissão do comissário de polícia, Sir Charles Warren, e do ministro do Interior. Em uma congregação de quase mil pessoas em Victoria Park, a multidão passou uma resolução exigindo que dessem lugar a homens que não deixariam pedra sobre pedra na busca pelo assassino. Em quatro outras congregações em Mile End, resoluções similares foram tomadas.

Uma petição foi apresentada à rainha por George Lusk, chefe do Comitê de Vigilância de Whitechapel, em nome dos habitantes de Whitechapel, pedindo que o governo oferecesse uma recompensa pela captura do assassino. Warren já tentara persuadir o ministro do Interior, mas Matthews recusara. Também aconselhara a rainha de que seria má política concordar com a medida. Felizmente, a City of London Corporation não estava sob controle do Ministério do Interior e, 24 horas depois dos assassinatos, o coronel Fraser, comissário da Polícia da City, ofereceu uma recompensa de 500 libras por informações que levassem à captura do assassino de Whitechapel.

Uma petição mais adequada ao gosto da rainha foi apresentada três dias após os assassinatos pela esposa do pastor de St. Jude, sra. Barnett, que conseguira coletar entre 2 e 4 mil assinaturas:

A nossa Mui Graciosa Soberana, Lady Rainha Vitória.

Madame, nós, as mulheres de East London, sentimos horror pelos terríveis pecados recentemente cometidos em nosso meio e pesar pela vergonha que recaiu sobre nossa vizinhança.

Com os fatos revelados durante nossa investigação, aprendemos muito sobre nossas irmãs que se perderam da bondade e levam vidas tristes e degradantes.

Cada uma de nós fará tudo que puder para que os homens vejam com horror os pecados impuros que conduzem a tais vidas ímpias, mas gostaríamos de rogar que Vossa Majestade chame seus súditos em posição de autoridade e lhes ordene que cumpram a lei já existente, fechando as más casas no interior de cujas paredes tais impiedades são cometidas e homens e mulheres têm corpos e almas arruinados.

Somos, Madame, suas mais leais e humildes servas.

Em vão, um esgotado Warren mostrou que enviara ao East End todo o reforço policial de que dispunha. Em uma longa e detalhada carta publicada no jornal *The Times* de 4 de outubro, ele refutou ponto por ponto as alegações de que retirara experientes detetives de um distrito para enviar a outro e afirmou que não mudara o antigo sistema de patrulhas, mantendo o mesmo dos últimos vinte anos. Mas o público queria um bode expiatório e o que ele dissera ou fizera não fazia diferença. A crescente oposição a ele foi perfeitamente sintetizada na manchete de um jornal — GUERRA CONTRA WARREN.

Ele foi absolutamenre ridicularizado quando negociou com certo sr. Edwin Brough, de Scarborough, Yorkshire, uso de dois sabujos campeões chamados Barnaby e Burgho. Na segunda-feira, 8 de outubro, às 7 horas, eles demonstraram seus poderes de rastreamento no Regent's Park, coberto com uma espessa camada de gelo, perseguindo por quase 2 quilômetros um homem que tivera uma vantagem de 15 minutos. Foram testados novamente à noite, no escuro, e mais uma vez na manhã seguinte, quando meia dúzia de caçadas foi realizada. O próprio Warren estava presente e participou de duas delas. Mas não conseguia se decidir a utilizar os cães. Nunca houve um acordo com o proprietário afirmando que seriam usados. Foi esse desentendimento que levou à história de que os cães de Santo Humberto haviam sido testados novamente em Tooting e se perdido em meio à névoa. O tratador de Barnaby o levou até Hemel Hempstead para fazer exercício no mesmo dia em que uma ovelha foi morta em Tooting Common. A polícia telegrafou pedindo que o cão fosse enviado, mas ele só recebeu a mensagem à noite, ao voltar para casa. Como não compareceram, alguém disse que estavam desaparecidos e isso foi tomando maiores proporções, transformando-se na história de que haviam se perdido, embora Burgho já estivesse de volta a Scarborough.

O inquérito sobre Catherine Eddowes (Kate Kelly), a segunda vítima de 30 de setembro, foi iniciado na quinta-feira, 4 de outubro. Como a audiência era de jurisdição da City de Londres, ela ocorreu no necrotério de Golden Lane e foi presidida pelo investigador de homicídios da City, sr. S. F. Langham.

O policial Watkins, distintivo 881, que encontrara o corpo, disse que sua rota normalmente exigia entre 12 e 15 minutos de patrulha. Ele caminhara pela Mitre Square à 1h30 e novamente à 1h44. Na primeira ocasião, voltara seu lampião para as passagens e cantos escuros, mas não vira nada incomum, e, na segunda, vira o corpo assim que entrara na praça. A mulher fora eviscerada como um "porco no mercado", disse ele, e suas vísceras "estavam empilhadas em torno do pescoço".

Ele correra até o armazém Kearley & Tonge, cuja porta estava aberta, e chamara o vigia que varria as escadas: "Pelo amor de Deus, me ajude." Julgando-o por sua aparência, o vigia achou que ele estava doente. Como era ex-policial e sabia o que fazer, correra até a praça e apitara pedindo ajuda, pois o apito atraía mais atenção que a antiquada matraca do policial.

Se os horários fornecidos estavam corretos — e Watkins disse ter conferido seu relógio imediatamente após falar com o vigia —, então, contando o tempo que o policial levou para entrar e sair da praça e se afastar do alcance da audição, o Estripador pode ter tido apenas 7 ou 8 minutos para matar a mulher e fazer seu trabalho. Parecia ser suficiente — os médicos disseram que necessitaria de no mínimo 5 minutos. Foi feita uma busca na viela atrás das casas vazias, mas, aparentemente, não em seu interior. De acordo com o depoimento médico, a garganta de Kelly só foi cortada depois que ela já estava caída. Assim, se o assassino primeiro a estrangulara, não teria havido risco de ela gritar ou pedir socorro, o que aumentaria suas chances de sair impune.

Ninguém os vira entrar na praça. Mas uma dupla de testemunhas que deixara o Imperial Club, na Duke Street, logo após a 1h30 vira um homem e uma mulher juntos na esquina da Church Passage, que levava até a Mitre Square. A mulher vestia jaqueta preta e chapéu, e uma das testemunhas achou que as roupas que viu mais tarde no necrotério eram as mesmas. Era 5 ou 10 centímetros mais baixa que o homem e a testemunha a vira colocar a mão em seu peito, embora não para afastá-lo. Ela estava de frente para ele e ambos conversavam em voz baixa. Quando se solicitou que a testemunha o descrevesse, a acusação pediu que a descrição não fosse feita, pois se inferiu que poderia prejudicar as investigações policiais. Mais tarde, a descrição foi publicada na *Police Gazette*.

À 1h35 de 30 de setembro, com Catherine Eddowes, na Church Passage, que conduz até a Mitre Square, onde ela foi encontrada assassinada à 1h45 do mesmo dia, foi visto um homem de 30 anos, 1,70 ou 1,72 m, pele e bigode claros, constituição mediana, vestindo jaqueta folgada de mescla marrom e branca, lenço de pescoço vermelho com nó e aparência de marinheiro. Informações sobre esse homem devem ser encaminhadas ao inspetor McWillian, Old Jewry, n. 26, Londres E4.

Os doutores Sequeira e Brown, que foram chamados na Mitre Square e estiveram presentes à autópsia, afirmaram que o assassino não demonstrou evidência de qualquer conhecimento anatômico além do que se poderia esperar de um açougueiro profissional. O dr. Saunders, que examinou o conteúdo estomacal em busca de veneno e também esteve presente durante a autópsia, concordou com eles. A maioria dos pontos relevantes do exame foi abordada pelo dr. Brown, cirurgião da Polícia da City de Londres, em seu longo e detalhado depoimento, seguido por inquirição.

A garganta sofreu um corte entre 15 e 17 centímetros de extensão. O músculo esternocleidomastoideo foi dividido; a cartilagem cricoide, abaixo das cordas vocais, foi lacerada; os largos vasos no lado esquerdo do pescoço foram secionados até o osso, com a faca deixando marcas na cartilagem intervertebral. A bainha dos vasos do lado direito estava aberta; a carótida tinha apenas um pequeno furo; a jugular interna tinha uma abertura de quase 4 centímetros — mas não estava secionada. Todos os ferimentos foram infligidos por um instrumento muito afiado, como uma faca, e pontudo. A causa da morte foi hemorragia causada pela laceração da carótida esquerda. A morte foi imediata. As mutilações foram perpetradas após a morte. Os ferimentos no abdome foram examinados. As paredes do abdome estavam abertas dos seios para baixo. O corte começava na altura da cartilagem ensiforme, no centro do corpo. A incisão seguia para cima, não penetrando a pele sobre o esterno; então dividia a cartilagem ensiforme e, por se tratar de cartilagem, era possível dizer como o corte fora realizado. A faca foi manuseada com a ponta voltada para a esquerda e o cabo para a direita. O corte foi feito de maneira oblíqua. O rim foi perfurado, como o seria pela ponta de uma faca afiada. Havia outra incisão no fígado e, 6 centímetros abaixo, o lobo esquerdo do fígado fora aberto por um corte vertical. Dois cortes eram aparentes através da dilaceração na pele do lado esquerdo. As paredes abdominais foram divididas verticalmente na linha medial, até cerca de meio centímetro do umbigo; o corte então seguiu uma rota vertical por 6 centímetros em direção ao lado direito e dividiu o umbigo pelo lado esquerdo, fazendo uma incisão paralela à horizontal e deixando o umbigo pendurado em uma tira de pele. Ligados ao umbigo, estavam 6 centímetros da parte inferior do reto do lado esquerdo do abdome. A incisão então seguiu uma rota oblíqua para a direita. Havia uma incisão de aproximadamente 2,5 centímetros na virilha esquerda, penetrando a pele de maneira superficial. Abaixo, um corte de 7,5 centímetros que atravessou todos os tecidos, ferindo o peritônio por quase a mesma extensão. Não houve sangramento significativo dos vasos.

SR. CRAWFORD: Que conclusões o senhor tira disso?

DR. BROWN: Que o corte no abdome foi feito após a morte e que não haveria muito sangue restante para sujar as mãos do assassino. A maneira pela qual a mutilação foi realizada mostra que o criminoso possui algum conhecimento anatômico.

SR. CRAWFORD: Creio tê-lo ouvido dizer que, em sua opinião, a causa da morte foi o ferimento na garganta?

DR. BROWN: Perda de sangue causada pelo corte na garganta. Foi o primeiro ferimento infligido.

SR. CRAWFORD: Em sua opinião, a mulher estava em pé quando o corte foi feito?

DR. BROWN: Em minha opinião, estava no chão.

SR. CRAWFORD: A natureza dos ferimentos o levou a alguma conclusão em relação ao tipo de instrumento com o qual os ferimentos foram infligidos?

DR. BROWN: Com uma faca afiada e pontuda e, pelo corte no abdome, devo dizer que tinha ao menos 15 centímetros.

SR. CRAWFORD: O senhor acredita que a pessoa que infligiu os ferimentos possuía grande habilidade anatômica?

DR. BROWN: Um bom conhecimento sobre a posição da cavidade abdominal e dos órgãos e de como removê-los.

SR. CRAWFORD: Os órgãos poderiam ter sido removidos para alguma finalidade profissional?

DR. BROWN: Eles não possuem finalidade profissional.

SR. CRAWFORD: O senhor falou da extração do rim esquerdo. Grande habilidade e conhecimento seriam necessários para removê-lo?

DR. BROWN: Seria necessário grande conhecimento sobre sua posição. Ele é facilmente ignorado. É coberto por uma membrana.

SR. CRAWFORD: Não seria provável que tal conhecimento fosse comum a alguém acostumado a cortar animais?

DR. BROWN: Sim.

SR. CRAWFORD: O senhor tem alguma opinião sobre a possibilidade de o criminoso ter sido interrompido durante a realização do ato?

DR. BROWN: Creio que ele teve tempo suficiente. Digo isso porque não teria removido as pálpebras se estivesse com pressa.

SR. CRAWFORD: E quanto tempo seria necessário para infligir todos esses ferimentos e perpetrar tal ato?

DR. BROWN: No mínimo 5 minutos seriam necessários.

SR. CRAWFORD: Como profissional, o senhor consegue pensar em alguma razão para a remoção de certos órgãos do corpo?

DR. BROWN: Não, não consigo.

SR. CRAWFORD: O senhor possui alguma dúvida quanto ao fato de não ter havido luta?

DR. BROWN: Tenho certeza de que não houve luta.

SR. CRAWFORD: O senhor é igualmente da opinião de que o ato foi de apenas um homem, uma pessoa?

DR. BROWN: Acho que sim; não vejo razão para pensar diferente.

SR. CRAWFORD: Como profissional, o senhor pode explicar o fato de nenhum ruído ter sido ouvido pelos que estavam na vizinhança imediata?

DR. BROWN: A garganta foi cortada instantaneamente e não houve tempo para a emissão do menor som.

SR. CRAWFORD: O senhor esperaria encontrar muito sangue na pessoa que infligiu os ferimentos?

DR. BROWN: Não, não esperaria.

Ao fim da audiência de 12 de outubro, o júri decidiu por um veredito de "Homicídio doloso cometido por pessoa desconhecida".

4.

Miller's Court

O número 26 da Dorset Street ficava a menos de 400 metros da Hanbury Street, onde Annie Chapman fora assassinada. Os quartos eram alugados para qualquer um que os quisesse pelo encarregado do cortiço, John McCarthy, que também cuidava de uma pequena loja de velas nas proximidades. A sala de estar original, nos fundos, fora separada do restante da casa por uma falsa partição e era agora conhecida como Quarto 13. Embora fosse apenas uma saleta, e como tal parte da casa, possuía uma entrada separada (segunda porta à direita) por Miller's Court; esta era uma passagem estreita de pouco mais de 1 metro de largura que percorria a lateral da casa. Ao longo da passagem, à qual se chegava por um arco diminuto, havia outras seis casas com fachadas caiadas, três de cada lado, duas das quais certamente eram ocupadas por prostitutas (assim como, suspeita-se, todas as outras). A maioria das casas da área foi convertida em cortiços. Um deles, diretamente em frente a Miller's Court, possuía trezentas camas, ocupadas todas as noites.

Mais cedo naquele ano, em fevereiro ou março, o Quarto 13 fora alugado por 4 xelins por semana para uma atraente mulher de 24 anos, Mary Jane (ou Mary Ann) Kelly. Ela dividiu o quarto com o companheiro Joseph Barnett até 30 de outubro, quando tiveram uma violenta discussão, quebrando uma janela no processo. De acordo com Barnett, que a deixara e fora morar em um cortiço em Bishopsgate, eles romperam porque Kelly levara outra prostituta para casa e insistira em dividir o quarto com ela. Após duas ou três noites, ele se recusara a continuar naquela situação e isso causara a violenta discussão e o rompimento. Aparentemente, ele não fez nenhuma tentativa de voltar, nem mesmo quando a prostituta, sra. Harvey, mudou-se para outra casa em New Court.

Kelly precisava desesperadamente de dinheiro e voltou a se prostituir na área de Aldgate e Leman Street. Ela devia três meses de aluguel e estava bebendo mais que o habitual. Passou parte da última noite em que foi vista viva, 9 de novembro, nos pubs da Commercial Street. Foi provavelmente em um deles que conseguiu um cliente e o levou para casa. A sra. Cox, uma das prostitutas de Miller's Court, os seguiu até a passagem por volta das 23h45. Kelly estava bastante embriagada. Em sua companhia, estava um homem baixo e atarracado, vestido com roupas surradas, chapéu-coco na cabeça e uma caneca de cerveja na mão; tinha o rosto manchado e um pesado bigode ruivo. A sra. Cox disse "Boa noite, Mary" e, enquanto o homem fechava a porta atrás deles, Kelly respondeu: "Boa noite, vou cantar." E começou a cantar "Only a violet I plucked from my mother's grave when a boy" ["Apenas uma violeta colhi no túmulo de minha mãe quando era criança"]. Kelly ainda estava cantando quando a sra. Cox saiu novamente, cerca de 15 minutos depois, e quando ela voltou para casa, à 1 hora. Às 3h10, quando a sra. Cox retornou pela última vez, molhada de chuva, a luz estava apagada no Quarto 13 e a passagem estava silenciosa.

Diretamente acima do quarto de Mary Kelly ficava o número 20, ocupado por Elizabeth Prater. Ela havia se separado do marido e é bem provável que também fosse prostituta, assim como as outras mulheres na passagem. Exausta, fora para a cama à 1h30 e dormira ainda vestida. Por volta das 3h30 ou 4 horas, ela não tinha certeza, fora acordada pelo gato. Ao mesmo tempo, ouvira um grito baixo de "Oh, assassinato!" vindo de algum lugar próximo. A voz era feminina, mas ela não tinha certeza se viera da passagem ou de uma das casas. Mais tarde, disse que conseguia ouvir todos os movimentos de Kelly no quarto de baixo. Como não ouvira o grito novamente, voltara a dormir. Não se tratava de indiferença. Ela não prestara atenção porque tais gritos eram uma ocorrência normal na vizinhança. Dormira até as 5 horas, quando se levantara e fora ao pub Ten Bells para sua dose matinal de rum antes de procurar clientes entre os carregadores do mercado.

Às 10h45, o encarregado do cortiço pediu que seu ajudante na loja, Thomas Bowyer, cobrasse de Kelly o aluguel, pois já devia um total de 29 xelins. Bowyer bateu à porta e, como não obteve resposta, dirigiu-se à lateral, enfiou a mão pelo painel de vidro quebrado (cujo buraco fora tampado com trapos desde a briga com Barnett) e afastou a cortina de musselina. Ficou horrorizado com o que viu. A primeira coisa que observou foi o que pareciam dois pedaços de carne na mesa em frente à cama. Quando conseguiu reunir coragem para olhar novamente, viu o corpo, que estava na cama, e uma poça de sangue no chão. Voltou para a loja e contou a McCarthy o que tinha visto.

— Meu Deus, tem certeza, Harry?* — perguntou McCarthy. Eles correram de volta para Miller's Court, e a visão era ainda mais apavorante do que McCarthy esperava. Ele enviou Bowyer ao distrito policial. O inspetor Beck chegou rapidamente e, depois de confirmar a veracidade do relato de Bowyer, enviou um telegrama ao superintendente de divisão Arnold, narrando o ocorrido. Logo em seguida, o inspetor Abberline chegou e deu ordens para isolar a passagem. Ninguém deveria entrar ou sair sem sua permissão. Por sugestão do dr. Phillips, ele se recusou a permitir que

* Thomas Bowyer também era conhecido como "Harry". [*N. do R.*]

qualquer um entrasse na casa até que os cães de Santo Humberto tivessem a chance de mostrar o que podiam fazer. E enviou um telegrama ao comissário Warren, solicitando que os cães fossem levados imediatamente.

Infelizmente, ninguém na cena sabia que Warren pedira demissão no dia anterior.

A demissão de Monro durante o verão, como chefe do Departamento de Investigação Criminal, causara ainda mais problemas para o comissário. Monro fora transferido para o Ministério do Interior, mas, mesmo tendo saído da Scotland Yard, mantivera controle sobre o departamento. Ele só fora capaz de manter a liderança do departamento de detetives disfarçados com o apoio do ministro do Interior, Henry Matthews, que era tão desajustado quanto o próprio Warren. Warren fizera uma campanha vigorosa contra o solapamento constante de sua autoridade, mas suas reclamações haviam sido ignoradas e, durante as últimas semanas, ele obtivera apenas vagos detalhes sobre as conferências diárias mantidas no ministério entre Monro, Anderson e os chefes do Departamento de Investigação Criminal. Em novembro, forçou uma crise ao escrever um artigo para a *Murray's Magazine* sobre "A polícia da metrópole". No artigo, enfatizou que o chefe do Departamento de Investigação Criminal deveria ser subordinado ao comissário de polícia e que seria impossível realizar um trabalho policial eficiente enquanto um fosse independente do outro.

Matthews, furioso, chamou a sua atenção para uma circular do Ministério do Interior que proibia os policiais de discutirem questões internas na imprensa. Warren respondeu entregando sua demissão pela segunda vez, em 8 de novembro, um dia antes do assassinato de Kelly. Dessa vez, ela foi aceita. A pílula foi ainda mais amarga porque Matthews nomeou Monro para assumir seu lugar como comissário.

Sua demissão paralisou momentamente a máquina policial e foi a razão da indecisão e hesitação do dia seguinte, quando o corpo de Kelly foi encontrado. Ninguém em Miller's Court sabia, enquanto aguardava, que Warren estivera indeciso quanto aos méritos de comprar os cães Burgho e

Barnaby. Burgho fora enviado de volta, a pedido do dono, para competir em uma exibição de cães, e Barnaby ficara em Londres, em uma casa na Doughty Street. Depois do assassinato da Mitre Square, seu guardião temporário recebera o pedido de levá-lo a uma loja próxima, que fora assaltada na mesma noite, no caso de os dois incidentes estarem ligados e o cão se mostrar capaz de encontrar um rastro. Isso era uma impossibilidade, pois qualquer rastro que pudesse ter existido teria sido removido pelo grande número de policiais curiosos entrando e saindo da loja. O dono de Barnaby ficara furioso quando soubera que seu cão fora usado para tal propósito e exigira seu retorno imediato. Seu maior medo era que, se a notícia de que o cão estava sendo usado para rastrear ladrões se espalhasse, alguns "rufiões da noite" pudessem tentar matá-lo com comida envenenada. Como a polícia não comprara o cão, era improvável que, no caso de sua morte, ele fosse compensado pela perda.

Durante toda a manhã, a multidão cresceu constantemente na Dorset Street. Era Lord Mayor's Day,* mas Jack, o Estripador roubara o show. Quando a multidão entrou em Ludgate Hill, em frente à Catedral St. Paul, os jornaleiros, com suas placas e jornais, começaram a gritar "Assassinato, horrível assassinato". Ao mesmo tempo, dezenas de estudantes de medicina corriam pelo pavimento molhado e engordurado, derrubando chapéus em sua exuberância. Um policial foi derrubado por um estudante que pulou em suas costas e mordeu seu polegar. Todos os "elementos do circo estavam à solta" e, para o Lord Mayor, Sir James Whitehead, o dia estava arruinado. Se, como achava o periódico *The Star*, o Estripador queria notoriedade e "ser a sensação da hora", ele escolhera um bom momento. "Ele conseguiu causar sensação. Enquanto as estufadas panturrilhas dos criados de libré da City eram exibidas para a hilaridade de Londres, sua vítima jazia gelada em uma fétida e mal-iluminada passagem de Whitechapel."

---

* Festa em comemoração à eleição do Lord Mayor of London ("Senhor Prefeito de Londres"), título formal do comandante da City of London Corporation, instituição municipal que controla o distrito financeiro e centro histórico londrino. [*N. do R.*]

Às 13h30, o superintendente Arnold decidiu que eles não deveriam esperar por Warren e ordenou que uma das janelas fosse retirada. Os investigadores ficaram chocados com o que viram. O periódico *Illustrated Police News* relatou que:

> A garganta fora completamente cortada com uma faca, quase separando a cabeça do corpo. O abdome fora parcialmente aberto e ambos os seios haviam sido removidos; o braço esquerdo, assim como a cabeça, estava preso ao corpo apenas por uma tira de pele. O nariz fora removido, assim como a pele da testa e toda a carne das pernas, das coxas até os pés. O abdome fora retalhado com uma faca e o fígado e as entranhas haviam sido retirados. As entranhas e outras partes estavam faltando, mas diz-se que o fígado havia sido encontrado entre os pés da pobre vítima. A carne das coxas e das pernas, juntamente com os seios e o nariz, haviam sido colocados sobre a mesa e uma de suas mãos fora empurrada para dentro do estômago.

Um fotógrafo chegou e registrou o massacre. Havia uma teoria popular de que, em caso de morte violenta, as últimas imagens ficavam permanentemente fixadas na retina e que, fotografando-a, era possível identificar o assassino. Essa era a base da história *Os irmãos Kip*, de Júlio Verne. Surpreendentemente, o assassino não mutilara os olhos. Possivelmente, deixara-os intactos como uma espécie de desafio silencioso para que a polícia fizesse seu melhor — ou pior. De acordo com um correspondente alemão, havia três maneiras de se fotografar a retina. O olho tinha de ser ligeiramente deslocado da órbita e uma pequena lâmpada incandescente colocada por trás dele. Três fotografias tinham de ser feitas: das pupilas iluminadas; das pupilas iluminadas com os nervos óticos estimulados por eletricidade; e do olho não iluminado, mas com os nervos óticos estimulados. Além da declaração oficial de que os olhos foram fotografados, nada mais se sabe.

Para entrar na cena do crime, McCarthy arrombara a porta com um machado. Novamente, esse é um mistério inexplicado. De acordo com o inspetor Abberline, ao depor no inquérito subsequente, o assassino não trancara a porta e fugira com a chave, como alguns jornais haviam sugerido. A chave, disse ele, estava desaparecida há algum tempo. Joseph Barnett confirmou, afirmando que ele e Kelly costumavam abrir a porta enfiando a mão pela janela quebrada e levantando o ferrolho. Mesmo assim, essa janela só fora quebrada em sua discussão em 30 de outubro. Depois disso, Barnett visitara Kelly várias vezes em termos amigáveis — de fato, ele lhe dera dinheiro —, e foi somente nas visitas subsequentes que pôde usar esse modo de entrada. Isso também significa que a chave fora perdida nos últimos dez dias. Contudo, *alguém* tinha a chave e a utilizara, explicando por que a porta tivera de ser forçada.

Quando o dr. Phillips empurrou a porta, ela bateu em uma mesa perto da cama. A primeira coisa que notou foi quão esparsamente o quarto estava mobiliado. O cômodo tinha uns 20 metros quadrados e, com exceção da cama, a única mobília era uma cadeira e duas mesas. O corpo estava vestido com uma camisa ou algum tipo de roupa de baixo de linho, na beirada da cama perto da porta. O outro lado da cama tocava a partição de madeira. Pela quantidade de sangue no chão e nos lençóis perto da partição, Phillips tinha certeza de que o corpo fora movido depois que a carótida fora secionada (sendo esta a causa da morte). A roupa de cama fora puxada, provavelmente pelo assassino, mas as roupas da morta estavam cuidadosamente dobradas em uma cadeira. Não havia sinais de luta nem de nenhuma faca.

A lareira estivera acesa. As cinzas ainda estavam mornas, mesmo sete horas depois do momento em que se estimava que o Estripador tivesse deixado a casa. Quando as cinzas foram remexidas, tornou-se evidente que algum tipo de traje feminino fora queimado e se presumiu que ele fizera isso para ver com mais clareza. Havia partes de uma saia e a aba de um chapéu feminino na lareira.

Phillips ordenou que o corpo fosse levado até o necrotério Shoreditch para uma autópsia detalhada e inquérito. Uma charrete chegou à Dorset Street às 15h45, e a multidão de horrorizados mas interessados observadores viu quando um caixão sujo, arranhado e muito usado foi levado até a passagem. Quando se percebeu que o corpo seria levado até lá, houve um imediato afluxo de observadores para Dorset Street, vindos de áreas vizinhas, e eles fizeram um determinado esforço para romper as linhas policiais. "Chapéus esfarrapados foram retirados e mulheres desleixadas choraram quando o caixão, coberto com um tecido desfiado, foi colocado na charrete" e levado embora.

Depois disso, as janelas do Quarto 13 foram cobertas com tábuas, um cadeado foi colocado na porta e um policial teve de ser designado temporariamente para a passagem a fim de manter os curiosos a distância.

O dr. Roderick MacDonald, membro do Parlamento e investigador do distrito, determinou que o inquérito fosse realizado na manhã da segunda-feira seguinte.

Durante as investigações policiais, descobriu-se que apenas a sra. Prater e Sara Lewis, uma lavadeira que visitava uma amiga em Miller's Court, ouviram o grito por socorro. Barnett, o principal suspeito até esclarecer sua discussão com Kelly para a polícia, foi rapidamente eliminado do inquérito. Sua história sobre a discussão foi confirmada pela sra. Maria Harvey, a prostituta que a causara. Ela disse à polícia que Kelly era uma mulher mais educada que a maioria das de sua classe e que a última vez em que a vira fora na noite de quinta-feira. A despeito de alguns poucos drinques, Kelly estava sóbria quando elas se separaram e havia partido para sua área, na Leman Street. Fora a última vez que a sra. Harvey a vira.

Houve uma avalanche de rumores e histórias assustadoras nos jornais. Uma delas dizia que o assassino podia ser açougueiro ou vaqueiro de um dos barcos de gado que costumavam aportar no Tâmisa nas noites de quinta ou sexta-feira e partiam novamente para o continente no sábado ou domingo. Esse roteiro explicava por que os crimes haviam sido cometidos nos fins de semana e também como o assassino escapava. A teoria tinha muitos apoiadores, incluindo a rainha, que a mencionou em uma de suas cartas e perguntou se haviam sido feitas buscas nas barcaças de gado. Outro argumento em favor da teoria era que ela se adequava à afirmação, feita em alguns dos inquéritos, de que um açougueiro teria suficiente habilidade e conhecimento anatômico para realizar as mutilações.

Arquivado entre a correspondência da polícia, estava um longo e extremamente detalhado memorando de um oficial do Departamento de Estatística do Gabinete de Fronteiras, identificando dois barcos de gado em particular, o *City of Cork* e o *City of Oporto*, que navegavam regularmente entre Londres e Portugal, com tripulação e vaqueiros portugueses e roteiros que se encaixavam exatamente aos assassinatos. Um marinheiro inglês em Nova York, onde o caso gerara considerável interesse, identificou outro suspeito em um cozinheiro malaio chamado Alaska, que perdera dois anos de economias durante um assalto e ameaçara assassinar e mutilar cada mulher de Whitechapel a menos que recuperasse seu dinheiro; acreditava-se que ele trabalhava em um navio que fazia curtas viagens de e para Londres.

O Comitê de Vigilância de Whitechapel marcou uma reunião extraordinária na terça-feira seguinte, a ser realizada na taberna Paul's Head, a fim de discutir maneiras de ajudar a polícia. Certamente, as pessoas não hesitaram em se apresentar para dizer que haviam visto ou sido abordadas pelo Estripador. A sra. Paumier, que vendia castanhas torradas na esquina de Widegate Street, a somente 2 minutos de caminhada de Miller's Court, disse que, no dia em que o corpo fora encontrado, um homem, vestido como (mas claramente não) um cavalheiro, perguntara se ela ouvira algo sobre o novo assassinato. Quando ela respondera que sim, ele sorrira e dissera saber mais sobre isso do que ela. Por sua descrição — bigode escuro, chapéu preto de seda, sobretudo preto e calças de mescla, carregando uma reluzente maleta preta —, ele era o mesmo homem que abordara três de suas amigas na noite em que Kelly havia sido assassinada. Quando uma delas lhe perguntara o que havia na maleta, ele respondera "Algo de que as damas não gostam" e se afastara. Um homem carregando uma maleta similar foi detido e levado para o distrito policial da Leman Street. Outro, detido perto da Dorset Street, foi seguido por uma barulhenta multidão até o distrito policial da Commercial Street.

Houve mais sensação quando o inquérito foi iniciado na manhã de segunda-feira em Shoreditch Town Hall. A audiência, para surpresa de todos, durou menos da metade do dia. Vários jornais comentaram desfavoravelmente a brevidade dos procedimentos e o comportamento do investigador, que disse ao júri que ouviria apenas a parte preliminar do depoimento do dr. Phillips, deixando a íntegra para uma data posterior. Seu abrupto encerramento da audiência fez com que apenas uma ínfima parte dos depoimentos fosse ouvida e ele se empenhou em sufocar as críticas do júri.

A principal objeção dos jurados à audiência era o fato de que não deveria ser conduzida em Shoreditch. Os assassinatos haviam ocorrido em Whitechapel, no distrito do sr. Wynne E. Baxter. Alguns jurados se ressentiram por ter de ouvir casos que não pertenciam ao seu distrito e outros com o fato de a audiência ser presidida pelo dr. McDonald, e não pelo sr. Baxter. O dr. McDonald era um antigo cirurgião policial da Divisão K e, desde o início da audiência, estivera claramente determinado a fazer as coisas a sua maneira:

JURADO: Não vejo por que devemos ter este inquérito sobre nossos ombros quando o homicídio não ocorreu em nosso distrito, mas sim em Whitechapel.

OFICIAL DE INVESTIGAÇÃO (com severidade): Ele não ocorreu em Whitechapel.

INVESTIGADOR (com severidade): Você acha que não sabemos o que estamos fazendo? O júri foi convocado do modo ordinário e não é seu papel objetar. Se os jurados persistirem em suas objeções, saberei como lidar com eles. Algum jurado persiste em suas objeções?

JURADO: Fomos convocados para o distrito de Shoreditch. Isso ocorreu em Spitalfields.

INVESTIGADOR: Ocorreu em meu distrito.

OUTRO JURADO: Este não é meu distrito. Venho de Whitechapel, e o sr. Baxter é meu investigador de homicídios.

INVESTIGADOR: Não vou discutir esse assunto com o júri. Se qualquer jurado quiser dizer distintamente que tem objeções, então que o faça. (Após uma pausa.) Os jurados devem saber que a jurisdição é estabelecida pelo local em que o corpo está, e não onde foi encontrado.

Ele insistiu nesse ponto um pouco mais tarde, dizendo que não estivera em contato com o sr. Baxter, como alguns jornais haviam sugerido. "O corpo está em minha jurisdição, foi trazido para meu necrotério, e esse é o fim do assunto", disse ele de modo contido.

Antes de os depoimentos serem ouvidos, o júri foi levado ao necrotério para ver o corpo. Um lençol verde sujo cobria o pescoço, misericordiosamente escondendo as mutilações. O rosto estava cortado e tão desfigurado que era irreconhecível. Somente os olhos mostravam algum sinal de humanidade. O corpo, de acordo com a *Pall Mall Gazette*, parecia "um daqueles horríveis espécimes de cera".

Depois de verem o corpo, os jurados foram a Miller's Court e então voltaram ao prédio municipal, a fim de ouvir a primeira testemunha, Joseph Barnett. Ele disse ao tribunal que vira Kelly pela última vez entre 19h30 e 19h45 de quinta-feira, quando ela estava conversando com Maria Harvey. Foi questionado em detalhes sobre o histórico de Kelly. Disse que ela contara várias vezes que nascera em Limerick, mas fora levada ainda muito jovem para Gales, onde seu pai trabalhara em uma ferraria em Carmarthenshire. Ela também mencionara ter seis irmãos e irmãs; um dos irmãos estava no Exército. Aos 16 anos, casara-se com um mineiro chamado Davis, mas, um ou dois anos depois, ele morrera em uma explosão. Aparentemente, fora a demora em receber a pensão que a levara às ruas pela primeira vez. Isso não soava muito convincente, pois não tivera filhos, ainda não fizera 18 anos e poderia ganhar a vida de outra maneira. Tinha 21 anos quando se mudara para Londres, em 1884. A essa altura, é difícil separar fato e ficção, mas, supostamente, vivera em uma "casa alegre" (um bordel de alta classe) no West End e depois, por um curto período, com um cavalheiro na França, mas não gostara de lá e retornara à Inglaterra. Os fatos se misturam a sua história quando Barnett revela que ela então vivera com um homem chamado Morganstone na infame Ratcliffe Highway, a leste da Torre de Londres, e em Bethnal Green, com um pedreiro chamado Joseph Fleming.

Em função das evidências médicas e outras, a hora da morte foi estabelecida entre 3h30 e 4 horas. A lavadeira Sara Lewis foi uma das testemunhas que confirmaram o horário. Ela vivia na Great Pearl Street, n. 24, mas fora até Miller's Court às 2h30 de sexta-feira, a fim de visitar a sra. Keyler, que vivia na casa em frente ao Quarto 13. Há fortes suspeitas de que fosse prostituta e tivesse ido até lá para se abrigar da chuva ou que, como a sra. Harvey, que durante algum tempo dividira o quarto com Kelly, não tinha onde dormir. Ela disse que vira um homem do lado de fora do cortiço. Era robusto, não muito alto e usava chapéu baixo de abas largas. Ela não ouvira nenhum ruído quando atravessara a passagem; porém, mais tarde, ouvira uma mulher gritar. Na hora, estava sentada em uma cadeira na casa da sra. Keyler, pois não conseguira dormir, e logo antes das 4 horas ouvira uma mulher gritar: "Assassinato!" Sua impressão era de que a voz pertencia a uma mulher jovem e viera do outro lado da porta.

Perguntaram-lhe se ficara com medo ou acordara alguém. A sra. Lewis deu de ombros. "Não", respondeu. Ela não prestara atenção, pois a mulher gritara somente uma vez. A sra. Prater confirmou que ouvira o grito no mesmo horário.

Contudo, o depoimento de outra testemunha, sra. Maxwell, contradizia ambas. De acordo com a sra. Maxwell, ela conversara com Kelly às 8 horas *da manhã seguinte*. Isso estava em tal conflito direto com todos os depoimentos já prestados — incluindo o médico — que o investigador recomendou que ela fosse cuidadosa com o que dizia. Ela disse ser esposa do encarregado do cortiço no número 14 da Dorset Street e conhecer Kelly havia quatro meses, embora só tivesse conversado com ela duas vezes. E foi taxativa quanto ao fato de ter visto Kelly entre as 8 e as 8h30 na esquina de Miller's Court, menos de três horas antes de seu corpo ser encontrado, pois este era o horário em que seu marido normalmente saía para o trabalho. Era tão incomum vê-la em tal horário que a sra. Maxwell a convidara para um drinque. Kelly explicara que a razão de estar de pé tão cedo era o fato de se sentir tão mal. Ela bebera um copo de cerveja e vomitara. A sra. Maxwell dissera entender como ela se sentia. Meia hora depois, a vira do lado de fora do pub Britannia, conversando com um homem. Ela vira Kelly de saia escura, corpete de veludo, xale marrom e nenhum chapéu. O homem que estava com ela vestia roupas escuras e parecia usar casaco xadrez. Era um pouco mais alto que a própria sra. Maxwell e corpulento.

O dr. Bagster Phillips foi uma das últimas testemunhas. O investigador disse que não entraria em detalhes médicos naquele momento e que um depoimento mais detalhado seria ouvido mais tarde. O dr. Phillips atendeu à orientação e disse que a causa da morte fora a ruptura da carótida.

Logo depois do depoimento de Phillips, o investigador, para surpresa de todos, disse que não pretendia ouvir nenhum outro depoimento naquele dia e, voltando-se para os jurados, perguntou se haviam ouvido o suficiente para chegar a um veredito. Ele disse que, se concordassem que Mary Kelly morrera da maneira que o médico descrevera, tendo a carótida secionada, então podiam chegar a um veredito a este respeito e deixar o restante da investigação nas mãos da polícia. Se discordassem, é claro, ele adiaria o inquérito por uma semana ou duas, quando poderiam ouvir todos os depoimentos que quisessem.

O primeiro jurado se levantou e disse que o júri acreditava ter ouvido o suficiente para o veredito de homicídio doloso por pessoa ou pessoas desconhecidas.

Esse fim abrupto do inquérito foi instantaneamente criticado por vários jornais, incluindo o *Daily Telegraph*, que indicou claramente que o ministro do Interior deveria ordenar um novo inquérito. Ao encerrar apressadamente o inquérito, continuou o jornal, perdera-se a oportunidade de ouvir depoimentos enquanto os fatos ainda estavam frescos na mente das testemunhas. Tal manejo errôneo do crime mais sensacional da época poderia, se o assassino fosse pego, afetar materialmente o resultado de qualquer julgamento futuro e possivelmente ser a falha no caso que levaria a sua absolvição.

Incrivelmente, houve uma testemunha que só se apresentou após o inquérito. George Hutchinson, desempregado por várias semanas, conhecia Mary Kelly havia cerca de três anos e às vezes recebia dela alguns xelins. Não está claro se isso significava que era seu cliente. Seu depoimento à polícia foi o mais importante até aquele momento, pois ele disse que encontrara Kelly às 2 horas na Thrawl Street, cerca de uma hora e meia ou duas horas antes de ela ser assassinada. Se isso for verdade, ele foi o último homem a vê-la viva, com exceção do assassino.

Hutchinson afirmou que, às 2 horas, estava caminhando pela Thrawl Street, sem dinheiro para alugar uma cama, e, logo antes de chegar à Flower and Dean Street, encontrara Kelly, que lhe pedira um empréstimo de 6 *pennies*.

— Não posso. Gastei todo meu dinheiro indo até Romford — respondeu.

Ela dera de ombros e dissera: — Bom dia. Preciso ir e arranjar algum dinheiro.

Enquanto se afastava, um homem vindo da direção oposta tocou seu ombro e lhe disse algo; os dois, então, começaram a rir. Hutchinson ficou surpreso ao vê-la com um sujeito tão bem-vestido e os observou com curiosidade. O homem tinha uns 35 anos, 1,70 m, rosto pálido, cabelo preto e bigode fino de pontas curvadas. Vestia um longo casaco escuro, com gola e punhos de astracã, e jaqueta escura por baixo, com um colete claro no qual estava presa uma grossa corrente de ouro. Também vestia calças escuras, botas e polainas com botões brancos. Sua camisa branca e gravata preta estavam presas com um alfinete em forma de ferradura. Parecia judeu e bastante respeitável.

Na mão direita, levava uma espécie de pacote enrolado em uma tira.

— Tudo bem — Hutchinson a ouvira dizer.

— Você ficará bem pelo que eu disse — o homem respondera.

Então colocara a mão direita em seu ombro e Hutchinson, que estava encostado à lamparina de rua em frente ao pub Queen's Head, os observou enquanto caminhavam de volta em sua direção. O homem manteve a cabeça baixa e o escuro chapéu de caçador sobre os olhos. Hutchinson estava tão curioso para saber sua aparência que se curvara e olhara para seu rosto. Isso explica o "rosto carrancudo" de sua descrição. Ele os seguira até a Dorset Street e observara enquanto conversavam na esquina de Miller's Court por cerca de 3 minutos. Ele dissera algo em voz baixa e Hutchinson ouvira Kelly responder, claramente:

— Está bem, meu caro. Venha, você ficará confortável. — Então ele colocara a mão em seu ombro e lhe dera um beijo. Ela dissera ter perdido seu lenço e então o homem pegara o seu, vermelho, e o entregara a ela antes de entrarem juntos na passagem. Hutchinson estava curioso o bastante para segui-los, mas não conseguira vê-los. Esperara por 45 minutos para ver se sairiam novamente, mas não o fizeram. Então fora embora.

É provável que Hutchinson seja o homem que a lavadeira viu do lado de fora da passagem quando foi à casa da sra. Keyler às 2h30. A provável sequência de eventos daquela noite é que Kelly conheceu um homem no pub, levou-o para casa e se livrou dele rapidamente. Isso teria sido entre meia-noite e 2 horas, quando se encontrou com Hutchinson. Ela lhe disse que não tinha dinheiro e, assim, podemos presumir que o primeiro cliente não a pagou, o que é improvável, ou que, por alguma razão, Kelly fingiu não ter dinheiro. A essa altura, é válido citarmos novamente o encarregado do cortiço, McCarthy, e seu comportamento no dia seguinte. Tanto ele quanto Joe Barnett fingiram ignorar que Kelly era prostituta ou, no caso de McCarthy, que acabara de descobrir que ela trabalhava nas ruas de Aldgate. É difícil acreditar nisso, uma vez que quase toda mulher em Miller's Court era prostituta e porque era ele quem alugava os quartos e as casas, conhecidos como McCarthy's Rents — provavelmente o modo local de se referir às prostitutas de Miller's Court controladas por McCarthy, e não às casas que ele gerenciava, como em geral se acreditou.

Essa interpretação pode explicar alguns outros fatos desconcertantes do caso Kelly. Todas as fontes concordam que ela devia três meses de aluguel a McCarthy, um total de 29 xelins. Contudo, de acordo com o periódico *Illustrated Police News*, a sra. McCarthy aderia muito "estritamente ao princípio de 'dinheiro na mão' ao lidar com os inquilinos. É sua prática habitual aguardar por eles pela manhã e receber antecipadamente o aluguel do dia". Essa era a prática normal da área. Por que então Kelly era privilegiada? De acordo com os vizinhos, Barnett fizera seu melhor para mantê-la fora das ruas. A despeito de seus esforços, ela pode ter continuado com certa prostituição casual, mas seus ganhos teriam sido mínimos.

O quarto estava no nome de Kelly e era possível que ela bebesse o dinheiro que Barnett lhe dava para o aluguel. McCarthy provavelmente permitia que ela continuasse devendo porque podia ganhar ainda mais dinheiro com ela quando decidisse fazê-lo. Analisando os fatos, parece provável que, no fim de outubro, para fazer com que voltasse ao trabalho, ele tenha lhe dito que precisava dividir o quarto com a sra. Harvey, sabendo que isso forçaria Barnett a partir até que a dívida estivesse paga. Esse possivelmente foi o real motivo da discussão com Kelly — o fato de que eles deviam 29 xelins a McCarthy e Kelly tinha de pagar da única maneira que podia. Isso também explica por que, mesmo depois de a sra. Harvey ter se mudado, Barnett não voltou a morar no Quarto 13: ele continuou a visitar Kelly quase diariamente e a lhe dar dinheiro — mesmo tendo lhe dito, da última vez que a viu, não ter nenhum.

É provável que Kelly tenha recebido um ultimato: tinha de ganhar mais dinheiro ou sair do quarto. Isso explicaria por que estava tão desesperada na noite em que foi assassinada e disposta a percorrer as ruas em uma noite chuvosa, muito depois de todo o mundo ter ido para a cama, em busca de alguns trocados. Também pode oferecer uma explicação para o comportamento dos outros "aluguéis" de McCarthy, que se sentiram igualmente compelidas a cambalear pelas ruas após as 3 horas e voltar ao trabalho apenas duas horas depois.

Na verdade, Kelly precisaria de muitos clientes para conseguir os 29 xelins do aluguel. Barnett lhe dera todo o dinheiro que podia e ela pode ter recebido mais algum do homem que apanhara no pub, mas Hutchinson não pôde lhe dar nada. Então ela conheceu um estranho. Houve alguma barganha, testemunhada por Hutchinson, talvez sobre quanto ele estava disposto a pagar para passar o restante da noite com ela. Isso pode explicar a observação ouvida por Hutchinson: "Você ficará bem pelo que eu disse."

Entre 3h30 e 4 horas, de acordo com um relatório médico independente, o assassino de Mary Kelly a sufocara com um lençol enquanto a matava, provavelmente esfaqueando-a. Por causa das extensas mutilações, não é possível dizer como o primeiro golpe foi dado.

Às 6h15, a sra. Cox ouviu alguém caminhando pela passagem. Como não ouvira nenhuma porta fechando, poderia ter sido um policial, mas não tinha certeza. Pode muito bem ter sido Jack, o Estripador. Isso, como tantas outras coisas, é apenas conjectura.

Um dos mistérios com que a polícia se deparou ao derrubar a porta foram os resquícios de fogo na lareira. De acordo com o inspetor Abberline, o calor fora tão intenso que queimara o cabo e o bico de uma chaleira de estanho. As cinzas ainda estavam mornas quando entraram na casa, às 13h30. Presumindo que o assassino tenha deixado Miller's Court por volta das 6 horas, isso significa que as cinzas estavam esfriando há mais de sete horas. Quando foram remexidas, revelaram alguns pedaços de uma saia e a aba de um chapéu feminino, o último presumivelmente uma das peças deixadas por Maria Harvey. Durante o inquérito, ela disse que as roupas que deixara consistiam em duas camisas masculinas sujas, uma camisa infantil, um sobretudo preto (que foi apenas o que a polícia encontrou), um chapéu de crepe preto com laços pretos de cetim e um avental branco infantil. No entanto, isso não teria criado grandes labaredas. As roupas de Mary Kelly estavam dobradas na cadeira ao lado da cama e, assim, a pergunta sem resposta é: o que foi queimado na lareira?

Houve várias sugestões. Podem ter sido as roupas do assassino. Mas a única razão que ele poderia ter para queimá-las seria o fato de estarem manchadas de sangue. Mas, nesse caso, as roupas teriam ardido lentamente, sem chama — é improvável que pudessem produzir calor suficiente a ponto de queimar o cabo e o bico de uma chaleira de estanho, criada para suportar calor intenso. Mesmo combustíveis ordinários, como carvão e coque, precisariam da ajuda de um fole para produzir essa espécie de calor. Outra sugestão é que as coisas foram queimadas para fornecer luz. Mas, se precisava de luz, por que não utilizou a vela? Certamente os riscos seriam muito menores com uma chama bruxuleante do que com um fogo crepitante.

A descrição de Hutchinson é a mais detalhada que possuímos de um possível Estripador e, mesmo assim, logo foi descartada na investigação subsequente. No início, Abberline achou que seu depoimento era genuíno e o enviou, juntamente com dois detetives, para percorrer a área e ver se conseguia identificar o homem. Hutchinson disse que o suspeito vivia na área e pensou tê-lo visto no mercado de Petticoat Lane na manhã de domingo. Possivelmente o fez, e suspeito que o homem era um mercador de rua, alguém que Hutchinson conhecia de vista, se não pelo nome, e fornecer sua descrição foi um ato de rancor ou ciúme de seu relacionamento sexual com Kelly. Esse suspeito parece ter sido identificado e tanto ele quanto Hutchinson também foram logo descartados da investigação.

Com efeito, isso significa que, após o assassinato de Kelly e desconsiderando Stride como vítima do Estripador, temos apenas três descrições para uma possível identificação. Tudo que resta é: a sra. Long, que viu o homem com Chapman, mas somente de perfil; Joseph Lawende, que viu um homem falando com Eddowes, mas duvidava conseguir reconhecê-lo; e a sra. Cox, que viu o parceiro de bebidas de Kelly, o homem com o bigode ruivo, e que pode ter sido apenas isso.

Em 2006, dez historiadores de destaque receberam a tarefa de citar os dez piores ingleses, um para cada século, dos últimos mil anos. O professor Clive Emsley citou Jack, o Estripador, como o pior inglês do século XIX. O fato desagradável é que não sabemos se Jack, o Estripador, era inglês. Sabemos tão pouco sobre ele que nem sequer conhecemos sua nacionalidade.

Enquanto o inspetor Abberline estava ocupado seguindo essas pistas, os jornais e o público se regozijavam com a queda de Sir Charles Warren. O *Punch*, zombeteiramente, publicou uma paródia de uma canção de ninar que chamou de "Who Killed Cock Warren?" ["Quem matou o galo Warren?"]:

> Quem perseguiu o GALO WARREN?
> "Eu", disse o Home Sparrow,
> "Com minha visão estreita e limitada,
> Eu persegui o GALO WARREN."

E quem ficará em seu lugar?
"Eu", disse Monro, "Sei que sou o homem certo,
E ficarei em seu lugar."

E quem prenderá suas mãos?
"Eu", disse a Rotina, "esse é meu negócio,
E eu prenderei suas mãos."

E quem verá a Justiça?
"Eu", disse John Bull, "pois sou um tolo;
Eu verei a Justiça!"

Warren entregou sua demissão em 8 de novembro, mas só retirou seus papéis do gabinete em 12 de novembro, quando a demissão foi anunciada oficialmente na Câmara dos Comuns, sob aplausos da oposição.

Um de seus últimos atos foi colocar seu nome em um documento que nada mais era que uma confissão de fracasso — um oferecimento de perdão oficial. Dizia o seguinte:

> ASSASSINATO — PERDÃO. Considerando-se que, em 8 ou 9 de novembro, em Miller's Court, Dorset Street, Spitalfields, Mary Jane Kelly foi assassinada por pessoa ou pessoas desconhecidas, o secretário de Estado aconselhará a concessão do perdão de Sua Majestade a qualquer cúmplice que não tenha planejado ou cometido o assassinato, desde que forneça evidências e informações que levem à descoberta e à condenação da pessoa ou pessoas que cometeram o crime.

Ironicamente, em alguns meses, se tornaria evidente que os assassinatos haviam chegado ao fim e se presumiria que o Estripador estava morto.

5.

Do inferno

No auge dos assassinatos, a polícia foi bombardeada com cerca de mil cartas por semana, segundo uma estimativa. O Lord Mayor de Londres, bispos, espiritualistas e jornais sofreram dilúvio semelhante. Poucas foram de real ajuda. Muitas eram trotes. Todas tinham de ser empacotadas e entregues a policiais sob grande pressão, que tinham de separá-las e decidir quais mereciam seguimento. Às vezes, conseguimos perceber um pouco da exasperação com tal correspondência: escritos em muitas delas, com tinta vermelha, estão comentários como "Não preste atenção a isso", "O homem deve ser lunático!" e "Não aceito". Cartas ainda chegavam em ritmo tão intenso no mês de julho que a Scotland Yard foi forçada a mandar imprimir comprovantes de recebimento com o título "Assassinatos de Whitechapel". Os jornais sofreram ligeiramente menos com a loucura coletiva. Depois que publicou um editorial sobre os assassinatos, o periódico *The Star* foi inundado de cartas discutindo a questão "O cristianismo falhou?". Duas das muitas cartas não publicadas foram assinadas respectivamente por "J. C." e

"Shendar Brwa" — um anagrama de Bernard Shaw. A admiração por Shaw também é evidente na primeira carta, blasfemamente assinada "J. C." (Jesus Cristo):

> Senhor,
>
> Por que tenta me imputar os assassinatos de Whitechapel? Sir Charles Warren age corretamente ao não capturar o desafortunado assassino, cuja condenação e punição seriam conduzidas nas velhas linhas de meu pai, olho por olho, que sempre repudiei de maneira consistente. Quanto aos dezoito séculos do que o senhor chama de cristianismo, não tenho nada com isso. Ele foi inventado por um aristocrata romano (São Paulo), um universitário cujas epístolas são um registro do que a classe média tem de mais frívolo. Quando vejo meu nome misturado a tudo isso em seu excelente jornal, sinto como se pregos penetrassem minha pele — e conheço essa sensação melhor que o senhor. Na certeza de que o senhor perdoará minha intrusão em seu valioso espaço.
>
> Seu humilde servo, J. C.

A maioria dos leitores não conseguia aceitar que os assassinatos eram cometidos por um indivíduo como eles. Tinha de haver algo extraordinário em um homem assim. Uma mulher, escrevendo "confidencialmente" da ilha de Wight, achou que deveria ser um grande símio pertencente a algum show de animais selvagens. Claramente, estivera lendo o conto *Os assassinatos da rua Morgue*, de Edgar Allan Poe, pois continuou: "Esse animal seria veloz, astuto, silencioso e forte, permanecendo sobre sua obra até que passos fossem ouvidos, e então saltando sobre cerca ou muro, desaparecendo em um momento, escondendo sua arma em uma árvore [em Whitechapel?] ou outro lugar seguro e voltando para casa a fim de se trancar em sua jaula."

Uma viúva de 46 anos, entretanto, acreditava que uma senhora honrada como ela nada tinha a temer do assassino de Whitechapel, pois ele, na verdade, "respeitava e protegia as mulheres respeitáveis". Suas maneiras, todavia, não eram muito cavalheirescas: "Tenho certeza de que o vi certa noite na Devonshire Street, ao fim de Cavendish Court, por volta do dia 30 de agosto. Embora se conduzisse de maneira repulsiva, ele permitiu que eu passasse sem um murmúrio." Piedosamente, ela esperava que "quando, na agonia de sua própria morte, ele lançar um último olhar em busca de misericórdia, possa sua alma ver Jesus, o doce Jesus".

Uma teoria popular era de que o criminoso fora "desfigurado de forma terrível por uma doença — *possivelmente tivera suas partes íntimas destruídas* — e agora está se vingando do sexo oposto com essas atrocidades". Outro leitor, que chegara à mesma conclusão, achou que ele poderia estar "sofrendo de sífilis e usando a parte retirada das mulheres como um tipo de cataplasma para sugar o vírus de suas úlceras. Essa é uma superstição vil de chineses e malaios, que cometem esse tipo de crime exatamente com tal propósito". Se fosse verdade, indicaria um homem que viajara pelos mares chineses.

A alternativa, sugerida por outro leitor, era de que fazia parte de uma tribo das montanhas. "Na mitologia sânscrita, dedica-se particular reverência aos órgãos reprodutores masculinos e femininos. Fui informado, por velhos soldados admitidos à vida familiar das tribos montanhesas, que os próprios órgãos preservados são utilizados como amuletos." Animando-se com o tema, perguntou: "Terá uma gangue dessas tribos montanhesas começado sua obra? Em uma rua mal-iluminada, um membro dessas tribos dificilmente poderia ser diferenciado de um europeu. Entre eles, o assassinato para obter o órgão feminino é uma ação sagrada." A outra possibilidade — horrível demais para contemplar — era de que poderia se tratar de um homem branco que adotara seus costumes enquanto cumpria obrigações civis ou militares: "A insolação poderia fazer com que perdesse todos os limites civilizados nesses assuntos." O mesmo leitor, em conversa posterior com o velho soldado, ouviu que era bastante comum que as tribos do leste da Índia carregassem uma arma escondida, com ponta fina como uma agulha e mergulhada em veneno, precisando apenas picar uma veia para causar morte instantânea. Um homem assim armado poderia, enquanto acariciava uma mulher, realizar "a picada fatal na espinha ou nas veias do pescoço" e ela cairia ao chão sem muito ruído. "O corte da garganta desvia as suspeitas e se conforma ao ritual selvagem." Com sua segunda carta, ele enviou trinta exemplares de seu panfleto "O Apocalipse revelado e o combate contra a morte e a difamação", sua própria tradução do Livro da Revelação em linguagem cotidiana; ele não garantia a correção de sua explicação dos símbolos, mas simplesmente publicava o panfleto como um desafio para que se tentasse obter um entendimento mais completo.

Um professor inglês que estivera em Turim durante os últimos 22 anos achava que um seguidor de Buda poderia ser o assassino — talvez um dos thugs, assassinos experientes "obrigados a oferecer vítimas humanas para sua deidade [...]. O fato de os homicídios ocorrerem em determinados períodos do mês pode indicar o momento em que tais sacrifícios humanos são oferecidos — talvez em diferentes fases da lua".

Sonhos frequentemente sugeriam maneiras de localizar o assassino. Um clérigo de Newmarket sonhou que os culpados eram dois homens chamados Pat Murphy e Jim Slaney, que passariam por Gresham Street, n. 22, na City, às 16h10 de quarta-feira, 18 de novembro. Como ele não podia deixar Newmarket naquele dia, será que a polícia não enviaria um par de detetives em busca de dois homens jovens? Como prova de que não se tratava de uma farsa, ele pediu que seu acólito também assinasse a carta, polidamente respondida, assim como a de B. Barraclough, de York, que afirmou que, dois dias antes, enviara um telegrama que dizia: "Observe a casa na Wurt Street, n. 20. W.C." Ele explicava a razão em sua carta. Seus filhos estavam brincando com uma mesa para ver se ela rangeria em resposta, como supostamente fazia durante as sessões. De fato, a mesa rangeu: "Mais assassinatos hoje à noite em Londres." Respondendo a perguntas posteriores, o ruído produzido pela mesa indicou que outra mulher seria assassinada pelo mesmo homem, cujo nome e endereço eram "Tom Totson, Wurt Street, 20, W.C.". Além disso, o espírito dissera ao remetente para avisar a polícia por telegrama, o que ele fizera, parcialmente por causa da grande responsabilidade sobre seus ombros e porque poderia haver "mais coisas entre o céu e a terra do que supõe nossa filosofia".

Também receptivo a essas influências ocultas, Josiah E. Boys, antigo soldado do regimento King's Own Scottish Borderers, escreveu a Sir James Fraser, comissário de polícia da City, avisando que vira uma mensagem em uma das paredes de um banheiro em Guildhall: "Sou Jack, o Estripador, e pretendo cometer outro assassinato em Adelphi Arches às 2 horas." O sr. Boys achava que a mensagem podia ser uma farsa, mas, como seu autor acrescentara "Enviarei as orelhas ao coronel Frazer", ele decidira comunicar os fatos de imediato, pois havia grande similaridade entre a grafia dessa mensagem e a daquela publicada pelos jornais. A mensagem, concluiu, fora escrita com um lápis.

A sugestão mais comum era de que o assassino poderia ser pego por policiais disfarçados de mulheres. Quase todas as cartas insistiam que os homens deveriam se barbear muito bem e portar algemas e revólveres. Richard Taylor, que forneceu seu endereço como Banhos Públicos, Endell Street, Long Acre, pediu que sua sugestão fosse encaminhada ao Comitê de Vigilância, cujo endereço não conseguia encontrar:

> [...] além do vestido costumeiro, sugiro que uma espécie de corpete de metal (cota de malha seria o mais eficiente) revista o tronco e que uma faixa tão larga quanto possível de aço fino e flexível seja usada em torno da garganta. Sendo leve, ela poderia ser revestida para imitar um colar comum e, se uma peça larga e afiada fosse ligada a ela e então dobrada sob o maxilar, o conjunto protegeria a garganta de qualquer ferimento sério. Esse colar também poderia ser utilizado como terminal de uma poderosa bateria, que exerceria o papel da anquinha, com os terminais podendo ser de cada lado do colar ou, presumindo que a vítima seja (como é mais provável) agarrada por trás, um par poderia levar até o chapéu e descarregar [eletricidade] dessa posição. O choque possivelmente desconcertaria o assassino de tal maneira que seria relativamente fácil prendê-lo.

Um cavalheiro de Cheshire, não tão feroz, sugeriu que as mulheres carregassem um pedaço de papel lambuzado com visgo, que colariam no ombro ou nas costas do Estripador sem que ele percebesse, fazendo com que a polícia pudesse identificá-lo. Ele não explicou precisamente em que estágio do ataque elas deveriam retirar o papel da bolsa. Uma precaução adicional, escreveu um expatriado de Yorkshire então residente de Cleveland, Ohio, seria um alarme instalado no meio-fio, com botões elétricos afixados a cada 10 metros; eles levariam a uma loja ou depósito, "para os policiais poderem se manter aquecidos nas noites de inverno", onde haveria um painel com sinos, cada um dos quais indicando a rua a que estava conectado. Adicionalmente, as prostitutas carregariam revólveres para que, sendo atacadas, pudessem manter o Estripador a distância e tocar um dos sinos para pedir ajuda. Um policial montado, calculou o mesmo leitor, seria capaz de galopar até um desses pontos em menos de meio minuto. Ele salientou que o destinatário (Lord Mayor) não deveria permitir, de modo algum, que um detetive irlandês soubesse do plano. Tinha de ser um inglês. Se a polícia quisesse lhe fazer uma oferta...

Uma sugestão mais prática era que houvesse mais iluminação nas ruas e que os policiais, por meio de seus apitos, desenvolvessem um eficiente sistema de alarme para avisar os colegas de outras rondas.

Algumas das correspondências, é claro, eram definitivamente estranhas. As instruções na carta que se segue são tão explícitas que se pode razoavelmente supor que o autor era alguma espécie de fetichista. Ele pedia mechas de cabelo das duas últimas vítimas para entregar a um amigo que, utilizando o mesmo método, levara à Justiça pessoas culpadas de crueldade contra animais e contra as quais não havia nenhuma outra evidência. (Será que utilizou pelo dos animais?) Ele instruía: "Corte o cabelo e me envie [...]. Se o cabelo não puder ser enviado, envie algo que pertença às vítimas, algo que estivessem vestindo no momento e que estivesse em contato com a pele."

Certas cartas tinham origens bastante hilárias. Um telegrama de Dublin alertava: "Prender Palermo Nagro, apelido Wilmo, entre 1,52 e 1,75 m, Assassino de Whitechapel." No relatório do Departamento de Investigação Criminal de Dublin, que deu seguimento ao caso, lê-se que "Fogarty sofre já há alguns dias de *delirium tremens*. Tem consciência de que enviou um telegrama a Londres, mas não sabe dizer o assunto". Aparentemente, seus amigos haviam telegrafado para sua esposa em Cork, a fim de que ela fosse buscá-lo, o que fizera, mas só conseguira levá-lo até Dublin, onde ele fugira. Ficara longe por apenas alguns minutos, mas fora o suficiente para enviar o telegrama. Estava horrivelmente amedrontado ao ser interrogado, temendo ser levado a julgamento por dano público. O oficial caridosamente concluiu: "Não há dúvida de que o camarada estava insano ao enviar o telegrama" e, presumivelmente, recomendou que não se tomasse nenhuma outra ação.

Alguns leitores achavam que o Estripador era estrangeiro e deveria ser chutado para fora do país, juntamente com outros refugiados políticos, e lançado ao mar. "Se o governo não agir de maneira resoluta [...] a City está fadada à destruição", disse um deles. E acrescentou que os assassinatos haviam sido cometidos por motivos antipoliciais e calculados para derrubar o império britânico. Explicou:

> Há uma ou duas semanas, vi um pôster no periódico *The Star* dizendo "Guerra a Warren". Diariamente, estive atento a uma deflagração de qualquer natureza e admito que se torna aparente nesses horrores que eles acharam que, ao desmoralizar a força policial, tornariam o governo impossível, [o primeiro ministro] lorde Salisbury renunciaria, Gladstone assumiria e a ruína do império seria certa — e seu distinto objetivo seria alcançado, a República. *Deus não permita.*
>
> A segurança do público tem dependido muito do Exército da Salvação, que tem percorrido o país, em especial entre as classes operárias, formando bons cidadãos e antagonizando os socialistas, que os odeiam e gostariam de destruí-los.

Outro leitor defendia a posição oposta. Ele achava que, como as vítimas eram da classe operária, o Estripador deveria ser do "tipo superior ou abastado", que achava que o mundo e seus habitantes existiam "para seu prazer — inclusive o prazer da vingança — como razão de viver; sem consideração por qualquer lei além de sua própria vontade".

Já outro achava que o Estripador poderia ser um dos pedagogos socialistas que quase todos os dias hasteavam a bandeira vermelha no Hyde Park. Ele ouvira um deles dizer: "Espere até que ocorram alguns homicídios aqui no West End e você ouvirá os uivos."

Alguns poucos suspeitos eram nomeados. Incluíam o lunático vivendo em Fulham que costumava recitar e cantar histórias trágicas, acompanhando seus gestos com uma faca de cabo de marfim que mantinha em uma maleta de médico preta e brilhante; Herbert Freund, que causava distúrbios na Catedral St. Paul; os alemães que trabalhavam na Sugar House, na Hanbury Street (e que raramente a deixavam), que tinham vindo para a Inglaterra a fim de evitar a convocação militar em seu próprio país; Richard Mansfield, a estrela de uma produção bem-sucedida de *O médico e o monstro* (o leitor que acusou Mansfield fora incapaz de dormir durante um dia e uma noite após assistir à peça, afirmando que ninguém conseguiria fingir tão bem e que, se Mansfield conseguia se colocar em tal estado frenético no palco, provavelmente também cometera os assassinatos na vida real); William Onion, que fora liberado do hospício Colney Hatch e tinha "bigode ruivo" e "nariz chato e torto", com uma leve cicatriz que conseguira ao ser atingido por um caixote de pimenta. Um leitor tinha certeza de que o Estripador poderia ser identificado por meio da leitura de *Davidson's Illustrated Comprehensive Bible* [Bíblia ilustrada definitiva de Davidson]. Se aberta na página da Santa Ceia, podia-se notar "uma faca claramente visível, mas quem segura a faca? Acho que é possível descobrir. Posso ser insolente quando estou irritado, mas recuaria dessas ações. Respeitosamente, John Legg Bagg Junior. P.S.: Não acho que seja meu pai, pois ele tampouco seria capaz e não acredito que já tenha estado em

Londres". Outro leitor anônimo assinava "Richard Whittington II". Outro enviou suas sugestões em papel timbrado do Ministério do Interior. Um suspeito popular era o vigia da Mitre Square; uma leitora dizia ter sonhado que ele espiava pela porta do depósito e ria dos policiais que se aproximavam. Um correspondente da Austrália achava que os homicídios eram obra de alemães que esfolavam pessoas e vestiam suas peles como disfarce, colando-as sobre a própria pele com cola americana; faziam isso porque estavam trabalhando com os funcionários do Gabinete Colonial e, no tempo certo, esperavam conseguir a coroa da Inglaterra, das colônias, da Índia e do Novo Mundo. (O comissário, sem surpresa, escreveu sobre a carta: "Parece ser obra de um lunático.")

Não havia falta de detetives voluntários prontos para ajudar a polícia. Damas se ofereciam para tomar o lugar das prostitutas e estavam mais que dispostas a serem martirizadas pelo bem do país. Um pai de cinco filhas, quatro ainda morando com ele, pediu que, se sua ajuda fosse necessária, anúncios fossem publicados no *Evening Standard*:

> *Nemo veio* — Eu me apresentarei em Old Jewry
> *Nemo foi* — Eu me apresentarei na Scotland Yard
> *Nemo fica* — Nesse caso, eu me apresentarei na estação da Lemon Street às 19 horas do dia em que o anúncio for publicado.

Sugeriu-se que um dos esconderijos do Estripador poderia ser uma velha catacumba no cemitério judeu. Ele tanto poderia ter escapado pela rede subterrânea de esgotos, o que explicaria seus súbitos desaparecimentos; quanto poderia ter rasgado o casaco escuro de sarja de lã que vestia e espalhado os pedaços ensanguentados pelo subterrâneo. Outros leitores obviamente se divertiam à custa da polícia, incluindo Andy Handy, que viu "um homem entrar na Mr. Barclay & Son. Ele tinha uma maleta na mão e, quando ela se abriu por acidente, vi dois pés e a cabeça de uma pessoa. Ele tinha uma grande faca no bolso". Outro pedira que

Deus lhe mostrasse o criminoso e Ele fizera ainda melhor: mostrara o Estripador em seus três disfarces, um deles envolvendo um turbante preto de padronagem escocesa. Os disfarces levaram-no a concluir que o Estripador poderia ser francês, alemão, italiano, soldado ou nobre. Um bônus, concedido pelo mesmo visionário, foi a imagem de uma mulher desconhecida que podia ser identificada pela ausência de nariz — e que era o elo faltante no caso (aparentemente, era a mulher por quem o Estripador estivera procurando e, agora que ele a matara, não haveria mais assassinatos). Claro, se a polícia não tinha fé e não acreditava nele...

Havia muitas sugestões sobre a maneira de capturar Jack. Um Emmett do século XIX sugeriu que manequins fossem dispostos em locais escuros e isolados; seus braços e pernas seriam molas muito poderosas, "capazes de serem liberadas por força moderada, como erguer o queixo ou pressionar a garganta. Uma vez liberadas, as molas agiriam como os tentáculos de um 'polvo' e manteriam a pessoa presa, enquanto um som parecido com o apito policial poderia proceder da máquina".

Outra dizia que as mulheres deveriam vestir colares de aço revestido de veludo ou, muito mais desagradável, um colar revestido de tecido macio com

> ferrões (espinhos) finos e pontiagudos, para que a mão do assassino infernal seja gravemente ferida [...]. No mesmo momento, o oficial se virará e segurará *a mão do assassino, girando-a, com todo o poder de suas duas mãos, contra o peito* do patife; assim, esse monstro *suportará sua própria faca em seu próprio peito ou deverá soltá-la* [...] e não conte esta *ideia* a ninguém a não ser ao *chefe de polícia* (pois, de outro modo, Vossa Senhoria inconscientemente alertaria o cão). *Pois quem pode dizer que esse criminoso não pertence a uma família rica?* Os oficiais devem observar qualquer mulher suspeita ou todas as mulheres, em geral [...]. Só o *D...* sabe o que frequentemente se encontra em tais *anáguas*!!! [Grifos do original.]

Essa era uma sugestão tão sensível quanto a de jogar material corrosivo na roupa de casais suspeitos, usando seringas de vidro, para que houvesse marcas distintas capazes de identificá-los. Quando a próxima vítima fosse encontrada, seu assassino poderia ser rastreado tanto pela descrição, que a polícia já teria, quanto pelas marcas em sua roupa.

Entre trezentos e quinhentos policiais seriam necessários para essa caçada, e um leitor tinha certeza de que eles poderiam ser recrutados entre os súditos do jovem imperador da Alemanha, muito devotado a sua avó real, a rainha Vitória, que de boa vontade lhe emprestaria mil detetives de Berlim. O imperador da Rússia e o presidente francês também concordariam facilmente em ceder um número similar de homens.

Outro leitor alertava que os policiais deveriam estar constantemente em guarda, pois tinha certeza de que o Estripador entorpecia suas vítimas com um lenço encharcado de clorofórmio antes de matá-las; assim, como medida urgente, eles deveriam prender qualquer um que se aproximasse e tentasse assoar o nariz. Como precaução final, todos os detetives deveriam agir como se estivessem bêbados e vestir colares de ferro e armadura.

Claro, havia sempre a possibilidade de que a vaidade do assassino levasse a sua queda. Por que não rastreá-lo por meio dos jornaleiros quando ele comprasse os jornais na manhã seguinte aos assassinatos? Supondo, é claro, que só comprasse jornais em tais ocasiões. Sem sombra de dúvida, os jornaleiros seriam capazes de identificar tal monstro. Cada um deles deveria manter uma lista de clientes e, ao lado do nome dos que mais suspeitavam, escrever a palavra "horrível".

Com tanta atividade em Whitechapel, estava claro que os policiais tropeçariam uns nos outros a cada poucos metros. Isso levou à sugestão de que fossem retirados de Whitechapel, com exceção de cem detetives e suas acompanhantes prostitutas, que poderiam ser contratadas como iscas por 2 xelins por noite. De outro modo, o excesso de atividade serviria apenas para manter o Estripador afastado. Como alternativa, dado que ele se interessava tanto pelos esforços que estavam sendo feitos para capturá-lo, por que não convocar uma reunião pública em um hotel para discutir esses esforços e, como ele provavelmente compareceria, prendê-lo assim que a reunião começasse?

Um leitor anônimo, muito à frente de seu tempo, percebeu algo a respeito da correspondência que escapara tanto à polícia quanto ao público. Ele escreveu para a Polícia da City dizendo que, tendo lido que um cartão-postal enviado à Agência Central de Notícias continha a impressão de um polegar, sugeria que, como "dois polegares jamais são iguais, a impressão do polegar dos suspeitos fosse retirada e microscopicamente examinada". Sua carta foi lida e diligentemente arquivada junto com as outras. Seriam necessários dezessete anos antes da primeira condenação baseada em digitais.

A sugestão final talvez seja a melhor. Como se acreditava que o Estripador tivesse conhecimentos médicos, o seguinte anúncio deveria ser publicado em todos os jornais:

> Precisa-se de médico ou assistente de médico em Londres; idade entre 25 e 40 anos. Não deve ter objeções a auxiliar em autópsias ocasionais. Condições liberais. Responder, citando experiências anteriores, para:
>
> NOME RUA

Se ao menos ele tivesse respondido!

Poucas cartas assinadas "Jack, o Estripador", ou pretendendo ter vindo dele, possuem algum valor real — de fato, um processo de seleção impiedoso selecionou apenas uma. Interessante, todavia, que é a primeira carta a utilizar o nome. Foi postada em 28 de setembro de 1888 e trazia o carimbo da London East Central:

25 de setembro de 1888

Caro chefe, continuo a ouvir que os policiais me prenderam, mas não vão dar jeito em mim ainda. Ri quando se acharam tão espertos e anunciaram estar no caminho certo. Aquela piada a respeito do Avental de Couro me fez ter acessos de riso. Detesto prostitutas e só deixarei de estripá-las quando for pego. O último trabalho foi grandioso. Não dei tempo para que a dama guinchasse. Como vão me pegar agora? Amo meu trabalho e quero recomeçar. Em breve, ouvirão sobre mim e meus divertidos joguinhos. Guardei um pouco da coisa vermelha e peculiar em uma garrafa de cerveja, mas ela ficou espessa como cola e não posso usá-la. Espero que tinta vermelha seja adequada, *ha ha*. Em meu próximo trabalho, cortarei as orelhas da dama e as enviarei aos oficiais da polícia, só por diversão. Mantenha esta carta em segredo até que eu trabalhe um pouco mais e então a publique imediatamente. Minha faca é boa e afiada e quero começar a trabalhar logo, se tiver oportunidade. Boa sorte.

Sinceramente,
JACK, O ESTRIPADOR

Não se aborreça com o uso de meu nome profissional.
Não quis enviar antes de tirar toda a tinta vermelha de minhas mãos, maldita seja.
Ainda sem sorte: agora dizem que sou médico, *ha ha*.

Como a carta foi enviada dois dias antes do "duplo evento" — os assassinatos de Stride e Eddowes em 30 de setembro —, ele claramente se referia ao assassinato da Hanbury Street (Annie Chapman, em 8 de setembro) ao dizer "O último trabalho foi grandioso. Não dei tempo para que a dama guinchasse". Queria dizer que a surpreendera ou — relembrando a testemunha que ouvira uma mulher gritar "Não!" e então algo se chocar contra a cerca — que a matara antes que pudesse gritar novamente? Infelizmente, o fraseado é ambíguo demais para uma conclusão. Contudo, a ameaça de "cortar as orelhas da dama" significava que a carta tinha de ser levada a sério, pois o assassino tentara fazer precisamente isso tanto com Eddowes quanto com Stride. O feio talho que ainda pode ser visto nas fotografias da autópsia de Eddowes foi causado quando ele moveu a faca através de seu rosto, com a aparente intenção de amputar tanto a orelha direita quanto o nariz. Mesmo assim, se a carta fosse genuína e ele de fato quisesse enviar as orelhas para a polícia, como ameaçara, por que não o fizera? Dificilmente poderia ter sido por falta de tempo, dado que tivera tempo suficiente para eviscerar a desafortunada mulher — teria sido necessário apenas mais um segundo para retirar a orelha.

Uma segunda comunicação foi enviada em 1º de outubro, um dia após o "duplo evento". Dessa vez, tratava-se de um cartão-postal e, como antes, fora enviado à Agência Central de Notícias:

> Eu não estava brincando, caro e velho chefe, quando lhe dei a dica. Amanhã, você ouvirá sobre o trabalho do Atrevido Jack. Evento duplo dessa vez. A número 1 guinchou um pouco. Não pude terminar direito. Sem tempo de conseguir as orelhas para a polícia. Obrigado por manter a última carta até que eu trabalhe novamente.
>
> JACK, O ESTRIPADOR

Alguns detalhes sobre o "duplo evento" haviam sido divulgados pelos jornais dominicais em 30 de setembro. O texto da carta para o "caro chefe" havia sido publicado no dia seguinte e, assim, o cartão-postal do "Atrevido Jack" pode ser uma farsa. O carimbo — "OC I" — sugere que foi postado quando os detalhes já eram públicos. A polícia tentou rastrear o autor, publicando um pôster com ambos os itens. O pôster circulou por treze dias após o "duplo evento", enquanto se pedia que qualquer um que reconhecesse a caligrafia entrasse em contato com o distrito policial mais próximo.

A carta de aspecto mais genuíno só foi recebida em 16 de outubro. Foi enviada a George Lusk, chefe do Comitê de Vigilância de Whitechapel, e estava acompanhada de um pequeno pacote contendo parte de um rim. Lusk era um empreiteiro especializado na redecoração e redouração do interior de salas de concerto. Era maçom, guardião da igreja local e vivia na Alderney Road, n. 1, Mile End. A carta foi remetida "Do inferno" e dizia:

> Sr. Lusk
>
> Envio metade de um rim que retirei de uma mulher, preservada para o senhor. Fritei e comi a outra metade — estava muito boa. Posso enviar a faca ensanguentada que removeu o rim, se o senhor esperar mais um tempo.
>
> Assinado: pegue-me quando puder, sr. Lusk

O interessante é que tal carta não estava assinada "Jack, o Estripador", quase como se o assassino, se era mesmo o autor, repudiasse seu nome público. Segundo a historiadora de arte Anna Gruetzner Robins, a frase "pegue-me quando puder", que encerra a carta para Lusk, é o ligeiro rearranjo do título de uma música popular escrita por Imanuel Liebich, em 1866, chamada "Catch me if you can!" ["Pegue-me se puder!"].

De fato, quando o corpo de Eddowes fora examinado, notou-se que um dos rins estava ausente. A carta e o rim foram enviados ao major Smith, da Polícia da City, que pediu que o cirurgião da polícia consultasse os mais eminentes especialistas da profissão médica e fizesse um relatório urgente. Infelizmente, como escreveu mais tarde, algum assistente teve acesso ao material e todo o assunto se tornou público no dia seguinte. "Os legisladores da metrópole se divertiram muito à custa de minha humilde pessoa e da força policial da City." "O rim pertence a um cão, qualquer um pode ver isso", escreveu um. "Evidentemente, veio da sala de dissecção", escreveu outro. "Foi retirado de um corpo durante uma autópsia", afirmou um terceiro. "É uma farsa transparente", declarou o quarto.

O rim foi examinado pelo dr. Openshaw, curador patológico do museu do London Hospital. Os comunicados de imprensa iniciais afirmavam que era um rim "de gim", do tipo encontrado em alcoólatras, pertencia a uma mulher de uns 45 anos e fora removido nas últimas três semanas. O rim estava em um estágio avançado da doença de Bright [falência renal crônica] e o encontrado no corpo de Eddowes estava em estado exatamente similar. Isso foi negado pelo dr. Openshaw, que disse não ter feito tais comentários e que só era capaz de afirmar que se tratava da metade de um rim esquerdo humano. O álcool não danifica os rins e não existe algo como um rim "de gim".

Como prova de que o rim viera do corpo de Eddowes, Smith acrescentou que 5 centímetros da artéria renal (que possui 7,5 centímetros) permaneciam no corpo e 2,5 centímetros ainda estavam ligados ao rim. Consultado por Smith, o dr. Henry Sutton, autoridade em nefrologia, disse apostar sua reputação como o rim fora mergulhado em álcool algumas horas depois de ser removido. Isso significava que não poderia ter vindo da sala de dissecção, onde o corpo teria sido mantido por um ou dois dias antes do inquérito.

O dr. Frederick Gordon Brown, cirurgião da Polícia da City, também examinou o rim. Sua mais importante observação foi de que não havia nenhuma porção da artéria renal ligada ao rim enviado a Lusk porque o órgão fora "recortado". Isso contradiz Smith e parece negar sua convicção de que o rim viera de Eddowes. O dr. Sedgwick Saunders, analista público da City, achou que o rim era um trote estudantil. Se genuíno, como muitos acreditam ser, então a carta não assinada "Do inferno", que acompanhava o órgão, partiu do assassino. Seria a única carta da qual se pode dizer com certeza ter sido enviada por Jack, o Estripador.

Depois do inquérito Eddowes, uma carta de escárnio, com carimbo de 29 de outubro, foi enviada ao dr. Openshaw, no London Hospital, que a entregou ao major Smith. A carta dizia:

> Velho chefe, você estava certo, era o rim esquerdo. Eu pretendia operar novamente perto de seu hospital, mas, justamente quando estava prestes a passar a faca naquela viçosa garganta, os desgraçados dos policiais estragaram o jogo. Mas acho que voltarei ao trabalho em breve e enviarei outra porção de entranhas.
>
> JACK, O ESTRIPADOR

> Ah, você já viu o diabo, com seu microscópio e escalpelo, olhando para a lâmina de um rim?

Quão autênticas são essas cartas? De qual delas se pode dizer que o autor definitivamente foi "Jack, o Estripador"? Sir Robert Anderson, em seu livro *The Lighter Side of My Official Life* [O lado mais leve de minha vida oficial], levantou consideráveis dúvidas em relação às duas primeiras ao dizer: "Acrescentarei apenas que a carta de 'Jack, o Estripador', preservada no Museu da Polícia, na New Scotland Yard, é criação de um jornalista empreendedor." E Sir Melville Macnaghten, que se tornaria chefe da Divisão de Investigação Criminal em 1903, confirmou isso ao comentar, em suas próprias memórias: "Nessa medonha produção, sempre achei que podia discernir o manchado indicador do jornalista — de fato, um ano depois, tinha suspeitas viáveis sobre o real autor! Mas, quem quer que tenha escrito essa coisa abominável, está claro, em minha mente, que não foi o canalha insano que cometeu os homicídios."

O mistério parece ter sido resolvido pela descoberta, feita por Stewart Evans, em 1993, de uma carta do inspetor-chefe John George Littlechild, chefe do Departamento Secreto (Divisão Especial) da Scotland Yard, afirmando que Tom Bulling, que entregara as cartas de Jack, o Estripador, à polícia, era o verdadeiro autor, e que Charles Moore, seu chefe, fora o criador da carta original. Outro jornalista chamado Best subsequentemente afirmou que ele e um colega da província eram responsáveis por todas as cartas do "Estripador". Descontando-se o exagero, ele e seu colega podem ter escrito algumas, mas certamente não todas. Seu compreensível motivo foi manter a história nos jornais, "para que o negócio continuasse vivo".

Presumindo-se que a identificação de Bulling e Moore como autores seja correta, por que o nome "Jack, o Estripador" foi escolhido? Uma possível explicação está em eventos de cinquenta anos antes, quando, em 1837–38, Londres foi aterrorizada por uma estranha criatura parecida com um morcego chamada Spring Heeled Jack [Jack Pés-de-Mola]. De acordo com testemunhas, ele tinha olhos flamejantes, de sua boca saíam chamas azuis e brancas e, com mãos parecidas com garras, ele rasgava as roupas de suas vítimas antes de escapar com grandes saltos e gargalhadas maníacas. Após um reinado de terror de dois anos, ele desapareceu, tão misteriosamente quanto surgira, mas "Jack Pés-de-Mola, o Terror de Londres", rapidamente ganhou notoriedade popular em fascículos de horror e melodramas de teatro. Ficção sobre ele continuou a ser publicada até o século seguinte. É possível que o nome Jack tenha sido escolhido para capitalizar essa notoriedade. Era um nome já familiar ao público e tinha uma conotação de terror. "Estripador" é mais óbvio de se explicar, mas, possivelmente — e isso é apenas uma sugestão —, alguém se lembrara do notório Hannibal Chollop, em *A vida e as aventuras de Martin Chuzzlewit*, de Charles Dickens. Além de carregar pistolas de sete canos nos bolsos, tal personagem também levava consigo uma bengala de lâmina que chamava de "Fazedora de cócegas" e "uma grande faca, que (sendo um homem com agradável senso de humor) chamava de 'Estripadora', em alusão a sua utilidade como modo de ventilar o estômago de qualquer adversário em combate próximo".

Sendo assim, isso sugere que tanto a carta quanto o cartão-postal eram fraudes. Até hoje, costuma-se presumir que a referência ao "duplo evento" antes de os jornais terem publicado a história é prova positiva de que as mensagens foram mesmo enviadas pelo Estripador. Mas, se tanto Anderson quanto Macnaghten tinham fortes suspeitas quanto à identidade do autor e acreditavam se tratar de um jornalista (e provavelmente um trabalhando no caso, para que Anderson o conhecesse), então a presunção de que eram genuínas cai por terra. Isso explicaria como o autor sabia com antecedência sobre o "duplo evento".

Donald McCormick contesta isso e apresenta o depoimento do dr. Thomas Dutton, que, anteriormente aos assassinatos, especializara-se em microfotografia e era membro proeminente da Sociedade Microscópica de Chichester e West Sussex. Aparentemente, ele realizou 128 microfotografias da correspondência de Jack, o Estripador, das quais ao menos 34 revelaram a mesma caligrafia.

> Em algumas ocasiões, a caligrafia era disfarçada, para parecer com a de um homem inculto; em outras, era a de um escrivão meticuloso. Algo similar ocorria com a fraseologia. Mas mesmo esta era marcada por "lapsos" cultos, especialmente nas efetivas incursões de Jack nos versos. Para citar um exemplo:
>
> Oito putinhas, sem esperança de paraíso,
> Gladstone pode salvar uma e então sobrarão sete.
> Sete putinhas implorando por um centavo,
> Uma fica em Henage Court e então há um assassinato.
> Seis putinhas felizes por estarem vivas.
> Uma se aproxima de Jack e então sobram cinco.
> Quatro e puta rimam bem, Assim como três e eu,
> Incendiarei a cidade
> Logo sobram duas
> Duas putinhas, tremendo de medo,
> Procuram um limiar acolhedor no meio da noite.
> A faca de Jack lampeja e então só sobra uma,
> E a última é perfeita para o que Jack chama de diversão.

Podem não ser versos no sentido aceito do termo, mas isso certamente não foi composto por alguém inculto. Às vezes, Jack cometia erros deliberados e, mais tarde, esquecia-se disso e escrevia a palavra corretamente. O mesmo com a pontuação. Ele escreveu "*Jewes*" [judeus] com um "e" adicional quando rabiscou na parede a mensagem a carvão que a polícia estupidamente apagou. Mas também escreveu certo a palavra em algumas cartas.

A polícia me pediu que fotografasse a mensagem na parede antes que fosse lavada, mas Sir Charles Warren queria tanto que não fosse preservada de forma alguma que ordenou que a polícia destruísse as impressões que enviei.

Isso me parece francamente inacreditável. Mesmo que seja verdade, por que o dr. Dutton não manteve cópias? E, aliás, o que fez com os originais? Chegaram a existir? Como parece ter contado com plena cooperação policial para as outras 128 microfotografias, por que a polícia se mostrou inflexível apenas em relação a essa mensagem quando, de acordo com Dutton, ele "definitivamente estabeleceu que a caligrafia era a mesma de algumas das outras cartas"? Sua microfotografia teria esclarecido de uma vez por todas quaisquer dúvidas que ainda existissem sobre o que de fato estava escrito naquela parede. Mesmo o policial que a encontrou na Goulston Street relatou-a de maneira incorreta ao depor durante o inquérito. Ele disse que a mensagem era "Os judeus são os homens que não serão culpados de nada", e foi somente após persistente inquirição que revelou que "Jews" estava escrito "Juwes". A frase correta era "Os judeus não são os homens que serão culpados de nada". De acordo com um programa da BBC sobre o caso em 1973, essa grafia da palavra "judeus" tem conotações maçônicas. O Salomão bíblico ordenou que três judeus que haviam assassinado o grão-maçom Hiram Abiff fossem mortos com "a devida cerimônia e *ritual formal*". As palavras são: "[...] pelo assassinato de J-U-W-E-S [...]. Que o peito seja aberto e o coração e os órgãos vitais sejam retirados e jogados sobre o ombro." Isso evoca esta inquirição durante o inquérito Eddowes:

DR. BROWN: O abdome estava completamente exposto; os intestinos foram em grande parte retirados e colocados sobre o ombro direito; um pedaço do intestino foi isolado e colocado entre o braço esquerdo e o corpo.

SR. CRAWFORD: Por "colocado", o senhor quer dizer posto lá de propósito?

DR. BROWN: Sim.

SR. CRAWFORD: Isso também se aplica aos pedaços do intestino que estavam sobre o ombro direito?

DR. BROWN: Sim.

Algo similar acontecera a Annie Chapman. O dr. Phillips dissera, sobre o corpo no quintal da Hanbury Street: "Os intestinos, separados dos ligamentos mesentéricos, haviam sido erguidos e colocados sobre o ombro."

Naquela época, vários jornais haviam afirmado que a grafia iídiche de judeus era "Juwes", mas, no periódico *The Times* de 15 de outubro, Warren pedira que relatassem que ele investigara a questão, depois que os artigos nos jornais sobre ela chamaram a sua atenção, e o equivalente iídiche era "Yidden". O relato concluía: "Não foi verificado se existe alguma língua ou dialeto no qual a palavra 'judeus' seja escrita 'juwes'." Contudo, existe uma grafia tão próxima que não se pode evitar especular que, se o policial Long tivesse tido um pouco mais de cuidado ao copiar a mensagem, a investigação poderia ter tomado um rumo ligeiramente diferente. Essa é a grafia da palavra francesa para judeus, cuja forma feminina é "Juives" (masculino "Juifs"). Na superfície negra em que a mensagem fora escrita, é possível que ele não tenha visto ou então ignorado o ponto sobre o "i" e, em uma caligrafia inclinada, "i" e "v", quando juntos, podem facilmente ser confundidos com um "w".

No fim das contas, apenas uma carta possui real credibilidade; aquela endereçada "Do inferno". As outras podem ou não terem sido escritas pelo Estripador. É improvável que descubramos. A maioria dos escritores cometeu o erro, ao comparar os exemplares, de procurar similaridades entre assinaturas normais, como a dos suspeitos Druitt e J. K. Stephen, e as cartas do Estripador. Essa é uma abordagem errônea, como foi completamente comprovado durante o julgamento de Peter Kürten, que, em Düsseldorf, cinquenta anos depois, deliberadamente se inspirara no Estripador, chegando o ponto de escrever para os jornais. Sob estresse, sua caligrafia se tornou irreconhecível — tanto que, quando fac-símiles das cartas do "assassino" foram publicados nos jornais, ele os mostrou para a esposa e, embora procurasse cuidadosamente, ela não encontrou nenhuma semelhança com a caligrafia do marido.

Em agosto de 1968, o grafólogo canadense C. M. Macleod publicou na revista *The Criminologist* um artigo chamado "A 'Ripper' Handwriting Analysis" ["Uma análise da caligrafia do 'Estripador'"]. Ele decidiu escrevê-lo depois de ler "More About 'Jack the Ripper'" ["Mais sobre 'Jack, o Estripador'"], do professor Camp, publicado na edição de fevereiro, que trazia fac-símiles de algumas das cartas. Os exemplares que escolheu para análise foram a carta endereçada "Do inferno" e a que começava dizendo "Caro chefe, você estava certo".

Em sua opinião, "elas consistem nos esforços de duas pessoas com perversões similares, mas importantes diferenças de personalidade. Ambos os exemplares revelam propensão a uma sexualidade cruelmente pervertida, em grau tão manifesto que mesmo o mais amador dos grafólogos não deixaria de notá-la". A coisa mais óbvia a respeito das duas cartas é a desorganização. As nódoas e borrões sugerem que os escritores abusavam de álcool ou talvez drogas. Ambos certamente eram sádicos, como indicado pelos "ângulos agudos e pinceladas em forma de adaga", que "só podem ser produzidos por um violento movimento ascendente da mão, sugerindo extrema tensão transformando-se em raiva". Suas idades estariam entre 20 e 45 anos e ambos provavelmente eram "da classe operária". Se tivesse de escolher um deles como o verdadeiro Jack, o Estripador, ele apostaria no autor da carta "Do inferno", que "mostra tremendo ímpeto nos ferozes traços ascendentes da maior parte da escrita e grande astúcia nos traços encobridores, que consistem na repetição do traçado de uma letra, tornando-a ilegível, embora aparentemente a clarifique. Apesar de a amostra 1 mostrar uma caligrafia melhor que a da amostra 2, na realidade é muito difícil decifrá-la; ao passo que a amostra 2, com exceção da ortografia atroz, é bastante fácil de ler". Macleod continua:

> Diria que esse escritor é capaz de conceber qualquer atrocidade e levá-la a cabo de maneira organizada. Acho que possui inteligência e controle suficientes para se manter em um emprego estável que forneça cobertura para seus crimes. Ele tem imaginação, como revelado nos floreios da parte superior. Os ganchos no corte do "t", entre outros sinais, indicam tenacidade na realização de objetivos.
>
> Eu teria procurado esse assassino entre homens como motoristas de táxi, que possuem uma desculpa legítima para estarem a qualquer hora em qualquer lugar. Buscaria um homem amável e cordial, que gostasse de comer e beber, e que fosse capaz de atrair as mulheres da classe em que caçava em função de seu grande charme animal. Mas, na verdade, diria se tratar de um homossexual latente (como sugerido pelo fato de os traços da parte inferior retornarem para o lado errado da carta) que se pretendia másculo; o grande farrista que era a alma do pub e desdenhava as mulheres como objetos a serem usados e descartados. Ele teria, é claro, presença de espírito suficiente para se interromper antes de explicar como as usava.

6.

Sequência

No ano seguinte, 1889, começou-se a temer que Jack, o Estripador, não estivesse morto e que uma nova onda de assassinatos irromperia em breve.

Em 17 de julho, uma mulher foi assassinada em Whitechapel. Em quase todos os aspectos, o assassinato, ocorrido em Castle Alley, era similar aos do Estripador. Logo antes da 1 hora, o policial Walter Andrews encontrou um sargento em sua ronda noturna e, após algumas palavras de saudação, continuou sua patrulha. O sargento percorrera menos de 150 metros quando ouviu Andrews soprar seu apito, pedindo ajuda. Ele correu de volta para ver qual era o problema e seguiu o policial pela Castle Alley. Estirado na calçada, perto de duas charretes, jazia o corpo de uma mulher. Ela estava deitada sobre seu lado direito, com as roupas erguidas até a cintura. O policial apontou para a poça de sangue sob a cabeça e disse: "Outro assassinato." Ele já se ajoelhara e sentira a temperatura do corpo, que, apesar da garoa leve, ainda estava quente.

Por perto, estava um homem que o policial vira zanzando com um prato nas mãos, inocentemente a caminho de seu jantar. Como ele era a única pessoa nas ruas, o policial o fizera esperar até que sua inocência pudesse ser comprovada, o que logo aconteceu. Assim que os reforços policiais chegaram, foram imediatamente para os cafés e cortiços, a fim de realizar uma busca.

O topo do polegar esquerdo da mulher estava faltando, assim como um dente da mandíbula superior. O vestido estava remendado sob os braços e nas mangas, e ela vestia meias muito surradas, uma preta e outra marrom. Todas as roupas eram velhas: saia marrom, anágua marrom pregueada de lã, camisa e avental brancos, xale de lã escocesa (ainda em torno de seus ombros) e botas com botão. Suas únicas posses eram uma moeda de 0,25 *penny* e um velho cachimbo de barro, encontrados sob o corpo.

A mulher logo foi identificada como Alice "Cachimbo de Barro" McKenzie. Não se sabia muito sobre ela. Vivia com John McCormack, que, durante os últimos dezesseis anos, fizera trabalhos eventuais para os alfaiates judeus na Hanbury Street (onde Annie Chapman fora assassinada) e para outras pessoas da vizinhança. Ele conhecera McKenzie em Bishopsgate e os dois viveram juntos em cortiços em Whitechapel durante os últimos seis ou sete anos e na Gun Street, n. 52, durante os doze meses anteriores ao crime. De acordo com outros inquilinos, sua vida comum era pacífica. Anteriormente, McKenzie morara com um cego. A despeito da intimidade que possuíam, McCormack não podia dizer muito sobre seu passado, exceto que ela dissera ter vindo de Peterborough e ter filhos no exterior.

McCormack disse à polícia que chegara em casa do trabalho por volta das 16 horas de 16 de julho e dera algum dinheiro a McKenzie (1 xelim e 8 *pennies*) antes de ir dormir. Ao acordar, entre 22 e 23 horas, descobriu que ela saíra. Não a vira novamente até ser levado ao necrotério para identificar o corpo.

McKenzie costumava sair à noite, mas não se sabe se era prostituta, embora a polícia certamente a tenha visto assim. Como as outras mulheres, bebia muito.

O dr. Bagster Phillips realizou a autópsia inicial, mas, por alguma razão desconhecida, Robert Anderson, chefe do Departamento de Investigação Criminal, quis uma segunda opinião e pediu que o dr. Thomas Bond, da Great Western Railway, confirmasse as descobertas. Em 18 de julho, Bond foi até o necrotério com o dr. Phillips, que explicou que houvera tanta interferência nos ferimentos na garganta que nenhum exame que ele fizesse poderia fornecer informações definitivas. Ele indicou os ferimentos iniciais, seu caráter e direção, e, com os fatos que possuía, Bond formou a opinião de que os cortes haviam sido feitos da esquerda para a direita. Também achou que a faca fora inserida profundamente no lado esquerdo do pescoço, abaixo do músculo esternomastoide, e retirada por uma incisão acima da laringe, no mesmo lado. Parecia ter sofrido duas facadas na garganta. A faca fora movimentada entre elas, deixando apenas uma pequena faixa de pele entre os dois ferimentos. (Se o assassino era o Estripador, ele modificara seus métodos, pois sua prática costumeira era secionar a garganta com dois cortes profundos.) Havia vários cortes superficiais na garganta, mas os dois principais tinham 5 centímetros cada, executados com uma faca em movimento descendente.

Segundo Bond, a arma deveria ser uma faca de ponta e ele acreditava que os cortes haviam sido feitos enquanto a cabeça da mulher estava inclinada para trás, no chão. Phillips supunha que a faca seria menor que qualquer uma das utilizadas anteriormente. Não havia contusões no rosto, nos lábios ou na parte posterior da cabeça, mas duas no alto do peito, que indicavam que o assassino a esfaqueara com a mão direita enquanto a mantinha imóvel com a esquerda.

Do lado direito do abdome e estendendo-se desde o peito até abaixo do umbigo, havia uma incisão serrilhada composta de vários cortes que se estendiam pela pele e pela gordura subcutânea. No fim da incisão, sete ou oito arranhões superficiais, cada um com 5 centímetros de comprimento e paralelos uns aos outros. Havia uma pequena facada de 3 milímetros de profundidade no monte púbico.

A morte fora imediata e causada pelas facadas na garganta; os ferimentos abdominais haviam sido infligidos após a morte. Havia certa discordância sobre se o assassino seria destro ou canhoto. O dr. Phillips achava que as contusões no lado esquerdo do estômago haviam sido causadas quando o assassino o pressionara com a mão direita, enquanto usava a faca com a esquerda; o dr. Bond concluíra exatamente o oposto:

> Vejo neste homicídio evidências similares às dos de Whitechapel, quais sejam, súbito ataque à mulher prostrada, garganta hábil e resolutamente cortada e subsequente mutilação, indicando pensamentos sexuais e desejo de mutilar o abdome e os órgãos sexuais.
>
> Sou da opinião de que o homicídio foi cometido pela mesma pessoa que cometeu a série de assassinatos em Whitechapel.

Contudo, o dr. Phillips discordava dessa conclusão. Ele não acreditava que todos os assassinatos de Whitechapel fossem obra do mesmo homem. Após longa e cuidadosa deliberação, chegara a essa conclusão "baseado apenas em fatores anatômicos e profissionais". Ele salientou esse ponto ao enfatizar que não levara em consideração as evidências circunstanciais nem os fatos em favor da teoria do único autor e ignorara todas as evidências que não analisara pessoalmente.

Como ele próprio executou ou assistiu cinco das sete autópsias em discussão (Chapman, Eddowes, Kelly, McKenzie e Coles), sua opinião possui muito peso.

Todavia, um novo homicídio, dois meses depois, foi creditado ao Estripador. Felizmente, pôde-se provar o contrário. Às 5h20 de 10 de setembro de 1889, um policial em patrulha encontrou o torso nu de um corpo feminino em alguns arcos ferroviários na Pinchin Street, não muito longe da Berner Street, onde Long Liz Stride fora assassinada. A rua era isolada, mas patrulhada a cada meia hora por um policial em serviço.

O relatório da autópsia fixou a morte em algum momento nas 36 horas anteriores à descoberta do corpo, na noite de domingo, 8 de setembro, que fora aniversário do assassinato de Annie Chapman, apenas um ano antes. Se o autor fora o Estripador, então ele novamente modificara uma técnica já estabelecida.

Havia um talho no tronco, mas, de acordo com o médico, engendrado após a morte, provavelmente para confundir a polícia e fazê-la pensar que se tratava de outro homicídio do Estripador. Na realidade, parecia que a faca havia escorregado. O ferimento dava a entender que o assassino pretendera fazer um corte preparatório a fim de remover os intestinos, mas então mudara de ideia.

Baseando-se em fatos médicos e no *modus operandi*, qualquer sugestão de que a mulher não identificada tenha sido vítima do Estripador pode ser desconsiderada.

7.
Suspeitos

O mais conhecido de todos os documentos do Estripador é o lendário arquivo Macnaghten. Não se trata de uma grande coleção de manuscritos, como em geral se supõe, mas sim de um único documento, escrito por Sir Melville Macnaghten vários anos depois de ter se unido à Scotland Yard como chefe assistente, em 1889, e antes de ser nomeado chefe do Departamento de Investigação Criminal, em 1903. Há duas versões dessas notas. Uma faz parte dos documentos relativos ao Estripador depositados no arquivo da Mepol (Polícia Metropolitana), nos Arquivos Nacionais, em Kew. A outra pertencia a Lady Aberconway, filha de Sir Melville Macnaghten, que os disponibilizou para o escritor Dan Farson em 1959 e para Tom Cullen em 1965. O primeiro os citou em um documentário para a televisão, embora apenas as iniciais dos principais suspeitos fossem fornecidas. Tom Cullen foi mais afortunado e pôde fornecer os nomes completos; Farson foi capaz de fazer o mesmo oito anos depois, quando publicou seu próprio relato da mesma história.

Embora ambas as versões supostamente tenham vindo da mesma fonte, há diferenças muito importantes entre elas.

Por exemplo, tanto Farson quanto Cullen citam Macnaghten, dizendo que o principal suspeito era:

> O sr. M. J. DRUITT, um médico de 41 anos e família bastante boa, que desapareceu na época do assassinato de Miller's Court e cujo corpo foi encontrado flutuando no Tâmisa em 3 de dezembro, ou seja, sete semanas após o dito assassinato. Afirmou-se ter sido encontrada no corpo, que esteve na água durante um mês ou mais, uma passagem entre Blackheath e Londres. Baseado em informações privadas, tenho poucas dúvidas de que sua própria família suspeitasse de que fosse o assassino de Whitechapel; alegou-se que era sexualmente insano.

Ao passo que a versão da Scotland Yard é:

> Certo sr. M. J. Druitt, supostamente médico de boa família — que desapareceu na época do assassinato de Miller's Court e cujo corpo (que se afirmou ter estado na água por mais de um mês) foi encontrado no Tâmisa em 31 de dezembro, ou seja, cerca de sete semanas após aquele assassinato. Ele era sexualmente insano e, baseado em informações privadas, tenho poucas dúvidas de que sua própria família acreditava que ele era o assassino.

Qual, precisamos nos perguntar, é a versão original?

Alguma luz foi lançada sobre esse problema por Philip Loftus quando revisou o livro de Farson no *Guardian* em 7 de outubro de 1972. O próprio interesse em Druitt despertara vários anos antes — em 1950, quando estava hospedado com um amigo, Gerald Melville Donner, neto de Sir Melville Macnaghten. Donner possuía uma carta de Jack, o Estripador, que Loftus achara ser uma cópia, escrita em tinta vermelha, emoldurada e pendurada na parede.

"Nada de cópia", disse Donner, "é o original". Como prova de que possuía alguns documentos originais, ele mostrou as anotações particulares de Sir Melville Macnaghten, que Loftus descreveu como escritas "na caligrafia de Sir Macnaghten, em papel oficial, bastante desorganizadas, consistindo em várias notas curtas". Segundo Loftus, elas mencionavam três suspeitos: um curtidor ou sapateiro polonês; um homem que costumava esfaquear mulheres nas nádegas; e um médico de 41 anos, o sr. M. J. Druitt.

Donner morreu em 1968 e as notas parecem ter desaparecido. Loftus escreveu para a família, perguntando sobre seu destino, mas seus familiares responderam não saber. Ele também escreveu para Lady Aberconway, tia de Donner — Sir Melville tivera duas filhas —, fazendo a mesma pergunta. Ela explicou: "Minha irmã, dez anos mais velha, ficou com todos os papéis de meu pai quando minha mãe morreu — e era por isso que Gerald os tinha; nunca os vi. Mas, no livro de meu pai *Days of my Years* [Dias de meus anos], ele fala sobre 'Jack, o Estripador' [...] essa é toda informação que possuo."

As notas que estavam em posse da filha mais velha e que Farson e Cullen tanto citaram são *cópias datilografadas*. Farson diz que "ela foi muito gentil em me entregar as notas particulares de seu pai, que copiara logo após sua morte". Tom Cullen também me disse, durante uma conversa, que as notas que viu estavam datilografadas.

Assim, além dos dois arquivos existentes de anotações, cujo destino é conhecido, existe aquele conjunto desorganizado de "várias notas curtas", que desapareceu após a morte de Donner. Isso imediatamente nos faz perguntar quantos outros documentos desapareceram. Como a maioria deles esteve em posse da polícia durante mais de cem anos, pode-se imaginar que a resposta seja "muito poucos, se algum". Infelizmente, esse não é o caso. Mas, antes que alguém comece a atribuir sinistros motivos à polícia pela destruição ou desaparecimento desses documentos relevantes, certas explicações precisam ser dadas para colocar o problema em perspectiva.

Parece inacreditável, mas foi somente nos últimos trinta anos que a polícia se interessou por seu fascinante passado. Percebeu-se então, contudo, que em várias forças muito da história inicial já fora perdido. Minhas próprias experiências nesse campo podem ajudar a esclarecer esse ponto.

Há alguns anos, escrevi uma história social sobre a polícia e o crime na City de Londres, entre as épocas elisabetana e vitoriana. Embora a força policial da City seja a mais antiga do país, muito mais velha que a Metropolitana (que serve a Grande Londres), ela nada possui em termos de documentação inicial. Se não fosse pelos documentos em posse da City of London Corporation, teria sido quase impossível escrever uma história da força. A própria polícia não é inteiramente responsável por essa situação. Vários de seus distritos foram bombardeados durante a Segunda Guerra Mundial, entre 1939 e 1945 (um deles foi completamente destruído). Assim, muitos documentos foram perdidos, mas, tragicamente, dos que restaram, quase todos foram destruídos. Somente algumas cartas, como as do diretor da Prisão Newgate, escritas quando os enforcamentos ainda eram públicos, foram salvas das máquinas de picotar e guardadas como curiosidades. Muito mais tarde, tive a felicidade de salvar caixas de documentos relacionados ao Cerco da Sidney Street, em 1911, em seguida ao assassinato de três policiais da City de Londres por anarquistas letões, e utilizá-los em um livro. Os mapas estavam tão quebradiços que o encadernador que os restaurou achou que haviam sido assados!

Meu ponto é que esses documentos foram destruídos, como muitos outros, em função da indiferença ou da ignorância — não pelo desejo de esconder ou proteger algum nome importante.

Esse registro de negligência é igualmente verdadeiro para outras forças policiais, incluindo a Scotland Yard. O falecido sr. Heron, seu primeiro arquivista, disse-me que, até 1959, quando os arquivos da Yard passaram ao controle do gabinete dos Arquivos Nacionais em Kew (sendo documentos do Ministério do Interior), era bastante comum que carregadores retirassem grandes quantidades de documentos dos arquivos antigos para abrir espaço para os novos. Alguns, imagino, eram seletivos quanto ao que retiravam, e podemos ter a esperança de que algum dia os documentos sejam devolvidos. Um superintendente que ouvi certa vez durante uma palestra para a Sociedade Histórica da Polícia Metropolitana abordou esse ponto. Ele nos disse que se acreditava que a maioria dos documentos da Divisão Especial tivesse sido destruída, em 1884, por uma bomba feniana instalada na parede do escritório. Recentemente, contudo, alguns documentos haviam sido trazidos à luz. A viúva de um policial aposentado da Divisão Especial ofereceu para venda o conteúdo de uma grande mala que levou até o escritório. Estava cheia de documentos da Divisão Especial que seu marido mantivera sob a cama.

Assim, qualquer um que espere surpreendentes revelações vindas dos arquivos sobre Jack, o Estripador, ficará muito desapontado — eles estão incompletos. Quando os examinei pela primeira vez, no início dos anos 1970, eles consistiam em três pacotes de papéis soltos, envoltos por capas marrons fixadas com fita adesiva. No momento, estão ainda mais incompletos devido aos furtos realizados pelos assim chamados pesquisadores. Isso fez com que os documentos fossem encadernados individualmente e selados. Alguns só são conhecidos pelas fotocópias feitas por pesquisadores legítimos.

Dois dos arquivos originais sobre o Estripador contêm cartas do público oferecendo conselhos sobre a melhor maneira de capturar o assassino de Whitechapel. Não contêm nada de aparente importância. O terceiro originalmente consistia em várias pastas finas de papel marrom — algumas muito finas —, relacionadas não somente aos cinco homicídios aceitos como perpetrados pelo Estripador, mas também a outros, como os de Alice McKenzie e Frances Coles, que na época foram atribuídos a ele. Havia pouquíssimos documentos em cada pasta. O assassinato de Eddowes, investigado pela Polícia da City de Londres, continha somente um único recorte de jornal. Algumas das outras pastas ofereciam um pouco mais. Com permissão do comissário da Polícia da City, pude inserir nas pastas de Eddowes e Kelly cópias das fotografias originais, que estavam com ele, e fornecer cópias similares ao Museu do Crime da Scotland Yard e ao agora extinto Museu Histórico da Bow Street. Pode-se apenas presumir que a fotografia de Kelly foi removida muito mais tarde, dado que Sir Melville Macnaghten se refere a ela em suas anotações. Ainda mais estranho é o fato de que essa fotografia aparentemente foi feita pela Polícia da City, a despeito da descompostura que receberam de Sir Charles Warren por estarem em Whitechapel. Uma história que explica isso, embora não concorde com os relatos dos jornais e tenha vindo de policiais aposentados com quem trabalhei certa vez, é de que, embora a Polícia Metropolitana não tivesse ousado desobedecer a ordem de Warren e derrubar a porta de Kelly antes que os cães chegassem, a Polícia da City o fez, já que não corria os mesmos riscos. Aparentemente, conforme a manhã se arrastava e nada acontecia em Miller's Court, alguém, de forma discreta, pediu a ajuda da Polícia da City, o que ela fez arrombando o quarto de Kelly e tirando a fotografia do corpo como justificativa pelo arrombamento. Qualquer que seja a verdade, as fotografias do corpo de Eddowes pertencentes à Polícia da City devem ter sido feitas por um fotógrafo profissional, uma vez que o departamento fotográfico oficial só foi criado no início dos anos 1950. Curiosamente, pode ter havido outras. A fotografia de Miller's Court é agora bastante conhecida, mas foi somente por acaso que a encontrei e publiquei no *Police Journal* em 1969. Sua descoberta pode apoiar a alegação de que a Polícia da City esteve envolvida nas fotografias de Kelly. Em 1967, o departamento fotográfico estava catalogando vários negativos antigos, incluindo alguns de vidro, e por acaso eu os vi. Dois eram de interesse imediato: um deles mostrava alguns policiais da força metropolitana, por volta de 1870, e o outro — que reconheci instantaneamente — era de Miller's Court, da qual não se sabia de nenhuma fotografia conhecida. Quando tentei traçar sua origem, disseram-me que tinham vindo de um grande álbum de fotografias que desaparecera quando o museu da força fora invadido em 1959, juntamente com a carta "Do inferno".

Em geral, os documentos são um amontoado caótico e esse mesmo caos sugere que a coleção foi gravemente danificada durante os últimos cem anos. A única destruição registrada de qualquer parte da coleção é atribuída a Sir Melville Macnaghten, que supostamente teria queimado os documentos mais incriminadores para proteger a família do assassino. Sua filha nega essa história e diz que o pai provavelmente disse que fizera isso para evitar ser incomodado pelas pessoas em seu clube.

As notas a seguir foram reproduzidas pela primeira vez na íntegra. Consistem em sete páginas de papel ofício, em sua caligrafia, quase sem nódoas ou partes apagadas. Presumivelmente, essa cópia foi escrita a partir das notas curtas em poder de seu neto. Como tal, e por ser datada, deve ser vista como documento *prima facie.*

Confidencial

O caso mencionado na sensacional história relatada no *The Sun* em suas publicações do dia 13 deste mês e seguintes é o de Thomas Cutbush, que foi julgado nas Sessões da Corte de Londres em abril de 1891, acusado de maliciosamente ferir Florence Grace Johnson e tentar ferir Isabella Fraser Anderson em Kennington. Ele foi julgado insano e sentenciado a confinamento durante o tempo determinado por Sua Majestade.

Esse Cutbush, que vivia com a mãe e a tia na Albert Street, n. 14, Kennington, escapou da Enfermaria Lambeth (depois de estar detido por apenas algumas horas, como lunático) ao meio-dia de 5 de março de 1891. Foi detido novamente no dia 9. Algumas semanas antes, vários casos de esfaqueamento por trás haviam ocorrido na vizinhança e um homem chamado Colicott fora preso, mas subsequentemente liberado devido a uma identificação errônea. Os cortes no vestido da garota feitos por Colicott eram bastante diferentes do(s) corte(s) feito(s) por Cutbush (ao ferir a srta. Johnson), que indubitavelmente estava influenciado por um grande desejo de mórbida imitação. Os antecedentes de Cutbush foram investigados pelo inspetor (agora superintendente) Chis(holm), pelo inspetor Hale e pelo sargento McCarthy, do Departamento de Investigação Criminal — (o último tendo sido especialmente transferido para Whitechapel durante os assassinatos que lá ocorreram) —, e se descobriu que nascera e vivera em Kennington durante toda a sua vida. Seu pai morrera quando era bastante jovem e ele sempre fora uma criança "mimada". Fora empregado como escrevente e viajante no ramo do chá em Minories e, em seguida, sondado para uma diretoria no East End, período durante o qual demonstrara bom caráter. Aparentemente, contraiu sífilis em 1888 e — desde aquela época — leva uma vida ociosa e inútil. Seu cérebro parece ter sido atingido e ele acreditava que as pessoas estavam tentando envenená-lo. Escreveu para Sir Grimthorpe e outros — e também para o Tesouro — queixando-se do dr. Brooks, da Westminster Bridge Road, em quem ameaçara atirar por ter lhe dado remédios ruins. Afirma-se que estudava livros médicos durante o dia e vagueava durante a noite, frequentemente retornando com as roupas cobertas de lama; mas pouca confiança pode ser depositada nas declarações feitas por sua mãe e sua tia, que parecem ser de disposição muito excitável. Foi impossível determinar seus movimentos nas noites dos assassinatos de Whitechapel. A faca encontrada com ele fora comprada em Houndsditch uma semana antes de ser detido na enfermaria. Cutbush era sobrinho do falecido superintendente executivo.

Agora, o assassino de Whitechapel fez cinco — e somente cinco — vítimas. Seus assassinatos foram:

1) 31 de agosto de 1888. Mary Ann Nichols — em Buck's Row — encontrada com a garganta cortada e (leves) mutilações no estômago.
2) 8 de setembro de 1888. Annie Chapman — Hanbury Street — garganta cortada — estômago e partes íntimas gravemente mutilados e algumas das vísceras colocadas em torno do pescoço.
3) 30 de setembro de 1888. Elizabeth Stride — Berner's [*sic*] Street — garganta cortada, mas nenhum tipo de mutilação.
4) Também em 30 de setembro de 1888, Catherine Eddowes — Mitre Square — garganta cortada e mutilação muito grave tanto da face quanto do estômago.
5) 9 de novembro, Mary Jane Kelly — Miller's Court — garganta cortada e todo o corpo mutilado da maneira mais medonha.

O último assassinato foi o único a ter lugar em um *quarto* e o assassino deve ter passado ao menos duas horas no ato. Foi feita uma fotografia da mulher, encontrada na cama, e sem vê-la é impossível imaginar a horrível mutilação.

Com relação ao *duplo* assassinato que teve lugar em 30 de setembro, não há dúvida de que o homem foi interrompido por alguns judeus que dirigiam um clube (próximo ao qual o corpo de Elizabeth Stride foi encontrado) e que então, "*nondum satiatus*", ele foi em busca de uma nova vítima, que encontrou na Mitre Square.

Note-se que a fúria das mutilações *aumentou* em cada caso e aparentemente, o apetite se tornou ainda mais agudo em função da indulgência. Parece, então, altamente improvável que o assassino tenha subitamente parado em novembro de 1888 e se contentado em recomeçar suas operações meramente espetando o traseiro de uma garota dois anos e quatro meses mais tarde. Uma teoria muito mais racional é a de que o cérebro do assassino tenha cedido por completo após seu horrível excesso em Miller's Court e ele tenha imediatamente cometido suicídio ou, como possível alternativa, tenha sido considerado tão extremamente insano por seus familiares que foi confinado em algum hospício.

Ninguém jamais viu o assassino de Whitechapel; muitos maníacos homicidas foram considerados suspeitos, mas nenhuma sombra de prova pôde ser lançada sobre qualquer um deles. Posso mencionar o caso de três homens, todos os três mais prováveis que Cutbush de terem cometido essa série de assassinatos:

1) Certo sr. M. J. Druitt, supostamente médico de boa família — que desapareceu na época do assassinato de Miller's Court e cujo corpo (que se afirmou ter estado na água por mais de um mês) foi encontrado no Tâmisa em 31 de dezembro, ou seja, cerca de sete semanas após aquele assassinato. Ele era sexualmente insano e, baseado em informações privadas, tenho poucas dúvidas de que sua própria família acreditava que era o assassino.

2) Kosminski — um judeu polonês —, residente em Whitechapel. Esse homem se tornou insano devido a muitos anos de indulgência em vícios solitários. Tinha grande ódio das mulheres, especialmente prostitutas, e fortes tendências homicidas; foi removido para um asilo para lunáticos em 1889. Havia muitas circunstâncias conectadas a esse homem, que o tornaram um forte "suspeito".
3) Michael Ostrog, médico russo e ex-presidiário, que subsequentemente foi detido em um asilo para lunáticos como maníaco homicida. Os antecedentes deste homem eram do pior tipo possível e seu paradeiro na hora dos crimes nunca foi estabelecido.

Houve, ainda, algumas outras imprecisões e declarações enganosas feitas pelo periódico *The Sun*. Em sua publicação de 14 de fevereiro, o jornal declarou que o autor estava em posse do fac-símile da faca com a qual os assassinatos haviam sido cometidos. Essa faca (que, por alguma inexplicável razão, pelos últimos três anos foi mantida pelo inspetor Race, em vez de ser enviada para o Depósito de Propriedades de Prisioneiros) foi rastreada. Ela foi comprada em Houndsditch em fevereiro de 1891, ou seja, dois anos e três meses *depois* de os homicídios em Whitechapel terem chegado ao fim!

A declaração de que Cutbush "passava parte do dia fazendo desenhos grosseiros de corpos de mulher e suas mutilações" é baseada somente no fato de que dois *esboços* de mulheres em posturas indecentes foram encontrados rasgados no quarto de Cutbush. A cabeça e o corpo de um deles haviam sido recortados de uma ilustração de moda e pernas foram acrescentadas para representar as coxas nuas e as meias cor-de-rosa de uma mulher.

Na publicação do dia 15, foi dito que um *sobretudo leve* foi encontrado na casa de Cutbush e que um homem em um sobretudo *leve* fora visto conversando com uma mulher em Backchurch Lane, cujo corpo, com os braços, foi encontrado na Pinchin Street. Isso está extremamente incorreto! Em 10 de setembro de 1889, o tronco nu, com os braços, de uma mulher foi avistado enrolado em alguns sacos sob um arco ferroviário em Pinchin Street: a cabeça e as pernas nunca foram descobertos e a mulher não foi identificada. Ela fora morta ao menos 24 horas antes que os restos mortais, aparentemente trazidos de certa distância, fossem encontrados. O estômago fora aberto por um corte e a cabeça e as pernas haviam sido cortadas de maneira idêntica à da mulher cujos restos mortais foram descobertos no Tâmisa, em Battersea Park, e na represa de Chelsea em 4 de junho do mesmo ano; e esses homicídios não tinham nenhuma conexão com os horrores de Whitechapel. Os mistérios de Rainham em 1887 e de Whitehall [quando pedaços do corpo de uma mulher foram encontrados sob o que é agora a Nova Scotland Yard] em 1888 eram similares aos crimes do Tâmisa e da Pinchin Street.

É absolutamente incorreto dizer que Cutbush esfaqueou o traseiro de seis garotas. É uma confusão entre esse caso e o caso de Colicott. A teoria de que o assassino de Whitechapel era canhoto ou, ao menos, "ambidestro" tem sua origem na observação feita por um médico que examinou o corpo de uma das primeiras vítimas: *outros médicos não concordaram com ele.*

Com relação aos quatro assassinatos adicionais atribuídos pelo escritor do periódico *The Sun* ao monstro de Whitechapel:

1) O corpo de Martha Tabram, uma prostituta, foi encontrado em uma escadaria dos edifícios George Yard em 7 de agosto de 1888; o corpo fora repetidamente *perfurado*, provavelmente com uma *baioneta*. Essa mulher estivera, com uma colega prostituta, em companhia de soldados na primeira parte da noite: esses homens foram presos, mas a segunda prostituta não pôde ou não quis identificá-los e os soldados foram liberados.
2) Alice McKenzie foi encontrada com a garganta cortada (ou, antes, *esfaqueada*) em Castle Alley em 17 de julho de 1889; não havia evidências disponíveis e nenhuma prisão foi feita em conexão com esse caso. A *facada* na garganta tinha a mesma natureza da do assassinato de
3) Frances Coles, em Swallow Gardens, em 13 de fevereiro de 1891 — pelo qual Thomas Sadler, um foguista [de navio] foi preso e, após várias detenções, liberado. Foi determinado na época que Sadler havia partido para o Báltico em 19 de julho de 1889 e estava em Whitechapel na noite do dia 17. Era um homem de temperamento descontrolado, completamente viciado em álcool e gostava da companhia das prostitutas mais baixas.

4) O caso da mulher não identificada cujo tronco foi encontrado na Pinchin Street em 10 de setembro de 1889 — e que já foi comentado.

M. L. Macnaghten
23 de fevereiro de 1894

Como Macnaghten só entrou na Scotland Yard em 1889, ele não teve experiência de primeira mão com o caso e deve ter se baseado nos relatos de Abberline para compilar esse documento particular, seis anos depois. Ao contrário de alguns dos policiais envolvidos, Abberline nunca publicou um relato dos assassinatos — ou de sua subsequente investigação do escândalo da Cleveland Street, centrado em um bordel homossexual no West End e supostamente frequentado pelo duque de Clarence, implicando alguns dos mais importantes membros do país.

Logo depois do encerramento desse caso, Abberline pediu demissão, tendo completado 29 anos de serviço, em 8 de fevereiro de 1892. Na época, vivia no sul de Londres, na Mayflower Road, n. 41, Clapham. Levou consigo a bengala (agora no Bramshill Police College) que lhe fora dada pelos sete detetives que trabalharam com ele nos homicídios de Whitechapel. O cabo era um rosto coberto por um capuz. Talvez tivesse significado especial, não sabemos. Há rumores de que havia várias dessas bengalas e, se assim era, meu palpite é que alguém estava capitalizando um panfleto da época chamado "A maldição da Mitre Square" e que os traços são do monge insano irmão Martin; possivelmente, os detetives usavam essas bengalas, assim como seus sucessores fazem atualmente com gravatas bordadas com o logotipo de um caso criminal importante.

Abberline então trabalhou como agente particular de inquérito e, em 1898, assumiu a agência europeia da Pinkerton Detective Company of America. Em 1904, mudou-se para Bournemouth, onde morreu aos 86 anos, em 10 de dezembro de 1929, quarenta anos após os assassinatos.

Apropriadamente, os jornais locais publicavam histórias sobre o Estripador de Düsseldorf, cujo reinado de terror chegava ao ápice.

O documento a seguir, também reproduzido pela primeira vez, foi escrito pelo dr. Thomas Bond, que realizou as autópsias nos corpos de Alice McKenzie e Mary Kelly. Além de ser professor de medicina forense e cirurgião consultor da Divisão A e da Great Western Railway, ele também foi autor de várias publicações, incluindo uma sobre "Diagnosis and Treatment of Primary Syphilis" ["Diagnóstico e tratamento da sífilis primária"].

7 THE SANCTUARY
ABADIA DE WESTMINSTER
10 de novembro de 1888

Prezado senhor, *Assassinatos de Whitechapel*

Relato que li as notas sobre os quatro assassinatos de Whitechapel:

1. Buck's Row
2. Hanbury Street
3. Berners [*sic*] Street
4. Mitre Square

Também realizei a autópsia dos mutilados restos mortais de uma mulher encontrada ontem em um pequeno quarto na Dorset Street.

1. Todos os cinco homicídios foram indubitavelmente cometidos pela mesma mão. Nos primeiros quatro, a garganta parece ter sido cortada da esquerda para a direita; no último caso, devido à extensa mutilação, é impossível dizer em que direção o corte fatal foi feito, mas sangue arterial foi encontrado na parede em borrifos próximos ao local onde a cabeça da mulher devia estar.
2. Todas as circunstâncias cercando os assassinatos me levaram a formar a opinião de que as mulheres deviam estar deitadas ao serem assassinadas e, em todos os casos, a garganta foi cortada em primeiro lugar.

3. Nos quatro casos em que apenas tive acesso às notas, não posso formar uma opinião muito definida quanto ao tempo que se passou entre o homicídio e a descoberta do corpo. Em um caso, aquele da Berners [*sic*] Street, a descoberta parece ter sido feita imediatamente após o fato. Em Buck's Row, Hanbury Street e Mitre Square, apenas três ou quatro horas poderiam ter se passado. No caso da Dorset Street, o corpo estava deitado na cama na ocasião de minha visita, às duas horas, nu e mutilado como mostrado no relatório anexo. O *rigor mortis* já havia se estabelecido, mas se intensificou durante o período de exame. Em função disso, é difícil dizer com qualquer grau de certeza o tempo exato que se passou desde a morte, já que o período varia entre seis e doze horas antes de a rigidez se instalar. O corpo estava comparativamente frio às duas horas e os resquícios de uma refeição recente foram encontrados no estômago e espalhados pelos intestinos. Assim, é quase certo que a mulher devia estar morta há umas doze horas e a comida parcialmente digerida indicava que a morte teve lugar cerca de três ou quatro horas depois de a comida ser ingerida; assim, uma ou duas da manhã seria o horário provável do homicídio.
4. Em todos os casos, parece não haver evidência de luta e os ataques provavelmente foram tão súbitos e feitos em tal posição que as mulheres não puderam resistir nem gritar. No caso da Dorset Street, o canto do lenço à direita da cabeça da mulher estava muito cortado e saturado de sangue, indicando que o rosto poderia estar coberto com o lenço no momento do ataque.
5. Nos primeiros quatro casos, o assassino deve ter atacado pelo lado direito da vítima. No caso da Dorset Street, deve ter atacado pela frente ou pela esquerda, pois não haveria espaço para ele entre a parede e a parte da cama em que a mulher estava deitada. Novamente, o sangue escorreu pelo lado direito da mulher e esguichou na parede.
6 O assassino não seria necessariamente atingido pelo sangue, mas suas mãos e braços deviam estar cobertos dele e partes de sua roupa certamente ficaram sujas de sangue.
7 As mutilações, em todos os casos, exceto no da Berners [*sic*] Street, tinham o mesmo caráter e mostravam claramente que, em todos os homicídios, o objetivo era a mutilação.

8 Em todos os casos, a mutilação foi infligida por uma pessoa sem conhecimento científico ou anatômico. Em minha opinião, ele nem mesmo possui o conhecimento técnico de um açougueiro, abatedor de cavalos ou qualquer pessoa acostumada a cortar animais mortos.

9 O instrumento deve ter sido uma faca robusta de ao menos 15 centímetros, muito afiada, com ponta e cerca de 2,5 centímetros de largura. Pode ter sido uma faca dobrável, uma faca de açougueiro ou uma faca de cirurgião; sem dúvida, uma faca reta.

10 O assassino deve ser um homem de grande força física, muito frio e ousado. Não há evidências de que tenha um cúmplice. Em minha opinião, deve ser um homem sujeito a ataques periódicos de mania erótica e homicida. O caráter das mutilações indica que ele pode estar em uma condição sexual conhecida como satiríase. É possível, claro, que o impulso homicida tenha se desenvolvido por uma condição vingativa ou taciturna de sua mente, ou que a mania religiosa tenha sido a doença inicial, mas não creio que alguma dessas hipóteses seja provável. O assassino, em sua aparência externa, muito provavelmente deve parecer bastante inofensivo, um homem de meia-idade vestido de maneira correta e respeitável. Acho que ele tem o hábito de vestir uma capa ou sobretudo, ou dificilmente teria passado despercebido nas ruas se o sangue em suas mãos ou roupas estivesse visível.

11 Assumindo que o assassino seja como acabei de descrever, ele seria solitário e de hábitos excêntricos, também muito provavelmente um homem sem ocupação regular, mas com uma pequena renda ou pensão. Ele talvez viva entre pessoas respeitáveis que possuem algum conhecimento de seu caráter e de seus hábitos, e podem suspeitar que, às vezes, ele age de maneira insana. Tais pessoas possivelmente não estariam dispostas a comunicar suas suspeitas à polícia por medo ou problemas com a notoriedade; contudo, se houvesse uma perspectiva de recompensa, poderiam superar seus escrúpulos.

(Esta carta foi enviada a Robert Anderson,
chefe do Departamento de Investigação Criminal)

Esses são os dois principais documentos; a maioria dos argumentos a favor ou contra as respectivas teorias depende parcialmente deles. Os suspeitos sobre os quais discutiremos agora são os principais competidores pela mortalha de Jack, o Estripador. Não serão os únicos. Em um jogo popular como a Caçada ao Estripador, sempre haverá novos competidores.

Antigos competidores incluíram o namorado de Oscar Wilde, George Francis "Frank" Miles; Charlie, o Estripador, um pálido limpador de peixe que nunca pôde fazer amor (*Reveille*, 12 de março de 1976); Lewis Carroll, autor de *Alice no país das maravilhas*; e lorde Randolph Churchill, pai de Winston Churchill, suspeito, de acordo com minha deselegante informante, por ter vivido em Londres e morrido de sífilis, algo que pode ser dito de muitos outros homens daquela época. Mais suspeitos são continuamente aventados, como Robert Mann, um ex-presidiário paupérrimo e atendente do necrotério; o alemão Carl Feigenbaum, um marinheiro mercador; John Silver, descrito como "dono de bordel, cafetão e traficante de mulheres em quatro continentes"; e Sir John Williams, ginecologista galês que matou as prostitutas para transferir "seus órgãos férteis para sua mulher estéril".

A lista de suspeitos cresceu para mais de duzentos nomes e muitos outros quase certamente esperam aprovação.

O problema com essas e muitas outras teorias é que as assim chamadas evidências não o são de modo algum. O padrão das evidências apresentadas frequentemente é tal que, se algum dos "nomes" ainda estivesse vivo, ganharia uma fortuna com ações de difamação. Se nos perguntam "O assassino está entre os seguintes suspeitos?", podemos apenas tentar ser objetivos e dizer que, sem novas evidências, a resposta sempre deve ser "Talvez". Podemos apenas conjecturar. Sempre tive a sensação de que, no Dia do Julgamento, quando todas as coisas serão conhecidas, no momento em que eu e as outras gerações de estudiosos do Estripador pedirmos que Jack se apresente e diga seu verdadeiro nome, olharemos uns para os outros em pasma surpresa enquanto ele se revela, e todos se perguntarão: "Quem?"

O inquilino

O declamador da Bíblia que "odeia prostitutas" é provavelmente a imagem mais popular do Estripador. A base factual para o personagem fictício da sra. Belloc Lowndes, "O inquilino", começa com as declarações aos jornais do dr. L. Forbes Winslow, que se descreveu em suas memórias, *Recollections of Forty Years* [Lembranças de quarenta anos], como médico teórico e detetive prático. Sua primeira teoria, publicada no jornal *The Times* após a morte de Annie Chapman, era de que o assassino era um lunático que fora recentemente liberado ou fugira de um hospício. Ele se interessou tanto pelo caso que se envolveu ativamente na caçada ao Estripador, seguindo pistas e procurando fatos para provar suas deduções. "Passei dia após dia", escreveu, "e noite após noite nos cortiços de Whitechapel. Os detetives me conheciam, os encarregados dos cortiços me conheciam e, por fim, as pobres criaturas nas ruas passaram a me conhecer. Aterrorizadas, elas corriam até mim com cada fiapo de informação que poderia ser de valor. Era para mim que as mulheres amedrontadas olhavam com esperança. Em minha presença, elas se sentiam reconfortadas, recebiam-me em seus refúgios e obedeciam a meus comandos avidamente, e assim encontrei as peças de informação que queria".

Não surpreende que, subsequentemente, ele tenha afirmado que fora ele, e não os detetives da Scotland Yard, que criara uma "acurada e científica imagem mental do assassino de Whitechapel". Ele chegou a assegurar que não somente fora capaz de provar, sem margem de dúvida, a identidade do assassino, como também, com suas revelações aos jornais, conseguira pôr fim aos crimes do Estripador.

Forbes Winslow rapidamente abandonou sua teoria original sobre o fugitivo lunático e passou a uma crença mais firme: para ele, os assassinatos eram cometidos por um lunático homicida tomado por monomania religiosa e um distorcido senso de dever, acreditando que sua missão na vida era exterminar essa classe de mulheres (prostitutas) da face da Terra. Uma das muitas sugestões de Winslow era de que os policiais fossem substituídos por enfermeiros de asilos para lunáticos, uma vez que tinham experiência em lidar com tais pessoas, e a polícia, não. Para seu grande aborrecimento, a única resposta foi o usual recibo impresso do comissário.

Observando que lunáticos podiam ser presos em suas próprias armadilhas se seus caprichos fossem atendidos, ele sugeriu publicar nos jornais um anúncio dizendo: "Cavalheiro que se opõe fortemente à presença de mulheres caídas nas ruas de Londres gostaria de cooperar com alguém que tenha sugestões para sua supressão." Então meia dúzia de detetives esperaria no local combinado e interrogaria todo o mundo que respondesse ao anúncio.

Forbes Winslow jamais duvidou que o assassino de Whitechapel teria sido capturado se a polícia tivesse acatado suas sugestões. Ele ficava perplexo com o fato de os policiais não reconhecerem a própria incompetência e consternado por sua relutância em permitir que outros — ele —, muito mais competentes, lidassem com o caso e assumissem a investigação.

Não foi o único a ficar obcecado por suas próprias teorias. Entre os detetives amadores rondando Whitechapel, estava um diretor do Banco da Inglaterra que se disfarçava de operário e vagava pelos cortiços vestindo botas pesadas, casaco de fustão, lenço vermelho em volta da cabeça e um machado nas mãos.

Infelizmente, foi somente no ano seguinte, 1889, que Winslow recebeu as pistas sobre as quais construiu seu frágil caso. Sua teoria baseava-se na aceitação inicial de que o Estripador matara oito mulheres, a primeira de suas vítimas sendo uma mulher desconhecida, que supostamente fora morta na semana do Natal de 1887, e a última, Alice McKenzie, em 17 de julho de 1889.

Ele afirmou ter recebido a primeira pista em 30 de agosto de 1889, quando uma mulher com quem estivera em contato lhe disse ter sido abordada por um homem na Worship Street. Pedira-lhe para acompanhá-lo até um pátio, oferecendo-lhe 1 libra. Ela recusara a oferta, mas, com alguns vizinhos, o seguira até uma casa em Finsbury, da qual o vira sair alguns dias antes. Subsequentemente, após o assassinato de Alice McKenzie em 17 de julho, ela o vira lavando as mãos no quintal da casa. Estava apenas de camisa sem mangas e tinha uma expressão peculiar no rosto. Eram 4 horas da manhã. A inferência era de que estava lavando manchas de sangue.

O encarregado do cortiço em que o homem morara disse a Forbes Winslow que, em abril de 1888, ele alugara um amplo quarto em sua casa. Dissera estar na Inglaterra a negócios e que poderia permanecer por alguns meses ou mesmo um ano. O encarregado e sua esposa notaram que, cada vez que ele saía, vestia roupas diferentes e as trocava três ou quatro vezes por dia. Tinha oito ou nove ternos e o mesmo número de chapéus. Costumava ficar fora até tarde e, ao voltar, entrava silenciosamente na casa. Possuía também três pares de sapatos com solados de borracha, um dos quais sempre usava ao sair. (Mais tarde, Winslow mostrou um par ao repórter do *New York Herald*, que o experimentou. "Aqui estão as botas de Jack, o Estripador", dissera o médico, apanhando um par de botas grandes sob a mesa. "O corpo é feito de tecido comum e as solas são feitas de borracha natural. O corpo tem grandes manchas de sangue.")

Em 7 de agosto, a noite em que Martha Tabram foi esfaqueada 39 vezes, o senhorio ficou acordado até tarde com a irmã, esperando que sua esposa voltasse do interior. Por volta das 4 horas, o inquilino entrou na casa e disse que seu relógio fora roubado em Bishopsgate. Isso se revelou falso. Na manhã seguinte, quando a criada foi arrumar a cama, encontrou uma grande mancha de sangue nos lençóis. Sua camisa foi encontrada pendurada, com os punhos recentemente lavados. Alguns dias depois, o inquilino partiu, supostamente para o Canadá, mas, em setembro, teria sido visto entrando em um coche em Londres.

Todos que o conheciam achavam que era louco. Ele frequentemente expressava seu desgosto pelo número de prostitutas nas ruas e dava vazão à bile escrevendo cinquenta ou sessenta páginas de sua própria visão da religião, da moralidade e "do ódio amargo às mulheres dissolutas". Às vezes, lia suas diatribes para o senhorio.

Assim que Winslow teve acesso a essa informação, soube instantaneamente: "É ele!" Se tivesse construído um homem imaginário, escreveu, baseado em sua própria experiência com "pessoas insanas sofrendo de mania religiosa homicida, seus hábitos teriam correspondido quase exatamente aos relatados pelo encarregado da casa do cortiço".

Nesse ponto da história, o relato publicado por Winslow começa a divergir de sua declaração, em 23 de setembro de 1889, ao inspetor-chefe Swanson e que agora se encontra entre os documentos do caso nos Arquivos Nacionais, em Kew.

Em seu livro, Winslow diz que, uma vez de posse desses fatos, ele os contou à polícia e sugeriu um plano para capturar esse lunático nos degraus da Catedral St. Paul, para onde ia todas as manhãs, às 8 horas. Para sua consternação, a polícia não quis cooperar. Finalmente, ele avisou que, "a menos que me auxiliem na captura de Jack, o Estripador, em certa manhã de domingo, sem permitir a interferência da burocracia e da inveja que cercam a Scotland Yard", ele divulgaria sua pista para o mundo. Foi precisamente o que foi obrigado a fazer, pois, de acordo com suas memórias, a polícia ignorou suas ameaças e, assim, ele publicou a história no *New York Herald*.

Quando a história se espalhou pelos jornais ingleses, a Scotland Yard enviou o inspetor-chefe Swanson para recolher sua declaração. É neste documento, citado agora pela primeira vez, que emerge a verdadeira história de Winslow.

Ele negou que o artigo fosse um relato acurado de sua entrevista ao repórter. Na verdade, era uma distorção de toda a conversa. O propósito original da visita do repórter não fora discutir Jack, o Estripador, mas sim um livro autografado que Winslow possuía. Aos poucos, o repórter fizera com que ele discutisse os assassinatos de Whitechapel e ele não se opusera, pois entendera que a conversa não seria publicada. Aliás, ele diz ter ficado muito surpreso e aborrecido quando viu o artigo impresso, especialmente porque distorcia tanto suas palavras. Francamente, é difícil acreditar que Forbes Winslow fosse tão ingênuo.

O inspetor-chefe Swanson observou energicamente que Winslow não fornecera à polícia nenhuma informação sobre suspeitos, com exceção de um (o lunático que fugira). No entanto, havia uma declaração nos jornais dizendo que o fizera, mas Winslow negou qualquer responsabilidade pela história e então apresentou um par de galochas canadenses de feltro e uma velha bota. As galochas haviam sido comidas por traças e seus casulos permaneciam em uma delas. Nada de manchas de sangue.

Ele relatou a história anterior com alguns detalhes adicionais que não publicara no livro. A história inteira, disse, lhe fora contada em 8 de agosto de 1889 pelo sr. E. Callaghan, Gainsborough Square, n. 20, Victoria Park. Em abril de 1888, o sr. Callaghan e a esposa viviam na Sun Street, n. 27, Finsbury Square, e alugavam um quarto para certo sr. G. Wentworth Bell Smith, cuja ocupação era conseguir fundos para a Toronto Trust Society. Os detalhes sobre seus textos, ternos, chapéus, horas tardias e o relógio roubado permaneceram constantes. Os membros da família o viam como lunático por causa de seus delírios sobre as "mulheres nas ruas", que ele achava que deveriam ser afogadas.

Sua queixa mais frequente era que as prostitutas caminhavam pelos corredores da Catedral St. Paul durante a missa matutina. Seus outros delírios eram sobre suas riquezas e seus grandes poderes cerebrais. Frequentemente, falava e gemia sozinho. Mantinha três revólveres carregados na cômoda de seu quarto. Se alguém batesse à porta, permanecia com as costas contra a cômoda, para que as armas estivessem ao alcance. Como seu comportamento era tão errático, o senhorio só fornecera essas informações à polícia depois que ele partira.

Foi descrito como tendo cerca de 1,80 m. Caminhava com os pés bem separados e parecia coxo. Seu cabelo e pele eram escuros, o bigode e a barba tão curtos que pareciam ter apenas alguns dias e tinha dentes provavelmente falsos. Falava várias línguas, vestia-se bem e contara ao senhorio ter feito algumas cirurgias maravilhosas.

Essas eram as únicas informações que Winslow possuía, com exceção da mulher que (aparentemente) fora abordada pelo mesmo homem, carregando a proverbial maleta preta. Todo o fulminante desdém que destinara à polícia em seu livro, por sua falta de ação em relação a suas sugestões, era apenas o espelho de sua própria incompetência. Ele certamente não era o grande detetive que alegava ser. As únicas pistas que possuía, e que eram completamente inúteis, haviam chegado até ele um ano após o início dos homicídios. Ele nem mesmo sabia o nome da mulher que vira o inquilino se lavando no quintal (embora, para ser justo, tenha dito poder conseguir essa informação com o sr. Callaghan).

O inspetor-chefe Swanson reportou a seus superiores ter sido incapaz de encontrar registros de quaisquer informações fornecidas à polícia por Callaghan. Se existissem, teriam sido registradas após o homicídio Tabram, em 7 de agosto, e antes de 31 de agosto, quando a investigação ainda estava nas mãos da Divisão H. O inspetor Abberline não tinha registros sobre elas.

Felizmente para Forbes Winslow, a polícia não divulgou nada disso quando ele publicou seu livro.

M. J. Druitt

Os pais de Montague John Druitt eram casados há três anos quando ele nasceu, em 15 de agosto de 1857, em Wimborne, Dorset. Era o segundo de sete filhos. Sua mãe, Anne Druitt, tinha 27 anos, dez a menos que o marido, William, que era o principal cirurgião da cidade, assim como fora seu pai antes dele. A medicina parecia ser uma tradição da família Druitt — o irmão de William, Robert, e seu sobrinho Lionel também eram médicos.

Quando Montague tinha 13 anos, conseguiu uma bolsa para o Winchester College, onde passou os seis anos seguintes. Em seus registros escolares, está claro que gostava tanto de esportes quanto de polêmica.

Seu único fracasso registrado foi como Sir Toby Belch em uma produção colegial de *Noite de Reis*, que recebeu o seguinte comentário na revista estudantil: "Mas o que dizer da inadequação de Druitt como Sir Toby? É melhor imaginar que descrever." Em novembro de 1873, ele defendeu a República francesa em um debate e, supostamente, foram suas simpatias pós-Sedan que, em outra ocasião, o levaram a denunciar a influência de Bismarck como "maldição moral e social para o mundo". Defendeu Wordsworth como baluarte do protestantismo. Em uma nota mais leve, afirmou que a moda dos anos 1870 era uma graciosa combinação de beleza e utilidade, não o mal social que seus oponentes afirmavam ser. Em seu debate final, defendeu seus contemporâneos contra as gerações anteriores, que haviam subjugado as mulheres e tolerado a escravidão, proclamando: "A velha teoria de governo era de que o homem era feito para os Estados. Não é um progresso que os Estados sejam feitos para o homem, como agora?"

Era um bom esportista. Foi campeão escolar de Fives, um jogo similar ao squash, em 1875 e jogou críquete pela escola no Lord's em 1876. No mesmo ano, recebeu uma bolsa para o New College, em Oxford, onde parece ter sido popular entre os calouros, sendo eleito administrador do salão comunal júnior. Estudante de artes clássicas, tornou-se bacharel em artes em 1880. Três anos depois, como era então privilégio dos alunos de Oxford e Cambridge, pagou por seu mestrado uma pequena taxa.

Candidatou-se ao Inner Temple em maio de 1882 e se qualificou em abril de 1885. Alugou salas na King's Bench Walk, n. 9, Temple, e se juntou ao Western Circuit e às Winchester Sessions como *barrister* [advogado que representa clientes nas cortes superiores inglesas]. Sem renda privada ou talento excepcional, a taxa de fracasso dos iniciantes era muito alta: na época, afirmou-se que apenas um em cada oito *barristers* conseguia se sustentar com a profissão. Ele se tornou *special pleader* [especialista em alegações] do Western Circuit em 1887, o que não envolvia comparecimento às salas de audiência. Em 1882, começara a ganhar dinheiro extra como professor em uma pequena escola preparatória em Blackheath, no sudeste de Londres. Isso, no entanto, chegou a um fim abrupto no encerramento do ano de 1888, quando foi demitido. Não se sabe a razão de sua demissão. Sugeriu-se que haveria uma explicação envolvendo homossexualidade, mas é igualmente plausível que tenha sido em função de seu comportamento errático, dado que se acreditava que era insano. Sua mãe já estava confinada em uma instituição mental particular em Chiswick, onde morreu, em 15 de dezembro de 1890, de "melancolia" e "doença cerebral".

Montague foi visto pela última vez em 3 de dezembro de 1888. Logo depois, e provavelmente em estado de depressão aguda após visitar a mãe, encheu os bolsos de pedras e se jogou no Tâmisa. Seu corpo foi encontrado flutuando em Thorneycrofts, perto de Chiswick, em 31 de dezembro. O cadáver estava completamente vestido e em estado de decomposição. Durante o inquérito, realizado no Lamb and Tap, em Chiswick, seu irmão William, advogado em Bournemouth, disse ao investigador que a última vez que vira o irmão fora quando ele pernoitara em sua casa no fim de outubro. Fora somente em 11 de dezembro que um amigo lhe contara que Montague não aparecia em seu escritório havia mais de uma semana. Fora a Londres investigar e, na escola de Blackheath, descobrira que o irmão se metera em sérios problemas e fora despedido. Entre suas coisas, encontrara um bilhete endereçado a si: "Desde sexta-feira, sinto que ficarei como a mamãe e acho que o melhor para mim é morrer."

Não havia outras pistas em seus bolsos. Quando foram revistados, revelaram 2 libras e 10 xelins de ouro, 7 xelins de prata, 2 *pennies* de cobre e dois cheques do London Provincial Bank, um de 50 libras e o outro de 16; poderiam ser salários da escola, mas uma das alternativas aventadas era de que seriam para pagar um chantagista. Também havia um bilhete de primeira classe de Blackheath para Londres, um segundo de Hammersmith para Charing Cross (datado de 1º de dezembro), um relógio de prata, uma corrente de ouro com um guinéu de espada pendurado, um par de luvas e um lenço branco. Em seu casaco, foram encontradas as quatro grandes pedras que utilizara para afundar.

A única coisa óbvia que faltava era qualquer prova de que Montague John Druitt fosse Jack, o Estripador.

Entre os arquivos da Scotland Yard, há uma carta que se refere às investigações de três estudantes de medicina que supostamente eram insanos. A polícia conseguira localizar dois, mas não o terceiro. O ministro do Interior queria saber que investigações haviam sido feitas sobre esse terceiro, e quando. De acordo com a resposta do inspetor Abberline, datada de 1º de novembro de 1888, buscas haviam sido realizadas por um policial na Aberdeen Place, St. John's Wood, último endereço conhecido do estudante de medicina John Sanders. A única informação que o policial conseguira fora que uma dama chamada Sanders morara no número 20, mas partira para o exterior dois anos antes. Na verdade, Abberline escrevera errado o endereço, que deveria ser Abercorn, e não Aberdeen Place, onde a sra. Sanders vivera e onde Abberline teria descoberto que seu filho estava em um hospício na Inglaterra, vindo a falecer em 1901. Essa falha em localizá-lo pode ter sido a razão de às vezes se suspeitar que o assassino fosse estudante de medicina.

Sir Melville Macnaghten foi colocado na incomum posição de ter fornecido a pista vital que torna possível uma solução ligeiramente mais satisfatória. Não se sabe se teria apreciado essa posição. Um de seus grandes desapontamentos na vida era ter se tornado "detetive seis meses depois de Jack, o Estripador ter se suicidado", o que o privou de "caçar esse fascinante indivíduo". (Seu outro desapontamento era não ter jogado críquete por Eton contra Harrow.) Não há dúvidas de que teria ficado surpreso ao saber que cada um dos fatos apurados por ele — precisamente por serem tão poucos — foi espremido por qualquer possível sombra de significado. E mesmo esses fatos podem estar errados. Ele cometeu erros óbvios, como afirmar que Druitt tinha 41 anos. Isso, todavia, pode ser explicado se lembrarmos que copiou informações de arquivos e notas da polícia sobre um caso a respeito do qual não possuía nenhuma informação de primeira mão — como podemos presumir pelas notas em posse de seu neto. Ele também pode ter copiado esse erro específico do *County of Middlesex Independent* de 2 de janeiro de 1889, que relatou a descoberta do corpo de Druitt e foi arquivado, como vimos, com o resto dos documentos sobre o caso:

> ENCONTRADO NO RIO
>
> O corpo de um homem bem-vestido foi encontrado na segunda-feira no rio perto da fábrica de torpedos de Thorneycroft por um barqueiro chamado Winslow. A polícia foi informada e o falecido levado ao necrotério. O corpo, que pertence a um homem de cerca de 40 anos, ficou na água durante um mês. Em função de certos documentos encontrados no corpo, telegrafou-se para amigos em Bournemouth. O inquérito será realizado hoje (quarta-feira).

Assim, parece perfeitamente razoável presumir que Macnaghten se referia a Druitt, embora não o mencionasse pelo nome, ao dizer, referindo-se a seu principal suspeito: "Sempre tive fortes opiniões a seu respeito e, quanto mais penso no assunto, mais fortes elas se tornam. A verdade, contudo, jamais será conhecida, pois jaz no fundo do Tâmisa, se minhas conjecturas estiverem corretas!"

Essa declaração foi feita alguns anos depois de suas notas originais, nas quais ele não demonstra tanta certeza. De fato, ele cobre todas as bases: "Uma teoria muito mais racional é a de que o cérebro do assassino tenha cedido completamente após seu horrível excesso em Miller's Court e ele tenha imediatamente cometido suicídio ou, *como possível alternativa, tenha sido considerado tão extremamente insano por seus familiares que foi confinado em algum hospício.*" [Grifo meu.]

O major Arthur Griffiths, autor de *Mysteries of Police and Crime* [Mistérios da polícia e do crime], chegou às mesmas conclusões. Na verdade, suas palavras são tão similares que ele certamente está citando as notas de Macnaghten, às quais, como inspetor de prisões, certamente teve acesso. Outras pessoas fizeram as mesmas observações, mas, como parecem estar citando uma fonte comum — geralmente Macnaghten —, é justo perguntar se havia qualquer evidência independente apontando para Druitt. Bastante estranhamente, havia — embora, mais uma vez, as notas originais tenham desaparecido. Elas podiam ser encontradas em uma declaração feita por Albert Bachert, que, de acordo com Donald McCormick em seu livro sobre o Estripador, era membro proeminente do Comitê de Vigilância de Whitechapel. Após o assassinato de Miller's Court, em 9 de novembro, ele ficara alarmado com a maneira como a polícia reduzira o número de patrulhas na área e, finalmente, em março de 1889, queixara-se aos oficiais superiores, afirmando que "parece haver muita complacência na força simplesmente porque não houve mais homicídios nos últimos meses".

Perguntaram-lhe se faria um voto de segredo se certas informações lhe fossem fornecidas.

> Tolamente, concordei. Então me sugeriram que o Comitê de Vigilância e suas patrulhas podiam ser dispersos, pois a polícia tinha bastante certeza de que o Estripador estava morto. Eu protestei que, tendo jurado segredo, deveria receber mais informações. "Não é necessário que você saiba mais que isto", disseram-me. "O homem em questão está morto. Foi pescado do Tâmisa dois meses atrás e seria doloroso para seus familiares se disséssemos mais que isso."
>
> Novamente protestei, dizendo que havia feito o voto de segredo à toa, pois não sabia mais do que antes: "Se não houver mais homicídios, respeitarei esse segredo, mas, se houver outros, me considerarei dispensado de meu voto."
>
> Os policiais endureceram. Disseram que o voto era um procedimento formal e que qualquer um que divulgasse histórias de que o Estripador ainda estava vivo poderia ser processado por dano ao público. Contudo, concordaram que, se houvesse quaisquer outros homicídios e os policiais estivessem convencidos de que eram obra do Estripador, seria diferente.

Se for verdade, isso significa que a polícia positivamente identificara Druitt como o Estripador em janeiro de 1889, logo após seu corpo ser encontrado.

Mas com base em que provas? Por que escolhera esse *barrister* que jogava críquete?

Uma das teorias desenvolvidas o liga ao pintor Walter Sickert, que achava conhecer a identidade do assassino. De acordo com Sickert, alguns anos depois dos assassinatos, ele morara no subúrbio de Londres em uma casa mantida por um casal idoso. Um dia, enquanto tirava o pó, a senhoria perguntara se ele sabia a identidade da pessoa que ocupara seu quarto anteriormente. Quando ele respondera que não, ela dissera: "Jack, o Estripador."

O escritor Osbert Sitwell, amigo de Sickert, forneceu os detalhes em sua autobiografia *Noble Essences* [Essências nobres]:

> Sua história era que seu predecessor fora estudante de veterinária. Depois de estar há um ou dois meses em Londres, esse jovem de aparência delicada — era tísico — adquiriu o hábito de passar algumas noites fora. Seus senhorios o ouviam chegar por volta das seis da manhã e então caminhar de um lado para outro em seu quarto, durante uma ou duas horas, até que a primeira edição dos jornais da manhã estivesse à venda, quando então descia furtivamente as escadas e corria até a esquina para comprá-la. Com discrição, voltava e ia para a cama. Mas, uma hora depois, quando o velho o chamava, notava, pelos restos na lareira, que seu inquilino queimara o terno que estivera vestindo na noite anterior.

Aos poucos, o casal idoso chegou à relutante conclusão de que seu inquilino era ninguém menos que o Estripador. Mas, antes que pudessem se decidir a avisar a polícia, sua saúde subitamente se deteriorou e sua mãe, que era viúva, fora buscá-lo e o levara de volta a Bournemouth, onde ela vivia, e onde, segundo Donald McCormick, ele morreu três meses depois.

De acordo com a fonte de McCormick, Walter Sickert contou essa história a Sir Melville Macnaghten, que se convenceu de que o jovem em questão deveria ser Druitt porque "sua mãe viúva morava em Bournemouth, assim como a de Druitt". Isso, claramente, é um disparate. O irmão de Druitt de fato vivia em Bournemouth, mas sua mãe viúva estava confinada em um hospício desde julho de 1888 e era incapaz de levar para casa o filho — que, aliás, não era veterinário. Osbert acrescenta que não somente a senhoria conversara com Sickert e lhe contara o nome de Jack, o Estripador, como ele também o escrevera em uma edição francesa das memórias de Casanova que estava lendo na época e que em seguida deu a um artista, irmão de Sir William Rothenstein — no qual ainda podia ser encontrado, acrescentara Sickert, se Sitwell quisesse conhecê-lo. Quando, anos depois, Sitwell tentou localizar o tal livro, descobriu que fora perdido durante o bombardeio de Londres e que "havia várias notas a lápis nas margens, na caligrafia de Sickert, muito difíceis de decifrar". Duas coisas estão claras. Se Macnaghten soubesse o nome do Estripador, ele não teria sido forçado a especular sobre sua identidade. O outro ponto é que, se as palavras de Sickert "contêm certos traços invariáveis, certos monumentos imutáveis que podem ser invocados para referência, alusão, comparação e símile" — um dos quais é o mistério de Jack, o Estripador —, é igualmente claro que ele não levou a história de sua senhoria muito a sério — razão pela qual a mencionou apenas à margem de um livro que estava lendo, embora tenha feito uma pintura do quarto, intitulada "Quarto de Jack, o Estripador".

A mesma fonte anônima de McCormick afirmou que Druitt estava sendo chantageado e que contara isso à mãe, a quem confessara "todo o caso e ela, presumivelmente, disse à polícia que ele estava desaparecido em algum momento de dezembro de 1888. De qualquer modo, meu pai afirmava enfaticamente que Druitt vivia em Bournemouth quando os dois primeiros crimes do Estripador ocorreram".

E, segundo McCormick, "isso parece finalmente destruir a teoria de que Druitt tinha qualquer conexão com os crimes".

Infelizmente, não.

Mesmo que assumamos que Druitt vivia em Bournemouth — no que não acredito nem por um momento —, felizmente ainda há evidências independentes para mostrar que ele estava em Londres durante ao menos um desses assassinatos.

De acordo com um artigo de Irving Rosenwater em *The Cricketer*, de janeiro de 1973, ele estava jogando críquete em Blackheath, às 11h30 da mesma manhã em que Annie Chapman foi assassinada (às 5h30 de 8 de setembro), a apenas 10 quilômetros de distância. Esse fato, sozinho, é suficiente para destruir o não corroborado boato da testemunha de McCormick de que ele não poderia ter assassinado Chapman, pois morava em Bournemouth quando os dois primeiros crimes foram cometidos. Mesmo que concordemos com a teoria de McCormick de que Chapman foi a terceira, e não a segunda vítima (para ele, Martha Tabram — 7 de agosto — foi a primeira), ainda há evidência confirmatória dos registros de críquete de que ele estava jogando uma partida em Canford no mesmo dia em que o corpo de Nichols foi encontrado, 31 de agosto.

Como pergunta Donald McCormick, com razão: "Que outras evidências existem para apoiar a alegação de Sir Melville de que ele era o principal suspeito? Ele jamais foi visto nas cercanias dos crimes."

Esse ponto foi desafiado por Dan Farson, que afirma, em seu livro *Jack the Ripper* [Jack, o Estripador], que o primo de Montague, dr. Lionel Druitt, tinha um consultório em Minories, n. 140, no limite leste da City. Isso foi uma descoberta importante, pois Minories fica a apenas alguns minutos de caminhada da Mitre Square, onde Eddowes foi assassinada, e poderia ser o esconderijo de Druitt.

A prova apresentada por Farson era o fato de que, em 1879, Lionel Druitt era assistente do dr. Thomas Thyne em seu consultório em Minories. Farson acreditava que Montague Druitt visitara o primo e, mais tarde, quando Lionel se tornara sócio do consultório do dr. Gillard na Clapham Road, n. 122, permanecera no local e pode ter alugado um quarto por lá. Se for verdade, isso pode explicar a facilidade e a velocidade das fugas do Estripador — ele estaria morando no limite entre a City e o East End.

Vários fatores lançam dúvidas sobre essas conclusões. Somente o registro médico de 1879 lista Lionel Druitt em Minories, n. 140. O catálogo médico do mesmo ano afirma que estava na Escócia, como cirurgião-assistente em um hospital de Edimburgo. O mesmo catálogo de 1879 lista os médicos do endereço em Minories como sendo os doutores J. O. Taylor e Thyne. Juntos, esses dois fatos provam de maneira bastante conclusiva que a estada de Druitt em Minories só pode ter sido muito curta. Durante o ano seguinte (1880), somente o dr. Thyne é listado no endereço. Tanto o registro quanto o catálogo médico de 1880 fornecem o endereço de Lionel como sendo Strathmore Gardens, n. 8, o mesmo das edições de 1878.

Uma estada rápida (se é que houve estada) explicaria sua omissão do Registro de Eleitores da City de Londres, que inclui o nome tanto de hóspedes quanto de inquilinos e proprietários. Fiz uma busca nos registros de 1878 a 1889 e não encontrei o nome Druitt mencionado em nenhum lugar. Claramente, nem Lionel nem Montague foram inquilinos por qualquer período de tempo — embora sempre exista a possibilidade de terem se alojado em Minories ocasionalmente, como hóspedes pouco frequentes. Se, contudo, as estadas de Montague sempre coincidissem com os assassinatos, ele se tornaria suspeito. Infelizmente, sem mais fatos, essa linha de especulação é inútil. A única conclusão a que se pode chegar com alguma certeza é de que Lionel Druitt provavelmente substituiu o dr. Taylor quando ele se demitiu em 1879 (já que não é mencionado nos obituários) e que, quando partiu, após uma breve estada, o residente de Minories, n. 140, passou a ser o dr. Thyne, único médico registrado nesse endereço em 1880.

Isso ainda deixa a segunda alternativa de Cullen, de que ele pode ter trocado as roupas ensanguentadas em seu escritório em King's Bench Walk. Contudo, isso não explica por que, se ia até Temple ou mesmo Minories após deixar Mitre Square, ele caminharia na direção oposta aos dois. O fato que ambos ignoram é que ele jogou parte do avental de Eddowes na Goulston Street. Isso significa que o Estripador, como uma raposa, voltara sobre seus próprios passos e se aproximara da polícia, que corria em sua direção. Em algum momento, com tantos policiais na área, eles devem ter se encontrado.

Como, então, ele fugiu?

A única maneira seria entrar em um dos mais de cem cortiços na área. Houve uma recusa geral em aceitar que isso fosse possível porque eles eram muito públicos e ele estaria ensanguentado demais para passar despercebido. Mas será que estaria? Em 11 de setembro, o *The Times* publicou um longo artigo sobre o assassinato de Annie Chapman e as investigações que estavam sendo realizadas:

> Chapman era conhecida dos policiais que faziam a ronda noturna na vizinhança, mas nenhum dos que estavam em serviço entre a meia-noite e as 6 da manhã de sábado se lembram de tê-la visto. Foi estabelecido que vários homens que deixaram seus alojamentos após a meia-noite com a expressa intenção de retornar não o fizeram. Alguns foram para seus alojamentos após as 3 horas e saíram novamente antes das 6, o que não é incomum nessas casas. Nenhum dos policiais ou vigias das casas se lembra de qualquer pessoa manchada de sangue entrando nas propriedades, mas, àquela hora da manhã, quase não se repara nas pessoas que pedem camas. Os encarregados simplesmente pegam o dinheiro e mostram as escadas escuras que levam aos quartos. Quando partem bem cedo, os inquilinos raramente são notados. Assim, considera-se bastante provável que o assassino tenha encontrado refúgio por algumas poucas horas em algum desses lugares e que tenha até mesmo lavado os sinais de sua culpa. Os homens usam um cômodo comum para se lavar e a água, uma vez usada, é jogada na pia por quem a usou. Tudo isso pode ter ocorrido em um cortiço no início da manhã, sem que o ensanguentado assassino chamasse particular atenção. Cresce mesmo a convicção de que, aceitando-se que um único homem tenha cometido todos os recentes assassinatos de mulheres no distrito de Whitechapel, ao mudar de um cortiço para outro, ele esteja evitando detecção há bastante tempo.

Também é válido lembrar que, após o duplo evento de 30 de setembro, ele lavou parte do sangue em uma torneira de rua, como alegado por Henry Smith. Quantas outras vezes terá feito isso? Além disso, a maneira como os crimes foram cometidos determina quão ensanguentado ele estaria.

Tentar descobrir os problemas práticos que ele deve ter enfrentado ao matar aquelas mulheres fornece algumas respostas. Assumindo que as mulheres se uniram a ele na expectativa de uma relação sexual normal, é muito improvável que elas — e certamente não seus clientes — se deitassem em um dos imundos pátios ou vielas, no clima de outono e início de inverno. Na noite do "duplo evento", caíra uma chuva bastante pesada. Para além do sexo oral, a penetração teria de ocorrer em pé, com a mulher de frente para o homem e as costas contra uma parede. Isso pareceria a posição lógica, considerando-se as roupas que vestiam. Naquela noite, Eddowes vestia duas anáguas e duas saias, todas até o tornozelo. É provável que, com essa quantidade de roupas, ela ficasse de frente para a parede e, inclinando-se, erguesse saias e anáguas até as costas, para facilitar a penetração, se fosse esta a solicitação do cliente. Muitas prostitutas usavam sexo anal como forma de controle de natalidade. Nessa posição, a vítima ficaria completamente vulnerável a qualquer ataque.

Durante muito tempo, presumi que deveriam estar em pé por causa das contusões no rosto de quase todas as vítimas e pela ausência de facadas no peito ou na garganta. As contusões geralmente são ignoradas, embora um jornal da época tenha dito, após o assassinato de Eddowes, que ela recebera um soco no olho; isso estava errado, mas o olho certamente estava bastante ferido e inchado, como se pode ver nas fotografias mortuárias. Polly Nichols e Annie Chapman apresentavam contusões igualmente graves. Em vista disso, concluí que o Estripador provavelmente as atingira várias vezes no rosto, o que as teria estonteado e lhe dado tempo de colocar as mãos em torno de seus pescoços e estrangulá-las. Isso explicaria por que Annie Chapman fora capaz de gritar, o que não poderia ter feito se tivesse sido agarrada por trás e sua garganta cortada. Uma vez que haviam sido estranguladas, ao menos até ficarem inconscientes, seria simples para o Estripador se ajoelhar à altura de suas cabeças e cortar suas gargantas. Isso explicaria por que, no caso de quatro das mulheres que assassinou na rua, só havia sangue embaixo do corpo. Se estivessem vivas quando suas gargantas foram cortadas, o sangue teria jorrado a quase 1 metro de altura.

Haveria pouquíssimas manchas de sangue no assassino. O sangue teria escorrido para o chão e encharcado as roupas, como aconteceu, e, depois da mutilação, o Estripador teria manchas nas mãos, punhos, barras das calças e botas. Muito se falou sobre ele ser ambidestro ou canhoto, mas isso é difícil de julgar, particularmente se estava ajoelhado à altura da cabeça de suas vítimas ao cortar suas gargantas, como acredito que estava. De acordo com Sir Melville Macnaghten, "A teoria de que o assassino de Whitechapel era canhoto ou, ao menos, 'ambidestro' tem sua origem na observação feita por um médico que examinou o corpo de uma das primeiras vítimas: *outros médicos não concordaram com ele*". De acordo com as notas de Westminster, as gargantas das quatro primeiras vítimas foram cortadas da esquerda para a direita, o que torna o Estripador destro, e as mulheres estavam deitadas ao serem assassinadas. O professor Cameron, do Departamento de Medicina Forense do London Hospital, concluiu, baseado em esboços e fotografias da Mitre Square, que Jack era destro, pois a incisão fora feita para a direita e se tornava mais profunda quanto mais as vísceras eram expostas.

Tanto o professor Cameron quanto seu predecessor, o professor Camps, acharam que o Estripador provavelmente estrangulara as vítimas. O professor Camps, contudo, indicou uma dificuldade em *The Investigation of a Murder* [Investigação de um assassinato].

> A abordagem dos médicos em todos os casos do Estripador parece ser baseada na aceitação do óbvio. Visto à luz de outros sádicos sexuais assassinos, o estrangulamento usualmente seria um fator muito significativo. Parece muito possível que o Estripador tenha silenciado suas vítimas por estrangulamento; em ao menos dois casos, a obstrução da boca é mencionada e a ausência de sangramento é motivo de comentários. Em todos os casos, não há sinal ou sons de luta, o que tende a confirmar isso. Contudo, nenhum esforço foi feito para rastrear os ferimentos típicos associados a isso, com o resultado de que a faca se tornou ao mesmo tempo arma do crime e instrumento de mutilação. Se essas hipóteses estivessem corretas e tivessem sido percebidas, talvez as últimas vítimas pudessem ter escapado a seu destino, pois a degola não é silenciosa nem limpa, ao passo que todas as prostitutas temem estrangulamento. Procurar por tais marcas não seria uma questão de conjectura inspirada, mas sim uma simples extensão da máxima de que é mais seguro proceder excluindo todas as possibilidades que tomando o atalho de aceitar o óbvio. É uma grande e muito perigosa tentação encontrar o que é esperado e parar de procurar.

O tipo de ferimento a que o professor Camps se refere são as múltiplas e minúsculas hemorragias (petéquias) que, em caso de estrangulamento, ocorrem no rosto e nos olhos, além do dano às estruturas da laringe, particularmente o osso hioide, que costuma fraturar-se. Todavia, para ser justo com médicos como o dr. Phillips, as condições em que trabalhavam eram impraticáveis. A maior parte de seu trabalho tinha de ser feita em necrotérios mal-equipados ou galpões — como o que fez com que o dr. Phillips e o investigador de homicídios protestassem com tanta veemência durante os inquéritos iniciais —, o que ajuda a explicar a aceitação do óbvio por parte dos médicos.

Ao discutir esses pontos, o professor Cameron me ofereceu uma teoria alternativa. Ela se baseia em um caso que investigou em 1968. O entendimento que sua teoria proporciona sobre a mente daquele assassino em particular também sugere um motivo para os assassinatos do Estripador — motivo ao menos tão satisfatório quanto qualquer outro apresentado até agora.

Em resumo, os fatos do caso são que, em 7 de fevereiro de 1968, uma jovem foi brutalmente assassinada e encontrada pelo marido no quarto de seu apartamento em Bromley, Kent. Parecia um assassinato "sem motivo". A vítima tinha quatorze cortes na garganta e quatro facadas no pescoço, uma das quais penetrara até a espinha, pelo lado direito. Havia contusões em torno do pescoço, o que indicava que houvera asfixia durante ou logo antes da morte. Havia marcas no lado direito da boca, que poderiam ter sido causadas pela mão esquerda se ela tivesse sido agarrada por trás, deixando a mão direita livre. Uma faca com lâmina serrilhada era a provável arma do crime, mas nunca foi encontrada. Também não havia evidência de abuso sexual. Mais tarde, um bancário de 26 anos foi condenado pelo assassinato e sentenciado à prisão perpétua.

O caso foi discutido em uma reunião da Sociedade Médico-Legal em junho de 1971. Durante a reunião, teve lugar a seguinte conversa, cuja relevância é imediatamente aparente:

> O sr. Taylor perguntou se o dr. Cameron acreditava que os golpes e ferimentos haviam sido infligidos da maneira sugerida. Parecia um ataque por trás bastante peculiar, com uma das mãos sobre a boca de uma garota que obviamente lutava, para usar uma longa faca, que tinha de estar bastante baixa, bem à frente, e ser empurrada, causando quatro ferimentos muito próximos e bastante acurados. Tudo isso enquanto a garota sem dúvida gritava e se debatia. Havia também uma incisão horizontal, que aparentemente fora feita com a faca sendo segurada de outra forma. Parece "bom demais para ser verdade".
>
> O dr. Cameron lembrou seu depoimento, no qual afirmara que a falecida exibia evidências de asfixia na forma de petéquias e contusões na laringe. Ao examiná-la, presumira que ela poderia ter sido parcialmente asfixiada e deixada inconsciente antes que o ataque com a faca ocorresse.

Sua impressão era a de que, se o ataque com a faca tivesse sido frontal, teria de ter sido realizado com a mão esquerda, em vista da distribuição dos quatorze ferimentos de baixo para cima, alguns superficiais, outros profundos. Na sua opinião, tais contusões haviam sido infligidas por trás ou, certamente, se o corpo estivesse no chão, à altura da cabeça, com a mão segurando o rosto e causando as abrasões do lado direito da boca. Nessa posição, causar os quatorze ferimentos no pescoço seria uma espécie de movimento de violino com a lâmina serrilhada da faca, de baixo para cima. Desse modo, não seria necessária muita força para estocar a lâmina de 20 centímetros quatro vezes no ferimento já aberto.

O professor Simpson disse que podia corroborar essas opiniões em função de um caso similar ocorrido em um trem que partira de Basingstoke. Para ele, o dr. Cameron fornecera uma reconstrução completamente embasada da maneira como os ferimentos haviam sido causados.

O presidente perguntou se houvera muito sangramento. As fotografias não mostravam muito sangue no quarto.

O dr. Cameron respondeu que houvera sangramento bastante extenso, mas somente embaixo do corpo. Sua impressão era de que o assalto ocorrera no mesmo quarto em que o corpo fora encontrado.

O presidente observou que isso sugeria que "a falecida provavelmente estava semiconsciente antes do ataque a faca".

O dr. Cameron disse achar que ela provavelmente encontrara o atacante perto da cozinha e correra até o quarto, perdendo o chinelo do lado de fora. O quarto era o último cômodo do apartamento e fora onde o ataque realmente ocorrera.

O presidente perguntou se o estrangulamento ocorrera em primeiro lugar.

O dr. Cameron respondeu que, em sua opinião, sim, ocorrera em primeiro lugar.

Os principais pontos para se ter em mente é que houve estrangulamento parcial, contusão da face e muito pouco sangue encontrado, a maior parte do qual sob o corpo e encharcado nas roupas da vítima, assim como com as vítimas do Estripador.

Com esse caso em mente, o professor Cameron concluiu que a posição mais provável seria com a vítima se inclinando para a frente e o Estripador posicionado atrás; novamente, lembrando os trajes pesados das prostitutas — quatro saias —, elas teriam achado mais fácil, nessa posição, levantá-los sobre as costas. Talvez preferissem sexo anal — que era uma forma comum de controle de natalidade para essas mulheres — à penetração vaginal. Nessa posição, de qualquer modo, seria muito simples para o Estripador estrangulá-las. Enquanto o fazia, ele teria batido seu rosto contra a parede, o que explicaria a contusão facial. Se o Estripador cortasse suas gargantas enquanto ainda as segurava por trás, o risco de manchar suas próprias roupas de sangue teria sido mínimo.

Tal explicação também nos dá um possível motivo para o crime, para além da costumeira crueldade sádica. No caso de 1968 citado pelo professor Cameron, o assassino atacara duas vítimas anteriores precisamente da mesma maneira — por trás e com uma faca. Quando tinha 17 anos, ficara em liberdade condicional durante três anos por invadir a casa de uma garota armado com uma faca e tentar manter relações sexuais com ela. Seis anos depois, fora sentenciado a três meses de prisão por atacar e ferir uma mulher de meia-idade cujo quarto invadira. Aparentemente, era impotente, mas podia vencer sua impotência com um ataque súbito a uma mulher.

De acordo com a análise feita pelo grafologista canadense da carta "Do inferno", enviada ao sr. Lusk, o autor provavelmente era um homossexual latente. Teria essa homossexualidade reprimida criado similar impotência em Jack, o Estripador, e o levado a agir de maneira idêntica? Tal possibilidade é uma teoria muito mais aceitável que aquela que o vê como um reformador social dedicado à causa de erradicar a escória de Whitechapel e construir habitações-modelo. Tom Cullen defende essa teoria bastante difundida, mas ignora as reformas que haviam se iniciado havia mais de uma década e, erroneamente, credita ao assassino de Whitechapel reformas que pertenciam ao recém-criado London County Council.

Isso nos afastou ligeiramente de Montague Druitt, mas nos leva em direção a um retrato mais convincente do Estripador.

A questão sobre sua homossexualidade já foi apresentada. De modo alternativo, seria Montague Druitt homossexual? Teriam sido suas atividades homossexuais que levaram à demissão da escola de Blackheath? Provavelmente foram a demissão e a carta que escreveu ao diretor ameaçando se suicidar que atraíram a atenção da polícia. Tentativa de suicídio era crime punido com encarceramento, preferível ao trágico e desnecessário desperdício da vida de um jovem. É provável que o diretor, ao receber a carta de Druitt, tenha tentado encontrá-lo por meio de seus amigos, que devem ter levado o caso à polícia apenas como último recurso, antes de entrar em contato com seu irmão uma semana depois. Naturalmente, a polícia teria ido a Temple, vasculhado suas instalações e poderia ter encontrado lá roupas manchadas de sangue ou alguma outra evidência de que era o assassino de Whitechapel.

E aqui entra minha contribuição à história do Estripador.

Quando estava pesquisando para meu primeiro livro *I Spy Blue* [Vejo azul], partilhei o Guildhall Records Office todas as tardes de segunda-feira com a inspetora do museu de Sir John Soane, srta. Dorothy Stroud, que também fazia pesquisas para um livro. Ela acabou descobrindo meu interesse pelo crime e, um dia, deu-me a faca de Jack, o Estripador. Devo admitir que gemi internamente, pois achei muito improvável que aquela fosse a verdadeira arma do crime, até ela me contar a seguinte história: em 1937, ela era editora-assistente da *Sporting Life*. O editor era Hugh Pollard, cujas simpatias pró-fascistas o levaram a transportar Franco até a Espanha para a Guerra Civil. Entrara no escritório e colocara sobre sua mesa uma caixa que, segundo ele, continha as facas de Jack, o Estripador. Havia duas facas dentro da caixa — uma das quais agora eu possuo —, que era forrada com seda azul, muito manchada de sangue. A srta. Stroud ficou com uma faca e seu amigo com a outra. (Eles queimaram a caixa por causa das manchas de sangue.) Durante a guerra, a srta. Stroud usou a faca para destrinchar e, mais tarde, como faca de jardim. A lâmina ficou muito arranhada e, finalmente, quebrou quando ela tentava cortar um arbusto de alfeneiro. Felizmente, ela guardou os pedaços, que me entregou. O Museu Guildhall, sem saber do que se tratava, disse-me que fora feita no último quarto do século XIX. Era uma faca de amputação cirúrgica fabricada por Weiss (o nome estampado no cabo), uma empresa de instrumentos cirúrgicos na Bond Street, Londres.

O major Hugh Pollard era parceiro de Robert Churchill, armeiro, que durante muitos anos fora próximo da Scotland Yard como "especialista em armas". Pollard aparentemente desempenhara papel semelhante. Fora empregado como oficial da inteligência pelo Irish Office após a Primeira Guerra Mundial (1914–18). A faca de amputação em minha propriedade quase certamente é uma arma usada em um crime, mas já não acredito que seja de Jack, o Estripador. Em seu livro *The Secret Societies of Ireland* [As sociedades secretas da Irlanda], de 1922, Pollard fala sobre os assassinatos do Phoenix Park; as mortes, na primavera de 1882, de Thomas Burke, secretário permanente do Serviço Civil de Dublin, e de lorde Frederick Cavendish, recém-nomeado secretário-chefe para a Irlanda. Foi a oposição de Burke ao nacionalismo irlandês que o transformou em alvo para os Invencíveis, um grupo dissidente que se afastara da Sociedade Feniana de Americanos Irlandeses. Uma dúzia dessas facas de amputação Weiss, com lâminas de 30 centímetros, foi comprada e contrabandeada para a Irlanda pelos conspiradores. Em 6 de maio de 1882, sábado, um pequeno grupo de Invencíveis atacou Burke enquanto ele caminhava pelo Phoenix Park no início da noite. Burke foi esfaqueado nas costas, o primeiro golpe provavelmente sendo fatal, e uma chuva de golpes dos outros Invencíveis derrubou Cavendish, que fora socorrê-lo. As duas facas cirúrgicas foram abandonadas e essas possíveis armas de crime chegaram às mãos de Pollard. Duas outras facas, nunca utilizadas, foram mais tarde recuperadas pela polícia. Em uma tentativa de intimidar o sistema judiciário, os Invencíveis novamente utilizaram facas (mas não as abandonaram), desta vez contra um membro do júri, esfaqueado sete vezes; ele, no entanto, sobreviveu ao ataque. Embora a liderança dos Invencíveis tenha ordenado que as facas remanescentes fossem quebradas em pequenos pedaços e queimadas (o que teria sido difícil), a ordem não foi cumprida como esperado por ao menos um dos conspiradores, James Carey — que se transformou em informante e mais tarde foi assassinado —, pois ele achou que a ideia "era ruim" e disse, brincando, que quisera mantê-las para a exibição de Dublin mais tarde naquele ano.

N. P. Warren sugeriu, em *The Mammoth Book of Jack the Ripper* [O grande livro sobre Jack, o Estripador], que as facas de Pollard eram prova de que o governo inglês concordara em omitir que nacionalistas irlandeses estavam envolvidos nos assassinatos do Phoenix Park se, em troca, os fenianos concordassem em cancelar seu plano de dinamitar o Jubileu da rainha Vitória em 1887. Talvez tenha sido essa a razão de as facas serem erroneamente identificadas como pertencendo ao Estripador.

Entre muitos estudiosos do caso, Druitt ainda é um favorito como o mais provável candidato a Jack, o Estripador. Por acaso, eu estava analisando alguns recortes colados em uma maltratada edição de três volumes de *Mysteries of Police and Crime*, de Griffiths. Havia um, retirado do *People's Journal* de 26 de setembro de 1919, sobre a aposentadoria de um detetive chamado "Steve" White, que passara muitas noites, como jovem policial, vagueando pelas vielas malcheirosas de Whitechapel em busca do Estripador. Sua história é citada integralmente a seguir. Claramente, o artigo se refere ao assassinato da Mitre Square, por ser o único que se conforma aos fatos; também confirma minha longa suspeita de que o policial Watkins provavelmente estava do lado de dentro do armazém da Kearley & Tonge, conversando ou bebendo chá com o vigia que também era ex-policial.

Certamente a descrição que White faz do Estripador, quando comparada à fotografia de Druitt, é uma das coisas mais estranhas de toda a história. Um de seus relatórios incluía a seguinte passagem:

Por cinco noites, eu estivera observando certo beco logo atrás da Whitechapel Road. Só se podia chegar a ele por uma passagem vigiada por dois policiais escondidos e todos que entravam eram observados. A noite estava muito fria quando cheguei à cena para ouvir os relatórios dos dois. Estava me preparando para ir embora quando vi um homem saindo do beco. Ele caminhava rapidamente, mas sem ruído, aparentemente usando sapatos com solas de borracha, bastante raros naqueles dias. Afastei-me para lhe dar passagem e, quando passou sob a lamparina, dei uma boa olhada nele.

Tinha cerca de 1,80 m e vestia roupas bastante surradas, embora obviamente de bom material. O homem já vira melhores dias, pensei, mas homens que já haviam visto melhores dias eram bastante comuns no East End e isso não era justificativa para abordá-lo. Seu rosto era comprido e magro, o nariz delicado e os cabelos negros. Sua pele era bastante pálida e ele tinha aparência de estrangeiro. A coisa mais notável, contudo, era o brilho extraordinário de seus olhos. Pareciam dois vagalumes muito luminosos na escuridão. O homem tinha os ombros ligeiramente curvados, embora obviamente fosse jovem — 33 anos, no máximo —, e dava a impressão de ser estudante ou profissional. Suas mãos eram brancas como a neve e os dedos longos e finos.

Quando o homem passou por mim sob a lamparina, tive a desconfortável sensação de que havia algo de sinistro nele e tentei encontrar algum pretexto para abordá-lo; mas, quanto mais pensava, mais chegava à conclusão de que isso não seria adequado aos métodos da polícia inglesa. Minha única desculpa para interferir em seu passeio seria sua associação com o homem que procurávamos, mas eu não tinha bases reais para conectá-lo ao assassinato. É verdade que tive uma espécie de intuição de que havia algo errado com ele. Mesmo assim, se a força policial agisse baseada na intuição, haveria denúncias ainda mais frequentes de interferência com as liberdades individuais e, naquela época, a polícia já estava sendo tão criticada que era indesejável assumir riscos.

O homem tropeçou a alguns metros de mim e usei isto como desculpa para iniciar uma conversa. Ele se voltou bruscamente ao som de minha voz e franziu o cenho, mas disse "Boa noite" e concordou comigo que estava frio.

> Sua voz foi uma surpresa para mim. Suave e musical, tinha apenas um toque de melancolia e pertencia a um homem culto — uma voz destoante das esquálidas imediações do East End.
>
> Quando ele se voltou para ir embora, um dos policiais saiu da casa em que estivera e caminhou alguns passos pela escuridão do beco. "Ei! O que foi?", gritou ele e então me pediu, em um tom de voz surpreso, para segui-lo.
>
> No East End, estamos habituados a cenas chocantes, mas o que vi fez o sangue congelar em minhas veias. No fim do beco, amontoado contra a parede, estava o corpo de uma mulher; um filete de sangue escorria ao longo da sarjeta, vindo do corpo. Claramente, era outro daqueles terríveis homicídios. Lembrei-me do homem que vira e corri atrás dele o mais rapidamente que pude, mas ele se perdera no escuro labirinto das ruas miseráveis do East End.

A descrição que White fez do suspeito circulou amplamente. Foi ela que, em teoria, sugeriu que o assassino era um estudante de medicina judeu que escolhera esse método para se vingar da classe de mulheres a que suas vítimas pertenciam.

Entretanto, o mistério que desconcertou a polícia mais que tudo foi como o assassino e sua vítima haviam entrado no beco sob os olhos da polícia. Estava claro que o casal não estivera em nenhuma das casas e não era conhecido de nenhum dos residentes. Assim, eles deveriam ter vindo da Whitechapel Road, só que os dois policiais tinham certeza de que, durante as quatro horas de vigília, ninguém entrara. White tinha suas próprias suspeitas em relação à verdade dessa declaração — suspeitas compartilhadas por Sir Robert Anderson, que, ao comparar notas com White, expressou a opinião de que o assassino e sua vítima haviam entrado no beco durante a ausência temporária dos dois policiais. Mais tarde, os policiais admitiram ter se afastado por não mais de 1 minuto. Era indubitavelmente uma ausência bem curta, mas longa o bastante para que o assassino tivesse tempo de caminhar até o beco com sua vítima.

Kosminski

"Teorias!", exclamou o inspetor-chefe Abberline ao falar sobre os assassinatos (*Cassell's Saturday Journal* de maio de 1892). "Estamos praticamente perdidos em meio a tantas teorias." Onze anos mais tarde, ele explicou sua posição na *Pall Mall Gazette*, acrescentando que a polícia "nunca acreditou em todas aquelas teorias sobre Jack, o Estripador, estar morto, ser lunático ou qualquer coisa dessa natureza". Não sabemos no que acreditava precisamente, pois, à exceção de alguns remanescentes, os papéis da Scotland Yard desapareceram, presumivelmente destruídos, e, a despeito de alegações, todas negadas (minha própria carta é de fevereiro de 1988), de que o Ministério do Interior possui documentos secretos, tudo que está disponível parece estar aberto ao escrutínio público nos Arquivos Nacionais. A escala da perda pode ser avaliada pelas observações do próprio Abberline de que a polícia "possuía não menos que 1.600 conjuntos de arquivos relacionados à investigação" e que, por causa do desejo dos habitantes do East End de ajudar a polícia, "o número de declarações — todas exigindo registro e investigação — era tão grande" que ele mesmo quase cedeu diante de tanta pressão. Embora não esclareça o que pretende dizer com "conjuntos", parece razoável interpretar essa palavra como significando entrevistas. Mil e seiscentas entrevistas ainda parece um número modesto, considerando-se que um mínimo de quatro homicídios estava sendo investigado. Esse número tampouco inclui as declarações ouvidas pela Polícia da City ao investigar o assassinato de Eddowes, das quais nada resta além de algumas cartas enviadas pelo público; estas são apenas uma seleção, arquivadas no Gabinete de Registros da City of London Corporation.

O repórter da *Pall Mall Gazette* encontrara Abberline cercado por maços de documentos e recortes de jornal relacionados ao caso. Abberline nunca escreveu seu próprio relato dos homicídios e a razão para sua discrição pode ser encontrada em um livro de recortes, compilado por ele, que desencavei nos arquivos da Sociedade Genealógica de Hampshire. Misturadas aos recortes, estão anotações manuscritas de Abberline. Irritantemente, não há nada — nem mesmo recortes de jornal — sobre os dois casos mais interessantes, os homicídios de Whitechapel e o escândalo da Cleveland Street (um círculo homossexual mais uma vez envolvendo o duque de Clarence). Mas há uma explicação de por que jamais escreveu suas memórias. De fato, o título da nota é: "Por que nunca escrevi minhas reminiscências ao me aposentar da Polícia Metropolitana." (Seu silêncio sobre os dois casos foi às vezes interpretado como sinal de que fora subornado para permanecer calado. Não há evidência disso. Ao morrer, em 1929, o valor de seu patrimônio era de 317 libras, 4 xelins e 10 *pennies*. Sua esposa, que morreu apenas algumas semanas depois, deixou um patrimônio pessoal de 32 libras, 17 xelins e 3 *pennies*. O valor bruto de seu patrimônio era de 66 libras, 6 xelins e 3 *pennies*. Não há vestígio algum de grande pagamento.)

A explicação completa para as memórias não escritas — e que é ainda mais irritante por causa das pistas do que ele poderia ter contado — é a seguinte:

> Acho apropriado registrar aqui a razão dos vários recortes de jornal, assim como muitas outras questões que fui chamado a investigar e que nunca se tornaram propriamente públicas — deve ser aparente que eu escreveria muitas coisas interessantes de ler.
>
> Na época em que me aposentei, as autoridades se opunham ao fato de policiais aposentados escreverem qualquer coisa para a imprensa, pois, anteriormente, alguns haviam sido indiscretos em suas publicações e, segundo soube, foram chamados a explicar sua conduta e, inclusive, ameaçados com processos de difamação.
>
> Além disso, não há dúvida de que o fato de descrever o que foi detectado em certos crimes coloca as classes criminosas de sobreaviso e, em alguns casos, pode dizer a elas como cometer certos crimes.
>
> Como exemplo, em função da detecção de digitais, agora há ladrões especializados usando luvas.

Ligeiramente menos circunspecto foi o inspetor Donald Sutherland Swanson, oficial de ligação entre Anderson, como assistente do comissário no Departamento de Investigação Criminal, e os investigadores no campo. Após o assassinato de Nichols, Abberline foi indicado pela Scotland Yard para coordenar as investigações divisionais. Por causa de sua disposição para entrevistas, acreditou-se, erroneamente, que ele estava encarregado de toda a investigação.

Os comentários de Swanson foram revelados em um exemplar de *The Lighter Side of My Official Life*, de Anderson, agora propriedade de seu neto. Na página 138, após a declaração de Anderson de que "A única pessoa que viu o assassino identificou o suspeito sem hesitação no instante em que foi confrontado com ele; mas se recusou a testemunhar", Swanson escreveu: "Porque o suspeito *também era judeu* e porque seu testemunho condenaria o suspeito e poderia levar a seu enforcamento, peso que a testemunha não queria ter de suportar. D. S. S." Ele continuou à margem: "[...] e, depois dessa identificação, sobre a qual o suspeito sabia, nenhum outro homicídio de tal natureza ocorreu em Londres."

E acrescentou, em uma das folhas de guarda:

> Mais tarde, o suspeito foi identificado ao Seaside Home, para onde fora enviado por nós, com dificuldade, a fim de se submeter à identificação. Ele sabia que fora identificado. Quando o suspeito retornou à casa de seu irmão em Whitechapel, foi vigiado pela polícia (Departamento de Investigação Criminal da City) dia e noite. Em muito pouco tempo, o suspeito, com as mãos presas atrás das costas, foi enviado para o Abrigo Stepney e então para Colney Hatch, morrendo logo depois — Kosminski era o suspeito — D.S.S.

O livro foi um presente, possivelmente de Abberline, com a dedicatória "Para Donald, com todos os bons votos de Fred". As "discretas indiscrições" — como Martin Fido as chamou na versão revisada de seu livro

The Crimes, Detection and Death of Jack the Ripper [Crimes, detecção e morte de Jack, o Estripador] — do livro de Anderson foram destacadas ao sublinhar as palavras "as tradições de meu velho departamento seriam prejudicadas", logo após as razões de Anderson para não ser mais claro a respeito da identidade do Estripador.

As pesquisas de Fido revelaram mais fatos sobre Kosminski, que fora identificado por Macnaghten como um de três possíveis suspeitos. Até agora, tínhamos apenas essa solitária referência com que trabalhar. No livro de admissões e altas de 1892 do Colney Hatch Hospital, Fido encontrou os seguintes detalhes: "Aaron Kosminski, barbeiro hebraico, admitido em 7 de janeiro de 1891, sofrendo de mania durante seis anos, causada por maus-tratos autoinfligidos. Seu estado físico era bom; seu principal sintoma era a incoerência; não se acreditava que fosse perigoso para si mesmo ou para outros e foi encaminhado ao Leavesden em 1894." (Leavesden era o Hospício para Deficientes Mentais.)

As notas sobre o caso são mais completas. Seus "instintos" delirantes levaram Kosminski a crer que sabia o que todos pensavam e faziam; eles também o comandavam para não aceitar alimento de outras pessoas. Isso o levou a comer restos de pão que catava nas sarjetas. Um dos locais onde foi visto fazendo isso estava no território da Polícia da City, na Carter Lane, em uma ruela perto da Catedral St. Paul. Ele não tomava banho nem trabalhava e, supostamente, em certa ocasião, ameaçara a irmã com uma faca. Em janeiro de 1892, atacou um atendente do hospital com uma cadeira. Esses incidentes, contudo, contrastavam com sua apatia costumeira. Tinha 26 anos ao ser admitido no Hospício Colney Hatch, em 6 de fevereiro de 1891. Sua profissão nominal era barbeiro. Seu parente mais próximo era seu irmão Wolf (com quem supostamente vivia na "Lion Square", Commercial Road, embora tal lugar não exista). Recebera tratamento na enfermaria do Abrigo Mile End Old Town desde julho de 1890, antes de ser transferido para Colney Hatch. Depois de ser internado, tornou-se cada vez mais incoerente e fechado em si mesmo e foi transferido para Leavesden como deficiente mental incurável. Ainda estava lá ao morrer de gangrena em 1919.

Antes de descobrir essa entrada em nome de Aaron Kosminski, Fido identificara o suspeito de Macnaghten como certo Nathan Kaminsky, que, segundo ele, fora internado no Colney Hatch sob o nome David Cohen — este era um termo genérico para nomes judeus impronunciáveis, como informou Fido após a publicação de seu livro. "Cohen" não somente tinha a mesma idade de Kaminsky como também, segundo Fido, era o único lunático judeu do East End cuja data de internação poderia explicar a interrupção dos homicídios. Mais tarde, Fido identificou Kaminsky tanto com o Avental de Couro quanto com o judeu polonês insano de Anderson. Tudo que sabemos sobre "Cohen" é que tinha 23 anos, não possuía parentes conhecidos, era extremamente violento e fora levado à Enfermaria Whitechapel em 12 de dezembro de 1888, depois que a polícia o "encontrara vagueando a esmo, incapaz de cuidar de si". Em 21 de dezembro, foi enviado ao Colney Hatch, onde foi alimentado à força, mantido em sala de contenção e imobilizado com camisa de força. Morreu um ano depois.

Na opinião de Fido, ele é o único Jack, o Estripador, possível.

E a palavra "possível" simplesmente destaca o fato de que, novamente, a identificação com Jack, o Estripador, não foi comprovada. Claramente, o Kosminski de Swanson e o Kaminsky de Fido, também conhecido como "David Cohen", não combinam. Eles se contradizem em mais pontos do que o desejável. Audição ruim, memória ruim, pronúncia ruim e três pessoas para provar uma identidade são fatores demais. Para superar essas complexidades, Fido argumenta que as polícias Metropolitana e da City investigavam homens diferentes. A Polícia Metropolitana se apoderou da testemunha da Polícia da City, Joseph Lawende, que vira Eddowes e um suspeito juntos na Mitre Square. Foi sua descrição do suspeito — sarja azul-marinho, lenço vermelho, chapéu de caçador e bigode pequeno e claro — que a Polícia da City fez circular. Quando Lawende se recusou a confirmar a identificação de "Cohen" (Fido ignora sua declaração de que, com exceção das roupas, não reconheceria o homem), Cohen foi internado na Enfermaria de Whitechapel.

A Polícia da City, enquanto isso, se interessara por Kosminski, que catava comida nas sarjetas, e o considerara inofensivo; ele ainda ficou solto durante três anos após o assassinato de Kelly, antes de ser internado por sua família. Por causa da rivalidade entre as duas forças policiais, a Polícia Metropolitana nunca divulgou que prendera seu próprio suspeito sob pseudônimo e, quando seus policiais se referiram, em suas memórias, a um "jovem judeu polonês", a Polícia da City achou que tinham em mente o inocente Kosminski — foi essa injusta calúnia que provocou a indignada explosão de Smith.

A verdade provavelmente é muito menos complexa, mas é claro que as notas de Swanson suscitam algumas questões interessantes. A principal é a identificação. Por que o suspeito teve de ser levado a uma casa litorânea para ser identificado? Minha reação inicial foi de que isso fora feito para afastá-lo do ambiente londrino e, em particular, da imprensa, levando-o para um lugar tranquilo onde pudesse ser entrevistado e, possivelmente, identificado; mas então percebi que essa operação seria complexa demais e fadada a ser descoberta rapidamente, assim que as testemunhas fossem deslocadas. Parece que a explicação correta é a de que Kosminski foi levado ao litoral para ser identificado por um convalescente que não podia viajar até a cidade, alguém que ficara doente ou fora ferido após o assassinato de Kelly, um judeu do sexo masculino. Fido argumenta que se tratava de Lawende, mas isso agora parece improvável. De acordo com Swanson, Kosminski foi identificado; mas, se assim foi, por que não foi acusado? Por que foi deixado solto durante três anos? Se acreditarmos em Fido, Swanson deveria ter escrito "Kaminsky", não "Kosminski". Ou deveria ser "Cohen"? Quem quer que fosse, não havia evidências para prendê-lo ou acusá-lo de qualquer um dos assassinatos.

Qualquer que seja a verdade, a teoria de Fido destaca que essas explicações complexas eram necessárias somente por causa da falta de documentos originais. O que frequentemente se ignora é que, se o caso tivesse sido resolvido, os investigadores — Smith, Abberline, Anderson, Swanson et al. — não teriam sido forçados a tentar solucioná-lo em retrospectiva, contradizendo uns aos outros. Da mesma forma, costuma-se atribuir peso demais às notas de Macnaghten, com frequência mal-interpretadas, e assume-se que seus três suspeitos — Druitt, Kosminski e Ostrog — são os únicos. Isso é uma interpretação errônea do que ele disse. Macnaghten os oferece somente como alternativas a Cutbush, diz bastante claramente que "nenhuma sombra de prova pôde ser lançada sobre nenhum deles" e os nomeia como possíveis suspeitos, "todos os três mais prováveis que Cutbush de terem cometido essa série de homicídios". O trio, como as notas deixam claro, foi investigado (existe referência à família de Druitt); se as notas são tomadas em conjunto com o resto da declaração de Macnaghten, de fato não existe nenhuma prova contra Druitt, Kosminski ou Ostrog.

Apenas para enfatizar como havia dissensão nos níveis superiores em relação à identidade do Estripador, somente Swanson e Anderson (que não o nomeia) sugeriram que se tratava de Kosminski; Abberline e Godley acreditavam ser Chapman; Macnaghten apostava em Druitt.

Dr. Stanley

Em 1929, Leonard Matters publicou *The Mystery of Jack the Ripper* [O mistério de Jack, o Estripador]. Ele afirmou que o livro fora baseado na confissão de leito de morte de um médico inglês chamado Stanley, o qual declarara ser Jack, o Estripador.

Na introdução original, Matters diz ter encontrado a confissão impressa em espanhol em um dos jornais de Buenos Aires, onde trabalhara durante alguns anos para um jornal inglês. Em uma frase reveladora, afirma ter construído uma história em torno dessa confissão. É tentador perguntar se sua história não veio primeiro e os fatos, bastante pesquisados e ocupando dois terços do livro, em seguida. Certamente, é difícil escapar da conclusão de que a parte do dr. Stanley é ficção. O próprio Matters diz não poder garantir a veracidade da história, achando, contudo, que ela merece certa credibilidade. E continua: "Que tal homem, de tal caráter e com tal história de vida realmente existiu em 1888 está além de minha esperança de comprovação." Ele alega que uma pesquisa nos registros do Conselho Médico Geral da Grã-Bretanha não revelou ninguém que pudesse ser identificado como o dr. Stanley, mas que somente a aceitação da existência dessa elusiva personalidade pode delinear o verdadeiro caráter do Estripador.

Sua história supostamente foi baseada "na narrativa de um cirurgião anônimo de Buenos Aires, que afirmou ter sido estudante do doutor em Londres e ter estado presente quando ele morreu na capital argentina, há cerca de trinta anos".

Matters começa com três perguntas. Por que todas as vítimas do Estripador eram prostitutas? Por que ele matava apenas no East End? Por que os homicídios foram interrompidos após o de Mary Kelly?

Suas conclusões: somente entre as prostitutas o Estripador poderia encontrar a mulher que procurava; ele sabia que a encontraria no East End; essa mulher era Mary Kelly.

Matters afirma que a carreira do dr. Stanley era um sucesso. Mas sua rápida fama como cirurgião brilhante sofreu um golpe com a morte da esposa quando seu filho tinha apenas alguns dias de vida. Essa tragédia o tornou amargo e o imbuiu de um desprezo duradouro por seus colegas, a cuja incompetência médica atribuía, até certo ponto, a morte da esposa. Aos poucos, tornou-se introspectivo e passou a dedicar toda a sua atenção a Herbert, seu filho.

Matters cita uma fonte anônima que o conhecia. (Como não podia sequer provar a existência do dr. Stanley, essa certamente foi uma incrível realização!) "X" foi à casa do doutor, na Portman Square, e viu a coleção de espécimes patológicos em seu museu privado. Uma das tarefas autoimpostas do dr. Stanley era a compilação da história patológica do câncer. Seu único pesar era o fato de a vida ser curta demais para permitir que a completasse, mas isso seria feito por seu filho, que, como acreditava, um dia seria "saudado como salvador da humanidade!".

"X" especulou: "Não havia dúvidas de que o dr. Stanley centrara todas as suas esperanças naquele menino e, olhando para seu museu, via não somente a prova de que sua teoria e seus métodos cirúrgicos estavam corretos, mas também que o futuro de seu filho estava entrelaçado a sua própria vitória sobre os que imaginava serem seus inimigos." "X" também se perguntou sobre como Stanley reagiria se algo acontecesse ao filho. Indubitavelmente, as consequências seriam trágicas. E isso, segundo Matters, foi precisamente o que aconteceu.

Herbert Stanley conheceu Mary Kelly em uma regata noturna em 1886. Ele era um brilhante estudante de medicina de apenas 21 anos. Passaram uma semana juntos em Paris, antes que ele descobrisse que ela estava doente. Essa é a primeira grande falha na história de Matters. A autópsia de Kelly não mostrou nenhum traço de tal doença. Matters continua dizendo que a doença já tomara conta do garoto antes que seu pai descobrisse, algumas semanas depois, o que lhe acontecera. Durante quase dois anos, eles lutaram contra a doença com diferentes tratamentos, antes que o jovem Stanley morresse. A essa altura, seu pai já conhecia os detalhes do curto romance com Kelly.

Pela maneira dramática como ele fala, alguém poderia supor que o jovem Stanley foi a única pessoa a jamais ser atingida por tal doença, cujo nome Matters discretamente esconde de seus leitores. Os fatos seguintes devem ser mantidos em mente para dar alguma perspectiva à história. De acordo com o dr. Henriques, em *Prostitution and Society Vol. 3* [Prostituição e sociedade, volume 3], cerca de 50 mil pessoas eram tratadas anonimamente por doenças venéreas nos hospitais londrinos em meados do século XIX. No mesmo período, cerca de 20% do Exército estavam infectados, comparados aos números atuais, de 4%. A maioria dos homens parecia achar os riscos perfeitamente aceitáveis.

Tanto Donald McCormick quanto Robin Odell observam, em seus livros, que a doença venérea matava lentamente e que, se a tivesse contraído de Kelly, Herbert Stanley não teria morrido apenas dois anos depois. Mas, como afirma Odell, de acordo com as evidências médicas, Kelly não sofria de doença venérea: o único mal que a afligia era o alcoolismo. Antes de chegar à conclusão de que não poderia ter infectado o jovem Stanley, contudo, Odell avisa:

> [...] não se deve colocar muita fé nas observações do dr. Phillips, pois uma mulher pode ser portadora de doença venérea sem que a doença seja evidente. Além disso, o organismo causador da sífilis só foi descoberto em 1905 e, assim, um médico de 1888 teria de basear seu diagnóstico somente em evidências clínicas, especialmente difíceis de estabelecer em uma mulher (sem mencionar que a mulher em questão fora cortada em pedaços). Se os exames patológicos e os testes de sangue modernos pudessem ter sido realizados, poderiam muito bem ter mostrado que Kelly era sifilítica.

A história continua, descrevendo o dr. Stanley jurando vingança contra Kelly. Isso significava esquadrinhar o East End atrás dela. Ele passou uma ou duas semanas se familiarizando com o submundo e a vida noturna de Londres, deslocando-se furtivamente pelos becos e ruelas, aprendendo a se esquivar de uma rua para outra sem ser visto. Para seu primeiro encontro com uma prostituta, Stanley foi até a Wardour Street, onde sabia que Kelly morava. Para sua consternação, ela já não estava lá. Ele amaldiçoou a mulher vivendo em seu endereço, a qual, após ouvir suas reclamações, bateu a porta e murmurou: "Meu Deus! Estou feliz por não ser Marie. Se fosse, aquele homem teria me matado. Alguém deveria avisar Marie, mas não sei onde ela está."

Claramente, isso é ficção.

A despeito de sua declaração de não poder provar a existência do dr. Stanley, Matters, de forma organizada, inclui em sua história o testemunho de certa sra. North, que descreve seu encontro com um homem que ela achava ser médico, entre 45 e 47 anos, forte, musculoso e tremendamente determinado. "Seus olhos eram escuros e brilhavam como se estivessem em chamas", diz Matters. Em seguida, o dr. Stanley descobre que Kelly está vivendo no East End e disfarça sua aparência. "Uma mudança de trajes; um andar arqueado; um inglês truncado [...] ou a imitação de um sotaque estrangeiro." Ao mesmo tempo, ele resolve matar todas as mulheres que interroga, não importa quantas, tão esmagador é seu desejo de vingança. Sua primeira vítima é Martha Tabram. Stanley entra em pânico e a esfaqueia simultaneamente com sua faca cirúrgica e uma baioneta de formato triangular. Polly Nichols é sua próxima vítima, e, desta vez mais calmo e tendo mais controle sobre si mesmo, ele sucumbe a outro impulso e a eviscera para conseguir o espécime que deseja para seu museu cirúrgico. Obtém espécimes fisiológicos adicionais de Annie Chapman, Liz Stride e Catherine Eddowes, que, antes de morrer, fornece o nome e o endereço de Kelly. Aqui existe um novo atrito entre fato e ficção, pois o outro nome que Eddowes usava era Kelly e teria sido fácil para Stanley, se sua história fosse verdadeira, concluir que ela era a mulher que procurava. Finalmente, Stanley, após vigiar Mary Kelly, a ouve dizer que seu homem a deixara e que teria de ficar nas ruas a menos que alguém pagasse seu aluguel.

Ele a segue até Miller's Court e, esperando por uma oportunidade, esgueira-se até seu quarto destrancado. Sacudindo-a até que acorde, ele revela sua identidade e lhe dá a chance de falar antes de matá-la. Ela tem tempo apenas de gritar "assassinato" antes que ele use a faca. Sua vingança está completa.

Em seguida, Stanley vagueia pelo mundo durante dez anos, aparentemente sem sua famosa coleção, e enfim se estabelece em Buenos Aires. Vive na cidade durante alguns anos e, reconhecendo um antigo pupilo, escreve para ele ao sucumbir ao câncer, a doença cuja cura lutara tanto para descobrir. Quando o pupilo chega para vê-lo, Stanley lhe diz que tem apenas uma ou duas horas de vida. Confessa ser Jack, o Estripador, e dá ao visitante 100 libras para pagar um funeral modesto e usar o restante como quiser. Deseja que seu visitante prometa fazer algo por ele, mas morre antes de poder dizer o quê.

Como posfácio a essa história, vale a pena incluir a teoria de Leonard Gribble, publicada na edição de janeiro de 1973 da revista *True Detective*, em um artigo intitulado "Was Jack the Ripper a Black Magician?" ["Seria Jack, o Estripador um praticante de magia negra?"].

Novamente, a história é sobre um médico se vingando das prostitutas do East End, que teriam infectado seu filho com a doença que causara sua morte em um hospício. Cada uma das vítimas é um sacrifício de sangue; mas, além disso, os assassinatos são cometidos de maneira a coincidirem com certas fases da lua, dado que o médico tenta construir um pentagrama oculto para impossibilitar sua descoberta. Na verdade, há seis vítimas. Martha Tabram é a primeira. Seu assassinato tem um significado oculto; aparentemente, 3 x 13 é uma fórmula oculta que explica por que ela foi esfaqueada 39 vezes. Stride, contudo, não foi uma vítima apropriada. Como o Estripador não teve tempo de completar o ritual, era essencial que encontrasse logo uma segunda vítima, a fim de coincidir com a fase da lua. Se não tivesse matado Eddowes imediatamente, a eficiência do pentagrama teria sido prejudicada.

A morte e a mutilação de Kelly coincidem com a fase final do período de sacrifícios, que selou o pentagrama místico e, assim, pôs fim aos assassinatos.

George Chapman (Severin Antoniovich Klosowski)

George Chapman, cujo nome real era Severin Antoniovich Klosowski, nasceu em 14 de dezembro de 1865 no minúsculo vilarejo polonês de Nargornak. De dezembro de 1880 a outubro de 1885, foi estudante de cirurgia em um consultório local. Completou seus estudos em 1º de janeiro de 1886, com três meses de prática cirúrgica em um hospital de Praga. Então se candidatou ao exame para cirurgião júnior, mas foi reprovado. Parece ter chegado a no máximo *feldscher*, atendente de hospital ou "barbeiro cirúrgico". (Isso é uma relíquia dos tempos em que as profissões de barbeiro e médico estavam entrelaçadas.) Após um breve período de serviço militar, emigrou para a Inglaterra, chegando em 1888. Seu primeiro emprego conhecido foi como assistente de barbeiro na High Street, Whitechapel. Por alguma razão, era conhecido como "Ludwig" Klosowski (ou Zagowski), que os ingleses pronunciam "Schloski".

Não se conhece nenhum detalhe sobre a carreira de Chapman nessa época, exceto que coincidiu com os homicídios de Whitechapel. O ex-sargento-detetive Leeson, em sua autobiografia *Lost London* [Londres perdida], fornece algumas informações relevantes. Ele diz que "Chapman viveu em Whitechapel, onde conduzia um negócio de barbeiro em um 'antro' sob um cortiço na esquina dos edifícios George Yard". Se for verdade, isso tem alguma significância, pois foi lá que Martha Tabram foi esfaqueada até a morte. Contudo, as declarações de Leeson devem ser tratadas com grande cautela, mesmo quando descreve eventos aos quais esteve intimamente conectado, como o famoso Cerco da Sidney Street, alguns anos depois. (Em meu livro sobre o episódio, fui capaz de comparar testemunhos e documentos policiais com suas declarações nessas memórias. Descobri discrepâncias tão alarmantes que decidi que *Lost London* é quase inteiramente não confiável.) Deve-se manter em mente que Leeson só se uniu à Polícia Metropolitana em outubro de 1890 e foi designado para Whitechapel em fevereiro de 1891; assim, suas declarações sobre Chapman devem ser tratadas como evidências de segunda categoria.

Felizmente, temos o testemunho do próprio Abberline de que Chapman morava nos edifícios George Yard. Ele tinha uma loja no porão do pub White Hart, mas, no que se refere aos registros, só se mudou para lá em 1890. Possivelmente, houve um período não registrado de emprego temporário em que morou e trabalhou lá, o que deve ter causado a declaração de Abberline. Oficialmente, na época dos assassinatos, morava na Cable Street, n. 126, ainda a uma distância confortável dos locais dos homicídios.

Sabe-se que Klosowski mudou de emprego e foi trabalhar para um barbeiro na West Green Road, South Tottenham, e que mais tarde comprou sua própria loja na High Road, Tottenham. Ele não era um bom comerciante e, com o fracasso do empreendimento, foi reduzido novamente à condição de assistente de barbeiro. Trabalhou para um barbeiro em Shoreditch e então se mudou para outra loja em Leytonstone.

Em 1889, foi apresentado a certa Lucy Baderski no Clube Polonês na St. John's Square, Clerkenwell. Eles se conheciam havia menos de cinco semanas quando se casaram no Feriado Bancário de agosto de 1889. Klosowski, contudo, já tinha uma esposa, que deixara na Polônia. Ela foi para Londres e tentou reconquistar seu afeto; durante curto período, as duas dividiram a casa com ele. Finalmente, sua esposa legal percebeu a futilidade de suas tentativas e partiu. Em seguida, ele e Lucy Baderski foram viver na Cable Street, perto das docas, antes de emigrarem para os Estados Unidos em 1890. Em fevereiro de 1891, Lucy o deixou por causa de suas infidelidades e voltou sozinha para a Inglaterra.

De acordo com a história de Klosowski, ele a seguiu em 1893 (embora haja evidências mostrando que isso aconteceu um ano antes). O casal se reconciliou, mas apenas por um tempo. Klosowski não tentou obter a custódia dos dois filhos do casamento, provavelmente porque isso não combinaria muito com a imagem de si mesmo que gostava de projetar, como sendo solteiro ou viúvo.

No fim de 1893, ele conheceu Annie Chapman (não confundir com a vítima do Estripador) e eles viveram juntos durante um ano. Depois que se separaram, em dezembro de 1894, ela descobriu que estava grávida. Klosowski se recusou a ajudá-la, chegando a ponto de se negar a fornecer referências para que ela pudesse sustentar a si mesma e à criança. O único legado do romance foi que Klosowski tomou emprestado de sua ex-amante

Commercial Street, em Spitalfields. O pub Britannia, conhecido como "Ringers", ficava na esquina com a Dorset Street (canto inferior esquerdo), e o pub Ten Bells, no edifício à direita.

A Dorset Street na direção da Commercial Street. As mulheres à esquerda estão a uma ou duas portas dos alojamentos de Annie Chapman, no número 35.

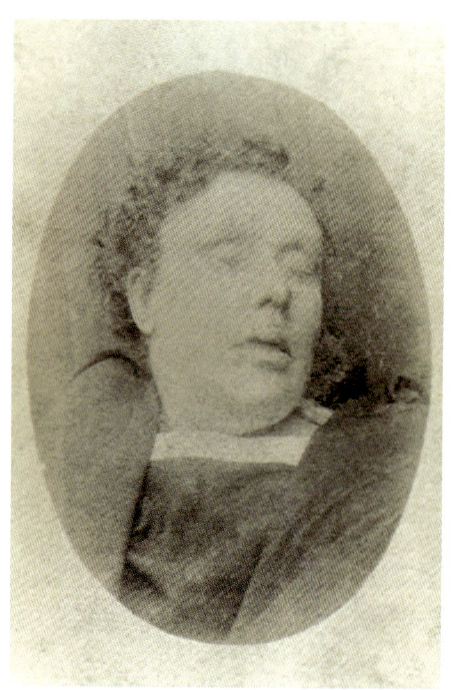

Retrato mortuário de Annie Chapman.

Annie e John Chapman, 1869.

Mulheres diante de um cortiço na Flower and Dean Street, em Spitalfields.

O "duplo evento": os assassinatos de Catherine Eddowes e de Elizabeth Stride.

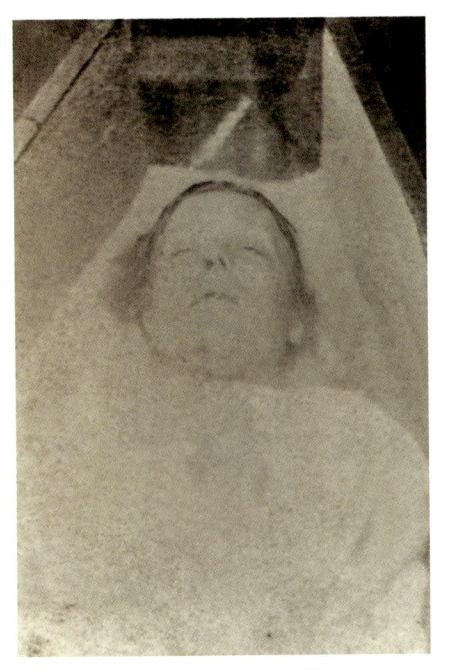

Retrato mortuário de Polly Nichols.

Retrato mortuário de Elizabeth "Long Liz" Stride.

Na Berner Street, a entrada de Dutfield's Yard, onde Stride foi assassinada.

A Mitre Square e o corpo de Catherine Eddowes *in situ*.

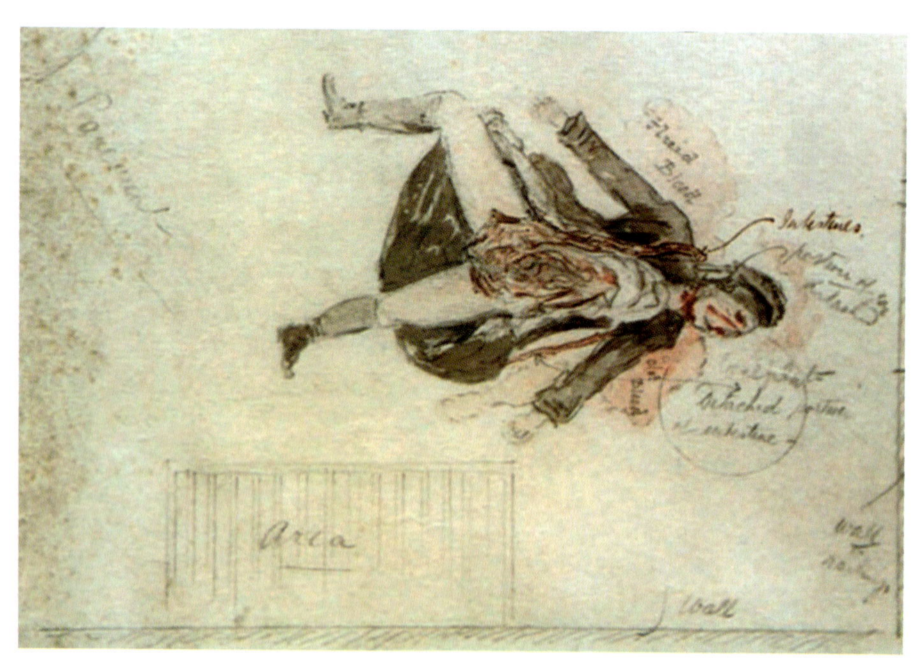

Desenho da posição do corpo de Catherine Eddowes feito antes da remoção.

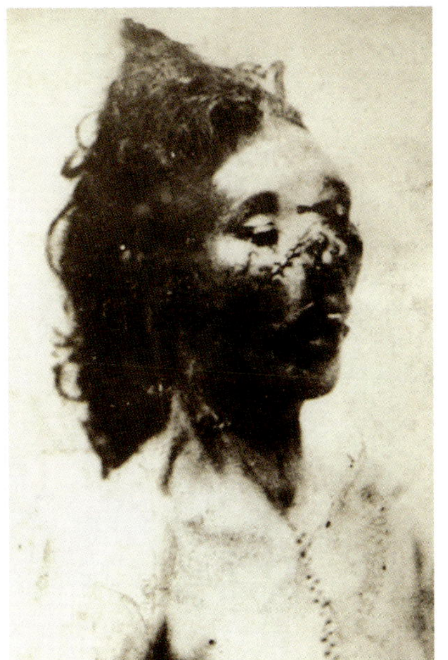

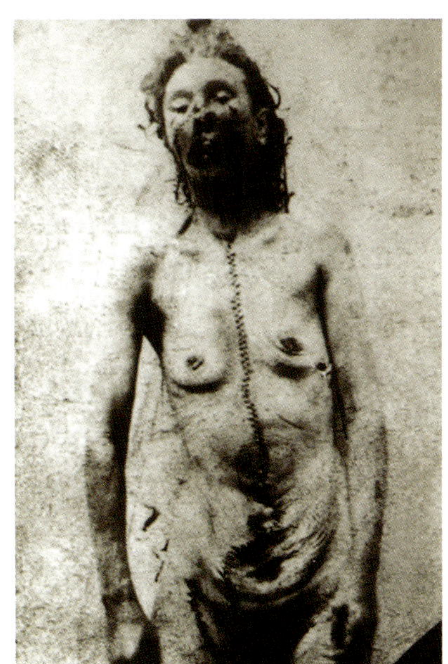

Retratos mortuários de Catherine Eddowes.

Esquina do Estripador, na Mitre Square.

George Lusk, chefe do Comitê de Vigilância de Whitechapel.

Goulston Street – a mensagem do Estripador foi escrita na parede próxima à escadaria.

Sir Charles Warren, comissário da Polícia Metropolitana.

Major Henry Smith, comissário interino da Polícia da City de Londres.

Quarto de Mary Kelly em Miller's Court, nº 13.

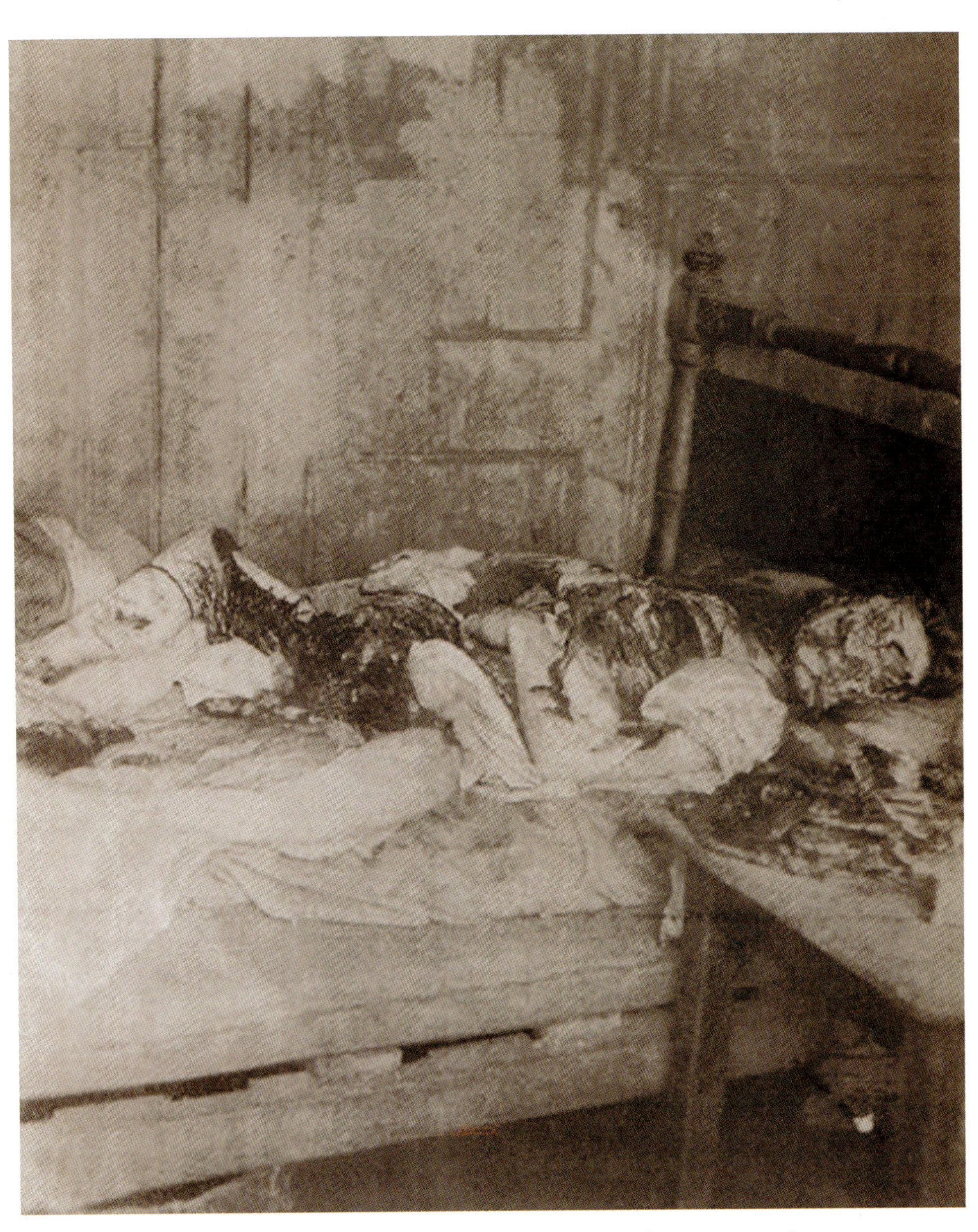

O corpo de Mary Kelly. O coração não foi encontrado.

M. J. Druitt.

J. K. Stephen (à esquerda na primeira fila).

S.A.R., o duque de Clarence.

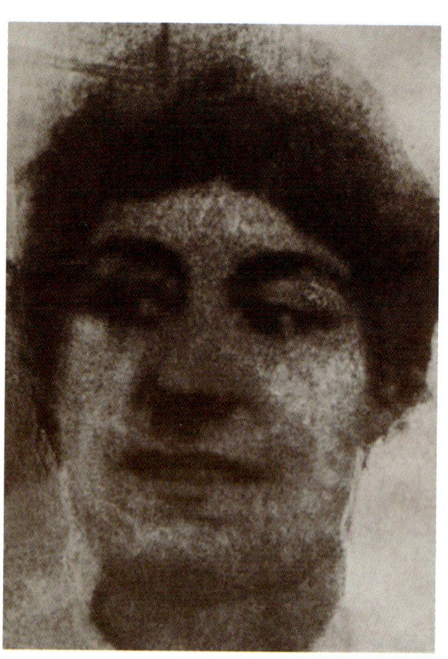

Annie Elizabeth Crook, 1886.

Sir William Gull.

Máscara mortuária de Frederick Deeming.

Walter Sickert, 1885.

From hell

Mr Lusk

Sor

I send you half the
Kidne I took from one women
prasarved it for you tother piece
I fried and ate it was very nise I
may send you the bloody knif that
took it out if you only wate a whil
longer

signed Catch me when
you Can
Mishter Lusk

Carta "Do inferno", enviada, com parte de um rim, para o sr. Lusk, do Comitê de Vigilância de Whitechapel.

Neill Cream.

George Chapman.

O refúgio noturno Providence Row (ainda em funcionamento), onde Mary Kelly supostamente teria se alojado durante curto período.

Robert Donston Stephenson.

Dr. Francis Tumblety.

Michael Ostrog.

James Maybrick.

Robert Anderson, chefe do Departamento de Investigação Criminal da Polícia Metropolitana.

Melville Leslie Macnaghten.

Inspetor Abberline.

Fotografia com o suposto Abberline (primeiro à esquerda na primeira fila). Ver Prefácio.

A Nêmesis da Negligência, caricatura de Jack, publicada na revista *Punch*.

o nome Chapman. Ele fez isso para se livrar de seus negócios problemáticos, abandonando completamente seu verdadeiro nome. Anos mais tarde, quando a polícia lhe perguntou se era Klosowski, respondeu: "Não sei nada sobre o sujeito." A mudança de nome, segundo H. L. Adam em sua introdução a *Trial of George Chapman* [Julgamento de George Chapman], pode ter sido inspirada por ambições mais sinistras, tendo "por objetivo primário e *idée fixe* a perseguição, captura e destruição de mulheres."

Ele conheceu sua primeira vítima quando estava hospedado com a família Renton em Leytonstone, em 1895. O nome de casada de Mary Renton era Spink. Seu marido era um carregador ferroviário que a abandonara, levando o filho consigo, porque ela era alcoólatra. Chapman mudara de endereço e, logo após o fim de seu casamento, ele e Mary Spink, uma loira pequenina de cabelo curto e crespo, passaram a ser vistos juntos com frequência. Finalmente, anunciaram que se casariam — uma polida ficção, dado que ambos ainda eram legalmente casados com outras pessoas. Depois de se estabelecerem, Mary Spink recebeu 250 libras de um fundo de investimento de cerca de 600 libras. Foram recebidas 350 libras adicionais dois anos depois, em 1897, pouco antes de sua morte. Chapman e Mary alugaram uma barbearia na parte pobre de Hastings, mas, como não obtiveram sucesso, mudaram-se para uma parte mais próspera da cidade. A sra. Spink ajudava o marido ensaboando e, às vezes, barbeando os clientes; era popular e costumava entreter sua clientela tocando piano. Essas "sessões musicais" eram muito apreciadas e o negócio prosperou rapidamente. Ainda assim, Chapman desistiu seis meses depois e voltou a Londres como proprietário da taberna Prince of Wales, na City Road.

Enquanto ainda estava em Hastings, ele não abandonara seus romances casuais. Além disso, comprara 30 gramas de tártaro emético de um químico local. De volta a Londres, a sra. Spink, que raramente sofria de algo além de ressaca, começou a experimentar vômitos severos e dores estomacais. Aos poucos, sua saúde se deteriorou e ela emagreceu muito. Chapman era muito solícito com a saúde da esposa e supervisionava a comida e os remédios dados a ela. A mulher enfraqueceu de modo constante sob esses cuidados e, no Natal de 1897, veio a falecer. A causa declarada da morte foi tuberculose, dada sua condição emaciada.

Alguns meses depois, ele contratou uma nova garçonete, chamada Bessie Taylor, que rapidamente se tornou a nova e não casada sra. Chapman. Como sua predecessora, ela logo adquiriu a mesma condição emaciada. Para evitar suspeitas entre os clientes que haviam conhecido sua primeira esposa, Chapman desistiu da taberna Prince of Wales e se mudou para Bishop's Stortford, onde assumiu o pub The Grapes. Enquanto estiveram lá, Bessie Taylor foi hospitalizada para uma cirurgia. Em seguida, Chapman se tornou ainda mais brutal, chegando a ameaçá-la com um revólver. Eles voltaram a Londres, onde ele alugou a Monument Tavern, em Borough, e continuou a maltratar a esposa. Isso agravou sua condição e ela ficou cada vez mais frágil. Nenhum dos médicos que a examinou percebeu que estava sendo lentamente envenenada. Em 14 de fevereiro de 1901, ela morreu. A causa da morte foi "exaustão causada por vômito e diarreia".

Apenas alguns meses depois, Chapman conheceu sua última vítima, uma jovem chamada Maud Marsh, que contratou como garçonete para a Monument Tavern. Em uma carta apresentada durante o julgamento, ficou claro que ela resistiu durante algum tempo antes de passar a morar com ele como a sra. Chapman número 3. Sua patética mentira de que eram marido e mulher não enganou seus pais, que suspeitavam de Chapman e jamais confiaram nele. Em pouco tempo, Maud começou a sofrer com as mesmas dores e sintomas de suas predecessoras. Solícito como sempre, Chapman insistia em preparar a comida e a medicação. A sra. Marsh enfim suspeitou que a filha estava sendo envenenada e chamou outro médico para examiná-la. Sua visita precipitou a tragédia final: Chapman deu à esposa uma grande dose de veneno e ela morreu no dia seguinte. O médico local, avisado por telegrama pelo dr. Grapel (que a examinara) de que sua paciente estava sendo envenenada, chegou muito tarde para salvá-la. Ele se recusou a assinar o atestado de óbito e o destino de Chapman foi selado quando a autópsia mostrou traços de arsênico. Chapman foi preso em 25 de outubro de 1902, dia da coroação de Eduardo VII. Somente então se descobriu, por seus documentos, que era Severin Klosowski. Foi acusado do homicídio de Maud Marsh e, em seguida, dos assassinatos de Mary Spink e Bessie Taylor. Os corpos foram exumados e encontrados em surpreendente estado de conservação, uma das indicações mais seguras de envenenamento por arsênico.

O julgamento começou em 16 de março de 1903 e durou quatro dias. Sua única amiga, aparentemente, era a esposa polonesa, que implorou para vê-lo. Ele se recusou a recebê-la. Seu advogado de defesa não apresentou nenhuma prova ou testemunha em seu benefício. A única coisa que fez foi apelar à simpatia do júri, afirmando que Chapman era um "estrangeiro odiado". Essa linha de defesa não foi bem-sucedida e o júri levou apenas 11 minutos para chegar ao veredito: culpado. Ele foi enforcado na Prisão Wandsworth, em 7 de abril.

Chapman sempre foi um dos principais suspeitos dos crimes do Estripador. Isso pode ser parcialmente atribuído a H. L. Adam, que, ao editar *Trial of George Chapman*, beneficiou-se do conhecimento do ex-inspetor--chefe Godley, que não apenas prendera Chapman, como também trabalhara com o inspetor Abberline durante a investigação dos homicídios do Estripador. Godley claramente é a fonte da declaração de Adam de que Abberline achava que Chapman e o Estripador eram a mesma pessoa. Quando Godley realizou a prisão, Abberline teria dito: "Finalmente você pegou Jack, o Estripador!"

Os argumentos a favor de Chapman ser o Estripador podem ser assim resumidos: ele estaria trabalhando em Whitechapel na época dos assassinatos e tinha a habilidade cirúrgica necessária para cometer os assassinatos e as mutilações de maneira rápida e eficiente; a descrição do homem que fora visto com Kelly era — novamente! — uma descrição acurada do próprio Chapman; americanismos como "chefe" em algumas das cartas do Estripador sugerem ligação com os Estados Unidos, o que Chapman certamente possuía em função de sua estada de três anos, embora isto ignore o fato de que só adquiriu essa ligação dois anos após os homicídios; as piadas insensíveis de algumas das cartas do Estripador eram típicas de seu humor brutal; o último assassinato foi cometido quando Chapman ainda estava em Londres e homicídios similares foram cometidos na área imediata de Jersey City, onde abrira sua barbearia nos Estados Unidos. Este último ponto não se sustenta, dado que uma busca cuidadosa nos registros da época revelou apenas um único homicídio que poderia ser descrito como similar, o de "Old Shakespeare", cujo nome real era Carrie Brown, esfaqueada e mutilada em Nova York em 1891.

A teoria que nega que Chapman fosse o Estripador depende necessariamente do caráter do próprio Estripador, quem quer que fosse. Em uma tentativa de entendê-lo, a seguinte passagem foi retirada de *Aberrations of Sexual Life* [Aberrações da vida sexual], de autoria de Krafft-Ebing e editado pelo dr. Alexander Hartwich.

> Das observações que serão relatadas emerge com grande clareza que o objetivo perverso dos assassinos por prazer não é somente causar dor e — o ferimento mais agudo — morte, mas sim que o significado real da ação consiste, até certo ponto, em imitar, embora pervertido de forma monstruosa e apavorante, o ato da defloração. É por essa razão que um componente essencial dos homicídios por prazer é a arma afiada e cortante; a vítima tem de ser perfurada, cortada e mesmo picada. A correlação entre prazer – homicídio e defloração é subsequentemente confirmada pelo fato de que os principais ferimentos são infligidos na região do estômago e, em muitos casos, os cortes fatais vão da vagina até o abdome. Em meninos, uma vagina artificial chega a ser fabricada pelos homicidas por prazer.

> *De maneira comparativamente frequente, a morte da vítima resulta do estrangulamento* [grifo meu] simples, sem que nenhuma arma seja utilizada, e certamente está relacionada de algum modo ao coito, ocorrendo antes ou depois dele, mas raramente o substituindo. Parece, contudo, que tal ato costuma falhar em satisfazer o assassino, de modo que, em seguida, o corpo é retalhado, especialmente na genitália e, no caso de mulheres, nos órgãos genitais internos. De maneira extremamente medonha, pode-se conectar também um elemento fetichista a esse processo de retalhar a vítima, visto que partes do corpo — e mais uma vez os genitais estão particularmente envolvidos — são removidas e, até certo ponto, transformadas em itens de coleção.
>
> É óbvio que indivíduos tão seriamente psicopatas quanto os pervertidos desse grupo também podem apresentar os mais diversos desvios sexuais, como homossexualidade, pedofilia e fetichismo. Ao mesmo tempo, há um alto grau de hipersexualidade, especialmente antes e durante o ato.

Meu ponto é que esse é um retrato instantaneamente reconhecível do tipo de homem que sabemos que Jack, o Estripador, deve ter sido.

Mas também podemos dizer que é um retrato de George Chapman?

É óbvio que não. Coincidências como o fato de Chapman viver em Whitechapel na época dos homicídios parecem sem sentido depois que somos apresentados a esse retrato de um assassino sádico. Jack, o Estripador, jamais alternaria entre um assassino desse tipo e o frio e calculista envenenador de esposas que era Chapman. É impossível colocar os dois caracteres no mesmo enquadramento e apenas por isto Chapman não deve ser considerado um candidato viável para a identidade do Estripador.

Dr. Pedachenko

Para entender *The Identity of Jack the Ripper* [A identidade de Jack, o Estripador], de Donald McCormick, é essencial saber algo sobre a teoria Klosowski/Chapman, uma vez que o autor a usa como trampolim para a própria teoria. Sua fonte primária de material foram os (não publicados) três volumes de *Chronicles of Crime* [Crônicas do crime], do grafologista dr. Dutton, já citado em conexão com as análises de caligrafia da correspondência do Estripador (veja páginas 130-41). Infelizmente, essas "crônicas" foram perdidas ou destruídas após a morte do dr. Dutton, em 1935. Quando McCormick escreveu seu livro, 27 anos depois, ele foi obrigado a se basear nas notas que fizera em 1932 e então deixara de lado. McCormick descreve *Chronicles of Crime* como sendo "não uma narrativa única, mas sim uma coleção de impressões e teorias recolhidas em vários períodos". Além do caso do Estripador, "elas cobrem vários outros casos interessantes". Assim, é justo presumir que McCormick construiu sua teoria utilizando as próprias notas sobre as notas do dr. Dutton, uma das grandes fragilidades de seu livro. O leitor, para ter qualquer confiança nas descobertas, tem o direito de esperar um relato acurado de fatos que possam ser confirmados. Infelizmente, nos pontos em que isso é possível, McCormick com frequência mina a confiança de seus leitores. O exemplo mais evidente é sua narrativa do Cerco da Sidney Street, em que pega dois incidentes bem documentados — o assassinato de três policiais londrinos e o próprio cerco — e os transforma em um único incidente, embora os eventos tenham acontecido a vários quilômetros de distância e com cerca de três semanas de diferença. Ele cometeu o mesmo erro em *A History of the Russian Secret Service* [Uma história do serviço secreto russo], publicado em 1972, escrito sob o pseudônimo Richard Deacon.

De acordo com McCormick, o dr. Dutton era amigo do inspetor Abberline, que discutiu o caso com ele em mais de uma ocasião. Em função da declaração do inspetor Godley, embora sua autenticidade tenha sido questionada e ela possa ser uma invenção de H. L. Adam, sabemos que Abberline o congratulou por ter apanhado o Estripador quando prendeu Chapman em 1902. Mas, de acordo com Dutton, ele mudou de ideia — mais de quatorze anos após a investigação inicial, se Dutton estiver correto. McCormick continua:

> O que finalmente convenceu Abberline de que cometera um erro ao pensar que Klosowski era o Estripador foi a descoberta de que o barbeiro-cirurgião polonês tinha um sósia em Londres e que tal sósia, um russo que também era barbeiro-cirurgião, às vezes se passava por Klosowski por razões que não estão aparentes. [...] Poderia ele ser o mesmo cirurgião russo sugerido por Sir Basil Thomson e outros e chamado de Ostrog por Sir Melville Macnaghten? Ou seria o russo chamado por William Le Queux de dr. Alexander Pedachenko?

Como a história é bastante complicada, irei dividi-la, como fez McCormick, entre as fontes inglesa e russa.

Fonte russa. Em 1923, o jornalista e espião amador William Le Queux publicou sua autobiografia, *Things I Know About Kings, Celebrities and Crooks* [Coisas que sei sobre reis, celebridades e bandidos]. Ele gostava de se associar a nomes importantes, como se pode ver facilmente pelo título de alguns capítulos — "O que sei sobre reis", "Noites com 'Carmen Sylva', rainha da Romênia", "O que me disse o sultão da Turquia". Na verdade, era um bom colunista de fofocas da alta sociedade com muitos leitores e provavelmente existe verdade em sua alegação de que, após o assassinato de Rasputin, "o governo Kerensky me entregou, em segredo, grande número de documentos encontrados em um cofre no porão de sua casa, para que eu pudesse escrever um relato sobre a incrível carreira daquele patife". Entre os documentos, estava um manuscrito incompleto chamado "Grandes criminosos russos", que, para sua surpresa, continha a verdade sobre os homicídios de Jack, o Estripador. Eis parte do trecho que ele copiou antes de devolver o manuscrito:

> O verdadeiro autor dessas atrocidades foi descoberto por um russo muito conhecido em Londres, chamado Nideroest, espião de nossa Polícia Secreta, membro do Jubilee Street Club, o centro anarquista no leste de Londres. Uma noite, no clube, a identidade do "Estripador" lhe foi revelada por um velho anarquista russo, Nicholas Zverieff. O misterioso assassino era o dr. Alexander Pedachenko, que fizera parte da equipe da Maternidade de Tver e morara no segundo andar da Millionnaya, mas se mudara para Londres, onde passara a morar com a irmã na Westmoreland Road, Walworth. De lá, viajava durante a noite, pegando uma carruagem para cruzar a London Bridge e caminhando até Whitechapel, onde cometia seus crimes secretos.
>
> Alexander Pedachenko, de acordo com Zverieff — cujo dossiê está nos registros da Polícia Secreta —, era auxiliado por um amigo chamado Levitski e por uma jovem costureira chamada Winberg. Ela se aproximava da vítima e iniciava uma conversa. Levitski ficava à espreita de patrulhas policiais enquanto ocorriam os crimes e mutilações. Levitski, que nascera em Londres, escrevera os cartões-postais assinados por Jack, o Estripador, para a polícia e a imprensa. Foi através dele que Zverieff descobriu a verdade.

Antes de passarmos ao restante da citação, que é uma explicação da anterior, vale a pena examinar esse trecho em detalhes, pois cada um desses fatos veio de um homem chamado Nideroest — mesmo que ele tenha afirmado estar repetindo informações que lhe foram fornecidas pelo "velho anarquista russo Zverieff".

A única informação que Le Queux forneceu sobre o histórico de Nideroest foi dizer que "um homem chamado Nideroest, membro do Jubilee Street Club, era conhecido por sua conexão com o tumulto anarquista em Tottenham e com o caso da Sidney Street". Quando seu livro foi publicado, *The Star* foi rápido em dizer que ele "revelou um grande segredo ao afirmar que a descoberta do autor dessas atrocidades se originou em um russo muito conhecido em Londres, chamado Nideroest, espião da polícia russa".

Nideroest chegou às manchetes nacionais em janeiro de 1909, quando usou um nome falso para entrar no hospital onde um dos atiradores do Ultraje de Tottenham, que alvejara duas pessoas e ferira várias outras, estava internado. Nideroest fingiu ser seu irmão. Foi detido antes de conseguir chegar ao ferido e há uma fotografia de sua prisão no *Daily Mirror* de 27 de janeiro de 1909. No dia seguinte, no tribunal, o detetive-inspetor McCarthy disse que o conhecia havia alguns anos e que, quatro anos antes, ele inventara uma história sobre bombas estarem sendo fabricadas em Whitechapel. Não era anarquista, mas sim um jornalista casual. A única explicação de Nideroest para seu comportamento foi de que fora até o hospital para tentar obter uma entrevista sensacional, e a única maneira de entrar era fingir ser da família. O juiz o dispensou com uma reprimenda. Foram esse e o incidente da Sidney Street, após o qual Nideroest afirmou ter ajudado o famoso Peter, o Pintor, a fugir da casa, que levaram os revisores de Le Queux — claramente conscientes dos fatos — a denunciarem Nideroest como "mentiroso inescrupuloso".

Outro ponto, ainda mais importante e omitido por McCormick, é que, em 1909, Nideroest tinha apenas 24 anos, como confirma sua fotografia. Isso significa que tinha apenas três anos em 1888. Assim, seja lá quando a entrevista com Zverieff ocorrera, deve ter sido pelo menos quinze anos depois dos crimes do Estripador. Na verdade, é possível situá-la com mais precisão. De acordo com Nideroest, os fatos lhe foram repassados no anarquista Jubilee Club, inaugurado apenas em 1906, ou seja, a entrevista deve ter sido após essa data. McCormick, mais tarde, oferece provas adicionais da existência de Pedachenko citando uma passagem de certa *Ochrana Gazette*, que lhe foi mostrada por um exilado russo, o príncipe Belloselski (que recebera a cópia litográfica de Myednikov, antigo líder da Okhrana, a polícia secreta de Moscou). Boletim confidencial da polícia secreta, essa gazeta era publicada duas vezes por mês para manter os líderes de seção informados sobre o que acontecia nos círculos revolucionários. McCormick cita o seguinte trecho:

KONOVALOV, Vasilly, codinome PEDACHENKO, Alexey, codinome LUISKOVO, Andrey, ex-residente de Tver, foi oficialmente declarado morto. Quaisquer informações ou arquivos relacionados a ele em poder das seções distritais devem ser enviados para o Distrito Central de Moscou da Okhrana. Tais informações, fotografias ou detalhes identificatórios podem se referir a KONOVALOV, PEDACHENKO ou LUISKOVO, individual ou coletivamente. Se os documentos em seu poder não contiverem esses nomes, também devem ser examinados por qualquer informação relacionada a um homem correspondente à descrição abaixo, que era procurado pelo assassinato de uma mulher em Paris, em 1886, pelos assassinatos de cinco mulheres no East End de Londres, em 1888 e, novamente, pelo assassinato de uma mulher em Petrogrado, em 1891.

A descrição de KONOVALOV é a seguinte: nascido em 1857 em Torshok, Tver. Altura média. Olhos azul-escuros. Profissão: cirurgião júnior. Descrição geral: costuma usar bigode preto, curvado e encerado nas pontas. Sobrancelhas grossas e escuras. Ombros largos, mas constituição leve. Conhecido por se disfarçar de mulher em certas ocasiões; foi preso em Petrogrado vestindo roupas de mulher antes de sua detenção no hospício onde morreu.

O documento é datado de janeiro de 1909, mas a data real de recebimento provavelmente fora o segundo semestre do ano anterior. O que o torna tão interessante é que pede — em vez de fornecer — informações sobre o homem procurado. Os autores sequer estão certos de que existem "informações, fotografias ou detalhes identificatórios". Os nomes são permutações sob as quais ele pode ser encontrado; mas, se falharem em produzir algo, qualquer informação nos arquivos deve ser examinada em busca de "um homem" correspondente à descrição e procurado por vários homicídios. O mais surpreendente é que eles sabiam que fora preso em Petrogrado e morrera em um hospício. Com essa informação disponível, por que não foram capazes de rastreá-lo? Por que tiveram de publicar um apelo geral por fotografias, informações ou detalhes identificatórios? O fato de que não foram capazes de localizá-lo sugere fortemente que, entre as duas datas-controle de 1906 e 1908, Nideroest fornecera a história que afirmara ter sido contada por Zverieff e a Okhrana a publicara na esperança de encontrar alguma evidência confirmatória.

Mas, se não existiam registros, qual é a explicação para a segunda metade da citação de Le Queux, extraída do manuscrito "Grandes criminosos russos"?

> O relato da descoberta de Nideroest divertiu muito nossa Polícia Secreta, que na época já sabia de todos os detalhes e encorajara e favorecera ativamente os crimes, a fim de exibir ao mundo certos defeitos do sistema inglês de polícia, em razão de desentendimentos e rivalidade entre nossa polícia e a inglesa. Foi por essa razão que Pedachenko, o maior e mais ousado de todos os lunáticos criminosos russos, foi estimulado a ir até Londres e cometer aquela série de crimes atrozes, nos quais agentes de nossa polícia o ajudaram.
>
> Finalmente, por ordem do Ministério do Interior, a Polícia Secreta retirou o assassino de Londres; ele pousou em Ostend como conde Luiskovo e foi conduzido até Moscou por um agente do serviço secreto. Em Moscou, alguns meses depois, foi preso em flagrante tentando assassinar e mutilar uma mulher chamada Vogak e, finalmente, foi enviado a um hospício, onde morreu em 1908.
>
> Após Levitski e a mulher Winberg retornarem à Rússia, a Polícia Secreta achou mais sábio suprimi-los e eles foram exilados em Yajutsk. Tais são os fatos reais do "Mistério de Jack, o Estripador", que ainda confundem o mundo.

A sentença inicial — afirmando que a polícia se divertira muito, pois já conhecia os detalhes da descoberta de Nideroest — claramente não é verdadeira. Se já soubesse, por que a Okhrana teria pedido informações sobre um homem que fora levado até Moscou por um agente do serviço secreto e, alguns meses mais tarde, preso tentando matar e mutilar uma mulher? A questão pode ser apresentada de maneira ainda mais simples: por que a polícia secreta czarista não pôde encontrar e chegou mesmo a duvidar da existência de um de seus próprios homens, quando a polícia secreta do governo revolucionário que a depôs foi capaz de fazê-lo e até mesmo de contar o quanto seus predecessores haviam se "divertido" com o incidente? A resposta que imediatamente vem à mente é que a polícia revolucionária estava desacreditando sua predecessora tanto quanto possível e até mesmo forjando evidências adicionais. Na verdade, Le Queux era o perfeito "bode expiatório, assim como propagandista do novo regime".

A veracidade dos documentos de Rasputin gera dúvidas em várias instâncias. Eles foram escritos em francês, língua na qual Rasputin, de acordo com o príncipe Belloselski, "certamente não era fluente o suficiente [...] para ditar a narrativa. Se a tivesse ditado, teria sido em russo". Uma vez que as dúvidas se instalam, elas se transformam em quase certeza de que os documentos são falsos, particularmente depois que A. T. Vassilyev, chefe da polícia czarista, declarou em seu livro *The Ochrana* [A Okhrana] que os alojamentos de Rasputin foram vasculhados imediatamente após sua morte em busca de documentos comprometedores e nenhum foi encontrado. Isso não significa que Le Queux não tenha recebido documentos do governo Kerensky. De fato, o recebimento é confirmado por uma fonte independente, C. W. Shepherd, que em suas memórias Le Queux descreve como editor do Sindicato dos Jornais do Norte. São de autoria de "Shep" três dos livros assinados por Le Queux e ele achou muito engraçado quando o editor escreveu, após o recebimento de um dos manuscritos: "Vejo que a velha mão não perdeu sua astúcia." Quando perguntei se já vira os documentos de Rasputin, ele respondeu que, certa vez, fizera uma visita rápida a St. Leonards ou Hastings, onde Le Queux então morava (ele não se lembrava da data), e, enquanto estava lá, Le Queux indicara os documentos. Ele me disse: "Eles estavam em um envelope imenso, selados e cobertos de sinais e códigos de todo o tipo." Infelizmente, Le Queux nunca o abriu em sua presença.

A única razão para Le Queux ter recebido esses documentos, segundo o príncipe Belloselski, era ajudar "a mostrar o governo tsarista sob a pior luz possível. De fato, provavelmente o único objetivo de Kerensky ao entregar esses documentos a Le Queux foi propaganda".

Le Queux deve ter percebido que estava sendo usado. Embora ganhasse muito dinheiro, também gastava muito e tinha de passar grande parte de seu tempo no exterior, a fim de evitar os credores. Estava constantemente sem dinheiro e, mesmo assim, com essa nova evidência a sua frente, não se referiu a ela em nenhum momento da biografia de Rasputin, escolhendo esperar cinco anos antes de apresentá-la como uma espécie de nota de rodapé em sua autobiografia. Sua única explicação para essa surpreendente decisão é a pobre desculpa de que só recentemente descobrira que um médico chamado Pedachenko de fato vivera em Tver.

É de se duvidar, assim como os documentos de Rasputin. As fontes russas se resumem a uma coleção de documentos que só passaram a existir depois de 1906, pelo menos dezoito anos após os assassinatos, e sua origem é um mentiroso conhecido, como se comprovou ser o caso de Nideroest em mais de uma ocasião.

Elas precisam ser descartadas.

O único ponto ainda não discutido a respeito dessas fontes é a possível razão que a polícia secreta russa poderia ter para enviar Pedachenko à Inglaterra a fim de cometer os assassinatos. Alegadamente, era para demonstrar os defeitos do sistema policial inglês. Contudo, esse é um argumento tão despropositado que não pode ser levado a sério. McCormick sugere, de maneira ligeiramente mais plausível, que Pedachenko estava sendo usado como *agente provocador*, a fim de desacreditar os anarquistas que usavam a Inglaterra como base para seus ataques ao regime tsarista. Ele afirma que Nideroest era um agente de contraespionagem e que esse era seu papel quando ajudou seu colega, o líder anarquista Peter, o Pintor (Peter Piatkow), a fugir da casa na Sidney Street, o que foi feito com a conivência da polícia inglesa. Isso sugere, ridiculamente, que a polícia inglesa consentiu com a instigação do roubo de joias por anarquistas letões que levou ao assassinato de três de seus colegas — um dos piores crimes da história policial inglesa — e então permitiu que seu real arquiteto escapasse, deixando dois homens morrerem durante o cerco. O principal argumento contra essa teoria é que anarquistas e outros estrangeiros não eram extraditados para seus próprios países, mesmo quando eram implicados em complôs. Da gangue da Sidney Street, oito foram julgados por assassinato e, com uma exceção — e a sentença foi anulada durante a apelação —, todos foram inocentados. Nenhum deles foi expulso e, no caso da mulher julgada culpada, o júri solicitou especificamente ao juiz que não fosse deportada. Para sublinhar esse ponto, um dos envolvidos, o único que não era anarquista, foi enviado de volta para a Rússia, em 1917, como delegado bolchevique em Londres; depois da Revolução de Outubro, ele se tornou vice-líder da Cheka. Fazia parte da política inglesa tolerar refugiados políticos, incluindo nomes como Lenin, Litvinov e, durante um período muito curto em 1907, para um conclave bolchevique, Stalin.

Nenhum deles foi expulso como indesejável e, contudo, Nideroest o foi. Esse fato está diretamente no caminho da teoria de McCormick: Nideroest foi preso e expulso do país em 1915.

Fonte inglesa: McCormick cita uma entrada do diário do dr. Dutton em 1924.

Outra teoria sobre o Estripador. Dessa vez, por William Le Queux em *Things I Know* [Coisas que sei]. É uma pena que ele não tenha seguido essa pista útil. Ao não fazê-lo e aceitar o manuscrito de Rasputin por seu valor de face, tudo que fez foi se transformar em um tolo. Exames posteriores poderiam ter mostrado que Pedachenko era sósia de Klosowski. O fato de que Pedachenko era médico em um hospital russo é irrelevante. O que Le Queux deveria ter descoberto é que Pedachenko trabalhou como barbeiro-cirurgião para um barbeiro chamado Delhaye na Westmoreland Road, Walworth, em 1888.

McCormick descobriu que o barbeiro descrito por Dutton de fato existira, mas isto, no fim das contas, pouco significa. Ele não produziu nenhuma evidência da existência de Pedachenko. A fonte do dr. Dutton para sua história foi certo dr. J. F. Williams, que lhe disse que um barbeiro-cirurgião russo o auxiliava ocasionalmente na Enfermaria St. Saviour, sem receber pagamento. O dr. Williams acreditava que Pedachenko trabalhava como barbeiro-cirurgião em vários estabelecimentos ao sul de Londres e que "removia verrugas e tratava doenças de pele" — o que é exatamente o que se esperava de um *feldscher*.

Dutton também cita o testemunho privado, novamente sem corroboração, de Wolff Levisohn, uma das testemunhas de acusação durante o julgamento de Chapman. Ele conhecera Chapman quando trabalhava na High Street, Whitechapel, em 1888. Na época, Levisohn conhecia Chapman como Ludwig Zagowski. Eles se encontraram de tempos em tempos até 1890. Durante o julgamento de Chapman, Levisohn fez uma das mais prejudiciais, e até agora não citadas, declarações contra toda a teoria Chapman/Estripador: "Falei com o acusado sobre medicamentos e ele me perguntou se eu poderia conseguir um em especial, mas eu disse que não, não queria pegar doze anos de prisão." O que ele queria dizer com isso? De tal observação, a única inferência possível é que Chapman estava pedindo algum tipo de veneno. Não seriam drogas, pois elas não eram um crime na época. Como foi feito antes de 1890, esse pedido representa um forte argumento a favor de Chapman ter mantido consistentemente o mesmo método durante toda a sua carreira como assassino. Também nos faz perguntar se conseguiu a tal substância em algum outro lugar e, se o fez, quem era sua vítima. Terá havido um homicídio sobre o qual nada sabemos? Certamente, tal consistência de método é muito mais provável que a teoria de que mudou de natureza — de sádico frenético com uma faca a envenenador frio e calculista.

Levisohn viu Chapman novamente em 1894 ou 1895, quando o último trabalhava em Tottenham, e então o perdeu de vista até 1903, quando foi julgado. De acordo com Dutton, todavia, na época dos assassinatos de Whitechapel, Levisohn disse a Abberline que "ele deveria procurar por um russo que vivia em algum lugar de Walworth, praticava medicina ilegal e trabalhava em barbearias extirpando verrugas e pintas". Isso coincide com a história do dr. William. Aparentemente, havia certa semelhança entre Pedachenko e Chapman, tanto que, de acordo com Dutton, "durante muito tempo, Abberline achou que Pedachenko e Klosowski eram a mesma pessoa". As evidências sugerem que de fato o eram. Não sabemos quando Chapman pediu a Levisohn para conseguir o veneno, mas, se foi no início de seu relacionamento e se Chapman se mostrou confiante e displicente o bastante para fazer o pedido (como as evidências apresentadas durante o julgamento mostraram que era), isso teria sido suficiente para que Levisohn avisasse Abberline. Sim, o nome que forneceu era "Ludwig Zagowski", mas é possível que — sendo vendedor ambulante de produtos para barbearias — tenha descoberto que Chapman trabalhava sob esse pseudônimo na Walworth Road.

Para resumir, a evidência fornecida pelas fontes inglesas sugere que Pedachenko e Chapman eram a mesma pessoa, e não dois indivíduos, como sustenta o dr. Dutton — de fato, ele é a única pessoa que tenta separá-los. Como diz McCormick, "a sugestão de Dutton de que 'Klosowski' posava como seu sósia, com a implicação de que o último era Pedachenko, não é seguida de nenhuma explicação". O que Dutton fez foi borrar algumas das evidências referentes a Chapman e relacioná-las à história de Nideroest e a documentos que só passaram a existir quase vinte anos após os homicídios, possivelmente mais. É significativo, com certeza, que a referência a Pedachenko só tenha entrado em seu diário em 1923, ano seguinte à publicação de *Things I Know* [Coisas que sei], de Le Queux.

O livro de McCormick é muito agradável de ler, mas praticamente inútil como ferramenta de pesquisa. Infelizmente, desde sua primeira publicação, em 1959, tornou-se cada vez mais desacreditado. As fontes não podem ser conferidas, vários diálogos foram inventados e os fatos apresentados não são confiáveis.

Neill Cream

O dr. Neill Cream foi outro assassino famoso sugerido como identidade real de Jack, o Estripador. Sua atribulada carreira de incêndios criminosos, chantagens, abortos e homicídios chegou ao fim em 1892, quando foi julgado culpado do assassinato de quatro prostitutas londrinas, que conhecera nos bairros de Walworth e Lambeth, envenenadas com estricnina (o que o levou a ser chamado de Envenenador de Lambeth). Mais tarde, o carrasco teria jurado que, no cadafalso, logo antes de o alçapão se abrir, ele gritara "Sou Jack, o...". O que torna o incidente duvidoso é que, entre os presentes, em caráter oficial, estava o novo comissário de polícia da City de Londres, Henry Smith, que muitos anos depois afirmou em sua autobiografia que ninguém sabia mais que ele sobre o caso do Estripador. Smith, como se deve lembrar, entrara várias vezes em conflito com Warren sobre a condução do caso. O fato de não mencionar esse incidente certamente é significativo.

Muito mais prejudicial para as alegações de Cream, contudo, é o fato de que, entre novembro de 1881 e julho de 1891, ele cumpriu prisão perpétua por assassinato na Penitenciária Estadual de Illinois, em Joliet, Estados Unidos.

Donald Bell sugeriu uma nova teoria Cream/Estripador em seu artigo intitulado "Jack the Ripper — The Final Solution?" ["Jack, o Estripador — A solução final?"], publicado na revista *The Criminologist* (vol. 9, n. 33, 1974).

Bell indica que o crime organizado e a corrupção floresciam na Chicago dos anos 1880 e que Cream pode ter calcado seu caminho para fora da prisão por meio de suborno ou escapado. Em corroboração, um importante especialista em grafologia, Derek Davis, afirma que a caligrafia de Cream combina com a caligrafia de duas das cartas do Estripador.

Entretanto, evidências fornecidas pelo governador de Illinois, pelo promotor que trabalhou no caso, pelos jornais da época, pelos familiares de Cream e pelo próprio provam que ele só foi liberado em 1891.

Evidências posteriores de seu contínuo encarceramento são encontradas em uma petição enviada pelos advogados de Cream ao ministro do Interior enquanto ele estava na Prisão Newgate, logo antes de sua execução, em 15 de novembro de 1892. A petição incluía uma declaração juramentada de Thomas Davidson, contador e guarda-livros do escritório John Ross & Co., Quebec. Ele declarou:

> Como um dos executores do testamento do falecido William Cream, de Quebec, descobri, após sua morte [1887], que seu filho mais velho, dr. Thomas Neill Cream, cumpria sentença de prisão perpétua na Prisão Joliet, estado de Illinois, EUA, por cumplicidade em homicídio. Desejoso de me assegurar de sua culpa ou inocência, solicitei às autoridades conectadas a seu julgamento as provas sobre as quais sua condenação fora baseada e recebi tais evidências documentais, que me convenceram de sua inocência. Em função disso, exerci todas as influências legítimas de que era capaz para garantir sua libertação e enfim consegui meu intento no início do verão de 1891. Logo após ser liberado, ele veio me ver em Quebec. Durante nossa primeira entrevista, concluí que era inconfundivelmente insano e declarei minha convicção a seu irmão, Daniel Cream, em cuja casa ele estava hospedado.

A outra declaração relevante foi feita por Jessie Cream, cunhada de Cream, em cuja casa ele ficou hospedado após a libertação. Ela disse que Cream fora solto da Prisão Joliet em Illinois em ou por volta de 29 de julho de 1891. Ficara em sua casa até embarcar para a Inglaterra, em setembro.

Além dessas duas declarações juramentadas, há os fatos de que, em dezembro de 1890, Cream escreveu da prisão para a Pinkerton Detective Company of America pedindo que alguém fosse vê-lo e, em 12 de junho de 1891, sua sentença foi comutada para dezessete anos de prisão, o que, com pena reduzida por bom comportamento, significou sua soltura em 31 de julho de 1891. A data de seu perdão foi confirmada pelo *Daily News* de Joliet em 13 de junho de 1891.

A menos que esses fatos possam ser desacreditados — o que Donald Bell não faz —, suposições sobre caligrafia, aparência similar à dos outros suspeitos e uma miríade de outras vagas generalizações caem por terra, e Cream continua sendo "apenas" um envenenador, e não Jack, o Estripador.

Existe uma teoria adicional de que tinha um sósia e eles forneciam álibis um para o outro. No início da carreira de Cream, ele foi representado, durante uma acusação de bigamia, por Sir Edward Marshall Hall, que o aconselhou a se declarar culpado. Cream se recusou e afirmou que estivera preso na Austrália na época dos crimes. Sua descrição foi enviada à instituição penal de Sidney onde afirmara ter sido encarcerado e houve a confirmação de que um homem com sua descrição cumprira pena no período citado. Cream foi liberado, mas reconhecido por Marshall Hall durante seu julgamento por assassinato, muitos anos depois. A teoria de Marshall Hall, de acordo com seu biógrafo Edward Marjoribanks em *The Life of Sir Edward Marshall Hall* [A vida de Sir Edward Marshall Hall], era de que "Neill Cream tinha um sósia no submundo e eles usavam o mesmo nome e seus tempos de prisão a fim de criar álibis um para o outro".

Isso levou à sugestão de que, enquanto Cream cumpria a sentença de prisão perpétua nos Estados Unidos, seu sósia cometia os homicídios de Whitechapel. Como o sósia lhe fornecera um álibi para a acusação de bigamia, Cream teria tentado pagar a dívida gritando aquelas últimas e interrompidas palavras do cadafalso.

Duque de Clarence, Stephen, Gull e Sickert

Em 1970, o dr. Thomas Stowell causou sensação ao publicar, na revista *The Criminologist*, o artigo "The solution" com "a solução" para o mistério de Jack, o Estripador. Seus materiais de pesquisa aparentemente foram os documentos particulares de Sir William Gull, que fora médico da rainha

Vitória. Em seu artigo, Stowell se refere ao suspeito apenas como "S". Contudo, fornece pistas suficientes para indicar que se refere a S.A.R. o príncipe Albert Victor ("Eddy"), duque de Clarence, filho mais velho do futuro rei Eduardo VII. Quando lhe pediram para confirmar ou negar essa interpretação, Stowell se recusou a fazê-lo, aparentemente por não querer embaraçar a família real. Além disso, morreu alguns dias depois de publicar sua teoria e suas notas foram queimadas, sem serem lidas, por sua angustiada e enlutada família.

É difícil considerar seriamente Clarence como suspeito. De acordo com James Pope-Hennessy:

> Mesmo os que lhe eram mais próximos e devotados, e assim naturalmente inclinados a dizer o melhor do pobre príncipe Eddy, não conseguiam se obrigar a usar termos mais positivos. O príncipe Eddy certamente era querido e bom, gentil e atencioso. Também era retrógrado e profundamente letárgico. Era autoindulgente e impontual. Não recebera educação apropriada e, como resultado, não se interessava por nada. Era desatento e tão sem propósito quanto um brilhante peixinho dourado em um aquário de cristal.

Desde a infância, ele fora prejudicado por uma saúde frágil. Aos 24 anos, sofria de gota. Era atraente para as mulheres e preferia a licenciosidade ao trabalho. Por causa de seu longo pescoço — "como o de um cisne", como dizia a família —, era forçado a usar colarinhos engomados excessivamente altos, que deram origem ao apelido "Collars-and-cuffs" ["Colarinhos e punhos"]. Em carta ao pai de Clarence, o príncipe de Gales, visconde e general Wolseley, que liderara a fracassada tentativa de 1885 de resgatar o general Gordon, cercado em Cartum, e que mais tarde se tornaria comandante em chefe do Exército, afirmou que Clarence não gostava do Exército (ao qual se unira após deixar a universidade), que era imaturo para a idade e que seu cérebro e poderes de raciocínio podiam ser descritos como de lento amadurecimento — o que foi qualificado na mesma carta com um acrescimo: "Alguns de nossos melhores e mais hábeis homens amadureceram mentalmente com extrema lentidão." Ele tinha 27 anos e morreria no ano seguinte.

Felizmente, foi possível confirmar com outras fontes que Stowell de fato se referia a Clarence, como se supunha. Ele discutira sua teoria com várias outras pessoas, entre elas o autor Colin Wilson, que o conhecera em 1960, enquanto escrevia uma série de artigos para o *Evening Standard*, de Londres, chamada "My Search for Jack the Ripper" ["Minha busca por Jack, o Estripador"]. Essa pesquisa forneceu parte do material para seu magistral romance *Ritual in the Dark* [Ritual na escuridão]. Stowell convidou Wilson para almoçar e, durante a conversa, tornou-se claro que achava ter chegado às mesmas conclusões sobre a identidade do Estripador. Na verdade, as "pistas" nos artigos de Wilson, às quais Stowell dera tanta importância, eram citações dos jornais da época, que Stowell facilmente poderia ter descoberto por si mesmo. Essa ilustração da negligência de sua pesquisa explica, até certo ponto, os muitos erros que cometeu — negligência que pode ser atribuída à idade, pois ele já estava com 70 anos. Wilson o achou amigável e agradável e, durante muito tempo, pensou que ele fosse cirurgião, como se apresentara inicialmente, embora tenha se perguntado, pela maneira como suas mãos tremiam ao cortar a carne, até quando Stowell conseguiria continuar operando.

A maior descoberta de Stowell, ou como ele assim alegava, era o fato de que Clarence não morrera durante a grande epidemia de gripe de 1892, como afirmavam os livros de história, mas sim em uma instituição privada de saúde mental perto de Sandringham, de "amolecimento do cérebro" causado pela sífilis. Se fosse verdadeira, essa informação não poderia ter vindo dos documentos particulares de Sir William Gull, que morrera em 1890, aos 73 anos, dois anos *antes* de Clarence. Presumivelmente, então, veio de alguma outra fonte. É lamentável, em vista da natureza surpreendente da alegação, que não tenha sido identificada.

Stowell frequentemente erra em detalhes pequenos, mas importantes. Ele, por exemplo, diz que "S" foi forçado a desistir de seu posto quando tinha 24 anos (o que Clarence jamais fez) logo depois da invasão de um bordel masculino na Cleveland Street, que fornecia diversão a homossexuais abastados pertencentes à aristocracia. Clarence geralmente é considerado um dos clientes porque um dos envolvidos era seu cavalariço pessoal, que foi forçado a fugir do país para evitar as acusações. Na publicidade que inevitavelmente se seguiu a essas revelações, uma nota difamatória em um jornal afirmou que, entre os envolvidos, mas não nomeados, estava "o mais poderoso do país", o que sempre foi tomado como referência direta a Clarence, mas, novamente, sem provas.

Se Clarence era ou não homossexual, isto permanece polêmico. Como diz Michael Harrison em sua biografia *Clarence*, "a destruição da correspondência de Eddy e o discreto silêncio a respeito de suas atividades privadas tornaram muito difícil a tarefa de avaliar sua personalidade". Sua homossexualidade permanece "não comprovada", assim como, sem o benefício dos documentos de Sir William Gull, a altamente prejudicial alegação de Stowell de que Clarence foi infectado pela sífilis em uma das festas litorâneas a que compareceu enquanto visitava as Índias Ocidentais. Stowell acreditava que, com o passar do tempo, a alegada sífilis o teria tornado insano e o levado a cometer os homicídios de Whitechapel.

Stowell alegou que a família real definitivamente sabia, após o segundo homicídio, e possivelmente mesmo após o primeiro, que Clarence era o assassino. Algumas horas após o "duplo evento" de 30 de setembro, continua ele, Clarence teria sido detido e enviado a uma instituição particular de saúde mental. Seus críticos rapidamente indicaram que Clarence estava caçando na Escócia nessas datas e também que, entre 3 e 12 de novembro, período durante o qual, segundo Stowell, teria escapado do hospício e cometido o homicídio de Miller's Court, ele estava em Sandringham, participando das comemorações do aniversário do pai. Claramente, se era insano como Stowell afirmava, e se foi internado de novo após Miller's Court, torna-se impossível explicar por que ou como, logo após as celebrações, foi enviado ao exterior como representante pessoal de seu pai na Dinamarca.

Stowell ressaltou a similaridade entre Clarence e alguns dos possíveis suspeitos descritos pelas testemunhas oculares, particularmente os que usavam chapéu de caçador, que Clarence teria utilizado como uma espécie de vestimenta ritual. Certamente, existe alarmante semelhança entre Druitt e Clarence. De fato, a semelhança entre eles é tão esmagadora que o argumento pode funcionar dos dois lados e favorecer tanto a teoria Druitt quanto a teoria Clarence. A habilidade de Clarence de eviscerar prostitutas, continua Stowell, poderia ter sido adquirida ao observar o preparo da carne de cervo (outra razão para usar chapéu de caçador), obtida enquanto caçava, o que, por sua vez, pode ter estimulado seus acessos psicopáticos.

No artigo de Stowell, as personalidades de "S" e Clarence caminham paralelas, duas luas pelo céu, ocasionalmente se sobrepondo o suficiente para mostrar que poderia haver um elo entre elas, mas se afastando quase imediatamente a fim de revelar as contradições internas de muitas das evidências. Stowell diz, por exemplo, que "S" se recuperara o bastante para partir em um cruzeiro de cinco meses, durante o qual fora acompanhado, em parte do tempo, por seus pais. Clarence de fato foi até Port Said com o príncipe e a princesa de Gales durante sua viagem à Índia em 1889. No ano seguinte, foi formalmente nomeado duque de Clarence e Avondale, mas, segundo Stowell, Sir William Gull, que o tratava, disse a seu pai que ele estava morrendo de sífilis no cérebro. Costuma-se reconhecer que a paralisia surge entre quinze e vinte anos após a infecção, com os sintomas se manifestando durante dois ou três anos antes da morte. Obviamente, não existe uma escala temporal absoluta para a enfermidade; alguns venereologistas afirmam que a paralisia pode surgir no mínimo dez anos após a infecção, com a regra geral sendo quinze anos. Clarence foi vítima da grande epidemia de gripe que varreu a Europa em 1892 e morreu de pneumonia em 14 de janeiro daquele ano, aos 28 anos. Se tivesse contraído sífilis nas Índias Ocidentais em 1879 e morrido como resultado em 1892 (e não há evidência de que o tenha feito), a teoria de Stowell poderia ser possível — por uma estreita margem.

É flagrante que as evidências para supor que Clarence era o Estripador são tênues. Contudo, ele desempenha papel igualmente proeminente em ao menos duas outras teorias. A primeira foi aventada na biografia escrita por Michael Harrison, que examinou a questão sobre se ele era ou não Jack, o Estripador. Harrison concluiu que não, mas se convenceu de que o Estripador era alguém próximo o bastante para ser confundido com ele. Suas pesquisas o convenceram de que o "S" de Stowell era seu tutor em Cambridge, James Kenneth Stephen, com quem acreditava que Clarence tivera um relacionamento homossexual, não necessariamente físico. Os assassinatos teriam sido cometidos por Stephen em razão de um distorcido desejo de vingança causado pelo fim gradual de seu relacionamento.

O pai de Stephen era Sir James Fitzjames Stephen, juiz lembrado atualmente por seus erros durante o julgamento de Maybrick em 1889 (veja página 261–262). Seus erros foram tão grosseiros que ele precisou de proteção policial contra o público ultrajado. Foi forçado a se aposentar em 1891 em função de uma progressiva enfermidade cerebral. Um ano após a aposentadoria, seu filho morreu em um hospício. A causa da morte, segundo o atestado de óbito, foi uma mania que durara dois meses e meio, recusa persistente de alimentação durante vinte dias e exaustão.

De acordo com um de seus contemporâneos, Stephen "acrescentara aos poderes e à força do intelecto do pai um gosto refinado pela erudição. Era mais que mero devorador de livros, tendo inclinação natural pela graça e pelo requinte da língua em prosa e verso". (Depois dessa passagem, não surpreende descobrir que suas primas eram Vanessa Bell e Virginia Woolf.) Em 1883, foi escolhido para ser tutor de Clarence em Cambridge, para onde o duque fora enviado por dois anos. A universidade era vista mais como uma espécie de escola de etiqueta do que um local para aprimorar sua mente, o que um ex-tutor certa vez descreveu como "anomalia dormente". De acordo com Harrison, houve um escândalo sexual de algum tipo entre tutor e pupilo, mas parece haver poucas evidências a respeito. A acusação parece se basear principalmente na interpretação de Harrison de uma velha canção de rúgbi, "They Called the Bastard Stephen" ["Eles chamavam o maldito de Stephen"], que ele acreditava se referir a Stephen e Clarence.

No fim de seu período em Cambridge, em 17 de junho de 1885, Clarence foi designado para o 10º Batalhão de Hussardos e o relacionamento com Stephen, qualquer que fosse, definhou gradativamente.

Dois anos depois, Stephen sofreu um acidente que resultou em sério dano cerebral. De acordo com Quentin Bell, a natureza do acidente não era conhecida, mas a tradição familiar afirmava que ele fora "atingido por algo lançado de um trem em movimento". Harrison, todavia, afirma que, enquanto Stephen cavalgava perto de Felixstowe, seu cavalo refugou e o jogou contra as pás em movimento de um moinho de vento. Após o tratamento, ele pareceu ter se recuperado perfeitamente bem. Somente muito mais tarde se percebeu que o cérebro fora danificado de forma permanente e que ele enlouquecia pouco a pouco.

Em sua biografia de Virginia Woolf, Quentin Bell afirma que:

> Um dia, ele subiu correndo as escadas até o quarto das crianças na Hyde Park Gate, n. 22, retirou a lâmina de sua bengala e a enfiou no pão. Em outra ocasião, arrastou Virginia [Woolf] e sua mãe até seu quarto em De Vere Gardens; Virginia deveria posar para ele. Decidira que era pintor — um gênio da pintura. Estava em estado de grande euforia e pintou como um possuído, o que de fato estava. Fora até Hyde Park Gate em uma charrete alugada — com a qual estivera vagando durante todo o dia, em um estado de insana agitação. Em outra ocasião ainda, apareceu durante o café da manhã e anunciou, como se fosse um incidente divertido, que os médicos haviam lhe dito que morreria ou ficaria completamente insano.

Harrison afirma que foi após seu trágico acidente que Stephen se tornou paciente de Sir William Gull. Isso aparentemente ocorreu depois de Gull ter sofrido seu primeiro derrame, em 1887. Na época de seu acidente, Stephen era professor universitário e advogado *barrister*, com perspectivas de uma excelente carreira. Depois do acidente, como Clarence, passou a carecer de concentração, vacilando entre um e outro interesse, mas com momentos de lucidez. Ele disse ao pai que pretendia ser literato profissional e publicou um jornal semanal chamado *The Reflector*, cuja circulação durou algumas semanas até fechar por falta de apoio. Seu pai teve de quitar as dívidas. Possivelmente tentando refrear alguns de seus excessos, seu pai o nomeou escrevente de inquéritos no circuito South Wales, o que lhe daria alguma experiência prática da vida judicial. Na verdade, as enfermidades e ausências o impediram de cumprir seus deveres e, em 1890, ele pediu demissão. Em 1891, ainda em tratamento, lançou um panfleto defendendo o estudo compulsório de grego nas universidades e publicou dois pequenos volumes de poesia, *Lapsus Calami* e *Quo Musa Tendis*. Como indica Harrison em sua análise dos poemas, Stephen demonstra tanto seu emergente esnobismo quanto um ódio patológico pelas mulheres, chegando a sugerir em um deles que elas deveriam "desaparecer, mortas ou despedaçadas".

Mais tarde, no mesmo ano, foi internado em um hospício, onde permaneceu até o ano seguinte, 1892, quando morreu, em 3 de fevereiro.

Que evidências, então, apoiam a teoria de Harrison de que Stephen era o Estripador? Suas explicações são elaboradas, ingênuas e frequentemente engraçadas, mas não podem ser levadas a sério. Harrison argumenta que o inevitável fim do relacionamento homossexual que pode ter existido entre os dois despertou o ciúme de Stephen e o fez procurar maneiras de se vingar de Clarence. Mas por que o brutal assassinato de cinco prostitutas desconhecidas afetaria o herdeiro do trono? Harrison argumenta que Clarence pode ter sido pressionado pela família real a romper sua amizade com Stephen. Se assim o foi, Stephen poderia estar fazendo algum tipo de sacrifício de sangue.

> Há o fato de que a primeira (Smith) foi "oferecida" no Festival da Grande Mãe, uma divindade selvagem cujos templos eram servidos por sacerdotes castrados que, após a castração ritual, vestiam-se como mulheres. Também há o fato de que a décima e última "oferta" (Coles) foi feita em 13 de fevereiro, os Idos de Fevereiro, dia do Festival Romano da Terminália, em homenagem a Término, padroeiro dos limites, fronteiras, tratados e *fins*. Era costumeiro, embora proibido pelo rei Numa Pompílio, que criara o festival, *oferecer sacrifícios de sangue* — usualmente um cordeiro ou leitão. A menos que seja uma incrível coincidência, o "sacrifício" que o erudito clássico Stephen ofereceu a Término na manhã de Idos de Fevereiro de 1891 portava um nome que a tornava distintamente adequada como vítima — Coles: do latim *coleus*, do grego κολεος, "bainha", que em latim é "vagina". Foi no mesmo ano que J. K. Stephen publicou seu excelente panfleto *Living Languages* [Línguas vivas], em defesa do estudo compulsório de grego nas universidades.

Outro dos argumentos de Harrison é que um dos poemas, chamado "Air; Kaphoozelum", sugere que quando Stephen o escreveu estava pensando nos versos desbocados que, tanto na época quanto hoje em dia, eram familiares a qualquer um que frequentasse bares ou praticasse esportes, e cujo refrão é:

> Hi ho, Kaphoozelum,
> Kaphoozelum, Kaphoozelum,
> Hi ho, Kaphoozelum, a meretriz de Jerusalém.

O vilão da música matou dez meretrizes e Harrison sugere que Stephen fez o mesmo — suas outras cinco vítimas sendo Emma Smith (que disse ter sido esfaqueada por cinco homens!), Alice McKenzie, Frances Coles, Mellett ou Davis (assassinada em 28/29 de dezembro de 1888) e Annie Farmer. Para que a aritmética dê certo, Stride e Eddowes são perversamente contadas como uma única vítima. Annie Farmer também é incluída quando, de fato, não foi assassinada. De acordo com o jornal *The Times* de 22 de novembro:

> Considerável agitação foi causada no East End na manhã de ontem pelo relato de que outra mulher fora brutalmente assassinada e mutilada em um cortiço na George Street, Spitalfields. Em consequência da reticência das autoridades policiais, muitos rumores se espalharam. Embora se tenha estabelecido rapidamente que nenhum homicídio fora cometido, afirmou-se que uma mulher da mesma classe a que as outras desafortunadas criaturas pertenciam teve sua garganta cortada e, durante algum tempo, o rebuliço na vizinhança foi intenso.
>
> Felizmente, a vítima dessa última ocorrência foi apenas ligeiramente ferida e se mostrou capaz de fornecer aos detetives uma descrição completa de seu atacante. Seu nome é Annie Farmer; ela tem cerca de 40 anos e é casada, mas, em função de seus hábitos dissolutos, está separada do marido. Na noite de segunda-feira, estava sem dinheiro e, sendo incapaz de obtê-lo, caminhou pelas ruas até cerca de 7h30. Nesse horário, na Commercial Street, começou a conversar com um homem que descreveu como tendo 36 anos, 1,70 metro e bigode escuro, trajando veste preta com botões diagonais e chapéu rígido de feltro. Ele pagou vários drinques, até que ela ficou parcialmente embriagada. Por sua sugestão, eles foram para o cortiço na George Street, n. 19, e pagaram ao encarregado 8 *pennies* por uma cama. Isso foi por volta das 8 horas e nada ocorreu que causasse alarme ou suspeita até as 9h30, quando se ouviram gritos vindos do quarto ocupado por Farmer. Alguns homens que estavam na cozinha correram para o primeiro andar e a encontraram descendo as escadas. Estava parcialmente vestida e sangrando em função de um ferimento na garganta. Quando lhe perguntaram o que acontecera, respondeu simplesmente "Foi ele", apontando para a porta que dava para a rua. Os homens correram para fora, mas não viram ninguém, exceto o encarregado de uma charrete.

A sequência foi publicada no dia seguinte.

> O homem que atacou Annie Farmer na manhã de quarta-feira ainda não foi capturado. Acredita-se que o ferimento na garganta de Farmer não tenha sido feito com um instrumento afiado e que a discussão entre os dois foi a respeito de dinheiro, pois, quando ela estava no distrito policial, algumas moedas foram encontradas em sua boca. As autoridades parecem acreditar que o homem não possui nenhuma conexão com os assassinatos recentes.

Claramente, a mulher inventou o ataque para desviar a atenção do roubo. Quando foi pega, tentou blefar e fingiu que fora atacada. O fato de que a polícia a levou para o distrito, e não para o hospital, sugere que os policiais sabiam exatamente o que estava tramando. Deviam saber, para surpreendê-la com as moedas na boca.

Mas o argumento mais sólido contra essa elaborada conjectura é o fato de que em nenhum momento Harrison faz uma comparação detalhada entre Stephen e o "S" de Stowell para ver se se tratava da mesma pessoa. Ele o fez com Clarence. Se tivesse feito o mesmo com Stephen, teria visto que não podiam ser o mesmo homem. Stephen jamais viajou em um cruzeiro ao redor do mundo e nunca teve posto no Exército, por exemplo.

Mesmo assim, Harrison insiste em que há poucas provas factuais e que o caso contra Stephen deve, consequentemente, basear-se em evidências internas.

Ele faz duas observações finais. Primeiro, de que há similaridade entre a caligrafia de Stephen e a encontrada em duas cartas enviadas pelo Estripador, as que começam dizendo "Do inferno" e "Caro chefe", que reproduz em seu livro. Ele encontrou uma admirável semelhança entre a letra "k" das cartas e a inicial "k" da assinatura de Stephen. A outra observação é que existe similaridade estilística entre a poesia de Stephen e os versos de algumas das cartas anônimas do Estripador. A principal objeção contra essas observações é o fato de que pouquíssima confiança pode ser depositada na comparação de caligrafias. A caligrafia do assassino alemão Peter Kürten, conhecido como o Estripador de Düsseldorf por causa da maneira como imitava seu notório predecessor, mudou completamente após cada assassinato, tanto que ele costumava mostrar à esposa as reproduções, publicadas nos jornais, das cartas anônimas que escrevia para a polícia, tão confiante estava de que ela jamais as reconheceria — e ela jamais o fez, o que parece negar a Harrison até mesmo o suporte dessa frágil escora.

A refutação final da análise grafológica de Harrison foi feita por Thomas J. Mann no jornal da Associação Mundial de Analistas de Documentos (*WADE Journal*, vol. 2, n. 1, junho de 1975), Chicago, Illinois. Mann acredita que somente a carta enviada a Lusk é genuína e sua análise extremamente detalhada é baseada nesta crença. Ela complementa a análise de C. M. Macleod (ver páginas 140-41).

Analisando primeiro a carta enviada a Lusk, Mann diz que os traços da caligrafia resultam do movimento dos dedos, fornecendo muito pouca liberdade, ao contrário dos movimentos do antebraço ou de todo o braço. É o tipo de movimento realizado por indivíduos semianalfabetos, sem habilidade com a caneta e para os quais escrever não é um processo familiar. Isso não prova que o autor vem de um ambiente educacional deficiente. A importante pergunta que se deve fazer é: trata-se da caligrafia disfarçada de uma pessoa culta ou da caligrafia natural de um semianalfabeto?

A caligrafia disfarçada deve ser criada lentamente, pois, com a velocidade, as idiossincrasias naturais do autor são reveladas. A única maneira de disfarçá-las é controlar os movimentos da caneta, escrevendo lentamente; mas, em si, essa ação produz sinais reveladores. Na carta para Lusk, há indicações de escrita incomumente lenta, mas muito mais sinais de velocidade normal e inconsciente. Mann acha que a carta foi escrita em velocidade menor que a normal, o que a grande pressão sobre a ponta da pena parece indicar. Tampouco há hesitações características de disfarce deliberado. Tudo considerado, as evidências não suportam a hipótese de caligrafia disfarçada, o que favorece a hipótese de um indivíduo semianalfabeto.

Uma das idiossincrasias do autor é o arco em sentido horário na haste descendente das letras. Uma haste normal seria no sentido anti-horário. Além disso, há numerosos borrões de tinta que dão à carta uma aparência suja. A maioria começa do lado esquerdo da carta, sugerindo que o autor pode ter mergulhado a pena na tinta no início de cada linha. Isso não se verifica em todas as linhas, mas sugere que um escritor mais experiente teria evitado esses borrões. Juntamente com as outras evidências, tais borrões indicam que o autor não era muito hábil com a pena, tampouco se preocupava com clareza e legibilidade, não estando concentrado no modo como escrevia.

Há outras indicações de semianalfabetismo. As palavras "tother" [*the other*, a outra], "prasarved" [*preserved*, preservada] e "Mishter" [*mister*, senhor], as duas últimas aparentemente erros fonéticos, possivelmente indicam um dialeto inglês. Mas, dado que "knif" [*knife*, faca] e "whil" [*a while*, um tempo] não são erros fonéticos, o autor deve ter recebido educação suficiente para saber que o "k" e o "h" silenciosos faziam parte das palavras. Mais interessante é a palavra "women" [mulheres], que deveria ser "woman" [mulher] — a menos, é claro, que ele se referisse ao duplo homicídio e, se assim o fosse, será que queria dizer "uma das mulheres"? A disposição da carta sugere treinamento em cadernos, mas a omissão da data e a inclusão da palavra "assinado" sugerem que não aprendeu direito suas lições.

Mann critica seriamente os argumentos de Harrison em favor da culpa de Stephen — especialmente sua pronta aceitação das "24 letras comprovadas" escritas pelo assassino. Isso é uma referência ao dr. Dutton de Donald McCormick, que afirmou que 24 letras possuíam o mesmo traçado. Mann comenta que em nenhum momento Dutton, McCormick e Harrison oferecem provas da similaridade entre duas letras, quanto mais 24.

Ele então faz suas próprias e detalhadas comparações — 26 ao todo — entre a carta enviada a Lusk e exemplares da caligrafia de Stephen antes e depois de 1888. A esmagadora conclusão é que as letras não batem e, se o autor da carta a Lusk realmente foi Jack, o Estripador, então J. K. Stephen não era ele.

Outro nome que frequentemente surge nessas teorias é o de Sir William Gull, que se tornou conhecido do público em 1871, quando tratou o príncipe de Gales, que sofria de febre tifoide. A rainha Vitória ficou tão grata por seus "grandes serviços" à Coroa que, no ano seguinte, o recompensou com os títulos de baronete e médico extraordinário da rainha, em adição a seu já existente título de médico ordinário do príncipe de Gales e da família real em geral.

Stowell diz que Gull foi visto mais de uma vez em Whitechapel nas noites dos homicídios e sugere que estava lá com o expresso propósito de se certificar de que o assassino era insano. Pergunto: quem o viu? Stowell cita os documentos do próprio Gull; devemos presumir, então, que o doutor viu a si mesmo? E, se "S" era insano e Gull o estava tratando, por que esperar em Whitechapel para pegá-lo, quando poderia fazer o mesmo, muito mais facilmente e com menos estardalhaço, em seu próprio consultório? É difícil acreditar que era necessário apanhar "S" durante um ato homicida para provar sua insanidade.

Stowell cita uma história sobre o médium R. J. Lees, um espiritualista que, de acordo com Fred Archer em seu livro *Ghost Detectives* [Detetives fantasmas], realizava sessões para a rainha Vitória. Aparentemente, Lees teve três visões de homicídios futuros. Na primeira ocasião, alegou ter visto o assassinato sendo cometido. Descreveu o assassino como vestindo um terno escuro de tweed e sobretudo claro, que usou para cobrir a camisa ensanguentada. Aparentemente, Lees ficou tão abalado pela experiência que viajou para o exterior — somente para tropeçar no assassino durante seu retorno, ao embarcar em uma carruagem para Londres, em Shepherd's Bush. Sua esposa, que estava com ele e aparentemente possuía um refrescante grau de ceticismo, apenas riu quando ele apontou o homem e disse que era Jack, o Estripador, assim como o policial que Lees tentou convencer a prendê-lo. Enquanto discutiam, o homem subiu em uma charrete e partiu.

Os policiais aparentemente levaram a história de Lees um pouco mais a sério quando, sem saber que haviam recebido uma carta ameaçando cortar as orelhas da próxima vítima, ele disse que tivera outra visão na qual orelhas eram mutiladas. Isso os convenceu de que seus poderes eram genuínos e lhe deram crédito quando ele contou sobre uma terceira visão, desta vez sobre a morte de Kelly. Depois que o corpo foi encontrado, a polícia supostamente o utilizou como cão de caça humano, em uma tentativa de rastrear a fuga do assassino de Miller's Court. Ele conduziu os policiais até uma casa elegante, no West End, pertencente a um médico famoso. Interrogada, a esposa do médico contou que ele sofria de "manias súbitas de infligir dor". Em certa ocasião, ela o flagrara torturando um gato e, em outra, espancando brutalmente o filho. Ela notara que as ausências do marido coincidiam com os assassinatos.

Interrogado, o médico admitiu súbitas perdas de memória. Ele encontrara manchas de sangue em sua camisa e, em outra ocasião, arranhões no rosto de cuja causa não se lembrava. Quando seu armário foi vasculhado, foram encontrados o terno de tweed e o sobretudo claro que Lees descrevera em sua primeira visão. O doutor sentiu ímpetos de se matar ao descobrir o que havia feito. Em vez disso, uma comissão de saúde mental foi especialmente organizada e o declarou insano; ele foi internado em um hospício, onde morreu muitos anos depois.

Há diversas versões dessa história, mas o contorno geral é o mesmo. Stowell especula se a casa para onde Lees se dirigiu seria a de Gull, na Brook Street, n. 74. Sua própria versão dessa história teria sido contada pela filha de Gull, que dissera que a mãe, na época dos assassinatos, fora sujeita à inquirição de um médium que fizera várias perguntas impertinentes. Sir William Gull, que descera as escadas enquanto ela era interrogada, admitira sofrer de perdas de memória desde o leve derrame que sofrera, em

1887, e que, ocasionalmente, descobrira sangue em suas camisas. Stowell especula se isso poderia ser uma tentativa deliberada de desviar a suspeita de Clarence, embora se possa pensar que isso seria levar o autossacrifício longe demais, especialmente quando havia toda a probabilidade de os homicídios continuarem a ocorrer.

Em termos médicos, o leve derrame sofrido por Gull em 1887 foi o primeiro ataque de uma paralisia severa. Embora ele tenha se recuperado, os efeitos foram sérios o bastante para impedi-lo de praticar medicina. Somado ao fato de que tinha 70 anos na época, isso certamente é suficiente para lançar dúvidas sobre a história de que estaria percorrendo Whitechapel na tentativa de capturar seu paciente. Existem suficientes evidências internas nessa história para mostrar que o médico em questão não poderia ser Gull. De acordo com Lees, a esposa se queixou de ter flagrado o marido espancando brutalmente o filho pequeno; nessa época, o filho de Gull era *barrister* e dificilmente poderia ser a criança mencionada. Finalmente, Gull não morreu em um hospício. Ele morreu em casa, em 29 de janeiro de 1890, após um terceiro derrame que o deixou incapacitado de falar.

Contudo, a despeito dessas dúvidas, Gull desempenhou papel ainda mais sinistro na história contada por Joseph Sickert, que afirmava ser filho biológico do artista vitoriano Walter Sickert, mas cujo nome real era Gorman. Essa história foi contada publicamente pela primeira vez quando os crimes de Jack, o Estripador, foram investigados pelos detetives fictícios Barlow e Watt na série da BBC *Jack the Ripper*. O programa, por sua vez, tornou-se o trampolim para o livro de Stephen Knight, *Jack the Ripper: The Final Solution* [Jack, o Estripador: A solução final].

Infelizmente, não era.

Knight e Sickert colaboraram no livro. Eles alegam que Walter Sickert estava profundamente implicado nos homicídios, embora tentem amenizar o golpe dizendo que provavelmente agira sob coação. Knight chega a sugerir que sua teoria resolve a ambiguidade do "S" de Stowell, letra que, segundo ele, representa "Sickert". O fato de os detalhes se conformarem ainda menos ao artista que ao príncipe empalidece diante da revelação de que havia não apenas um Jack, o Estripador, mas três! Os outros dois seriam Sir William Gull e um cocheiro chamado John Netley.

O motivo para os assassinatos seria o suposto casamento do duque de Clarence com uma católica romana. Não há provas de que tal casamento, ou qualquer outro, tenha ocorrido. Isso não impede Knight de alegar que Clarence era visitante regular do estúdio de Sickert na Cleveland Street, n. 15, e que, durante uma dessas visitas, conhecera e se apaixonara por Annie Elizabeth Crook, que trabalhava em uma tabacaria próxima.

Segundo a história, ela se tornou sua amante e, em seguida, esposa. Supostamente, o romance teve de ser mantido em segredo porque, com os sentimentos anticatólicos de então, o anúncio do casamento teria sacudido as próprias fundações do trono. Sickert e Mary Kelly provavelmente testemunharam a cerimônia. Uma filha, Alice Margaret, teria nascido em 18 de abril de 1885. Tal nascimento de fato ocorreu, mas é impossível provar se Clarence era ou não o pai; o nome paterno foi deixado em branco na certidão de nascimento.

Aparentemente, a felicidade do casal durou pouco. Novamente segundo a história, em abril de 1888 Clarence e Annie Crook foram levados da Cleveland Street por oficiais do governo. Sickert estava voltando ao estúdio e testemunhou o sequestro. Eles foram levados em carruagens separadas e jamais se viram novamente. Annie ficou detida durante quatro meses no Guy's Hospital, onde foi operada por Sir William Gull, que destruiu sua memória de maneira diabólica. Jamais foi a mesma novamente. Passou o resto da vida entrando e saindo de abrigos e outras instituições, até morrer em 1920.

Entrementes, de volta a 1888, Mary Kelly, sabendo que, como testemunha do casamento, poderia estar em perigo, escondeu-se no East End. Lá, associou-se a Nichols, Chapman e Stride e, com sua ajuda, tentou chantagear as autoridades em troca de seu silêncio. O plano deu errado e Sir William Gull foi encarregado da extraordinária tarefa de silenciá-las. Seus improváveis cúmplices, de acordo com as alegações de Knight, foram a rainha Vitória, o primeiro-ministro lorde Salisbury, os maçons, Sir Charles Warren e Sir Robert Anderson, o inspetor Abberline e uma série de outros personagens menores. Deixamos alguém de fora? Acho que não. Até mesmo Oscar Wilde é mencionado.

Usando os mesmos fatos fornecidos a Simon Wood e a mim mesmo por Alan Neate, ex-curador de registros do Gabinete de Registros da Grande Londres, é assombroso ver quão seletivo foi Knight com seu material. Os documentos em questão se relacionam à família Crook — Sarah, Annie e Alice. Vistos no contexto adequado, fazem surgir um retrato totalmente diferente da família. Vale a pena entrarmos em detalhes, uma vez que muito pouco desse material foi publicado. O mais surpreendente, na história de Knight, é a omissão de Sarah Ann Crook, mãe de Annie e avó de Alice. Ela nem sequer é mencionada; entretanto, a maior parte do material fornecido por Alan Neate se relaciona a ela.

Ela nasceu em 31 de agosto de 1838, de acordo com os registros da Lei dos Pobres (Poor Law), na Great Marylebone Street, n. 22. Não sabemos seu nome de solteira, somente que seus pais nasceram em Berwick-upon--Tweed. Também havia uma irmã vivendo na Carlisle Street, n. 8, Soho Square, em 1895. Sarah tinha 24 anos quando teve uma filha, Annie Elizabeth Crook. A criança não era a heroína rústica da imaginação de Knight. Ele escreveu: "Ela era descendente de escoceses e abriu seu caminho até Londres vinda de um vilarejo em Midlands; sua imaginação grosseira estava excitada por visões de fortuna na cidade grande." A verdade é que Annie Crook nasceu no norte de Londres em 10 de outubro de 1862; seu local de nascimento é registrado ora como Enfermaria St. Marylebone, ora como Enfermaria St. Pancras. Mesmo que tivesse nascido em Berwick, não seria descendente de escoceses, pois Berwick era a cidade mais setentrional da Inglaterra desde 1462, última vez que fora disputada com os escoceses. Não se sabe se mãe ou filha alguma vez se afastaram muito dos distritos adjacentes de St. Marylebone, St. Pancras e Holborn. De acordo com uma deposição do Conselho de Guardiões datada de 18 de dezembro de 1913,

Sarah estava legalmente estabelecida na paróquia de St. James Westminster, onde vivera na Portland Street (agora D'Arblay Street), n. 18, além de na Carnaby Street e em diversas outras durante quase quatorze anos, até 1902. Quando a deposição foi feita, Sarah vivia no Tooting Bec Hospital.

O sobrenome Crook pertencia a William Crook, com quem Sarah teria se casado (existem evidências conflitantes a respeito) em 1863, um ano depois do nascimento de Annie. Não sabemos se a criança era ilegítima, filha de William ou de outro homem. Tampouco sabemos se ele era o pai da segunda filha de Sarah, a respeito da qual conhecemos muito pouco.

William Crook é listado variadamente como sendo montador de armários, montador de pianos e polidor francês. Em 13 de maio de 1882, marido e mulher foram declarados indigentes. Receberam ajuda do Gabinete de Auxílio de St. Pancras na forma de pão e carne no valor de 1 xelim e 5 *pennies*. Seus endereços anteriores foram Francis Street, n. 24, durante sete meses; Howland Street, durante três meses; e outros na Saville Street, St. Marylebone, na Hanson Street e na Whitfield Street. Como Sarah sofria de epilepsia, ordenou-se que fosse admitida em um abrigo; alguém, contudo, escreveu no relatório do Gabinete de Auxílio: "Não compareceu." Além das referências específicas a seu estado de indigência, a epilepsia, piorando com a idade, provavelmente foi a razão de passar tanto tempo sem o marido em abrigos e enfermarias. Os mesmos argumentos se aplicam a Annie, que também era epilética, até que a hemiplegia (paralisia de um dos lados do corpo) a levou ao internamento contínuo a partir de 1903. A probabilidade de a epilepsia ter sido herdada é uma explicação muito mais pragmática que a sugestão de Knight de que foi induzida por uma cirurgia cerebral conduzida por Sir William Gull.

Em 5 de junho de 1891, os acessos de Sarah e sua indigência fizeram com que a polícia a levasse ao Gabinete de Auxílio. Ela ganhava dinheiro como faxineira, assim como Annie, então com 18 anos. Sarah e William viviam em Upper Rathbone Place, n. 16. Seis meses depois, William aparentemente morava com a segunda filha de Sarah, agora sra. Jackson, na

Phoenix Street, n. 9, e a própria Sarah na Great George Street, n. 21. William morreu na Enfermaria St. Pancras em 4 de dezembro de 1891, aos 61 anos. A causa da morte foi declarada como "obstrução da próstata; cistite em decorrência da doença de Bright [insuficiência renal crônica]".

Em 12 de outubro de 1895, Sarah foi admitida no Abrigo St. Pancras por causas declaradas como histeria e álcool. Um mês depois, estava no Abrigo Poland Street, tendo passado as duas últimas noites na rua. Tinha 57 anos. Forneceu seus endereços anteriores como Pancras Street (agora Capper Street), n. 11, durante três semanas; Carnaby Street, n. 23, durante dez meses; e Devonshire Street (agora Boswell Street), Holborn, durante seis meses.

Annie Crook emerge nesse mundo crepuscular quando sua filha Alice, neta de Sarah, nasce em 18 de abril de 1885. Como vimos, o espaço para o nome do pai foi deixado em branco na certidão de nascimento. O argumento de Knight é de que o pai era Clarence. Entretanto, muitas outras questões são suscitadas pela certidão de casamento de Alice — ela se casou em julho de 1918, aos 31 anos —, no qual seu pai é mencionado como "William Crook (falecido) — trabalhador geral". Duas questões vêm imediatamente à mente: teria isso sido feito para esconder o estigma de sua ilegitimidade ou haveria um relacionamento incestuoso entre sua mãe e seu avô? Se houve tal relacionamento, ele pode não ter sido necessariamente incestuoso, uma vez que, em certo documento, diz-se que William Crook só se casou com Sarah um ano após o nascimento de Annie e pode não ter sido seu pai. De qualquer modo, a certidão de casamento representa um golpe fatal na teoria Clarence.

Em 22 de janeiro de 1889, apenas dois meses após o assassinato de Kelly, Annie e Alice, então com 4 anos, foram consideradas indigentes e levadas ao Abrigo Endell Street. Seu último endereço foi na Pitt Street (mais tarde renomeada Scala Street), n. 9, Tottenham Court Road. Elas partiram na manhã seguinte, antes da visita do assistente do Gabinete de Auxílio. Vale notar, como refutação à teoria de Knight, que não houve tentativa de esconder a partida ou qualquer esforço para detê-las, embora devamos acreditar que, nesse momento particular, estavam sendo caçadas por John Netley, o cocheiro maluco de Sir William Gull.

Para sermos justos com Knight, é válido acrescentar que ele sugeriu a Alan Neate que Annie poderia ter utilizado os sobrenomes Maitland ou Macklin, o que indicaria encobrimento, mas isso durante os 156 dias em que supostamente esteve no Guy's Hospital, após ser sequestrada.

Um nome que Annie definitivamente utilizou foi Greenwood (ou, como alternativa, Greenaud). Em 8 de dezembro de 1895, sua mãe Sarah foi levada do distrito policial da Bow Street até a Enfermaria Bear Yard, pois sofrera uma série de ataques epiléticos agravados pela bebida. Seus familiares foram listados como uma irmã, vivendo na Soho Square, e Annie Crook ou Greenwood, vivendo na Wild Road, n. 91, e depois na Stephen Street, n. 1, Tottenham Court Road. Isso sugere casamento ou um relacionamento estável — quase certamente o último, pois ela abandonou o sobrenome dois anos depois. Em 19 de maio de 1897, Sarah foi levada ao Charing Cross Hospital com um ferimento no escalpo. Fora encontrada pela polícia em Dials (supostamente Seven Dials) e provavelmente se ferira durante uma queda causada pela epilepsia ou pela bebida. O endereço que Annie forneceu na ocasião foi como sra. Greenwood, quarto 91, Sardinia Dwellings, Drury Lane. Dez dias depois, quando Sarah estava no Abrigo Poland Street por não ter residência fixa e não poder caminhar em função dos pés feridos, o endereço de Annie foi apagado, assim como o sobrenome Greenwood; no lugar do endereço, escreveu-se Ward 25, Westminster Union (o termo "Ward", neste contexto, significa um distrito do bairro, não uma ala hospitalar), e Greenwood foi substituído por Crook. Sarah ficou cinco dias no Abrigo Poland Street; uma nota em seu formulário explica: "Enviada para Cleveland Street algumas semanas atrás, mas partiu por não gostar da comida."

Em 29 de abril de 1894, Alice, então com 9 anos, passou um dia no Abrigo Endell Street por ser indigente e pelo fato de sua mãe estar encarcerada (não sabemos por que ou por quanto tempo). Foi enviada para "Northaw", um estabelecimento que não pode ser identificado com certeza, mas que possivelmente era uma casa de caridade chamada "Casa de Convalescença para Crianças Indigentes da sra. Kidston".

Oito anos depois, em 26 de agosto de 1902, Alice, então com 17 anos, pediu auxílio à paróquia de St. Pancras (Ward, n. 7). Ela contraíra sarampo e o formulário também observa que era "surda como uma pedra". Esse era um problema permanente, embora não saibamos se nascera assim ou se a surdez fora resultado de uma enfermidade durante a infância. Ela recebeu carne no valor de 1 xelim e leite no valor de 6 *pennies*. O campo "ocupação" foi deixado em branco, embora ela possivelmente fosse faxineira como a mãe e a avó. Uma nota afirma que a avó (então com 64 anos) alimentava as três. Na época, elas viviam juntas em Pancras Street (mais tarde renomeada Capper Street), n. 5, Tottenham Court Road. Dividiam um quarto cujo aluguel, no valor de 3 xelins por semana, era pago por um amigo (Greenwood?). Naquele momento específico, deviam quatro semanas de aluguel. Não há sugestão de Sickert sustentar a garota.

Seis meses depois, ainda estavam no mesmo endereço. Annie parecia ser a única trabalhando, como ajudante ocasional na Crosse & Blackwell. O aluguel estava cinco semanas atrasado. Em 7 de fevereiro de 1903, sua epilepsia se agravara tanto (presumivelmente, sofria acessos) que a polícia foi chamada e, por sua vez, mandou buscar um médico às 2h30. Ela foi admitida no Abrigo St. Pancras. Em 28 de outubro, preencheu um formulário solicitando auxílio, mas parecia tão doente que foi enviada de volta a Pancras Street e ordenada a esperar o veículo do abrigo naquela noite.

Embora haja apenas um intervalo de três meses (veja tabela nas páginas 256-57) e interrupção dos registros durante sete anos (os registros da Enfermaria Hendon — agora Colindale Hospital — foram perdidos), parece quase certo que o restante da vida de Annie se passou em abrigos e enfermarias. Seu registro de admissão em 15 de novembro de 1904 menciona paralisia. Sua certidão de óbito, em 1920, menciona especificamente hemiplegia. Em termos médicos, é possível que um aneurisma tenha causado a epilepsia e, ao se romper, a paralisia de um dos lados do corpo. Outra explicação para a degeneração arterial é a sífilis, que pode ter contraído se alguma vez tentou ganhar dinheiro como prostituta, como tantas mulheres eram forçadas a fazer em circunstâncias similares (uma condenação por prostituição explicaria sua prisão em 1894). Qualquer que seja a razão, a paralisia parcial sugere certa mobilidade, o que pode ter levado à alta temporária em 7 de agosto de 1906. Claramente, houve deterioração. Três meses depois, ela foi readmitida no hospital, ao qual em razão de condições de saúde cada vez piores a confinaram pelo resto da vida. Alice foi admitida no Abrigo Poland Street em 11 de outubro de 1905. A causa de seu sofrimento foi listada como surdez e pé torto. Oito anos depois, quando foi admitida, juntamente com a avó, no Abrigo Endell Street, ambas foram descritas como carregadoras de mercado no estabelecimento dos senhores Deaton, em Covent Garden. Sarah tinha 75 anos. Morreu em 18 de novembro de 1916, no Caterham Mental Hospital.

Annie morreu quatro anos depois, na ala de observação de insanos do abrigo localizado na Fulham Road, n. 367, para onde fora enviada quatro dias antes, da Enfermaria Fulham Road (mais tarde, St. Stephen's Hospital).

Um prontuário datado de 12 de março de 1913 observa que Annie tinha "acessos de *amentia*. É epilética". A *amentia* é definida como ausência de intelecto, retardo mental. Sete anos depois, as notas sobre seus quatro últimos dias mostram que estava insana. Em 20 de fevereiro de 1920, foram feitas as seguintes observações: "Confusa; às vezes, barulhenta e hilária; em outras, quase em estupor; tem ilusões de estar sendo torturada; não se interessa pelo ambiente que a cerca."

O fim chegou em 23 de fevereiro de 1920: "Crise súbita de falha cardíaca, que levou à morte às 12h40." O parente mais próximo era uma filha, certa sra. Gorman, com endereço na Drummond Street, n. 195, Hampstead. Essa era Alice, que dois anos antes se casara com William Gorman, de 45 anos, defumador de peixes, e mãe de Joseph "Sickert" Gorman, a fonte da história de Knight.

Muito antes do fim do livro, começamos a nos perguntar repetidamente: "Onde estão as provas?" A resposta, é claro, é que não existe nenhuma. Ele construiu uma história habilidosa e a conta muito bem; mas, nos pontos em que os fatos podem ser conferidos, falha miseravelmente.

Comecemos com o estúdio de Sickert na Cleveland Street, n. 15. Não há evidências de que jamais tenha mantido um estúdio na Cleveland Street, embora possuísse um no mesmo número da Fitzroy Street, bem perto — mas somente após 1917. Knight cita extensos trechos de *Sickert, The Painter and his Circle* [*Sickert, o pintor e seu círculo*], de Marjorie Lilly, de onde suspeito que tenha retirado o número. Supostamente, quando Clarence e Annie Crook foram sequestrados ao mesmo tempo, em abril de 1888, "dois homens vestindo tweed marrom" foram até o estúdio e apanharam Clarence, enquanto "um homem gordo e uma mulher" foram até o porão de Annie no número 6 e a arrastaram, debatendo-se, até a rua. Então foram levados de carruagem em direções opostas. É uma bela peça de ficção. Os livros de endereços e listas de contribuintes da época mostram que tanto o número 15 quanto as residências vizinhas foram demolidos em 1887 para dar lugar a três estabelecimentos do Middlesex Hospital: o Instituto de Treinamento de Enfermeiras, o Colégio de Residência e a Escola Médica. Se o sequestro tivesse ocorrido em abril de 1888, haveria grande número de enfermeiras e trabalhadores surpresos, observando a cena.

Quanto à Cleveland Street, n. 6, a certidão de nascimento de Annie confirma que este era seu endereço ao nascer, em 1885. A loja no térreo pertencia a John Pugh, cabeleireiro, e o registro eleitoral mostra que James Hinton e Charles Horne também moravam no mesmo endereço. Annie não surge nos registros, uma vez que, na época, mulheres ainda não votavam. Knight argumenta que Annie ainda morava no mesmo endereço ao ser sequestrada, em abril de 1888. Ela deve ter vivido em outro lugar entre as duas datas, pois, durante esse período, os números 4 a 14 foram demolidos e substituídos por um bloco de apartamentos chamado Cleveland Residences. De acordo com a lista de contribuintes de 1888, havia uma Elizabeth Cook vivendo no porão do n. 6. De acordo com Knight, Joseph Sickert lhe disse que Crook frequentemente era chamada de Cook (não existe evidência disso nos arquivos do abrigo) e que esta era a informação pela qual ele procurava. Infelizmente para Knight, Elizabeth Cook ainda vivia lá em 1893 e, assim, é óbvio que as duas não são a mesma pessoa. Prova adicional de que Elizabeth Cook não era Annie Elizabeth Crook é o fato de que, quando Annie e Alice foram admitidas no Abrigo Endell Street, em 22 de janeiro de 1889, o último endereço fornecido foi "Pitt Street, n. 9, Tottenham Court Road".

Assim, seu sequestro tampouco poderia ter ocorrido.

O obstáculo seguinte é a alegação de que Annie Crook seria católica romana. Na verdade, todas as evidências indicam o desconfortável fato de que era protestante. Sua filha foi batizada na mesma fé e, ainda mais prejudicial, seus registros de admissão nos vários abrigos, enfermarias e hospitais afirmam o mesmo.

A única discrepância se relaciona não a ela, mas sim a Alice. Quando se casou na Capela St. Aloysius, de St. Pancras, em 1918, a cerimônia foi "de acordo com os ritos e cerimônias dos católicos romanos", o que sugere que, se Alice não se converteu, ao menos adotou a fé do marido para a cerimônia. Mas, mesmo supondo que Annie fosse católica, não haveria razão para a assim chamada "ameaça" ao trono ser anulada de maneira tão sangrenta. O Ato de Casamentos Reais estava — e ainda está — operante. Qualquer casamento entre Clarence e ela poderia ter sido considerado ilegal não apenas porque Clarence tinha menos de 25 anos, mas também porque se casara sem o consentimento da rainha. O ato foi especificamente designado por Jorge III para impedir que seus filhos fizessem parte de uniões que desaprovava; ele o utilizou para anular o casamento de Augusto, duque de Sussex, mesmo com seu segundo filho sendo fruto de matrimônio legítimo. O ato se aplica à família real desde aquela época. Mesmo sem ele, as autoridades poderiam ter utilizado o Ato de Estabelecimento (1700), ainda em vigor, que proíbe expressamente que qualquer um casado com um católico romano seja "herdeiro da coroa".

O trio original de homicidas de Knight era composto por Gull, Netley e Sir Robert Anderson, chefe do Departamento de Investigação Criminal, que supostamente agia como vigia. Contudo, para resolver as inconsistências da história, como admite o próprio Knight, Sickert substituiu Anderson. Ele se tornou o terceiro homem, embora seu papel nunca tenha sido definido com clareza.

Que valor pode ser dado à alegação de Sickert de que certa vez morou no mesmo endereço que Jack, o Estripador (veja página 174)? Se conhecia a verdade sobre o romance e o casamento de Clarence e Annie — que deve ter durado de 1884, quando Alice foi concebida, até 1889, época do escândalo da Cleveland Street —, por que introduziu essa pista falsa na história? E, se sabia a verdade, por que nunca foi silenciado?

Igualmente envolvidos estavam os maçons, que temiam cair junto com o trono. Salisbury, Gull, Warren, Anderson etc., *ad infinitum*, eram maçons. Ninguém foi deixado de fora. Estavam todos envolvidos no sórdido encobrimento que matou cinco prostitutas de Whitechapel. Os homicídios foram levados a cabo de acordo com uma fórmula maçônica; daí as eviscerações e terríveis mutilações. Nichols, Chapman e Stride foram atraídas até a carruagem dirigida por Netley e comeram uvas envenenadas oferecidas por Sir William Gull, que em seguida as mutilou. Mais tarde, seus corpos foram jogados nas ruas, o que explica a falta de testemunhas, os horários estranhos e os poucos traços de sangue encontrados nas cenas. Eddowes, que também usava o sobrenome Kelly, foi (segundo a teoria) assassinada por engano, no lugar de Mary Kelly.

Quanto mais procuramos por fatos, mais frustrante se torna o livro.

Lorde Salisbury, o primeiro-ministro, que Knight acusa de ser um dos principais conspiradores, não era maçom, embora o segundo marquês e um de seus filhos o fossem. O próprio Salisbury jamais se filiou (*Freemason*, 29 de agosto de 1903).

Knight espera que o leitor confie em muita coisa do que diz, mas não oferece nada em troca. Compare seu tratamento de dois homens — John Netley e o dr. Benjamin Howard.

Sua prova documental para a existência de Netley reside em três recortes de jornal datados de 1888, 1892 e 1903. O primeiro se refere a um condutor de carruagem anônimo; o segundo, a um homem chamado Nickley, que tentou se afogar; e o último, a um cocheiro chamado John Netley, morto em um acidente perto da Clarence Gate, na entrada do Regent's Park (essa parece ser a única justificativa de Knight para presumir que se tratava do mesmo homem). Não há prova de que os três incidentes estejam ligados ou de que Nickley e Netley fossem o mesmo homem. Pelo bem da história, temos de assumir que eram.

Mas vejam o que acontece ao dr. Howard.

De acordo com a edição de 28 de abril de 1895 do *Sunday Times-Herald*, de Chicago, o dr. Howard era um dos doze médicos londrinos a participar de um tribunal médico de inquérito e uma comissão de saúde mental para discutir o caso de um colega que seria responsável pelos homicídios. O artigo era intitulado "Capture of Jack the Ripper" ["Captura de Jack, o Estripador"]. Knight passa três páginas e meia provando, a si mesmo, se não a nós, que o médico mencionado era Sir William Gull. Enquanto seu livro ainda estava nas provas finais, Richard Whittington-Egan publicou *A Casebook on Jack The Ripper* [Anotações sobre o caso de Jack, o Estripador]. Por sorte, ele encontrara em uma livraria de Londres uma zangada carta do dr. Howard, negando a história. A carta era datada de 26 de janeiro de 1896 e fora enviada ao editor do jornal *The People*. Ele estivera no exterior e só soubera da história após seu retorno.

Compreensivelmente, estava furioso. Knight, de forma tranquila, desdenhou sua negativa e afirmou achar difícil que ele admitisse ter revelado segredos maçons, alegando também não ser surpreendente a existência de tal carta.

Quanto ao próprio Walter Sickert, Knight dá grande importância a sua eterna fascinação pelo mistério de Jack, o Estripador. Tendo acusado o pintor de estar diretamente envolvido nos assassinatos, ele cita como prova a aparente preocupação de Sickert com um lenço vermelho que usava em volta do pescoço enquanto trabalhava e, segundo Knight, também nas noites dos assassinatos. O que não se menciona é que isso ocorreu vinte anos após os homicídios, em 1917, e era apenas um acessório para ajudá-lo a pensar enquanto trabalhava. Ele tinha muitos acessórios assim. Marjorie Lilly, citada por Knight, ao descrever o incidente com o lenço vermelho, afirma que

> [...] ele tinha duas manias naquela época, o crime e os príncipes da Igreja; o crime personificado por Jack, o Estripador, e a Igreja por Anthony Trollope. Assim, tínhamos o antro do ladrão, iluminado apenas pelo lampião; quando estava lendo Trollope, tínhamos o quarto do reitor, completado com cabeceira de ferro, colcha e prateleira de livros. O sabor eclesiástico que lhe era tão agradável era ligeiramente arruinado pelo lenço vermelho *à la* Bill Sykes pendurado na cabeceira; mas a presença desse incongruente artigo no quarto do reitor era não um capricho passageiro, mas sim um fator importante no processo de criação de sua pintura, uma corda de salvamento para guiar seus pensamentos tão necessária quanto o lenço que Mozart costumava dobrar enquanto estava compondo. Sickert estava trabalhando em um de seus homicídios de Camden Town e, enquanto revivia a cena, assumia o papel de rufião, amarrando o lenço folgadamente em torno do pescoço, puxando o boné sobre os olhos e acendendo seu lampião. Imóvel, afundado na cadeira, perdido nas longas sombras do amplo quarto, meditava durante horas sobre o problema. Depois que o lenço servira a seu propósito imediato, era amarrado em qualquer maçaneta ou cabide de chapéus que estivesse à mão, para estimular sua imaginação ainda mais e manter as ideias fervilhando.

Knight também cita Marjorie Lilly dizendo que Sickert tinha "períodos de Estripador", durante os quais se vestia como o assassino e "caminhava assim durante semanas. Apagava as luzes do estúdio e literalmente se tornava Jack, o Estripador, em palavras e humores". Mas, novamente de acordo com Lilly, Sickert "também tinha dias de Burns, dias de Byron, dias de Whistler, dias de Degas, dias de Napoleão, dias de dr. Johnson e de muitos outros". Osbert Sitwell observa, ajudando a explicar essa citação, que o artista frequentemente é seu próprio modelo; é mais barato e, com a ajuda de "barbas, casacos, chapéus e todo o resto, torna possível variar a pessoa a sua frente no espelho". Era uma prática que Sickert copiara de um amigo artista, que mantinha nos cabides de seu estúdio "os vários disfarces que vestia ao posar para os personagens de seus próprios desenhos".

Sitwell possuía outra peça de informação que Knight deixou passar. Uma das histórias que Knight conta é a de lorde Salisbury, o principal conspirador, visitando o estúdio do artista e pagando 500 libras por um retrato pelo qual ele teria recebido apenas 3. Quando Sickert contou a história a Osbert Sitwell, ele mencionou um artista que Sitwell chama de Vollon. Na história de Joseph Sickert, como contada a Knight, o pintor teria dito que o incidente realmente se relacionava a ele. Isso fez com que Knight especulasse ser o dinheiro, na realidade, pagamento pela parte que Sickert desempenhara nos homicídios e por fazer com que o plano funcionasse. Se Knight tivesse lido *Noble Essences*, de Sitwell, em vez de se ater à introdução de *A Free House!* [Uma casa livre!], teria descoberto que, subsequentemente, Sitwell conferiu o incidente com a marquesa de Salisbury e descobriu que a pintura feita por A. Vallon (e não Vollon) ainda estava em Hatfield, mostrando o grupo familiar que Salisbury pedira ao artista para retratar e pelo qual pagara as 500 libras.

Opa, aí vai outro "fato".

Para onde quer que se olhe, não existe um fiapo de evidência apoiando a teoria de Knight; não existe absolutamente nada que conecte a família Crook ou Walter Sickert (além de sua curiosidade sobre eles) aos crimes de Jack, o Estripador.

O que, então, ele aceitou como prova? Ironicamente, no fim, nem mesmo as declarações públicas de sua fonte, Joseph Sickert.

O livro de Knight foi originalmente publicado em 1976. Dois anos depois, no *Sunday Times* (18 de junho de 1978), Sickert confessou: "Era uma farsa; inventei tudo aquilo." E continuou dizendo que sua parte da história era "uma imensa mentira". A única parte que manteve foi a que se relacionava aos ancestrais de sua mãe. A parte sobre Jack era pura invenção: "Como artista, achei fácil introduzir Jack, o Estripador, na história que ouvi sobre o príncipe Albert Victor e minha avó, contada por meu pai quando eu tinha 6 anos." (No livro, tinha 14.) Sickert acrescentou que decidira confessar porque as coisas haviam saído do controle. "Quero limpar o nome de meu pai. Na época, não achei que causaria tanto dano porque pensei que a história seria publicada apenas no jornal local. No que me diz respeito, Jack pode voltar aos estudiosos do Estripador."

Em 2 de julho de 1978, Knight respondeu que não estava surpreso por Sickert tentar denunciar o livro. Ele ameaçara fazê-lo depois que Knight lhe contara que seu pai, Walter Sickert, estivera diretamente envolvido nos homicídios. E achara que, ao fazer a monstruosa declaração de que ele era filho de um homem pessoalmente envolvido com os assassinatos, Knight o traíra. Havia implorado para que não publicasse suas descobertas, mas, quando Knight se recusara, dissera que encontraria alguma maneira de exonerá-lo, mesmo que tivesse de negar toda a história. Knight disse que estava preparado para isso e, antes de lhe mostrar o último capítulo, o fizera assinar uma declaração afirmando ter contado a história de seu pai com absoluta acuidade.

Sarah Ann Crook (avó)

Períodos passados em abrigos e enfermarias. As chaves indicam períodos consecutivos de refúgio.

Abrigo St. Marylebone	19–21/8/1880
Abrigo St. Pancras	14/5/1882 (1 DIA)
Abrigo St. Giles, Endell Street	5–12/6/1891
	15–7/5/1892
Abrigo Poland Street	13/8–9/9/1895
Abrigo St. Pancras	{12–24/10/1895
Abrigo Poland Street	{25–28/10/1895
	2–23/11/1895
Abrigo St. Giles, Endell Street	8/12/1895 (1 DIA)
	4–14/5/1896
Abrigo Strand Union, Edmonton	10/10/1896 (1 DIA)
Abrigo Poland Street	27/11/1896–14/1/1897
Abrigo Strand Union, Edmonton	19/1–13/3/1897
	{20/3–27/4/1897
Abrigo Poland Street	{28–29/4/1897
Enfermaria Cleveland Street	{29/4–18/5/1897
Abrigo St. Giles, Endell Street	{19–23/5/1897
Abrigo Poland Street	29–31/5/1897
Abrigo St. Giles, Endell Street	28/5–9/6/1898
	13–15/6/1898
	29/10–2/11/1898
Abrigo Strand Union, Bear Yard	{24–26/11/1898
Abrigo Strand Union, Edmonton	{26/11/1898–29/3/1899*
Abrigo Poland Street	26/3–12/4/1899
Abrigo Strand Union, Bear Yard	{14–15/4/1899
Abrigo Strand Union, Edmonton	{15/4–6/6/1899
Abrigo St. Pancras	27/6–17/7/1899
Abrigo Strand Union, Bear Yard	{28/09–29/9/1899
Enfermaria Cleveland Street	{29/09–25/10/1899
Abrigo Strand Union, Bear Yard	{25/10/1899 (1 DIA)

Abrigo Strand Union, Edmonton	{25/10/1899–28/2/1900
Enfermaria Cleveland Street	3/3–19/6/1900
Abrigo Poland Street	4/4–5/6/1901
Abrigo Strand Union, Edmonton	{27/7–1/8/1901
Enfermaria Cleveland Street	{1/8–9/9/1901
Enfermaria Hendon	{9/9–14/12/1901
Enfermaria Cleveland Street	{22/12/1901–26/2/1902
Abrigo Poland Street	{26/2–5/4/1902
Abrigo Strand Union, Bear Yard	2/12/1904–27/3/1905
	11–12/4/1905
	14/4–15/5/1905
	{23/10/1905 (1 DIA)
Enfermaria Cleveland Street	{23/1903–3/11/1905
Abrigo Poland Street	{3/11/1905–31/1/1906
	2–5/2/1906
	8–9/3/1906
	11/3–9/4/1906
	11–13/4/1906
Abrigo Strand Union, Bear Yard	{16/4/1906 (1 DIA)
Enfermaria Cleveland Street	{16–25/4/1906
Abrigo Poland Street	{25–30/4/1906
Enfermaria Cleveland Street	{9–22/5/1906
Abrigo Strand Union, Bear Yard	{22/5/1906 (1 DIA)
Abrigo Poland Street	15/11/1906–30/1/1907
	(COM ANNIE E ALICE. VER DATAS)
Abrigo Poland Street	13/2–28/3/1907
	5/10–9/12/1907
	19/8–7/9/1908
	16–17/9/1908
	28/10–16/11/1908
	15/3–12/5/1909
Abrigo St. Giles, Endell Street	29/4–14/5/1913
	(COM ALICE. VER DATAS)
	{12/6/1913 (1 DIA)

Enfermaria Cleveland Street	{12–25/6/1913
Abrigo St. Giles, Endell Street	30/6–1/7/1913
Enfermaria Cleveland Street	{1/7/1913–?
Abrigo St. Giles, Endell Stree	{17–20/10/1913
	{21/10–29/11/1913
Tooting Bec Mental Hospital	{29/1–16/12/1913
Caterham Mental Hospital (agora St. Lawrence's Hospital)	{16/12/1913–18/11/1916 (Morte)

**Possivelmente há um erro na data de saída, em vista da sobreposição com a próxima entrada.*

Por mais que Knight não quisesse acreditar nele, Sickert estava dizendo a verdade — a coisa toda era uma farsa. Todas as evidências confirmam isso.

No início de seu livro, Knight cita *Noite de Reis*: "aí vem minha nobre trapaceira", o que, sempre presumi, era um elogio a si mesmo por ter fornecido o que achava ser a solução final. Claramente, não era a coisa mais gentil que se pode dizer sobre Knight e essa peça particular de pesquisa é que ele foi (perdoe o trocadilho) trapaceado.

Os extremos aos quais os defensores da teoria Clarence podem chegar foram exemplificados por Frank Spiering em *Prince Jack* [Príncipe Jack]. O autor tenta justificar sua bizarra criação declarando, na introdução, que o livro "é primariamente uma reconstrução do que acho que aconteceu, baseado em minhas leituras oficiais e extraoficiais". Sua única fonte original de material, ou assim ele afirma, é uma cópia das notas de Gull "em uma antiga encadernação", mantida na Academia de Medicina de Nova York. Presumivelmente, foi em função dessas notas que ele se viu capaz de descrever o modo como Gull hipnotizou Clarence e assistiu, horrorizado, "enquanto Eddy lhe mostrava como cortara a garganta da mulher". Durante esse exame, Gull alegadamente descobriu a "causa latente" do estado de demência de Eddy. A sífilis o lançara em ataques de raiva fantástica. A violência era o transbordamento de sua dor.

Annie Elizabeth Crook (mãe)

Períodos passados em abrigos e enfermarias. As chaves indicam períodos consecutivos de refúgio.

Abrigo St. Marylebone	18/4–6/5/1885 (Com Alice)
Abrigo St. Giles, Endell Street	22/1/1889 (1 dia) (Com Alice)
Abrigo St. Pancras	7–23/2/1903 12–27/3/1903
Enfermaria St. Pancras	{28/10–12/11/1903
Abrigo St. Pancras	{13/11/1903–13/5/1904
Highgate Hospital (hemiplegia)	{13/5–11/11/1904
Abrigo St. Pancras	11–14/11/1904
Abrigo Poland Street	{14/11/1904–7/8/1906 13/11/1906–3/4/1907 (Com Alice e Sarah. Ver datas)
Enfermaria Cleveland Street	{3/4–11/6/1907
Enfermaria Hendon	{11/6–31/10/1907
Enfermaria Cleveland Street	{31/10/1907–12/3/1913
Enfermaria Hendon	{12/3/1913–?
Enfermaria Fulham Road (agora St. Stephen's Hospital)	{18–19/2/1920

Nota: Tanto Annie quanto Alice também receberam auxílio externo do Conselho de Guardiões de St. Pancras entre 1902 e 1903.

Alice Margaret Crook (filha)

Períodos passados em abrigos e enfermarias. As chaves indicam períodos consecutivos de refúgio.

Abrigo St. Marylebone	18/4/1885–6/5/1885
	(Com Annie)
Abrigo St. Giles, Endell Street	22/1/1889 (1 dia)
	(Com Annie)
	29–30/4/1894
Enfermaria St. Pancras	1–5/9/1904
Abrigo Poland Street	{10–11/10/1905
Enfermaria Cleveland Street	{11–20/10/1905
Abrigo Poland Street	{20–21/10/1905
	{22–26/11/1906
	(Com Annie e Sarah. Ver datas)
Enfermaria Cleveland Street	{26–29/11/1906
Enfermaria Hendon	{29/11–4/12/1906
Enfermaria Poland Street	{4/12/1906–28/1/1907
Abrigo St. Giles, Endell Street	{29–30/4/1913
	(Com Sarah. Ver datas)

Nota: Tanto Annie quanto Alice também receberam auxílio externo do Conselho de Guardiões de St. Pancras entre 1902 e 1903.

O livro nunca foi publicado na Inglaterra. Isso pode se dever tanto à pesquisa inconsistente quanto ao estilo, que o crítico americano Dale L. Walker descreveu como "fabricado, ficção tipo Z":

> Em meio à escuridão, ele observou enquanto ela se apoiava contra a cerca de madeira e começava a levantar as saias. Eddy retirou o casaco, revelando o avental de couro de açougueiro amarrado na cintura. Ela o

> encarou durante um segundo, obviamente tentando descobrir o que ele pretendia. Sorrindo, ele estendeu a mão para sua garganta, agarrando o lenço vermelho. Então deixou a faca escorregar do jornal.
>
> A mulher grunhiu e, aterrorizada, começou a empurrá-lo. Enquanto ela tentava afastá-lo, com uma das mãos agarrando o lenço, Eddy deixou cair a faca e a esbofeteou com toda a força.
>
> Ela cambaleou contra a cerca. Ele a atingiu uma segunda vez. Torcendo o nó do lenço, vários minutos pareciam ter se passado enquanto a estrangulava. Então ela subitamente caiu para trás.
>
> Pegando a faca e nivelando-a com sua garganta, ele serrou até que a lâmina tocasse o osso.
>
> Ele podia sentir o sangue úmido em suas mãos enquanto a deitava perto dos degraus, onde havia mais luz. Rasgando a gola do vestido, golpeou seu peito com a faca, revelando o coração e os pulmões, e então, com outro golpe, abriu o estômago.

Spiering se ofendeu com a descrição de Walker. Escrevendo algumas semanas depois para o jornal em que a crítica fora publicada, fez a assombrosa declaração — ausente do livro — de que “os documentos de Gull contêm a confissão do neto de Vitória, S.A.R. o príncipe Albert Victor Christian Edward, duque de Clarence e Avondale, que o médico real tratava de sífilis. Os documentos narram em detalhes o relato do príncipe sobre os sórdidos homicídios que cometeu em Whitechapel e sua motivação”.

A ideia de que tal devastadora confissão poderia existir fez com que tanto Walker quanto eu mesmo escrevêssemos para a Academia de Medicina de Nova York, em uma tentativa de localizar os documentos. Em ambos os casos, o resultado foi o mesmo. A resposta à minha carta, escrita pelo bibliotecário da casa e datada de 13 de janeiro de 1986, afirma que todo o material disponível está catalogado:

> Nenhuma das entradas de nosso catálogo, relacionadas a obras de ou sobre Sir William Gull, contêm o material mencionado pelo sr. Spiering. Em uma biblioteca do tamanho e da idade da nossa, é possível que um conjunto de notas encadernado em uma obra mais ampla ou em outras obras tenha passado despercebido a nossos catalogadores, mas isso é altamente improvável. O sr. Spiering jamais foi capaz de se lembrar da ou reconstruir a entrada que submeteu para busca em nossa coleção, na qual supostamente teria encontrado as notas de Gull. Buscas cuidadosas de nossa equipe também se mostraram infrutíferas.

A perda de um documento como esse — se é que existe — está no mesmo nível de algumas das outras pesquisas de Spiering. Uma gravura de página inteira de Sir Charles Warren é, na verdade, um retrato de Sir Hector Macdonald, oficial do Exército inglês que, na época, servia no Sudão. O erro foi repetido na edição em brochura, mesmo tendo sido indicado ao autor.

Em 1978, Spiering desafiou a rainha Elizabeth II a abrir os arquivos reais sobre o duque de Clarence, oferecendo-se para impedir a iminente publicação de seu livro se ela participasse de uma entrevista coletiva e revelasse o que sabia sobre "os atos de homicídio de seu tio-avô e sua extraordinária morte". (O livro sugere que lorde Salisbury, possivelmente com a conivência do pai de Clarence, o príncipe de Gales, determinou que ele tinha de ser eliminado e fez com que fosse morto por overdose de morfina.) Um porta-voz do palácio de Buckingham disse que as alegações não eram sérias o suficiente para merecer uma declaração especial da rainha, mas os arquivos seriam abertos para o exame do sr. Spiering e de outros pesquisadores.

A reação de Spiering à oferta — "Não quero ver nenhum arquivo" — levou à inevitável conclusão de que seu desafio foi feito apenas para promover o livro.

Spiering não conseguiu substancializar nenhuma de suas alegações. Em 1980, estava terminando um artigo sobre as notas de Gull e sua descoberta. O artigo jamais foi publicado.

Ficção tipo Z?

Walter Sickert

O Estripador e a realeza sempre foram uma combinação perfeita para os que buscam sensação, a despeito do ridículo lançado sobre as teorias resultantes. Uma revista em quadrinhos com o duque de Clarence como Jack, o Estripador, lutando contra Drácula pelo amor de Mary Kelly pode ser tanto o ponto mais baixo quanto o ápice de Estripadorlândia, dependendo da perspectiva. O nome de Sickert foi continuamente mencionado desde que Knight o envolveu em seu trio ou quarteto de homicidas. Um esforço mais determinado para incluir Sickert na história foi feito pela romancista americana Patricia Cornwell, que apontou um dedo acusador em *Portrait of a Killer — Jack the Ripper — Case Closed* [Retrato de um assassino — Jack, o Estripador — Caso encerrado], caso que, obviamente, não está encerrado. Nada em seu livro indica essa conclusão autossatisfatória. Cornwell foi antecedida por Jean Overton Fuller e seu *Sickert and the Ripper Crimes* [Sickert e os crimes do Estripador], publicado em 1990 e que, como sugere o título, afirma que Sickert era o Estripador, mas com igual falta de provas, algumas delas claramente recolhidas da teoria Knight–Gorman–Sickert para substanciar a acusação. Cornwell não reconhece seu trabalho, com exceção do título do livro na bibliografia da edição em brochura.

Cornwell, tendo visto sinistros subtons em algumas de suas pinturas, acredita que Sickert era um psicopata, uma fraude, que pode ter assassinato entre vinte e quarenta pessoas antes de morrer em 1942, e que continuou a matar até estar esgotado. Ele também era um dos principais artistas de sua época. Muitas de suas pinturas pertencem a coleções nacionais.

O suposto motivo de Sickert para os homicídios seria uma fístula peniana que, durante a infância, o teria marcado física e emocionalmente. A evidência para isso é uma declaração incoerente feita por um parente por casamento e baseada em rumores familiares. A realidade é que o hospital onde foi tratado lidava com fístulas anais, não penianas, e, ainda que isso fosse verdade, certamente não parece ter afetado seus posteriores romances e três casamentos. Mais tarde, Sickert declarou que a cirurgia curara completamente seu problema. Mesmo assim, Cornwell insiste que se tratava de uma fístula peniana e que os tratamentos, tanto em casa quanto no hospital, além dos resultantes fracassos sexuais, eram uma explicação parcial para os assassinatos de Whitechapel. (Notavelmente, Overton Fuller achou que assistir à primeira produção para o teatro de *O médico e o monstro*, em agosto de 1888, pode ter provocado algo latente e trazido à tona o lado sr. Hyde de sua personalidade.)

A pesquisa de Cornwell envolveu tecnologia de DNA. Uma complicação é que nenhum traço do DNA do artista está disponível para comparação. Ao morrer, ele foi cremado. Não há familiares vivos ou conhecidos dos quais DNA poderia ser retirado. Não há provas de que Joseph "Sickert" Gorman seja filho de Sickert; ele tinha 13 anos quando o artista morreu, o que significa que Sickert o teria concebido na idade de 69 anos — algo improvável.

O DNA é passado adiante tanto pela mãe quanto pelo pai. De modo didático, Cornwell o comparou a um ovo; o DNA nucleoide, passado por ambos os pais, seria encontrado na gema e o DNA mitocondrial, na clara. DNA mitocondrial foi encontrado na carta do dr. Openshaw; em uma carta de Ellen Sickert; no envelope de uma carta de Walter Sickert; no carimbo de uma carta de Walter Sickert; e em um envelope enviado pelo Estripador que continha sangue, mas em estado tão degradado que poderia não ser humano. Não há maneira de saber a quem pertenciam essas amostras de DNA. Estatisticamente, ela exclui 99% da população vitoriana da época, o que significa, em uma população nacional estimada em mais de 40 milhões de pessoas, que essa sequência de DNA poderia ser encontrada em mais de 400 mil pessoas. Deve-se salientar repetidamente que não havia DNA de Sickert disponível para a comparação de Cornwell. Não existe conexão comprovada entre as cartas de Sickert e as do Estripador. Mesmo um exemplo de papel de carta comum não consegue criar essa ligação, por mais que Cornwell se esforce. Mas, por um momento, assumamos que havia conexão e que se poderia provar que Sickert escreveu a carta. E daí? Ele não seria Jack, o Estripador, mais que Tom Bulling, o jornalista Best e seu colega provinciano, George Bernard Shaw, ou qualquer outro entre as centenas de pessoas que escreveram cartas.

A pesquisa de Cornwell se concentrou no lote de cartas de Jack, o Estripador, nos Arquivos Nacionais, em Kew, e nos Arquivos Metropolitanos de Londres. O que sobreviveu é apenas uma fração do que se sabe ter existido. As cartas nos Arquivos Metropolitanos de Londres foram resgatadas por mim de um armário, de outro modo vazio, no porão da sede da Polícia da City. O motivo pelo qual muitas das cartas estão sem envelope se deve inteiramente ao fato de que, ao longo dos anos, colecionadores da força policial os removeram, pois queriam os selos para suas coleções. Isso torna impossível a datação precisa de algumas das cartas.

Cornwell se convenceu — contrariando toda a lógica e sem nenhuma evidência para apoiar sua alegação — de que a maior parte da correspondência pública, senão toda ela, foi escrita por Sickert em caligrafia disfarçada. Quando perguntei, durante um episódio de *Readers and Writers Roadshow* que promovia seu livro, se ela conferira as alegações de um jornalista chamado Best de que ele e um colega do interior haviam escrito algumas das cartas, ela respondeu que não. Tampouco, em seu livro, considera a possibilidade de Thomas Bulling ser o autor da carta destinada à Agência Central de Notícias, que forneceu o nome Jack, o Estripador.

Ela encontra evidência adicional da alegada culpa de Sickert em uma série de pinturas conhecida como *The Camden Town Murder* [O assassinato em Camden Town]. O episódio, ocorrido em 1907, vitimou uma prostituta chamada Emily Dimmock. Sua garganta foi cortada, mas não houve mutilação, o que não impediu que os jornais fizessem comparações com os crimes de Jack, o Estripador. Um deles publicou um artigo, alguns anos depois, afirmando que Sickert — que se mudara para a área dois anos antes — vira o corpo antes da remoção para o necrotério. A inferência de Cornwell foi de que era o assassino e estava de volta após um hiato de quase vinte anos. Em nenhum ponto de sua discussão ela menciona que um jovem artista chamado Robert Wood foi julgado pelo homicídio e inocentado.

A série é uma coleção de pinturas e desenhos que mostram mulheres nuas, geralmente deitadas na cama em diferentes poses, com um homem vestido, sentado ou em pé, próximo a elas. Quando foram exibidas, uma revista descreveu Sickert como um anarquista da arte, "representando os extremos da modernidade revolucionária". O caráter cada vez mais comercial da arte mundial significava que o artista tinha de se vender para comercializar suas pinturas, tinha de ser uma "figura pitoresca [...] ou um gênio da autopromoção antes de poder esperar ser atraente para a mente pública". Sickert certamente entendia de autopromoção. Fora ator profissional antes de ser artista. Contemporâneos além de Osbert Sitwell descreveram como gostava de se vestir como "cozinheiro, dândi, almofadinha de Seven Dials, livreiro, advogado ou mesmo artista". Sua encenação de Jack, o Estripador, sua alegação de que ocupara o mesmo quarto que o assassino (com uma de suas pinturas sendo intitulada "O quarto de Jack, o Estripador") e ainda o fato de escrever o nome do assassino em um livro que subsequentemente foi perdido eram maneiras de promover a série *The Camden Town Murder*, associando-a aos homicídios do Estripador.

A reveladora posição do nu em *L'affaire* pode conter referências visuais aos crimes do Estripador, dado que Kelly e Eddowes foram encontradas na mesma posição, com as pernas abertas e a cabeça virada para o lado. Judith Walkowitz argumentou que havia na época uma reencenação doméstica do drama do Estripador, entre maridos e mulheres. Magistrados receberam muitas queixas relacionadas a ameaças feitas por maridos contra suas mulheres, tais como "Será Whitechapel para você". Pode ser que a obra capture essa doente reencenação durante uma discussão sobre o aluguel, explicando a ausência do assassino nas pinturas.

Cornwell tenta argumentar que as telas eram mais uma evidência de que Sickert era Jack, o Estripador, pois somente o assassino, com exceção dos investigadores, saberia como os corpos haviam sido deixados. Infelizmente, descrições já haviam sido publicadas em *The Lancet*, as quais Sickert, com sua fascinação pelo assunto, pode ter lido ou, o que é muito mais provável, visto no livro *Vacher l'éventreur et les crimes sadiques* [Vacher, o eviscerador e os crimes sádicos], publicado na França em 1899. Joseph Vacher era conhecido como o Estripador francês e confessou o assassinato, mutilação e estupro de onze pessoas. Morreu na guilhotina em 1898. A importância de seu livro é que a seção destinada aos homicídios do Estripador mostrou, pela primeira vez, as fotografias mortuárias de Eddowes e uma de Kelly. Como visitante regular da França e com seu grande interesse pelo assunto, quase certamente Sickert comprou um exemplar do livro, o que explicaria a similaridade das poses, sua habilidade em descrever as mutilações e por que, se era o caçador de troféus sugerido por Cornwell, não há pinturas baseadas nos assassinatos de Nichols, Chapman e Stride. Que não exista nenhuma é quase uma confirmação direta de que as pinturas se basearam nas fotografias do livro sobre Vacher. Também explica a data das telas, produzidas entre 1907 e 1912. Ele ligou os homicídios do Estripador à série de pinturas, a fim de vendê-las.

Cornwell é muito seletiva com suas evidências. Um de seus mantras constantes é que se não pode provar que Sickert cometeu os assassinatos tampouco alguém pode provar que não os cometeu. Essa declaração é ultrajante. Cabe a ela provar que Sickert era o Estripador e não aos outros provar que ele não era. Richard Shone, em uma extensa entrevista para a *Spectator*, mostrou que há amplas evidências de que Sickert estava de férias na França na época dos assassinatos — algo que foi desdenhado com a incoerente observação de que ele poderia ter cruzado o canal da Mancha para cometê-los.

Ao fim de seu livro, a própria Cornwell parece cansada da caçada. Muitas de suas evidências se degeneram em declarações pessoais sem fatos que as sustentem. Nada do que ela diz chega perto de oferecer uma solução.

James Maybrick

Em março de 1982, um homem dizendo ser Michael Williams telefonou para a agente literária Doreen Montgomery perguntando se ela gostaria de ver o diário de Jack, o Estripador, que ele estava convencido de ser real. Seu verdadeiro nome era Michael Barrett. O diário era um álbum de recortes, encapado com tecido negro e sete tiras de ouro ao longo da lombada de 5 centímetros. As primeiras 48 páginas haviam sido arrancadas, com dezessete páginas em branco no fim; entre elas, 63 páginas manuscritas de "diário". Um pequeno fragmento do que se acreditava ser a borda rasgada de uma foto estava alojado na encadernação, sugerindo que as páginas arrancadas continham fotografias.

O escritor supostamente seria um comerciante de Liverpool, James Maybrick, cuja esposa Florence havia sido acusada de assassiná-lo com arsênico em 1889. Ela foi condenada e sentenciada à forca, mas a execução foi adiada e a sentença comutada para trabalhos forçados perpétuos. Ela foi libertada após quinze anos e morreu nos Estados Unidos em 1941.

Tudo a respeito do livro de Shirley Harrison, *The Diary of Jack the Ripper* [O diário de Jack, o Estripador], provou-se controverso. Suas origens foram confusas desde o início. Afirmou-se que o livro fora encontrado sob o piso de Battlecrease House, a casa de Maybrick, durante uma reforma. Barrett afirmou que o recebera de um colega de bar, Tony Devereux; mais tarde, disse que o forjara; e, depois ainda, que fora forjado por sua esposa Anne. Dois anos depois, Anne Barrett, voltando a usar o nome de solteira Graham após se divorciar de Mike, disse que o diário fora herança de seu pai e que, para preservar seu anonimato, ela o entregara a Devereux para que o desse a seu marido, esperando que ele o utilizasse como base para um romance. Agira assim para evitar que ele incomodasse sua família com perguntas. Seu pai teria afirmado ter visto o diário em 1943 e o recebido da madrasta em 1950.

O livro em si é genuinamente antigo, mas não se sabe se do período vitoriano tardio ou mesmo do eduardiano. O principal problema que se apresenta é: quando a tinta foi depositada sobre o papel? A tinta, em si, é genuína. Um dos especialistas contratados para datar a composição do diário descobriu nela um corante sintético chamado nigrosina, o qual, segundo seu relatório, só começou a ser utilizado nos anos 1940. Ele também afirmou que a tinta não era de 1889, mas sim posterior a 1945. Contudo, pesquisas subsequentes revelaram que a tinta fora patenteada comercialmente em 1867 e entrara em uso geral nos anos 1870. De acordo com um especialista, embora o diário tenha passado por uma bateria de testes, uma falsificação moderna não poderia ser excluída, pois "alguém pode ter sido capaz de sintetizar uma tinta convincente ou localizar um vidro de tinta antigo, mas ainda utilizável (embora eles sejam bastante raros)". Uma restrição presente neste e em exames subsequentes foi de que o diário precisaria de testes mais conclusivos para que sua autenticidade pudesse ser comprovada. Segundo seus defensores, restrições financeiras impediram a realização de tais testes.

De acordo com Mike Barrett, ele comprou a tinta da Bluecoat Chambers Art Shop, em Liverpool. O proprietário afirmou que possivelmente se tratava de uma tinta fornecida pela Diamine, uma empresa local, quase idêntica à utilizada nos tempos vitorianos. Qualquer especialista saberia que era moderna. Análises da tinta do diário mostraram que continha cloroacetamida, um conservante que só entrou no mercado em 1974.

Mais potencialmente danosa à autenticidade do diário foi a descoberta de um relógio feminino, um Lancaster Verity de 1846, que supostamente pertencera a Maybrick, com as palavras "Eu sou Jack J. Maybrick" riscadas no centro, juntamente com as iniciais das cinco vítimas do Estripador nas bordas. Tal achado, tão conveniente, logo convidou a comparações com falsificações irlandesas do século XVIII, quando William Ireland, para convencer os duvidosos da autenticidade de seus manuscritos de Shakespeare, imediatamente produziu uma cadeira, um candelabro e uma porção de outros objetos para atestar sua veracidade. Robert Smith, o agente literário de Shirley Harrison, achou que a assinatura no relógio era similar a de Maybrick. Escrever uma assinatura normal na faixa plástica de um cartão de crédito já é bastante difícil; arranhar uma assinatura normal no interior de um relógio feminino, juntamente com a confissão "Eu sou Jack" e as iniciais de cinco vítimas é um feito digno de admiração.

O dr. Turgoose, do Instituto Manchester de Ciência e Tecnologia, utilizou um microscópio eletrônico de varredura para examinar o interior do relógio e concluiu que as gravações poderiam ter dez anos, possivelmente muito mais, embora não pudesse descartar a possibilidade de falsificação por não ser capaz de provar conclusivamente sua idade. "Elas podem ser recentes", disse ele, e "deliberada e artificialmente envelhecidas com polimento, mas isso seria um complexo processo de vários estágios, usando uma variedade de ferramentas diferentes, com polimentos intermediários ou desgaste artificial". Outro especialista disse que as gravações tinham idade considerável e, em caráter privado (por que em caráter privado?), afirmou que poderiam datar de 1888 ou 1889. Novamente, havia a ressalva de que mais testes seriam necessários para estabelecer a idade.

Dado que o valor estimado do diário, se legítimo, estaria em torno de 4 milhões de libras, é assombroso que testes que poderiam ser decisivos jamais tenham sido feitos.

Mas o maior problema enfrentado pelos investigadores era o fato de a caligrafia do diário não combinar com a caligrafia e a assinatura do testamento de Maybrick ou de sua certidão de casamento. Tampouco combinava com uma longa dedicatória, em uma Bíblia dada por Maybrick a sua amante, publicada no livro de Anne Graham. Comparações entre as caligrafias foram feitas por Sue Ironmonger, membro da Associação Mundial de Analistas de Documentos. Ela acredita que a caligrafia de um indivíduo é tão reveladora quanto suas impressões digitais. "Não importa se a pessoa é jovem ou velha ou se muda da mão direita para a esquerda após um acidente. Pode parecer que o estilo mudou, mas, na verdade, os componentes de cada caligrafia individual permanecem consistentes." Ela não foi capaz de ligar o diário ao testamento de Maybrick, à carta ao "Caro chefe" ou a outras cartas do Estripador presentes nos Arquivos Nacionais. Ela não tem dúvidas de que o diário não foi escrito por James Maybrick.

Evidências posteriores da alegada culpa de Maybrick teriam sido encontradas na fotografia de Mary Kelly. Manchas de sangue na parede atrás da cama (o dr. Bond disse que "sangue arterial foi encontrado na parede em borrifos próximos ao local onde a cabeça da mulher devia estar") supostamente mostram as letras FM (Florence Maybrick). Contudo, uma dessas "letras" está parcialmente obscurecida e, como já se argumentou, poderia ser a letra "J" de "James Maybrick". Isso, francamente, é uma quimera. Tais letras, se visíveis, seriam visíveis não somente para a polícia e para os médicos, mas também para o júri de inquérito, que visitou o quarto. O jornalista que acompanhava os jurados descreveu como o inspetor, "segurando uma vela grudada em uma garrafa, ficou na cabeceira da suja e ensanguentada cama e repetiu os horríveis detalhes com assustadora minúcia. Ele indicou com uma das mãos as manchas de sangue na parede e apontou, com a outra, as poças que haviam escorrido do colchão". O fato de que ninguém menciona letras é evidência clara de que não existiam. Ver letras em manchas de sangue é como ver rostos nas nuvens; somos enganados, como diria Hamlet, inteiramente.

O diário não é um diário no sentido convencional, com dias e datas. É uma série de entradas para as quais o leitor deve fornecer sua própria cronologia. Sempre achei que essa era uma astuta demonstração da habilidade do falsário, pois qualquer interpretação "errada" ou mal-atribuída sempre poderia ser explicada por um erro do leitor.

Não existem evidências factuais para ligar a persona de Maybrick, o Estripador e o autor do diário. Eles permanecem entidades separadas, a despeito dos argumentos dos apoiadores do diário, que os moldam em uma única e reconhecível identidade. *The Ripper Diary: The Inside Story* [O diário do Estripador: a história por dentro], publicado somente em 2003, é uma útil síntese de dez anos de investigação. Após pesar todas as evidências, os autores são forçados a concluir: "A despeito dos muitos testes realizados por especialistas com tinta, caligrafia e papel e do peso da opinião de historiadores, psicólogos e autoridades sobre o Estripador, para não mencionar os melhores esforços dos detetives da Scotland Yard, de jornalistas e investigadores particulares durante a última década, não estamos mais perto de descobrir as verdadeiras origens desse documento tão controverso."

Robert Donston Stephenson

Autointitulado dr. Roslyn D'Onston.

De acordo com Melvin Harris, autor de *Jack the Ripper: The Bloody Truth* [Jack, o Estripador: a verdade sangrenta], *The Ripper File* [O arquivo Estripador] e *The True Face of Jack the Ripper* [A verdadeira face de Jack, o Estripador], eis aqui o único suspeito que possui o perfil correto para ser Jack, o Estripador.

Robert Donston Stephenson nasceu em 1841 em Sculcoates, Yorkshire. Seu pai era dono de um moinho e coproprietário de uma empresa de manufatura. Stephenson recebeu boa educação, possivelmente em Munique, embora subsequentemente tenha afirmado possuir diploma médico baseado em estudos na França e nos Estados Unidos. Em 1859, uniu-se brevemente ao Exército de Garibaldi na luta por uma Itália unificada, acrescentando quatro anos à própria idade, e recebeu o posto de tenente. Quando criança, sempre fora fascinado pelas ciências ocultas e, em 1860, foi apresentado ao escritor Bulwer Lytton, que o iniciou na maçonaria, através da hermética Loja de Alexandria. Foi pupilo de Lytton e veio a conhecer todas as práticas da "arte proibida", a magia negra. Em 1861, a pressão familiar o forçou a assumir um cargo, quase uma sinecura, na alfândega em Hull, do qual acabou sendo demitido. Nos anos seguintes, viajou pela Ásia e pela América, adquirindo conhecimento sobre práticas mágicas, antes de se dirigir a Londres e possivelmente sobreviver com uma pequena renda familiar suplementada por jornalismo ocasional. Abandonou o nome de família, Stephenson, com exceção das ocasiões em que era forçado a usá-lo.

D'Onston morava em Whitechapel na época dos homicídios do Estripador. Tinha 47 anos, 1,78 m, tez pálida e bigode loiro escuro com as pontas enceradas e viradas para cima, cabelo castanho começando a ficar grisalho e aparência militar. A pessoa que o descreveu disse que não era alcoólatra, mas "bebe regularmente — consegue beber das oito da manhã até a hora de fechar, mantendo as ideias claras".

Em 26 de julho de 1888, ele se internou, como paciente particular registrado como neurastênico, no London Hospital, em Whitechapel. Argumentou-se que, como paciente particular, não sofreria as mesmas restrições que os outros pacientes e poderia se mover livremente pelo hospital e suas extensas dependências, o que daria cobertura a suas incursões noturnas. Se era Jack, o Estripador, então o primeiro assassinato, em Buck's Row, foi literalmente do outro lado da rua, uma caminhada de 3 ou 4 minutos. Ele também estaria em uma localização ideal para cometer os outros homicídios. O campo de caça do Estripador ficava a não mais que 15 minutos, de oeste para leste, entre Buck's Row e Mitre Square, e mais ou menos a mesma distância, de norte para sul, entre a Hanbury Street e a Berner Street.

Os motivos de D'Onston para os homicídios podem apenas ser imaginados. Harris sugere, *inter alia*, a atração pelo desconhecido, mas defende também um motivo mágico/sexual envolvendo morte ritual. Uma resposta parcial para a questão do motivo foi fornecida pelo próprio D'Onston no artigo que escreveu para a *Pall Mall Gazette*, de W. T. Stead, em 1º de dezembro de 1888, intitulado "Who is the Whitechapel Demon? (By One Who Thinks He Knows)" ["Quem é o demônio de Whitechapel? (Por alguém que acredita saber)"]. Ele é da opinião que havia um motivo distinto para os homicídios e as mutilações, necessários para fornecer substâncias essenciais à evocação de espíritos maus e demônios. Essenciais para algumas dessas práticas eram substâncias que "só poderiam ser obtidas por meio dos mais pavorosos crimes, dos quais assassinato e mutilação dos mortos são os menos hediondos. Entre elas, estão tiras da pele de suicidas, unhas de um assassino enforcado, velas feitas de gordura humana [...] e um preparado feito com certa porção do corpo de uma *meretriz*. Este último ponto é essencial". A certa porção necessária era o útero. O corpo era disposto na forma de uma cruz de calvário.

De acordo com uma das histórias, D'Onston possuía uma caixa contendo cinco gravatas, cada uma delas endurecida pelo sangue coagulado de uma das vítimas do Estripador. D'Onston, enquanto se vangloriava dizendo saber quem era Jack, o Estripador, explicou que, quando o assassino retirava os órgãos das vítimas, ele os guardava no espaço entre a camisa e a gravata.

Os primeiros quatro crimes aparentemente foram para "insultar e se exibir"; estando abrigado, o criminoso pôde se demorar no assassinato de Kelly.

Em novembro de 1888, D'Onston pediu a Stead dinheiro para caçar o Estripador. Sem surpresa, uma vez que D'Onston ainda estava no hospital, Stead recusou. D'Onston permaneceu no London Hospital até 7 de dezembro de 1888, tendo recebido tratamento de 134 dias. Ao deixar o hospital, morando em um cortiço perto de St. Martin's Lane, conheceu George Marsh, detetive amador que também tentava apanhar o Estripador. Os dois se encontravam duas ou três vezes por semana para discutir os homicídios. D'Onston explicou como eram cometidos. O assassino, disse, odiava mulheres e, para conseguir se excitar, as sodomizava e, com a mão direita, cortava sua garganta, enquanto as segurava com a esquerda. Ele disse a Marsh que o Estripador era o dr. Davies, que trabalhara no London Hospital e vivia na mesma localidade dos assassinatos. Os dois assinaram um acordo para dividir a recompensa que receberiam quando garantissem a condenação do médico. Nesse acordo, D'Onston é referido como "dr. R. D'O Stephenson (também conhecido como 'Morte Súbita')". Este último é um termo utilizado em apostas.

Marsh fez sua declaração na véspera do Natal de 1888. No dia 26, D'Onston foi até a Scotland Yard e prestou um depoimento de cinco páginas explicando por que achava que o dr. Davies era o assassino. Uma noite, ele o vira encenar o homicídio em uma mulher imaginária e, após saber por Stead que a última vítima fora sodomizada, perguntara-se como o dr. Davies saberia disso.

Pode ter havido seguimento por parte da polícia, mas, se houve, a documentação foi perdida. Com certeza nenhuma ação foi tomada contra o dr. Davies.

O inspetor Roots, que escreveu o relatório sobre o depoimento de D'Onston, acrescentou que se conheciam havia vinte anos. Ele era boêmio, bebia muito e carregava consigo drogas para recuperar a sobriedade e combater o *delirium tremens*. Recorrentes enfermidades o levaram ao declínio gradual. Ele se converteu ao cristianismo e passou onze anos trabalhando em um livro, *The Patristic Gospels* [Os evangelhos patrísticos]. Morreu na Enfermaria Islington, em 9 de outubro de 1916.

A doença de D'Onston, o alcoolismo e as drogas que tinha de usar para evitar o *delirium tremens* certamente o tornariam incapaz de cometer os homicídios. Mesmo assim, W. T. Stead suspeitava dele. E não era o único: a polícia também o considerava suspeito. Ele foi preso certa vez, embora não haja documentação a respeito. Mas, supondo que era o assassino, como explicar seus enganos? Por que, por exemplo, diria que o grafite da Goulston Street estava na parede sobre o corpo de Catherine Eddowes na Mitre Square? Seriam tentativas deliberadas de convencer as pessoas de que, embora tivesse conhecimento dos homicídios, não era seu autor? Ou seria algo menos sinistro? Inserir-se na história pode ter sido uma maneira de ser considerado uma autoridade nos homicídios do Estripador, a fim de obter mais trabalho como jornalista e pedir dinheiro emprestado, como tentara fazer com Stead. Como paciente particular do London Hospital, estava em uma posição ligeiramente mais privilegiada que a dos pacientes comuns para saber das histórias e rumores correntes. Ele não cometia erros deliberados para persuadir as pessoas de que não era o Estripador. É por isso que errava nos detalhes. Estava reciclando fofocas. Ambas as alternativas devem ser consideradas.

D'Onston é um suspeito interessante principalmente por causa de seu paradeiro na época dos homicídios. Ele estava dentro do campo de caça do Estripador e tinha o conhecimento médico necessário para cometer os assassinatos e mutilações — ou seja, tem de ser visto como um dos mais prováveis suspeitos.

Michael Ostrog

O nome Ostrog surge na *Police Gazette* de 26 de outubro de 1888. Seus outros nomes seriam Bertrand Ashely, Claude Clayton e dr. Grant. Ao menos outros vinte eram usados, incluindo Stanistan Sublinksy e John Sobieski. Ele foi descrito como judeu polonês, 55 anos, 1,80 m, com marcas de punição nas costas (presumivelmente causadas por vara ou chicote), cicatrizes no tornozelo e polegar direitos, dois grandes sinais de nascença no ombro direito e um na parte de trás do pescoço. Costumava vestir um terno semiclerical. Foi preso várias vezes, o primeiro registro sendo de 1863 e o último de 1904. Cumpriu nove anos de uma sentença de dez, iniciada em 1874, e recebeu liberdade condicional em agosto de 1883. Em 1887, foi sentenciado em Old Bailey a seis meses de trabalhos forçados por furto. Informações policiais adicionais afirmam que era cirurgião profissional e um homem desesperado.

Ostrog era trapaceiro e ladrão. Não entra na categoria de grande criminoso. As somas e bens envolvidos parecem ser pequenos — um relógio de ouro de um garçom, dois livros valiosos de um mestre-escola de Eton —, mas isso não deve minimizar o fato de que era perigoso. Tinha consigo um revólver de oito tiros carregado ao escapar da polícia escalando um telhado no oeste de Londres. Em Burton-on-Trent, já estava no distrito policial quando apontou o revólver para um policial, que conseguiu segurá-lo pelo pulso e virar o cano em sua direção. Seu comportamento mostrava sinais óbvios de insanidade, o que alegou ao receber a sentença em Old Bailey, em setembro de 1887. Um médico disse ao tribunal que ele estava fingindo, mas, antes do fim do mês, Ostrog foi transferido da Prisão Wandsworth para o Hospício Surrey Pauper, sofrendo de mania, causa desconhecida. Foi descrito como recuperado ao receber alta provisória em 10 de março de 1888, mas falhou em se reportar ao hospício.

A polícia tentou encontrá-lo por meio da *Police Gazette* em outubro de 1888, mas foi somente em 17 de abril de 1891 que foi rastreado, levado perante os magistrados da Bow Street e confinado a um abrigo, onde foi declarado insano. Dois anos depois, considerado curado, retomou sua carreira de pequenos roubos, com punições ocasionais; às vezes, trabalhos forçados. Finalmente, desapareceu dos registros em 1904. Seu local e data de morte são desconhecidos.

Ostrog pode ser desconsiderado como suspeito. Novas pesquisas comprovam que, sem o conhecimento da Scotland Yard, na época dos homicídios do Estripador ele estava preso na França, onde, em novembro de 1888, começou a cumprir uma sentença de dois anos.

Joseph Barnett

Sugerido como suspeito por Bruce Paley em seu livro *Jack the Ripper: The Simple Truth* [Jack, o Estripador: a simples verdade].

Barnett era um irlandês nascido em Londres, de 30 anos, carregador licenciado do mercado de peixe Billingsgate. Ele e a vítima de Miller's Court, Mary Kelly, ficaram juntos por dezoito meses. Conhecera-a na

Commercial Street e eles passaram a morar juntos no dia seguinte. Seu relacionamento era uma mistura de discussões violentas e tempos confortáveis. Quando não estava bebendo, Kelly era uma pessoa agradável e simpática. Quando bêbada, sua personalidade mudava e ela se tornava muito agressiva. Tinha por volta de 26 anos, pele clara, cabelo loiro e feições atraentes. Às vezes, usava um vestido de seda preto e frequentemente uma jaqueta preta que a faziam parecer quase elegante. Na noite de seu assassinato, vestia uma túnica de lã e um xale vermelho. Vizinhos dizem que era reservada e raramente se juntava a eles, talvez por influência de Barnett. Seu dinheiro a mantinha fora das ruas, embora ela ainda parecesse estar em contato com seus velhos amigos. Barnett provavelmente apelava para seu senso de diferença. Somente ele se referia a ela como Marie Jeanette Kelly, presumivelmente uma referência ao tempo que passara na França. Para todos os outros, ela era apenas Mary Kelly.

O casal se mudara para o quarto 13 da Dorset Street, n. 26, Miller's Court, oito ou nove meses antes do assassinato. Na passagem, havia seis cortiços, a maioria ocupada por mulheres, com quartos numerados. Na entrada da passagem por Dorset Street, havia duas portas do lado direito. A primeira levava aos andares superiores do número 26. A casa continha sete quartos. A fachada do primeiro andar, de frente para a Dorset Street, ficava sobre um barracão ou depósito, com portas largas, usado para estocar os carrinhos dos vendedores de frutas. Até algumas semanas antes, era um refúgio noturno de desabrigados; de acordo com uma matéria do *Daily Telegraph*, um desses desabrigados fora Catherine Eddowes. A segunda porta dava para o quarto de Kelly, que ficava na parte de trás da casa, com cerca de 20 metros quadrados. Dorset Street, de curta extensão, abrigava principalmente cortiços. Havia oficialmente seiscentas camas, mas já se afirmou que o número de residentes ultrapassava 1.500. Nove portas adiante, no número 35 e do mesmo lado da rua, ficava o cortiço Crossingham, de onde Annie Chapman fora expulsa na noite de seu assassinato, dois meses antes de Kelly. No início e no fim da rua, havia pubs; o Britannia, conhecido como "Ringers" em função do sobrenome do casal que o dirigia, na esquina com a Commercial Street, ficava em frente à Igreja Cristã de Hawksmoor e ao Ten Bells.

De acordo com Paley, as mortes de Emma Smith e Martha Tabram podem ter provocado uma forte reação em Kelly; ela pode tê-las conhecido e possivelmente se sentia aliviada por não trabalhar mais nas ruas. Mas, nessa época, por razões desconhecidas, Barnett perdeu o emprego no mercado de peixe onde trabalhara nos últimos dez anos. Seus ganhos se tornaram irregulares. Ele passou a trabalhar no mercado de frutas vendendo laranjas. O aluguel do quarto, que estava em nome de Mary Kelly, era de 4 xelins por semana. De acordo com seu testemunho no tribunal de investigação, quando ela morreu eles deviam 29 xelins. Seu dinheiro mantivera Kelly fora das ruas, mas, enquanto a tensão se acumulava entre eles, a tentação de retornar à prostituição deve ter sido intensa. Paley acredita que foi nesse momento que Barnett decidiu começar a matar, para manter Kelly fora das ruas. Ele lia para ela os relatos dos jornais sobre os homicídios e escrevia as cartas de Jack, o Estripador, para a imprensa, a fim de garantir sua publicação e alimentar ainda mais o terror de Kelly. Parece ter sido bem-sucedido, mas a dívida do aluguel aumentou e Kelly, cansada tanto de seu confinamento quanto, possivelmente, do próprio Barnett, voltou-se novamente para a prostituição. As coisas chegaram ao auge quando ela levou outra prostituta para dividir seu pequeno quarto de apenas 20 metros quadrados. Parece provável que o espaço apertado os tenha forçado a partilhar também a cama. Após dois ou três dias, Barnett já não conseguia tolerar a situação. Ele e a "esposa" tiveram uma violenta discussão e Barnett saiu de Miller's Court, passando a morar em um cortiço na New Street, ao lado do distrito policial de Bishopsgate.

De acordo com Barnett, ele jogou uíste na casa de cômodos até 0h30 da manhã do assassinato. Paley acredita que, em seguida, voltou a Miller's Court para argumentar com Kelly, implorando que ela o aceitasse de volta e desistisse da prostituição. Kelly, como sabemos, estivera bebendo durante a maior parte do dia e outra violenta discussão se seguiu, possivelmente com provocações sobre as inadequações sexuais e financeiras de Barnett, terminando na morte e brutal mutilação de Kelly. (Em caráter pessoal, lembro-me de conversar com Tony Mancini, julgado pelo assassinato de Violette Kaye em 1933, como parte dos crimes do baú em Brighton. Ele foi inocentado, mas, anos depois, admitiu ter cometido o crime. Perguntei a ele o que o levara a matá-la. Ele disse que ela estava bêbada, eles haviam discutido e, jogando-se na cama com as pernas escancaradas, a mulher apontara para baixo e dissera: "É para isso que você está aqui." Esse foi o ponto de ruptura para Mancini. Se Paley estiver correto, possivelmente algo similar ocorreu a Barnett.)

Naquela tarde, Barnett foi detido durante quatro horas e interrogado pelo inspetor Abberline enquanto suas roupas eram examinadas, em busca de manchas de sangue, antes de ser liberado. A polícia estava convencida de que não estivera envolvido na morte de Mary Kelly.

Outros concordam com Paley que Barnett foi o assassino de Kelly, mas não com seu cenário. A teoria geral é de que Barnett matou Kelly após uma violenta discussão. Então, tendo lido os relatos da imprensa sobre o caso, e para fazer com que o assassinato parecesse um dos homicídios do Estripador, ele mutilou o corpo da maneira que acreditava que os outros haviam sido. A possibilidade é de que a morte de Kelly não tenha nada a ver com Jack, o Estripador.

Dr. Francis J. Tumblety

Tumblety foi o mais importante suspeito a surgir nas últimas duas décadas. Completamente ignorado por outros autores, foi mencionado em 1913 em uma carta do inspetor-chefe J. G. Littlechild a George R. Sims, autor da que talvez seja a mais famosa e definitiva balada vitoriana, "It was Christmas Day in the Workhouse". A carta finalmente chegou às mãos de Stewart Evans, proprietário de uma das maiores coleções de artigos sobre o Estripador em todo o mundo. É um documento-chave em todos os sentidos. Escrita por alguém que estava no centro da investigação, nomeia o(s) autor(es) da carta assinada "Jack, o Estripador" à Agência Central de Notícias e afirma que o dr. Tumblety era o homem que se suspeitava ser o Estripador.

Médico charlatão e misógino, o irlandês-americano Francis Tumblety nasceu em 1833 na Irlanda. A família se mudou para Rochester, Nova York, quando ele ainda era muito jovem e, durante a adolescência, Tumblety vendia livros (o que parece ser um eufemismo para pornografia) e documentos nos barcos do canal entre Rochester e Buffalo. Ele desapareceu por volta dos 17 anos e, ao voltar para casa, dez anos depois, já era um "grande médico". Para alguém descrito como "profundamente destituído de cultura" somente uma década antes, isso teria sido um grande feito, exceto pelo fato de que sua qualificação era inexistente. Seu treinamento médico fora adquirido em um hospital em Rochester. Sua aparência era um anúncio ambulante de sua charlatanice. Sua exuberância, suas roupas excêntricas (incluindo plumas, medalhas e grandes esporas), seu cavalo branco e os cães de caça que o seguiam atraíam clientes. Os remédios que mascateava, como "Destruidor de Espinhas de Tumblety" e "Pílulas de Raízes Indígenas do dr. Morse", renderam-lhe uma boa vida e encontros ocasionais com a polícia. Um paciente morreu em função de seus erros atrozes e ele foi acusado de tentar realizar um aborto em uma prostituta. Várias vezes, fugiu de cidades somente um passo à frente da lei. Nem sempre tinha tanta sorte. Foi detido durante três semanas, suspeito de estar envolvido no assassinato do presidente Abraham Lincoln. Foi nesse período passado em Washington que seu ódio pelas mulheres se tornou evidente. Durante um jantar somente para homens, majoritariamente militares, denunciou todas as mulheres de forma selvagem, em especial as prostitutas, chamando-as, entre outras coisas, de "gado", antes de mostrar a seus convidados um cômodo cheio de armários do tamanho de guarda-roupas, contendo espécimes anatômicos; mais da metade continha úteros de "todas as classes de mulheres". Sua explicação para sua extrema misoginia era o fato de ter sido casado e, somente após o casamento, ter descoberto que a esposa era prostituta e ainda exercia a profissão.

No fim dos anos 1860, foi para a Inglaterra pela primeira vez. De acordo com o inspetor-chefe Littlechild, "durante certa época, visitou Londres com frequência e, nestas ocasiões, sempre atraía atenção da polícia, havendo um largo dossiê a seu respeito na Scotland Yard. Embora sofresse de 'sicopatia [*sic*] sexual', não era tido como sádico (o que o assassino inquestionavelmente era), mas seus sentimentos em relação às mulheres eram notáveis e amargos ao extremo, um fato registrado".

Os escritores Evans e Gainey acreditam que, ao chegar a Londres durante uma visita em junho de 1888, em vez de se hospedar em hotéis, como fizera antes, ele se alojou na Batty Street, n. 22, perto da Commercial Road e adjacente à Berner Street, onde Stride foi assassinada. Essa teria sido sua base ao matar Nichols, Chapman e Eddowes. De acordo com os jornais, a senhoria alemã ouviu seu hóspede americano voltar cedo para casa no domingo, 30 de setembro — a manhã dos assassinatos de Stride e Eddowes —, e mais tarde, naquele dia, descobriu que a camisa que ele lhe dera para lavar estava suja de sangue nos punhos e parte das mangas. Como Evans e Gainey especulam que o homicídio de Stride não foi obra do Estripador, as manchas de sangue têm de se referir a Eddowes. A senhoria relatou suas suspeitas à polícia, que vigiou a casa na esperança de que ele retornasse, o que nunca fez. Houve variantes dessa história nos jornais. Tudo especulação.

Em outubro de 1888, a Scotland Yard pediu que a polícia de São Francisco enviasse amostras da caligrafia de Tumblety, que haviam sido oferecidas. Repetiu a solicitação em 22 de novembro, pedindo que fossem enviadas imediatamente. Em 7 de novembro, dois dias antes do assassinato de Kelly, Tumblety foi preso por indecência grave, juntamente com quatro outros homens. A data de um dos crimes teria sido 31 de agosto, dia do assassinato de Polly Nichols. Ele pagou fiança de 300 libras, mas, uma vez solto, fugiu para a França. Em 24 de novembro, usando nome falso, embarcou em um vapor francês para os Estados Unidos. Uma matéria foi publicada no *New York Times*, afirmando que fora preso por suspeita de envolvimento nos homicídios de Whitechapel, mas, como não havia evidências suficientes para ligá-lo aos assassinatos, a polícia o detivera por ofensas menores.

Qual é, então, a evidência de que era Jack, o Estripador? Littlechild diz que ele "estava entre os suspeitos e, em minha opinião, era um suspeito muito provável". Não *o* suspeito, é o que está dizendo, mas sim uma possibilidade em meio a muitas outras. De acordo com o inspetor Byrnes, que vigiou Tumblety depois que ele retornou a Nova York, não havia provas de sua cumplicidade nos homicídios de Whitechapel e os crimes de que era acusado não justificavam extradição. Ele também foi vigiado por um detetive inglês. É difícil entender por que estava lá, se não havia evidências suficientes para extraditar Tumblety. Possivelmente, esperava que o médico cruzasse a fronteira canadense até Montreal, onde mantinha um escritório. Uma vez lá, Tumblety poderia ser preso pelas acusações de indecência grave, já que as leis inglesas se aplicavam ao Canadá, e ser enviado de volta para a Inglaterra.

Ainda mais intrigante é a declaração de Littlechild de que, após deixar a França, nunca mais se ouviu falar em Tumblety. A vigilância policial deve ter sido falha, pois, em 5 de dezembro de 1888, um operário o viu deixar a casa em que estava hospedado (Tumblety dava mostras de "muito nervosismo", olhando constantemente por sob o ombro) e, caminhando até o fim da rua, pegar um coche para o subúrbio. De acordo com um jornal, as pessoas que o conheciam achavam que estava indo para alguma pacata cidade do interior, onde poderia repousar até que toda a agitação se desvanecesse. Quase certamente foi o que fez, pois, apenas alguns meses depois, publicou um livrete escrito nesse período, chamado *Dr. Francis Tumblety — Sketch of the Life of the Gifted,*

Eccentric and World Famed Physician [Dr. Francis Tumblety — Esboço sobre a vida do talentoso, excêntrico e mundialmente famoso médico], atacando a "imprensa venenosa" pelas infames calúnias contra ele, ao mesmo tempo em que habilidosamente evitava mencionar a prisão e seus supostos crimes. Por que, se Littlechild ocupava posição tão alta e Tumblety era um suspeito tão importante, o inspetor nada sabia sobre isso, nem mesmo ao escrever para George R. Sims em 1913, dez anos após a morte do charlatão?

Tumblety não combina com nenhuma das descrições do assassino fornecidas pelas testemunhas, nem em idade, nem em aparência. Ele tinha 55 anos na época dos homicídios. O homem que fora visto conversando com Annie Chapman tinha uns 40. Esse suspeito fora visto apenas por trás. Outras testemunhas falaram de um homem entre 28 e 37 anos. Tumblety tinha 1,78 m. Testemunhas descrevem a altura do homem entre 1,60 m e 1,75 m.

Durante seus últimos dez anos de vida, Tumblety viveu com uma sobrinha idosa em Rochester, Nova York. A casa dela era tanto sua casa quanto seu escritório. Claramente, com sua localização conhecida e nenhuma tentativa de encobrimento, se houvesse qualquer evidência contra ele relacionada aos homicídios de Whitechapel, ela teria sido apresentada. Ele morreu em 28 de maio de 1903.

Frederick Deeming

Frederick Bailey Deeming matou sua primeira mulher e os quatro filhos em 1891. Antes de emigrar para a Austrália com a esposa número 2, ele dispôs os corpos sob o chão da cozinha de sua casa em Dinham Villa, Rainhill, perto de Liverpool. Sua segunda mulher foi assassinada um mês depois de chegarem à Austrália. Foi enterrada sob o quarto de sua casa, perto de Melbourne. Sua terceira mulher já estava a caminho de encontrá-lo quando o corpo da esposa número 2 foi descoberto. Ele foi preso e executado em 23 de maio de 1892. Na prisão, afirmou ser Jack, o Estripador, mas isto era apenas tolice, dado que estivera na prisão na época dos homicídios de Whitechapel. Depois de sua execução, uma máscara mortuária de gesso foi enviada para a New Scotland Yard, aparentemente por causa da persistência dos rumores, e durante muitos anos foi mostrada aos visitantes como a máscara mortuária de Jack, o Estripador; está agora no famoso Museu Black. Isso ajudou a perpetuar o mito, também reforçado pelo seguinte verso cômico:

> Em 23 de maio,
> Frederick Deeming morreu;
> No cadafalso, ele disse —
> "Ta-ra-ra-boom-di-ay!"
> "Ta-ra-da-boom-di-ay!"
> Hoje é um dia feliz, feriado no East End
> Pois o Estripador foi embora.

O açougueiro

Em *Jack the Ripper in Fact and Fiction* [Jack, o Estripador, em fato e ficção], Robin Odell sugere que o assassino era um *shochet* (uma espécie de açougueiro ritual judeu, que sacrificava animais como prescrito pela lei judaica) — nunca pego ou identificado. Ao fazê-lo, defende o ponto perfeitamente válido de que a atual preocupação em identificar o Estripador às vezes leva a relatos exagerados dos assassinatos e à falta de interesse pelo caráter e prováveis motivos do assassino.

Em 1888, havia um abatedouro judeu na Aldgate High Street, Whitechapel, no qual o abate de animais era regular e onde haveria muitos *shochets* para atender às demandas da crescente população imigrante. Possivelmente o *shochet* em questão era um refugiado da Europa Oriental que fugiu para os Estados Unidos durante a grande onda de perseguição que se seguiu aos decretos antissemitas do início dos anos 1880. Ele pode ter permanecido por lá apenas um ou dois anos, antes de se mudar para a Inglaterra e enfim se estabelecer em Londres. Essa residência temporária nos Estados Unidos ajudaria a explicar alguns dos óbvios americanismos em certas cartas do Estripador, como, por exemplo, "*boss*" ("chefe"). A experiência como abatedor explicaria por que a polícia, em ao menos dois assassinatos, ficou confusa com a ausência de sangue. Odell atribui isso à maneira pela qual as vítimas eram tratadas — comparando-a à maneira como os japoneses chutavam para longe o tronco das pessoas que haviam acabado de degolar —, a fim de evitar que as roupas do assassino ficassem manchadas. Infelizmente, omite por completo que elas parecem ter sido estranguladas. Qualquer sangue escorreria para o chão e encharcaria as roupas da própria vítima, o que, como confirmam os relatórios policiais, de fato ocorreu.

Ao explicar sua teoria, Odell começa citando o dr. G. Sequeira, o cirurgião da polícia que examinou Eddowes e afirmou que o assassino estava familiarizado com facas. *Shochets* possuem considerável habilidade com facas — como demonstram ao realizar a *shechitá*, o abate ritual em si, "designado para retirar da carne o sangue, sagrado aos olhos de Deus". No abatedouro, o animal era preparado para o abate com as pernas amarradas e a garganta "oferecida" à faca, cuja longa lâmina era cuidadosamente amolada. Para cumprir as leis talmúdicas, a lâmina tinha de estar livre de qualquer mossa ou mancha, pois matar com uma arma imperfeita invalidaria o abate e a carne se tornaria proibida para os judeus. A lâmina era testada no indicador da outra mão e, quando estava satisfeito de que ela se adequava à lei religiosa, o *shochet* posicionava a faca na área prescrita da garganta do animal. Um único golpe rápido e pronto — a garganta estava cortada até o osso. A morte era imediata e, enquanto o *shochet* dava um passo atrás, o sangue do animal escorria das veias e artérias para o chão. Tendo feito isso, o *shochet* realizava um rápido exame, ou *bedicá*, do animal. Primeiro, tinha de se assegurar de que a garganta fora cortada corretamente e tanto a traqueia quanto o esôfago haviam sido secionados. Em seguida, precisava fazer uma incisão no peito e examinar o coração e os pulmões em busca de enfermidades ou ferimentos. Uma terceira incisão era feita no abdome para que o estômago, os intestinos, os rins e outros órgãos internos fossem similarmente examinados. Se houvesse algum sinal de enfermidade ou ferimento, a carne era *treifá* (isto é, proibida); se não houvesse, era marcada como *kosher* (adequada).

Algum conhecimento anatômico e certa habilidade claramente eram necessários para remover essas e outras partes do corpo, como prescrito pela lei judaica, e, como observou Odell, "se houvesse quaisquer dúvidas sobre a paridade entre o conhecimento anatômico elementar demonstrado por Jack, o Estripador, e a habilidade de um açougueiro, agora elas certamente foram sanadas". A competência de um *shochet* permitiria o habilidoso abate de suas vítimas.

Pode ser, mas tal competência não se limitava aos *shochets*. A julgar pela carta a seguir, escrita por um contemporâneo a uma exaurida força policial, qualquer bom açougueiro profissional possuiria as mesmas habilidades. A carta é interessante e merece ser citada na íntegra. Embora mostre como um *shochet* poderia ter trabalhado — presumindo, por agora, que a teoria de Odell esteja correta —, ao mesmo tempo apresenta o argumento de que um açougueiro ou abatedor comum não teria a cultura necessária para escrever uma ou duas cartas genuínas do Estripador.

O autor é R. Hull, Bloomfield Road, n. 4, Bow. A carta é datada de 8 de outubro de 1888.

Fui açougueiro dos 14 até depois dos 30 anos e posso falar com alguma autoridade. Acho que os médicos não imaginam quão terrivelmente habilidoso com uma faca um bom açougueiro pode ser. Até agora, nada foi feito a essas pobres mulheres que um açougueiro profissional não pudesse ter feito praticamente no escuro. A corporação médica talvez não saiba que açougueiros são muito habilidosos. Assim, os médicos se deixam iludir. E, quanto ao tempo levado pelo assassino para realizar o mais difícil feito até agora, acho que se reduziria a um terço do tempo estimado por eles, se realizado por um homem com prática, o que, de acordo com os próprios testemunhos, ele deve ser, ou alguém conectado a sua própria profissão. Não acho que um homem inexperiente poderia fazer isso. Nunca vi o interior de um corpo humano, mas presumo que haja pouca diferença entre ele e o corpo de uma ovelha ou porco. Quando ainda exercia a profissão, eu podia matar e retalhar quatro ou cinco ovelhas em uma hora. Quanto ao sangue, não se iludam: se foi um açougueiro, ele teria muito pouco ou nenhum sangue sobre si mesmo. Muitas vezes, fui ao abatedouro e matei várias ovelhas ou cordeiros e raramente sujei a roupa, ao menos quando o tempo estava ameno e o céu estava limpo. Do mesmo modo, ocorreu-me que um açougueiro conheceria seu trabalho bem demais para tentar cortar a garganta da vítima enquanto ainda estava em pé; mas, depois de se deitarem para seus propósitos imorais, com uma mão sobre a boca, o polegar sob o queixo e aquilo que é conhecido na profissão como faca de degola, uma arma terrível nas mãos de um açougueiro forte, em um piscar de olhos ele teria cortado a garganta e virado a cabeça da vítima para o lado, como faria com uma ovelha, para que o sangue escorresse enquanto ele fazia o restante de seu trabalho. O único risco de sujeira seria o rompimento dos intestinos, e isso não seria feito por alguém que conhecesse seu ofício. As facas de açougueiro vêm em trio. A primeira é a faca de degola, de 15 a 20 centímetros e lâmina reforçada, a fim de que não se dobre durante o corte da medula espinhal. A seguinte é a faca de retalhar, um pouco mais curta e larga que a faca de esfolar, a mais longa das três, curvada na ponta para não perfurar o couro. Essa faca só é utilizada para uma tarefa particular ao preparar caça. Todas elas possuem cabo de madeira, na qual a lâmina é encravada.

Um *shochet* era um clérigo menor, uma pessoa de alta respeitabilidade, alguma cultura e profunda fé religiosa. Embora possuísse algum destaque na comunidade, é improvável que sua renda fosse muito maior que a dos elementos das classes mais baixas entre os quais vivia e trabalhava. Suas roupas pretas e o sobretudo lhe dariam a ligeiramente puída e desbotada respeitabilidade que combina com algumas descrições dos suspeitos. O fato de ser uma figura tão familiar e confiável explicaria por que as vítimas concordaram em sair com ele, temporariamente iludidas por uma sensação de falsa segurança. Odell afirma que um estranho bem-vestido poderia tê-las seduzido em uma ou duas ocasiões, mas que seu charme continuasse a funcionar depois dos primeiros assassinatos iria contra o bom senso. Entretanto, foi precisamente o que aconteceu, muito anos depois, quando o Estrangulador de Boston aterrorizou a cidade; o fato de que era capaz de persuadir aquelas mulheres a abrir a porta para ele, um perfeito estranho, contrariava todas as regras, especialmente porque essas portas haviam sido reforçadas com trancas e correntes para mantê-lo do lado de fora. No East End de Londres, deve ter sido ainda mais fácil para o Estripador persuadir mulheres famintas, com frio e doentes, precisando desesperadamente dos centavos que ele lhes daria para conseguir comida e, talvez, abrigo.

A teoria de Odell é de que o Estripador talvez fosse um psicopata sofrendo de algum tipo de mania religiosa: "Um açougueiro ritual imerso na lei do Velho Testamento poderia achar justificado matar prostitutas." Ele faz um retrato exuberante do histórico e do estado mental desse homem:

> Escondendo-se por trás da respeitada personalidade de um açougueiro ritual estava a mente de um sádico sexual atormentado por desejos hediondos. O coração do tigre estava cheio de malícia, premeditação e demoníaco prazer nas perversões, as ferramentas de sua ambição. Sua mente distorcida o levou a buscar gratificação para seu desejo de sangue de uma maneira que espelhava sua habilidade profissional. Jack, o Estripador, não cometeu esses terríveis crimes por ser açougueiro. Ele matou por ser um psicopata, mas, inevitavelmente, suas perversões se fortaleceram com seu treinamento e sua habilidade como açougueiro.

> O remorso era um sentimento estranho ao Estripador, pois sua mente estava repleta de um apetite esmagador que somente a morte podia saciar. De sua distorcida maneira, ele também podia alegar um senso de justificativa religiosa ao limpar as ruas do East End das meretrizes. Foi assim que as infelizes prostitutas se tornaram o alvo da inadequação do psicopata sexual. Incapazes de relações sexuais normais e inferiores à tarefa de seduzir, tais pervertidos costumam buscar a fácil aceitação das prostitutas e, em sua cruel caricatura da moralidade, alegam ter justificativa para matá-las.

Infelizmente, é impossível concordar com sua alegação final de que, de todos os assassinos potenciais de Londres em 1888, somente o *shochet* hipotético possuía motivo, método e oportunidade para assassinar prostitutas no East End. Os métodos já foram discutidos e, como vimos, um açougueiro comum teria precisamente as mesmas habilidades e poderia manejar uma faca com igual destreza. Motivo e oportunidade são ainda mais facilmente descartados: um caso similar poderia ser construído com a mesma facilidade contra qualquer desconhecido vivendo no East End naquela época e refutá-lo seria tão difícil quanto. Se o Estripador de fato estrangulou suas vítimas — e as evidências sugerem que o fez —, então a teoria de Odell cai por terra. Só podemos aceitá-la se concordarmos com seu argumento, total e incondicionalmente. Infelizmente, há pouquíssimos fatos para tanto.

Para explicar por que o Estripador encerrou suas atividades após Miller's Court, Odell sugere que ele foi descoberto por sua própria gente, que pode ter lidado com ele de acordo com a própria justiça, em vez de enviá-lo aos tribunais ingleses. Isso teria se contraposto efetivamente ao surto de antissemitismo que Sir Charles Warren temia pudesse surgir no East End e que o teria levado a apagar a mensagem na parede. De acordo com Sir Robert Anderson em suas memórias, *The Lighter Side of*

My Official Life, [O lado mais leve da minha vida oficial], o Estripador era um judeu polonês e "é sabido que as pessoas dessa classe no East End não entregarão um dos seus à justiça gentia".

Após o "duplo evento" que a envolveu pela primeira vez, a Polícia da City não descartou a possibilidade de o Estripador ser um açougueiro judeu. Respondendo a uma carta que sugeria que "como açougueiros hebreus preferem cortar a garganta do animal para evitar a força do sangue, seria válido pedir aos inspetores dos abatedouros que vigiassem com discrição qualquer homem usando a faca com a mão esquerda", Henry Smith respondeu, instruindo a secretária no verso da carta, com tinta vermelha: "Agradeça pela sugestão e diga que já estamos analisando todos os açougueiros e abatedores."

De modo pragmático, Smith forneceu ao cirurgião da Polícia da City, dr. Gordon Brown, um conjunto de facas utilizadas pelos *shochet*, para que avaliasse se poderiam ter sido usadas nos homicídios. Seu relatório afirmou que não, pois possuíam pontas curvas. Tal informação foi repassada ao *Jewish Chronicle* para conter os rumores de que o assassino era judeu.

Talvez a última palavra sobre essa teoria particular deva ser deixada ao autor anônimo que escreveu:

> Não sou açougueiro,
> Não sou judeu, tampouco capitão estrangeiro,
> Mas sou seu amigo divertido,
>
> Sinceramente, Jack, o Estripador.

Jill, a Estripadora

Em seu livro, William Stewart estabeleceu um objetivo mais modesto. Ele não tentou provar a identidade do Estripador, mas somente a classe de pessoa a que poderia ter pertencido. E começou fazendo quatro perguntas: 1) Que tipo de pessoa poderia se mover à noite sem levantar suspeitas em sua casa ou de outras pessoas que poderia ter encontrado? 2) Quem poderia caminhar pelas ruas em roupas ensanguentadas sem despertar comentários? 3) Quem possuiria conhecimento elementar e habilidade para cometer as mutilações? 4) Quem poderia ser encontrado perto do corpo e, mesmo assim, fornecer uma razão satisfatória para estar lá?

À primeira vista, a solução parece ser um policial. A única objeção seria uma pontuação baixa no quesito 3 — mas mesmo ela poderia ser superada se lembrarmos que a maior parte da força policial era constituída de ex-soldados com suficiente experiência de guerra ultramarina para possuir conhecimento rudimentar sobre como abater homens e animais e tratar ferimentos. Contudo, a escolha de Stewart foi uma mulher que era ou havia sido parteira. Tal mulher talvez fizesse abortos também. Stewart postula que ela poderia ter sido traída por uma mulher casada que tentara ajudar e enviada à prisão; como resultado, essa seria sua maneira de se vingar do próprio gênero.

Stewart argumenta que tal mulher teria o conhecimento teórico para perpetrar as mutilações. Ela poderia se mover pelas ruas à noite sem causar suspeitas e teria a confiança de suas vítimas. Suas roupas manchadas de sangue poderiam ser explicadas por um parto difícil ou pelo exame das vítimas para verificar se ainda estavam vivas. Além disso, as roupas da época permitiriam que virasse as saias e a capa do avesso, para esconder as manchas de sangue.

Stewart dá grande valor às roupas manchadas de sangue, mas parece jamais considerar a possibilidade de estrangulamento. Ele sempre presume que o assassino fugiu recoberto de sangue. O mais perto que chega de reconhecer que algo assim talvez fosse capaz de ter ocorrido é dizer que o assassino "poderia facilmente causar inconsciência instantânea, particularmente em pessoas dadas à bebida, por meio de um método com frequência empregado em pacientes naqueles dias por parteiras que atendiam os extremamente pobres". Tal observação jamais é explicada, mas, presume--se, ele está sugerindo que parteiras sufocavam suas pacientes exercendo pressão sobre os pontos corretos.

Sua premissa de que o Estripador era mulher se baseia no fato de Kelly estar grávida de três meses (o que não estava) na ocasião e, sendo uma jovem prestes a ser despejada, desejar interromper a gravidez. Ele sugere que a parteira/aborteira foi chamada e, uma vez no interior de Miller's Court, aproveitou a oportunidade e matou Kelly enquanto ela jazia indefesa sobre a cama. Em seguida, queimou suas próprias roupas cobertas de sangue na lareira e fugiu, vestindo as roupas de Kelly. As principais objeções a essa linha de argumento são que as vestes de Kelly foram deixadas para trás e as peças destruídas, a se julgar pelas cinzas, foram camisas, anágua e chapéu pertencentes à sra. Harvey (que Stewart não menciona). Certamente, se roupas ensanguentadas tivessem sido queimadas, não teriam produzido calor suficiente para derreter o bico da chaleira, como ocorreu. A teoria de Stewart é atraente apenas porque explica o fato de Kelly — na verdade, a parteira usando suas roupas — ter sido vista às 8 horas, algumas horas depois de sua morte. Os pontos secundários servem para destacar sua alegação principal de que o assassino era mulher. Ele diz que o chapéu de Nichols deve ter sido um presente, pois ela não gastaria dinheiro em um chapéu, ficando sem nenhum para pagar pela cama. Ele ignora o fato de que não existem provas de que Nichols tenha comprado o chapéu. Suas palavras exatas foram: "Em breve, terei dinheiro para alojamento. Veja que belo chapéu tenho agora." Disso, Stewart deduz que o autor do presente não foi um homem — pois, se fosse, ela teria se gabado do fato —, mas sim uma mulher.

A principal falha dessa teoria é que, novamente, com exceção de Kelly, não há evidência de que nenhuma das mulheres estivesse grávida. Na verdade, em vista de sua idade (a maioria estava por volta dos 40 anos), vida difícil e excesso de álcool, seria surpreendente se alguma delas estivesse. É certo que Stride não estava e, da mesma forma, duvidoso que Chapman pudesse estar grávida, particularmente após o espancamento, que incluiu um chute no estômago e a deixou na enfermaria por vários dias.

A teoria de Stewart foi atualizada em uma série de artigos escritos para o jornal *Sun*, em 1972, pelo ex-detetive-chefe e superintendente Arthur Butler, da New Scotland Yard. Ele alegou que os assassinatos haviam sido cometidos por uma aborteira que vivia em algum lugar de Brick Lane e que quatro das sete vítimas (ele inclui Emma Smith e Martha Tabram) morreram em função de abortos malfeitos, em vez de terem sido assassinadas. As mutilações seriam uma tentativa de esconder esses erros. Duas das outras três vítimas foram assassinadas por saber demais e a terceira, "Long Liz" Stride, não foi vítima do Estripador.

As fontes de Butler para sua teoria foram fofocas não confirmadas. Ele não fornece o nome de nenhuma dessas fontes, com exceção de uma referência a sobrinhos de pessoas que viviam na área naquela época. É difícil julgar sem conhecer melhor os fatos e saber ao certo que valor pode ser dado a suas declarações. Contudo, ele começa por dizer que Emma Smith foi assassinada pela aborteira e seu cúmplice porque tentou chantageá-los de novo, como já fizera no passado. Ele complica ainda mais a história, dando a Emma um parceiro com o improvável nome de Fingers Freddy, que, entre outras coisas, era mágico de rua. Freddy desaparece, possivelmente no Tâmisa, logo depois de Emma ser assassinada pelo cúmplice da aborteira. Butler ignorou a declaração da própria Smith de que fora atacada por quatro homens, assim como a da testemunha que a levara ao hospital. Em vez disso, ele pinta uma lancinante cena de leito de morte na qual um policial, sentado a seu lado, espera quaisquer outras pistas que ela possa fornecer sobre a identidade dos atacantes. Aparentemente, Butler não sabia que Smith estava morta e enterrada havia três dias antes que a polícia soubesse do ataque, e somente porque um inquérito era necessário.

Martha Tabram foi assassinada de forma similar, segundo Butler, porque sabia demais sobre as atividades da aborteira. Supõe-se que uma amiga sua chamada Rosie Lee fora até a aborteira durante um feriado para interromper a gravidez. Mais tarde, quando Tabram apareceu para buscá-la, disseram-lhe que fora atendida e partira. Quando Martha não foi capaz de localizar a amiga após várias horas, voltou até a aborteira e iniciou uma violenta discussão, a inferência sendo, mais uma vez, de que erros haviam sido cometidos. (Como Rosie aparentemente desaparecera sem deixar rastros, é surpreendente que a aborteira, tendo encontrado uma maneira infalível de dispor dos corpos, não usasse o mesmo método com seus outros "fracassos".) Martha Tabram foi morta na mesma noite, para impedir que falasse.

Butler continua, dizendo que, embora não haja evidências de que Polly Nichols estivesse grávida, sabe (mas não fornece a fonte) que ela visitara uma aborteira duas vezes durante os dois anos anteriores.

Além de assassinar Smith, Tabram e possivelmente Fingers Freddy, o cúmplice da aborteira também se mostra útil na remoção dos corpos em um carrinho de bebê, jogando-os nas ruas.

Annie Chapman aparentemente rodou pelas ruas dessa maneira, o que, segundo Butler, explica o lenço encontrado em torno de seu pescoço, a fim de evitar que a cabeça quase decepada se desprendesse de uma vez do corpo.

Butler objeta ao fato de Stride ser incluída como vítima do Estripador por dois motivos: primeiro, a garganta foi cortada da esquerda para a direita, de modo contrário ao das outras vítimas (embora, sem conhecer as respectivas posições do assassino e da vítima, este dificilmente seja um ponto válido); segundo, ele não teria matado Eddowes se tivesse matado Stride, em função da confusão na Berner Street. Essa afirmação parece demonstrar total falta de entendimento da natureza do assassino sádico.

Seus pontos finais a respeito da morte de Kelly são muito parecidos com os de Stewart.

Para resumir, sem conhecer a natureza precisa das fontes de Butler, é impossível saber quanta credibilidade podemos dar a sua teoria, que deve ser ignorada como conjectura não confirmada.

8.

Demônios manipuladores

Em 1973, a Bubble Theatre Company apresentou nos subúrbios de Londres a peça *The Jack the Ripper Show*. Era uma de várias peças que os próprios atores haviam escrito e encenavam em duas tendas em forma de bolha que montavam nos parques locais ou qualquer outro espaço vazio.

Para apreciar o impacto, era preciso assistir à peça em uma noite úmida e tempestuosa, como eu mesmo fiz. Cadeiras dobráveis de madeira estavam espalhadas em fileiras em volta do palco, que ficava no meio da tenda. O palco era uma simples plataforma de 60 centímetros de altura. Não havia cenário. Quando a plateia entrava na tenda, era recebida pelo elenco, vestido em trajes de época e maquiagem completa, cantando canções acompanhadas por um piano estridente. Todo o mundo recebia uma taça de vinho. Como conhecia alguns dos atores, recebi duas (o que despertou a furtiva suspeita de que nem tudo ia bem quando me isolaram em um assento de corredor na primeira fila).

A peça era sobre a família Sharp, de atores ambulantes da época vitoriana. Como eles eram apenas quatro, enfrentavam óbvias dificuldades ao interpretar Shakespeare: suas produções adaptadas eram conhecidas como "Sharp's Short Shakespeare Shows" ["Curtos espetáculos de Shakespeare dos Sharp"]. O filho sugere que, em vez de Shakespeare, eles encenem uma peça sobre Jack, o Estripador. Um estranho que descobrem espreitando do lado de fora da tenda é contratado para interpretar o Estripador. (Enquanto aguardava por sua deixa, o ator era mantido ocupado perseguindo as crianças locais que se esgueiravam por baixo da lona e corriam pela tenda, gritando e guinchando como índios em torno de uma caravana.)

O estranho — naturalmente — era Jack, o Estripador!

Para a nova "produção", a peça dentro da peça, o título é mudado para o muito mais dramático "Sharp's Short Shocker" ["O curto e comovente espetáculo dos Sharp"].

Uma mudança igualmente dramática atinge o elenco. O filho, em particular, usa maquiagem, faz bicos, lança olhares maliciosos e faz caretas com toda a verve do Mestre de Cerimônias de *Cabaret*.

O destaque do segundo ato é o desfile de suspeitos. Primeiro, o russo louco com uma barba ruiva na altura da cintura escondendo o martelo e a foice tatuados no peito. Segundo, Montague Druitt, que muda de retrato falado tão frequentemente quanto troca de chapéu, de chapéu de caçador para chapéu-coco e de volta. O terceiro é o duque de Clarence — uma das garotas de meia-calça cor-de-rosa, chapéu alto, roupa de baixo preta e bigode de papelão. O quarto... mas não há um quarto.

A essa altura, eu soube por que havia sido colocado na primeira fila. Antes que pudesse me mover, um grande número 4 foi colocado em torno de meu pescoço e fui puxado até o palco. Houve vivas e gritos quando se pediu que os membros da plateia demonstrassem, com aplausos, se achavam que eu era Jack, o Estripador. Naturalmente, eles achavam. Tudo que pude fazer foi me curvar em uma reverência e aceitar o prêmio apresentado em uma bandeja coberta — um copo de suco de tomate.

Enganei-me ao achar que já haviam terminado comigo. Não haviam.

Logo antes do fim da peça, Jack, o Estripador, foge! Como a peça não podia terminar sem ele e a plateia já indicara acreditar que eu era o Estripador, fui forçado de volta ao palco para assumir seu lugar na forca. Depois que fui "julgado" e jurei minha inocência — na qual ninguém acreditou! —, fui "enforcado".

De onde se pode concluir que qualquer semelhança com os homicídios da vida real era mera coincidência.

Por que uma série de assassinatos inspiraria literatura e cultura próprias é um dos aspectos mais enigmáticos dos crimes. *Jack the Ripper: A Bibliography and Review of the Literature* [Jack, o Estripador: bibliografia e revisão da literatura], de Alexander Kelly e David Sharp, lançado em 1995, lista 923 livros e artigos publicados sobre o assunto. O número agora já passa de mil. *Jack the Ripper: The Murders and the Movies* [Jack, o Estripador: os homicídios e os filmes], de Denis Meikle, lançado em 2002, é um estudo de mais de cinquenta filmes e episódios de séries de TV inspirados pelos homicídios. O interesse não dá sinais de diminuir. Quatro revistas — *Ripperologist, Ripperana, The Journal of the Whitechapel Society* e *Tipper Notes* — são dedicadas exclusivamente ao assunto, e existe também um website em expansão. Uma explicação parcial para esse fenômeno pode ser o fato de, como jamais houve uma solução universalmente aceita, todo o mundo é livre para acrescentar seu próprio final à história. Não importa se contraria a razão — o que frequentemente faz; o ponto é que a explicação é verossímil para a pessoa que a oferece. Melhor ainda, tempo, lugar e ação podem ser ignorados. O livro de Kelly e Sharp ilustra isso com perfeição. Histórias foram escritas sobre o Estripador fugindo para o oeste americano, onde mantém seus hábitos, matando dançarinas, índias locais e o sr. Lusk. Ele abriu seu caminho, um homicídio após o outro, até a galáxia para se alojar, como força maligna, nos computadores da *Enterprise* e foi caçado através do tempo por H. G. Wells até a moderna São Francisco; dançou e cantou em numerosos palcos; encontrou-se várias vezes com Sherlock Holmes; tornou-se uma arma da luta de classes nas interpretações políticas mais recentes; e — o melhor — como o insano general-brigadeiro Jack D. Ripper, causou o Armagedom em *Dr. Fantástico*, de Stanley Kubrick.

Ele foi ressuscitado, no estilo vampiro, de uma pedra da London Bridge e como o insano conde de Gurney em *A classe governante*, de Peter Barnes, que acreditava ser Jesus Cristo *e também* Jack, o Estripador!

Foi enforcado em redes de pescadores, queimado, morto em uma lagoa eletrificada (*Pânico e morte na cidade*), esfaqueado por índios americanos querendo vingança e destruído (juntamente com o resto do mundo) por armas nucleares. Foi uma dupla e um trio de homicidas. Nem sempre foi punido. Foi elevado ao pariato; mudou de sexo, tornado-se Jane, a Estripadora (*Night Heat*); recebeu ordens sagradas e se tornou freira em Calais (*The Great Victorian Mystery* [O grande mistério vitoriano]); casou-se com a envenenadora Adelaide Bartlett; transformou-se em Umbrella Jack para o centenário; e, em uma completa inversão de papéis, tornou-se Sherlock — "Jack, o Estripador" — Holmes.

O potencial para quadrinhos foi percebido por vários autores, mais notadamente Alan Moore e Eddie Campbell, com seu best-seller *Do inferno*, no qual o filme de Johnny Depp foi baseado. A ligação com a realeza continuou nas quatro partes de *Blood of the Innocent* [Sangue de uma inocente], no qual o príncipe Eddy luta contra Drácula, que ameaça a Inglaterra com um reinado vampiresco de terror, incluindo o próprio trono, porque o príncipe matou a mulher que amava, Mary Kelly. Outra menção real está nas quatro partes de *Spring-Heel Jack. Revenge of the Ripper* [Jack Pés de Mola. Vingança do Estripador], no qual o príncipe Eddy retorna à Londres do século XX e, durante a *première* de um filme, apresenta-se à princesa Diana sacando uma faca e pedindo que ela compartilhe "alguns pedaços de suas entranhas reais". Até mesmo Batman foi recrutado: em *Gotham by Gaslight* [Gotham à luz de lampiões], Bruce Wayne é enquadrado pelos crimes de Jack, o Estripador. Menos conhecida é a identidade de Jack Hack na revista em quadrinhos *Fantomen*. A história *The Phantom as Sherlock* [O Fantasma como Sherlock] mostra o Fantasma — vestido normalmente, de collant e máscara — ficando parecido com Sherlock Holmes, a fim de capturar Jack Hack, cujo nome real é... Rumbelow. A explicação do autor é de que aprendeu tanto com este livro que deu meu nome a Jack Hack como uma espécie de agradecimento!

Tal resumo do assunto ajuda a ver que, falando de modo geral, os tratamentos ficcionais podem ser separados em quatro categorias principais.

Sensacionalismo

Essa primeira categoria realmente não precisa de explicação. Uma olhada rápida nas revistas ilustradas da época e no grande volume de literatura surgido desde então deve ser suficiente. O que surpreende é o quão rapidamente o público apreendeu as possibilidades dramáticas. O primeiro da fila foi J.F. Brewer, que capitalizou o assassinato de Eddowes algumas semanas depois, publicando uma peça de nonsense chamada *The Curse Upon Mitre Square A.D. 1530–1888* [A maldição sobre Mitre Square, 1530–1888]. Segundo a história, Eddowes foi morta exatamente no mesmo local em que certa vez estivera o altar do priorado da Santíssima Trindade e onde o irmão Martin ainda se demorava sobre a cena do crime que cometera séculos antes, quando, ensandecido de paixão, talhara doze vezes o rosto da mulher que conspirara para desgraçar o monastério. "Com a fúria de um demônio, o monge jogou o corpo ao chão e o deixou irreconhecível. Cuspiu sobre o rosto mutilado e, com o restante de suas forças, rasgou o corpo e arrancou as entranhas." Horror! Ele matara a irmã. Desesperado, o irmão Martin voltara a faca contra si mesmo. Os monges tentaram queimar o sangue das pedras do altar, mas o local foi amaldiçoado. Durante os séculos, todas as noites, entre meia-noite e uma da manhã, um jovem sombrio vestido de monge surgia e apontava o local, murmurando estranhas profecias sobre os terríveis eventos que ocorreriam ali.

No que deve ser um exemplo clássico de mau gosto, o panfleto no qual o texto foi publicado trazia um único anúncio na contracapa, em tinta vermelha: "Tratamento Seguro de Warner para Doenças do Fígado e dos Rins."

Logo em seguida aos assassinatos, um *showman* tentou alugar o quarto de Kelly por um mês, enquanto outro tentava comprar a mobília. Provavelmente teve sucesso, já que, quatro meses depois, em fevereiro de 1889, houve relatos de que uma sala de concertos apresentava uma noite de entretenimento, talvez um esquete, sobre o Estripador e Mary Kelly.

Na Finlândia, em 1892, Adolf Paul publicou o que possivelmente foi a primeira peça de ficção sobre o Estripador. Tratava-se de uma coleção de contos em sueco chamada *Uppskäraren* [O Estripador]. Poucos exemplares do livro ainda existem (um está na Biblioteca Real, em Estocolmo), pois foi proibido por um censor russo — não sabemos por quê. A trama básica é que Paul visita Berlim e, enquanto está lá, colide com o Estripador, que está fugindo de outro homicídio e derruba seu diário. O livro é mal-escrito e é provável que a tentativa do autor de explicar os homicídios em função da motivação sexual do Estripador tenha sido considerada ofensiva, o que levou a obra a ser proibida.

The Bending of a Twig [Endireitando o ramo], de Desmond Coke, lançado em 1906, foi descrito como

> [...] uma ilustração extrema de toda a carreira escolar do herói sendo influenciada e parcialmente destruída pela leitura de uma estranha seleção de histórias escolares, fornecidas por uma mãe bem-intencionada, consistindo em *Tom Brown's Schooldays* [Os tempos de escola de Tom Brown] (1857), de Hughes; *Eric* (1859), de Farrar; *Stalky* (1899), de Kipling; *The Hill* [A colina] (1905), de Vachell; e uma história provavelmente fictícia ironicamente subintitulada *A Tale of Real Life* [Uma história da vida real], no qual o diretor é Jack, o Estripador.

O teatro não ficou atrás. Em 1910, quase inacreditavelmente, houve uma comédia de um ato. Muito mais significativa, contudo, é a obra do roteirista alemão Frank Wedekind, que enfrentou problemas com sua peça *Lulu*, quatro anos depois do último homicídio do Estripador. Em 1895, o manuscrito intitulado *Pandora's Box* foi enviado a seu editor, que temia as repercussões legais do fato de a personagem principal, Lulu, ser assassinada por Jack, o Estripador. Isso forçou Wedekind a dividir a peça em duas partes, *The Earth Spirit* [O espírito da terra], de 1895, e *Pandora's Box* [Caixa de Pandora], de 1902, agora conhecidas coletivamente como *The Lulu Plays* [As peças de Lulu]. Elas se tornaram a base para duas obras-primas do século XX, o filme *A caixa de Pandora*, protagonizado pela lendária estrela do cinema mudo Louise Brooks (1929), e a ópera de Alban Berg, *Lulu* (1937). Berg descreveu Lulu como "uma brilhante bola de fogo, chamuscando tudo que entra em contato com ela". Dois maridos morrem, ela atira no amante, é enviada para a prisão e, ao ser solta, torna-se prostituta. Lulu é uma predadora e, em um mundo de predadores, é seu destino ser vítima do macho da espécie. Tanto ela quanto sua admiradora lésbica são esfaqueadas até a morte por Jack, o Estripador. A peça *Lulu*, de Peter Barnes, baseada nas mesmas fontes, estreou em 1970.

Em 1975, o Estripador foi um voyeur em um filme pornográfico sueco chamado *Musfallan* [A ratoeira]. "Mus", em sueco, é um coloquialismo para vagina. A ratoeira do filme era uma alcova de sedução. A madame do bordel era interpretada por Diana Dors.

Nesse ponto, o termo "sensacionalismo" exige certa qualificação. Essa é uma categorização puramente arbitrária, mas, no tratamento sensacionalista dado aos homicídios, Jack, o Estripador, é um epônimo individual, uma concha humana sem personalidade ou individualidade, um demônio amortalhado carregando uma faca. Ele é a figura encapada que caminha pelo fog do século XIX com sua maleta de médico. O Estripador de Berg é o melhor do mercado. No outro extremo, estão livros como *The Night of the Ripper* [A noite do Estripador], de Robert Bloch. É difícil acreditar que veio do mesmo autor do excelente "Yours Truly, Jack the Ripper" ["Sinceramente, Jack, o Estripador"], que subsequentemente se transformou em uma peça apresentada à televisão americana por Boris Karloff. *The Night of the Ripper* menciona os suspeitos usuais e praticamente todo mundo — ou assim parece — que vivia na época, incluindo Bernard Shaw e o Homem Elefante; Oscar Wilde exonera o duque de Clarence, enquanto Conan Doyle identifica a enfermeira em treinamento do London Hospital, Eva Sloane, como uma das metades da dupla Jack, o Estripador (ele estrangula, ela esfaqueia). O dr. Pedachenko é a outra metade, mas (sendo injusto com o leitor) só aparece entre as páginas 220 e 252. O livro carece de suspense, mas compensa na sordidez, temperando o início de cada capítulo com exemplos totalmente gratuitos de sadismo em todas as épocas e países. Nenhum deles tem relação com o livro. Assim como em *Sherlock Holmes Versus Jack the Ripper* [Sherlock Holmes versus Jack, o Estripador], uma casa em chamas fornece a saída ao autor. Pedachenko quebra o pescoço, Eva é empalada em uma balaustrada e o que as chamas não destroem (as facas do Estripador, o feto de Kelly e os disfarces da dupla) o velho e irritado inspetor Abberline, da Scotland Yard, encobre.

O fogo mais uma vez destrói, escondendo do público a verdadeira identidade do Estripador, um ex-detetive da Scotland Yard, em *Dust and Shadow* [Pó e sombras], de Lyndsay Faye (Simon & Schuster, 2009). Não surpreende, portanto, que seja novamente uma útil resolução da trama em *The Autobiography of Jack the Ripper* [A autobiografia de Jack, o Estripador], de James Carnac (Bantam Press, 2012). Supostamente, o livro consiste em uma biografia escrita nos anos 1920 e que só recentemente veio à tona. Paul Begg analisa sua possível autenticidade, apresentando cópias de algumas páginas datilografadas, e tenta explicar certas contradições do texto. Infelizmente, o homicídio mais detalhado é o de Stride e se trata de um absurdo, quando comparado à factual e detalhada documentação de suas últimas horas. Trata-se de um romance, não de uma legítima autobiografia. O fogo, tão útil nessas romantizações, é usado novamente para resolver a trama. Carnac é morto em uma explosão que o reduz a cinzas. Felizmente para os leitores, acabou de terminar sua autobiografia.

Identificação

Nessa segunda categoria, a história mais conhecida é *The Lodger* [O inquilino], da sra. Belloc Lowndes, que teve numerosos derivativos. A história se originou durante um jantar, quando ela ouviu um dos convidados contando a outro que o mordomo e a cozinheira de sua mãe, que eram marido e mulher e alugavam quartos em sua casa, acreditavam que em um desses quartos estava Jack, o Estripador. Essa rápida conversa inspirou seu conto, publicado na *McClure's Magazine* de janeiro de 1911. Ela não conseguiu uma única crítica favorável. Pesarosa, queixou-se de não ter sido capaz de encontrar "uma única frase de tépida aprovação" para a edição americana. Aos poucos, contudo, a opinião pública passou a favorecê-la, tanto que, dois ou três anos depois, os críticos perversamente afirmavam que seus novos livros eram uma decepção e se perguntavam por que ela não escrevia um novo *The Lodger*.

Em 1923, a edição de 6 *pennies* vendeu sozinha mais de meio milhão de exemplares. O conto foi transformado na peça *Who is He?* [Quem é ele?] e, em seguida, em um filme mudo dirigido por Alfred Hitchcock, então com 26 anos, que ajudou a adaptar a história. Atualmente, é saudado como o primeiro filme no estilo Hitchcock. O astro era o ídolo inglês das matinês Ivor Novello, mas, por causa de seus fãs, a trama teve de ser modificada para mostrar que não era o assassino e interesses comerciais exigiram que sua inocência fosse afirmada em grandes letras. Hitchcock gostaria que Novello fosse o assassino, mas a mudança provavelmente foi para melhor, dado que, como disse o diretor, a plateia acha mais fácil se identificar com um homem inocente falsamente acusado que com um homem culpado em fuga. Existe um senso maior de perigo.

Quando o filme foi exibido para os distribuidores, eles o odiaram. Acharam--no pesado demais e muito alemão. Reservas feitas com base na reputação de Novello foram canceladas, e o filme foi devolvido às prateleiras. Várias semanas depois, os distribuidores pensaram melhor e o mostraram aos especialistas, que ficaram extasiados e o saudaram como o mais importante filme inglês produzido até então. Foi um sucesso tanto de público quanto de crítica.

O efeito pelo qual é principalmente lembrado é a cena, filmada "através" do teto, em que o inquilino caminha de um lado para o outro, fazendo com que o lustre do quarto de baixo se mova. Hitchcock conseguiu isso filmando através de um teto de vidro de 2,5 centímetros de espessura. Teve de fazer isso porque o filme era mudo; se tivesse som, bastaria filmar o lustre se movendo.

A ficção que com mais consistência procura uma solução, e consequentemente uma identificação, é aquela em que Sherlock Holmes é contraposto ao Estripador. Embora Conan Doyle jamais tenha escrito nada remotamente similar, ele contou a um repórter do *Evening News* (3 de julho de 1894), de Portsmouth, como achava que Holmes teria rastreado o assassino. Doyle disse que se lembrava de ter ido ao Museu Black e observado a carta atribuída ao Estripador:

> Estava escrita com tinta vermelha e em letra de profissional. Tentei pensar como Holmes poderia deduzir o autor daquela carta. O ponto mais óbvio era que a carta fora escrita por alguém que estivera nos Estados Unidos. Ela começava dizendo "Caro chefe" e continha a frase "fix it up" ["consertar"] e várias outras, não usuais entre os ingleses. Então temos a qualidade do papel e da caligrafia, uma indicação de que as cartas não foram escritas por um trabalhador braçal. Era um bom papel e uma caligrafia redonda, clara, profissional. Ele estava acostumado ao uso da pena.
>
> Tendo determinado isso, não podemos evitar a inferência de que deve haver, em algum lugar, cartas desse homem escritas em seu próprio nome, documentos ou relatos que poderiam ser rapidamente rastreados até ele. O estranho é que, até onde sei, a polícia não pensou nisso e, assim, não conseguiu descobrir nada. O plano de Holmes seria reproduzir as cartas e, em cada página, indicar brevemente as peculiaridades da caligrafia. Ele então publicaria essas cópias nos principais jornais da Grã-Bretanha e dos Estados Unidos e ofereceria uma recompensa a qualquer um que pudesse indicar uma carta ou qualquer exemplar da mesma caligrafia. Tal atitude converteria milhões de pessoas em detetives do caso.

Na verdade, esse foi um dos métodos que Conan Doyle utilizou no caso real de Edalji, mas sem o tipo de sucesso que se esperaria de Holmes. Perversamente, o tutor de Doyle em Edimburgo, dr. Joseph Bell, que servira de modelo para Holmes, alegou ter resolvido o mistério de Jack, o Estripador (*Tit Bits,* 24 de outubro de 1911). Bell explicou como ele e um amigo, com uma mente similarmente analítica, haviam decidido investigar. E disse a um repórter: "Quando dois homens decidem encontrar uma bola de golfe no campo, eles esperam encontrá-la na intersecção das linhas retas traçadas em suas mentes, desde suas posições originais até a bola. Do mesmo modo, quando dois homens investigam um crime misterioso, o ponto onde suas pesquisas se cruzam fornece importantes resultados." De acordo com esses princípios, o dr. Bell e seu amigo fizeram investigações independentes e depositaram suas conclusões em envelopes selados que, finalmente, trocaram. Ambos os envelopes continham determinado nome. Eles entregaram o nome à polícia e, logo depois, os assassinatos cessaram — ou assim alegou Bell.

As histórias de Holmes costumam depender da descoberta de um manuscrito inédito do dr. Watson. *A Study in Terror* [Um estudo sobre o terror], de Ellery Queen, publicado na Inglaterra em 1966 com o título *Sherlock Holmes Versus Jack the Ripper*, é um desses livros. Trata-se de um entrelaçamento de eventos passados e presentes. A principal narrativa é o relato do dr. Watson sobre o caso; a subtrama se refere à entrega de seu manuscrito inédito a Ellery Queen, para que ele possa investigar e limpar o nome que Watson erroneamente identificara como o Estripador. A subtrama foi descartada, assim como a solução de Ellery Queen, quando uma versão para o cinema foi realizada em 1965: o final "falso" do dr. Watson fornecia uma história muito melhor e muito mais simples. Uma razão para o livro ser tão insatisfatório é o desfecho, no qual seis dos personagens principais morrem, sendo assassinados ou cometendo suicídio em pouco mais de quatro páginas. Um se empala em sua bengala de lâmina, quatro são queimados até morrer e o sexto é esfaqueado por alguém *fingindo* ser Jack, o Estripador.

O manuscrito inédito de Watson no romance de Michael Dibdin *The Last Sherlock Holmes Story* [A última história de Sherlock Holmes] é considerado uma "bomba-relógio criminológica", com sua revelação de que, cansado de ser defensor das pessoas, Holmes passa para a oposição. Ele transforma os homicídios em uma competição de habilidade entre si mesmo e a polícia e passa a correr riscos cada vez maiores para provar, no fim, que pode ser o assassino perfeito, do mesmo modo que fora o detetive perfeito. Esse livro provavelmente contém a cena mais bizarra do opus de Holmes, com o dr. Watson espiando enquanto Sherlock cantarola "La donna è mobile" e esfola e pendura pedaços de Mary Kelly na parede. Outros teorizaram que uma das vítimas não registradas do Estripador seria a sra. Watson, que Holmes teria assassinado para que seu amante, o dr. Watson, voltasse para ele e para sua antiga vida na Baker Street, n. 221B!

Na novela de Geoffrey A. Landis, *The Singular Habit of Wasps* [Os hábitos singulares das vespas], Holmes novamente é encontrado mutilando as vítimas do Estripador, mas, desta vez, o Estripador é apenas uma invenção da imprensa e as mulheres foram infectadas por um alienígena forçado a pousar na Terra. A justificativa de Holmes para matar e mutilar as mulheres de Whitechapel é o fato de já estarem mortas, mortas-vivas, e ele precisar destruir os grandes ovos branco-purpúreos, cada um deles contendo uma monstruosa forma enrodilhada, com os quais foram fertilizadas. O alienígena tomou posse do corpo de um terráqueo e, quando finalmente é desafiado e derrubado com balas antes de ser incendiado, Holmes e Watson conseguem ver "que os órgãos reprodutores do homem eram um pulsante e perversamente denteado ovipositor, com sua ponta afiada se agitando cegamente entre as chamas". Enquanto observam seus movimentos finais, "ele incha e se contrai e um ovo, escorregadio e púrpura, é expelido".

Enquanto novos suspeitos são regularmente acrescentados ao cânone do Estripador, é interessante ver sua primeira aparição na ficção. Em 1998, três anos depois de Stewart Evans e Paul Gainey terem ressuscitado o dr.

Tumblety como Jack, o Estripador, ele está ficcionalmente planejando ultrajes em benefício da Irmandade Feniana em *Sherlock Holmes and the Royal Flush* [Sherlock Holmes e o *royal flush*], de Barrie Roberts. O ano é 1887, Jubileu da rainha Vitória, e será feita uma apresentação do Buffalo Bill Cody's Wild West Show no castelo de Windsor. Os homens de Tumblety devem atacar e assassinar o príncipe de Gales e os quatro reis dentro de uma carruagem (o *royal flush* do título se refere a quatro reis e um ás no jogo de pôquer). Somente os dois caubóis ao lado do cocheiro, Holmes e Watson disfarçados, podem salvá-los desse destino.

Após tal inversão de papéis, não causa surpresa encontrar, em *The Revenge of Moriarty* [A vingança de Moriarty], de John Gardner, o professor James Moriarty descobrindo que Montague Druitt é o Estripador e encenando seu suicídio a fim de encerrar o caso, pois a atividade policial prejudica a administração de seu império no East End. Outros personagens holmesianos também ajudaram a capturar o Estripador. O misterioso irmão de Holmes, Mycroft, é muito ativo em *The Mycroft Memorandum* [O memorando Mycroft], de Ray Walsh, e também em *The Adventures of Inspector Lestrade* [As aventuras do inspetor Lestrade], de M. J. Trow. Novamente, há participação de Oscar Wilde e Conan Doyle, além do lorde Alfred Douglas e até mesmo Agatha Christie quando criança.

Sociologia e política

Recentes produções teatrais se encaixam na categoria sociológica e política. Escritores tentaram utilizar os homicídios para explicar questões da época, o que significa menos preocupação com o Estripador e um foco maior na vida laboral de Whitechapel. Infelizmente, isso costuma significar um cenário de sala de concerto, com *cockneys* barulhentos e multidões de mulheres, sempre com as mãos nos quadris, discutindo e gritando, além de muita participação bem-humorada da plateia — e, basicamente, pouca importância para os eventos sendo encenados. Quando a peça *Ripper* foi apresentada, em 1973, pela Half Moon Theatre Company, cada um dos homicídios foi cometido por um suspeito diferente e, às vezes, anônimo. Por exemplo, o corpo de Polly Nichols foi trazido em um carrinho por uma mulher (uma aborteira clandestina? Jill, a Estripadora?) e jogado no palco. Ao alternar os assassinos, a peça foi capaz de iluminar diferentes facetas da sociedade vitoriana, movendo-se do ponto de vista de um homem rico para o de um imigrante, de um operário para um criminoso. Os personagens incluíam alguns estereótipos bastante grosseiros, como o policial estúpido, o capitalista ganancioso e o valoroso sindicalista. A última cena foi ligeiramente entorpecedora. Depois que Kelly entrou no quarto com Pedachenko, uma parede foi removida e uma carcaça, iluminada por cima, foi retalhada por um homem com chapéu de palha e avental de açougueiro que, em seguida, tentou oferecer costeletas e rins à plateia. A peça termina com o elenco cantando uma versão lenta da canção "Knees Up Mother Brown".

O cenário de sala de concertos também forneceu o enquadramento dramático quando *Jack the Ripper* estreou no West End de Londres no ano seguinte. Essa produção ofereceu uma reconstrução musical dos assassinatos, situada em uma sala de concertos e suas cercanias, como encenada pelos habitantes de Whitechapel. Montague Druitt foi retratado como um anjo vingador de Toynbee Hall, fundado pelo reverendo Barnett como Universidade do Povo. O melhor número provavelmente foi "Ripper's Going To Get You If You Don't Watch Out" ["O Estripador vai te pegar se você não se cuidar"]. O show provou ser popular, especialmente na Suécia e entre grupos amadores.

Musicais mais recentes foram *The Reward of Cruelty* [A recompensa da crueldade], de Taylor e Watson; *Jack the Musical* [Jack, o musical], de Christopher George e Erik Sitbon; *Jack the Ripper* (originalmente *The Lodger* [O inquilino]), de 1999, uma colaboração entre mãe e filha, Mary e Regan Ryzuk; e *Yours Truly, Jack the Ripper* [Sinceramente, Jack, o Estripador], de 1998, um musical conceitual de Frogg Moody. O último, que contou com a colaboração de Ian Marshall, teve uma versão em CD, *Angels of Sorrow* [Anjos do pesar], baseado nas interpretações individuais das características musicais de cinco vítimas de Whitechapel, ligadas a descrições de cada mulher feitas por cinco autores sobre o Estripador (Begg, Evans, Fido, Odell e Rumbelow). Carl Jay Buchanan fez interpretações similares em seu altamente original livro investigativo de poemas, *Ripper*.

Jack's Back! [Jack está de volta!] foi uma produção off-off-Broadway dos T. Schreiber Studios que estreou em 2012. Foi descrita como "um olhar enlouquecido sobre um homem, o recheador de salsichas Herbert Wingate, que pode ser capaz de pôr fim ao banho de sangue". Em Seul e em Tóquio, no mesmo ano, um musical tcheco chamado *Jack the Ripper*, escrito por Ivan Hejn e com composição de Vaclav Patejdl, apresentou Lee Sung-min, vocalista de uma das principais *boy bands* da Coreia, no papel de dr. Daniel, jovem médico que afirma saber a identidade do assassino. A produção foi lançada em 2009 e adaptada do original tcheco para as audiências coreanas.

Duas outras produções em Whitechapel que merecem menção são *Hunt the Ripper* [Cace o Estripador], da Curtain Theatre Company (1975), encenada no próprio Toynbee Hall, e *The Harlot's Curse* [A maldição da meretriz], em uma sinagoga abandonada de Spitalfields, em 1986. O programa da primeira produção também era parcialmente um caderno de letras, um convite para que a plateia participe da "Eine Kleine Rippermusicke":

> Oh, oh, oh, que puta adorável,
> De que nos servem Senhora e Dama,
> Se podemos transformá-las em geleia.
> Assim que estou sozinho com elas,
> Deixo meus dedos vaguearem,
> E não ligo se não riem,
> Mas gritam, vociferam e gemem.

Oh, oh, oh, que puta adorável,
Não ficarei satisfeito,
Até que a última tenha morrido.
Saia lá fora se quiser ver
Um belo massacre em um beco comigo,
Oh, oh, oh, que adorável,
Oh, oh, oh, que ensanguentada,
Oh, oh, oh, que puta mortal.

O cenário foi parte importante da produção de *The Harlot's Curse*, de Rodney Archer e Powell Jones, pela Operating Theatre Company. Esse documentário dramatizado focava na vida das prostitutas vitorianas, personificadas por Mary Kelly. As fontes iam de Dickens, Stead, Blake e Shaw até "Walter" (pouco surpreendente) e Flanders & Swann (muito surpreendente). A vida ficcional de Kelly desde o nascimento (na verdade, o nascimento de Oliver Twist) até a morte (a de Nancy, no mesmo livro) era a única ligação com os homicídios de Whitechapel. Entre elas, um curioso amálgama de informações sobre perversões sexuais, prostituição infantil, flagelação e promiscuidade entre as classes altas, com digressões sobre o melhor método para simular virgindade: com a inserção de pequenas esponjas encharcadas de sangue e bexigas de peixe ou, mais doloroso, porém exigindo menos encenação, o uso de fragmentos de vidro quebrado.

A peça *Force and Hypocrisy* [Força e hipocrisia] e o filme *Assassinato por decreto*, de 1979, podem ser arbitrariamente descritos como histórias "policiais". Os homicídios são parte de uma luta de classes e, em ambos os casos, o instrumento de vingança é o cocheiro John Netley. Na peça, ele é um dos "destituídos" do mundo e as cenas finais o mostram triunfando sobre Clarence, enrolado apenas no estandarte da Federação Social Democrática. Clarence mais tarde corta os pulsos, um gesto totalmente inútil, temendo ver um trono em cada cômodo. No filme, Netley é o instrumento das classes dominantes, matando para impedir a destruição da sociedade existente por uma "ideologia anarquista radical".

Force and Hypocrisy, de Doug Lucie, reconhece abertamente ter se baseado no livro de Knight. Paralelos contemporâneos como desemprego em massa, tumultos, sindicalistas lutando contra a polícia, luta armada na Irlanda, ataques homicidas a mulheres e escândalos no establishment são fortemente destacados. A entrada de um sindicalista é tratada como o Segundo Advento, até mesmo com fachos de luz. A aristocracia, em contrapartida, é formada por pervertidos masoquistas. Tais alvos indefesos contribuem para o desequilíbrio da peça. Um toque incomum é fazer com que Gull, após seu derrame, seja confinado, sob o nome Thomas Mason, e amamentado por Annie Cook (o nome foi alterado). Mas a ocasião é de Netley.

Assassinato por decreto percorre basicamente o mesmo caminho, mas, possivelmente por razões legais ou de direitos autorais, há novas mudanças de nome — Sir William Gull vira Sir Thomas Spivey e John Netley vira William Slide — e a história se torna muito mais ficcional com a introdução de Sherlock Holmes. Um exemplo dos malabarismos do autor é que Annie Crook comete suicídio e é enterrada ao mesmo tempo que Mary Kelly. Embora o filme seja extremamente evocativo, uma longa fala de Sherlock Holmes ainda é necessária para explicar o casamento ilícito e a conspiração maçônica.

O Estripador e a realeza foram uma combinação igualmente irresistível para Michael Caine em *Jack the Ripper* e, quatorze anos depois, para Johnny Depp em *Do inferno*. Caine transformou o inspetor Abberline em alcoólatra, enquanto Depp o mostrou como viciado em drogas morrendo de overdose em 1888, em vez de o respeitado policial aposentado que faleceu em 1929. Se Abberline teria motivos para queixa, mais ainda teria Sir William Gull, pois transformá-lo no Estripador em três filmes fez com que sua sepultura fosse vandalizada. O mesmo ocorreu à sepultura de James Maybrick. Sem dúvida, algum dia alguém cortará uma pintura de Sickert por acreditar no disparate de Cornwell. O filme de Caine foi promovido com alegações de que a companhia recebera acesso a arquivos secretos do Ministério do Interior identificando o assassino. A culpa por esse absurdo foi lançada sobre um departamento de publicidade ultrazeloso e, a despeito das alegações ao final do filme, não há evidência alguma de que a companhia tenha solucionado o mistério.

Luta de classes é novamente o tema dominante do romance futurista *Uneasy Lies the Head* [Inquieta é a cabeça], de Robert Tine. Assassinatos imitando os de Jack, o Estripador, fazem com que as suspeitas recaiam sobre o recém-coroado Jorge VII, que revolucionários palacianos esperam substituir por Eddie, seu irmão mais novo, a fim de salvar a nação dos rudes trabalhadores que estão arruinando o país. Leitores interessados em tais histórias alternativas sobre a realeza podem gostar de voltar no tempo com o romance *Headlong* [De cabeça para baixo], de Emlyn William, sobre um ator de 25 anos chamado Jack Green que, subitamente, se vê como rei da Inglaterra em 1936. Ele é filho do casamento secreto do duque de Clarence e, como herdeiro legítimo, impede que Eduardo VIII, mais tarde duque de Windsor, torne-se rei. Mas, quando começa a sapatear no Albert Hall, claramente é hora de abdicar.

No início de 2012, Hammer anunciou ter adquirido os direitos de *Gaslight* [Luz de lampião], de Ian Fried, cujo projeto afirmava ser "um thriller evocativo no qual *Do inferno* se encontra com *O silêncio dos inocentes*": "Secretamente aprisionado em um hospício de Londres, o infame Jack, o Estripador, ajuda os investigadores da Scotland Yard a solucionarem uma série de sinistros homicídios cujas vítimas têm uma coisa em comum: marcas duplas de picada no pescoço." Uma produção da BBC One que estreou no fim de 2012, chamada *Ripper Street* e filmada em locações em Dublin, lidava não com o Estripador, mas com as consequências de seus crimes e o modo como afetaram a Divisão H de Whitechapel, então em caótico estado depois de tentar manter a ordem durante as tumultuadas investigações do ano anterior. Uma das mais interessantes interpretações dos homicídios foi a série da ITV chamada *Whitechapel*, que, em seus primeiros episódios (2009), atualizou os assassinatos de 1888 para os dias atuais, com suspeitos, testemunhas e policiais usando os mesmos nomes dos envolvidos na investigação original. Um entusiástico guia turístico londrino conduzia os detetives pelas complexidades dos homicídios originais e pelos paralelos que encontrara com homicídios do século XX.

Futurismo

Na última categoria, a futurista, Jack, o Estripador, é um viajante do tempo, parte humano, parte espírito. Ele pode ser encontrado argumentando com o marquês de Sade, solucionando o mistério do *Mary Celeste*, escapando de H. G. Wells, seguindo sua 88ª vítima ou levando o engenheiro-chefe da *USS Enterprise* de *Star Trek* a cometer homicídio. Em *O médico & irmã monstro*, da Hammer's Films, ele é misturado não apenas com o personagem de Stevenson, mas também com os ladrões de corpos Burke e Hare em sua busca por um elixir da vida eterna. Ele também pode se tornar o "Umbrella Jack" de Al Borowitz, o primeiro Estripador a cometer homicídio *e* suicídio com um guarda-chuva envenenado.

Às vezes, a perspectiva é das vítimas. No romance *By Flower and Dean Street* [Na Flower and Dean Street], de Patrice Chaplin, Jack, o Estripador, conhece e mata "Long Liz" Stride; a grande diferença é que isso ocorre na moderna Hampstead. Jack é um publicitário chamado Ken, que escreve jingles para comida de cachorro, e Long Liz é uma esposa moderna chamada Connie. Não fica claro se estamos lidando com um caso de possessão. Connie experimenta um arco temporal que a leva de volta à Whitechapel vitoriana e à persona de Elizabeth Stride. A razão para essa assombração é o fato de Jack (vamos ficar com esse nome) ter voltado para cometer os assassinatos que não pôde finalizar em 1888. Na segunda metade da história, Ken (ou seria Jack?) é incitado por Jack (ou seria Ken?) a se esfaquear até a morte entre os pés de tomate da estufa. Sem mais jingles sobre cães para ele — o que explica o fato de uma das críticas do livro ser intitulada "The new Ripper and his tasty morsels" ["O novo Estripador e seus saborosos pedaços"].

Usando a mesma Elizabeth Stride, uma abordagem mais sutil é feita por Kay Rogers em seu conto "Love Story" ["História de amor"]. A narradora é a própria Stride, uma criatura encharcada de gim e assombrada pela sóbria, virginal e amável garota que foi certa vez. Por mais que beba, não consegue evitar que essa outra metade a assombre. Ela sabe que só ficará livre se puder encontrar o puro amor com o qual já sonhou e que ainda busca. Finalmente, ela o encontra — em um quintal de Whitechapel, onde vê nos olhos de Jack, o Estripador, um puro e "escarlate" amor. Nesse momento, a outra metade a abandona, deixando-a sozinha com o homem que está prestes a matá-la.

Por fim, aquele que talvez seja o melhor conto sobre o Estripador, e um que certamente conquista o leitor: "The Prowler in the City at the Edge of the World" ["O visitante da cidade no fim do mundo"], de Harlan Ellison. Jack é transportado no tempo até a última cidade do mundo, um lugar de assépticos cubos de alumínio no qual a escória de Whitechapel está ausente e existem apenas edifícios metálicos sob um céu também metálico. Ele fica feliz porque (aqui a história segue a teoria de Cullen) cometera os homicídios para provocar reforma social. Mas algo está errado. Subitamente, ocorre uma transferência temporal e ele se vê de volta a Whitechapel, cometendo um crime atrás do outro. Ao fazê-lo, entende o que aconteceu. Ele fora levado ao futuro por um grupo de hedonistas para que pudessem se alimentar de seus pensamentos e sensações. Isso leva à mais sensacional motivação já atribuída ao Estripador, que merece encerrar este capítulo: "Ele os odeia, cada um deles, algo sobre uma garota, uma doença venérea, medo de seu Deus, Cristo, o reverendo Barnett, ele... ele quer foder a mulher do reverendo!"

9.

Além-túmulo

De acordo com um importante psiquiatra forense, o assassinato múltiplo está aumentando. Acredita-se que o pior serial killer do mundo tenha sido um médico inglês, Harold Shipman, que matou mais de duzentas pessoas. Em junho de 1993, a polícia de Nova York anunciou a captura de Joel Rifkin, um Estripador moderno que admitiu ter matado ao menos dezessete prostitutas enquanto dirigia pelas ruas de Manhattan. Sua caminhonete portava o adesivo "Paus e pedras podem quebrar meus ossos, mas chicotes e correntes me deixam excitado". Em novembro de 2003, o ex-pintor de caminhões Gary Ridgway se confessou culpado pelo homicídio de 48 mulheres e se tornou o mais prolífico assassino serial norte-americano. Na Inglaterra, no mesmo mês, Anthony Hardy, "o Estripador de Camden", foi condenado pelo assassinato de duas prostitutas. Em 1994, o russo Andrei Chikatilo, o "Estripador de Rostov", foi executado, com uma bala no pescoço, após ter confessado o assassinato e a mutilação de 52 mulheres e crianças. Ele assassinara 21 meninos com idades entre 8 e 16 anos, quatorze meninas com idades entre 9 e 17 anos e dezessete mulheres mais velhas. Houve o Jack, o Estripador polonês, conhecido inicialmente como "a Aranha Vermelha de Katowice". Nos Estados Unidos, em 1978, Richard Chase, 28 anos, de Sacramento, foi acusado de seis homicídios; uma de suas vítimas fora eviscerada para a remoção de certos órgãos internos. Na Inglaterra, recentemente, surgiram o Estripador de Yorkshire, Dennis Nilsen (quinze vítimas) e o Estrangulador de Stockwell. A maioria dos assassinatos ainda é cometida em situações domésticas, nas quais vítima e assassino se conhecem, mas não está claro por que os homicídios em massa e aparentemente sem motivo estão aumentando. Tampouco é possível estabelecer um perfil do assassino de massa típico, pois a motivação para tais homicídios, quando é conhecida, varia imensamente. O Estrangulador de Boston sofria de desejo sexual excessivo, Nilsen disse não experimentar penetração há vários anos e Sutcliffe, o Estrangulador de Yorkshire, penetrou somente uma de suas treze vítimas. A publicidade é um elemento importante, mas, novamente, assim como a motivação sexual, não está presente em todos os assassinos de massa.

Em alguns casos, existe clara identificação com Jack, o Estripador. Em novembro de 1972, o corpo de uma garota, conhecida por seus relacionamentos sexuais casuais, foi encontrado no chão de seu apartamento em Londres. Sua cabeça fora coberta com uma toalha, a saia estava levantada até a cintura, o sutiã estava aberto e as calcinhas, abaixadas. Havia um lenço rasgado em torno do pescoço. O corpo brilhava em função de um fluído doméstico amarelo, com cheiro de limão, que fora espirrado sobre ela e escorria pelas pernas. O quarto estava muito bagunçado, mas na parede havia uma mensagem, escrita com o mesmo líquido amarelo encontrado no corpo. Apenas uma palavra: "Estripador."

Em 1978, um garoto de 15 anos foi absolvido, no Tribunal da Coroa de Nottingham, por um homicídio no estilo de Jack, o Estripador. No tribunal, ele alegou que seu padrasto lhe contara sobre o Estripador e o levara para assistir a um filme sobre o assassino; além disso, o padrasto tinha uma fixação por esfaqueamento de mulheres e costumava esfaquear fotos de modelos nuas. Ele alegou que o padrasto lhe dissera para esfaquear a vítima adolescente "como Jack, o Estripador".

A Sociedade Nacional de Prevenção à Crueldade contra Crianças avisou que pais beligerantes estão criando uma nova geração de miniestripadores. Por causa da violência em casa, crianças inocentes estão se transformando em assassinos psicopatas potenciais.

Os sinistros subtons dos homicídios de Whitechapel estão aumentando, em vez de diminuir. Por exemplo, há alguns anos, um homem deixou uma mensagem com meus colegas perguntando se eu gostaria de visitá-lo, pois ele possuía uma coleção sobre o Estripador. Naturalmente, fiquei intrigado o suficiente para ir até sua casa. Era uma linda manhã de sábado, no início do verão. Meu anfitrião, um homem baixo, de cabelos escuros e queixo proeminente, esperava por mim do lado de fora. Subimos até seu apartamento no primeiro andar e ele fechou a porta. Embora fossem apenas 11 horas, no lugar de cortinas havia pesados cobertores sobre as janelas para impedir a entrada de luz. Atrás da porta, havia uma cama e, no canto, entre a cama e a parede, uma mesa com apenas um lado livre. Sentei-me à mesa enquanto ele fazia café.

Sentindo meu desconforto, ele enfim revelou sua coleção. Ela podia ser dividida em três categorias. A primeira consistia principalmente em fotografias de si mesmo nas várias cenas de crime, dramaticamente apontando o "local" no calçamento do século XX. A segunda consistia em cópias a lápis das ilustrações do periódico *Illustrated Police News* sobre as vítimas do Estripador. Cada um dos corpos fora "esfaqueado" com tinta vermelha para simular as mutilações e jazia sobre uma grande poça de tinta vermelha; em certo momento, a tinta vermelha acabara e ele mudara para verde. Ele me disse que esperava fazer modelos dos corpos, começando com Mary Kelly.

A última categoria era provavelmente a mais assustadora. Ele sabia que eu estava interessado no caso conhecido como Cerco da Sidney Street e, assim, fizera cópias similares dos três policiais baleados. Sob eles, havia outros desenhos de vítimas dos crimes de guerra de nazistas e japoneses. A maioria fora copiada dos livros do lorde Russell de Liverpool, *Knights of the Bushido* [Cavaleiros do Bushido] e *Scourge of the Swastika* [Flagelo da suástica]. Lembro particularmente de um chinês que fora amarrado a uma árvore, com os olhos arrancados. Assim como em todos os desenhos, a única cor era para indicar as mutilações.

Quando terminei de percorrer todos os desenhos — no começo, não conseguira entender para o que estava olhando —, eu estava me sentindo decididamente desconfortável e um pouquinho amedrontado. De repente, percebi que nenhum de nós estava falando e que meu anfitrião encarava os desenhos em minhas mãos. Seus olhos brilharam e ele ergueu seu queixo pontudo.

— Sempre quis ver um corpo — disse ele.

Sem jamais voltar as costas, levantei-me (por sorte, era maior que ele), murmurei uma desculpa polida e fui embora. Não o vi desde então. Alguns anos depois, contaram-me que estava trabalhando em um hospital como atendente do necrotério.

Claramente, o interesse no Estripador pode ser doentio. Isso é um fato frequentemente ignorado por aqueles que, como eu, jogam Caçada ao Estripador. Em 12 de março de 1974, Terence Collins, 21 anos, foi considerado culpado da morte por espancamento, usando uma lápide, de uma senhora de 79 anos enquanto estava ajoelhada diante de uma sepultura em um cemitério de Surrey. Depois de matá-la, ele correu até a rua e gritou para o professor no qual havia esbarrado: "Não olhe para mim. Vou cortar seu rosto. O demônio está em mim hoje." Então seguiu até um antiquário e disse querer uma bengala de lâmina, bastante afiada, e uma capa preta com forro de seda vermelha, "igual à de Jack, o Estripador". Quando foi preso e interrogado, no dia seguinte, disse à polícia: "Às vezes, acho que sou o demônio; às vezes, Jack, o Estripador, um vampiro ou algo assim." O tribunal foi informado de que ele estivera três vezes em um hospital para doentes mentais e sofria de distúrbios psicopáticos. Collins se confessou culpado de homicídio culposo, com responsabilidade penal diminuída, e foi enviado para Broadmoor por tempo indeterminado.

Três meses depois, em 4 de junho, Thomas Hopkins, de 18 anos, foi sentenciado à prisão perpétua pelo Tribunal da Coroa de Manchester, após ter confessado a agressão intencional a uma mulher de 67 anos. O juiz lhe disse que havia discussão entre os médicos sobre a intensidade de seu problema mental, mas todos concordavam que ele precisava de algum tipo de tratamento na prisão. A promotoria contou que, ao realizar uma busca em sua casa, os detetives haviam encontrado documentos relacionados a Jack, o Estripador, e uma caixa de chá contendo fotografias de Hitler. Um dos documentos dizia: "Jack, o Estripador. Voltei dos mortos. Matarei novamente — odeio mulheres (cadelas)."

Em setembro de 1980, o ex-ator John "O pregador" Sherwood e um "irmão cristão", Anthony Strover, pisotearam, chutaram e socaram até a morte uma mulher de 31 anos com problemas mentais, durante uma tentativa de exorcismo para espantar o demônio. Ambos os homens pertenciam a uma seita religiosa conhecida como Igreja Invisível, baseada em Richmond, Surrey. Sherwood, de acordo com uma testemunha, parecia "um mórmon em uma caravana. Sua barba era longa e ele parecia um pregador". Ambos agrediram violentamente a mulher durante as duas sessões de exorcismo de 20 minutos cada e continuaram a espancá-la mesmo depois de ela perder a consciência. O exorcismo, alegou Sherwood, ocorrera no impulso do momento. "Os espíritos contorciam seu rosto", ele disse. "Eu não pretendia machucá-la. Ela estava repleta do mal, que continuava a se mostrar. Olhando para trás, lembro-me de pressionar seu corpo e suas costelas e bater nela com as mãos, os cotovelos e os joelhos. Não me lembro de chutá-la." Strover disse não acreditar que, durante um exorcismo, a pessoa pudesse se ferir; eram apenas os espíritos sendo expulsos. Sherwood explicou achar que o corpo fora ferido "pela grande força dos demônios ao deixá-la — o último era Judas Iscariotes". O outro demônio que pairava sobre seu corpo disse a Sherwood, quando ele chamou por Satã e exigiu que seu nome fosse relevado, que era Jack, o Estripador. Sherwood disse ao tribunal: "Eu não estava alucinando, de modo algum; era um ser diferente de mim. Meu ataque foi dirigido contra o demônio. Acredito que ele saiu dela."

Ecos dos homicídios de Whitechapel podem ser encontrados nesse e em muitos outros casos. Mesmo assim, somente duas categorias podem ser genuinamente consideradas assassinatos no estilo do Estripador. Primeira, aquelas nas quais todas as vítimas eram prostitutas; segunda, aquelas nas quais o assassino conscientemente imitou seu famoso predecessor e admitiu o fato. Mesmo assim, essa definição tem seus inconvenientes, pois existiram muitos assassinos de prostitutas, especialmente na Europa continental, onde o Estripador se tornou uma espécie de figura cult.

Dez anos após os assassinatos de Whitechapel, um Estripador francês foi enviado para a guilhotina. Seu nome era Joseph Vacher. Décimo quinto filho de uma família camponesa pobre, aos 8 anos ele fora atacado e mordido por um cão raivoso. Mais tarde, alegaria que a resultante instabilidade mental era a explicação e a desculpa para os assassinatos, mutilações e agressões sexuais que o levaram a ser chamado de Estripador. Em 1890, após sua convocação para o Exército, os relatos oficiais mostram que sofria de mania de perseguição. Ficava super agitado. Acreditava que estava cercado e sendo ameaçado por inimigos desconhecidos. Nesse perigoso estado de espírito, ameaçava cortar a garganta de seus colegas com uma navalha; as ameaças eram tais que alguns mantinham uma baioneta ao lado da cama em caso de ataque-surpresa.

Em maio de 1893, Vacher estava de licença médica quando discutiu e tentou matar uma jovem na cidade de Baume-les-Dames, perto da fronteira suíça. Ele tentou se matar com a arma que usara contra ela, mas só conseguiu ferir o olho esquerdo; ficou terrivelmente desfigurado, porém se recusou a permitir que a bala fosse retirada de seu rosto. Internado novamente em um hospício, tentou fugir várias vezes. Menos de um ano depois, em 1894, recebeu alta e se viu livre para iniciar uma série de perambulações, assassinatos e mutilações ao longo das rodovias da França. Na bolsa de tecido em que guardava suas roupas, também carregava um cutelo de açougueiro, uma grande tesoura e várias facas. Em 1897, suspeitava-se que havia matado ao menos quatorze pessoas, incluindo dois meninos pastores e uma pastora.

Na circular publicada em julho de 1894 para tentar rastreá-lo, Vacher foi descrito como tendo cerca de 30 anos, estatura mediana, cabelo, barba e sobrancelhas pretas e rosto macilento. "Seu lábio superior é arqueado. É esticado para a esquerda e sua boca se contorce quando ele fala. Uma cicatriz percorre verticalmente sua boca, do lábio inferior até o lado direito do lábio superior. Toda a parte branca de seu olho esquerdo é injetada e a pálpebra inferior não tem cílios, sendo ligeiramente esfolada. A aparência do homem causa uma impressão altamente desagradável." A circular concluía: "Esse homem foi chamado na imprensa de 'Jack, o Estripador, do sudeste'."

No mês seguinte, ele estava perto de Tournon, no vale do Ródano, quando atacou uma mulher colhendo pinhas, sem perceber que seu marido estava por perto. O marido ouviu o ataque e, com a ajuda de outro homem, conseguiu dominá-lo. Vacher tentou se explicar: "Sou um homem infeliz, um aleijado, um inútil. Deveria estar em um hospital. Desejo as mulheres e elas me desprezam. Se vou a um bordel, elas pegam meu dinheiro, ficam com nojo de mim e me mandam embora sem dar nada em troca. Sou acusado de atacar pessoas. Mas, se faço qualquer coisa errada, é Deus quem me obriga a fazê-la — e Ele me protegerá."

Surpreendentemente, ninguém percebeu que o Estripador fora preso e Vacher foi detido por ofensa contra a decência pública. Foi somente quando o juiz de inquérito ordenou investigações adicionais que se soube quem as autoridades tinham sob custódia. Um longo exame médico, que durou até o verão do ano seguinte, tentou estabelecer sua condição mental. Os médicos concluíram que era são. "Seus crimes são os de um indivíduo antissocial, um sádico sedento de sangue que acredita gozar de imunidade por não ter sido condenado pelos tribunais e ser um lunático que recebeu alta."

Seu julgamento ocorreu no tribunal de inquérito de Bourg-en-Bresse, em outubro de 1898. Do lado de fora, as multidões gritavam: "Vacher para a guilhotina."

O veredito não estava em questão. A alegação de insanidade foi rejeitada e ele foi sentenciado à morte. Enormes multidões observavam enquanto era meio carregado, meio arrastado até a guilhotina na véspera do Ano-Novo de 1898. Vacher desmaiara de medo.

Jack, o Stripper

Há similaridades óbvias entre os homicídios "Nus" de 1964–65 em Londres e os assassinatos de 1888 em Whitechapel. Nenhum dos assassinos foi pego e, em ambos os casos, a investigação policial foi subitamente interrompida, aparentemente pela mesma razão — concluiu-se que o assassino havia morrido. As vítimas de ambos eram prostitutas. Jack, o Stripper, possuía uma peculiaridade extra: todas tinham entre 1,50 e 1,60 metro. Em ambos os casos, houve intensa caçada. Oito detetives seniores, com postos entre comandante e superintendente, lideraram a investigação aos "Nus"; ao todo, os oito oficiais haviam solucionado entre setenta e cem casos.

Os seis homicídios ocorreram em Londres entre fevereiro de 1964 e fevereiro de 1965, quando pararam abruptamente. Todas as mulheres eram das áreas de Bayswater e Notting Hill. No início, acreditou-se haver oito vítimas, assassinadas durante um período muito mais extenso. As duas vítimas descartadas foram Elizabeth Figg, assassinada em junho de 1959, e Gwynneth Rees, morta em novembro de 1963. O corpo parcialmente vestido de Figg foi encontrado às margens de um rio entre Chiswick Bridge e Duke's Meadow. Ambas as mulheres se prostituíam na área de Notting Hill. Havia muitas similaridades entre seus assassinatos e os das outras seis, mas também inconsistências suficientes no *modus operandi* do assassino (tal como deixar o corpo parcialmente vestido) para que a polícia achasse aconselhável excluí-los da investigação "Nus" e se concentrar naqueles que possuíam padrão definido e bem-estabelecido.

O primeiro homicídio "Nus" foi o de Hannah Tailford, vista pela última vez ao deixar sua casa na Thurlby Road, West Norwood, em 24 de janeiro de 1964. Ela era uma garçonete em tempo parcial de Northumberland que se voltara para a prostituição.

Durante um tempo, vivera com um homem chamado Walter Lynch, com quem tinha uma filha de 3 anos. Usava vários pseudônimos, incluindo Teresa Bell e Anne Taylor, e geralmente se prostituía na Bayswater Road. Seu corpo foi encontrado em 2 de fevereiro de 1964, no Tâmisa, perto da Hammersmith Bridge. A blusa vermelha, a saia escura, o casaco azul-escuro e o chapéu com que fora vista pela última vez estavam desaparecidos. Ainda vestia meia-calça, enrolada em seus tornozelos. A calcinha fora enfiada em sua boca, presumivelmente para impedir que gritasse. Em função dos ferimentos em sua cabeça, acreditou-se que poderia ter sofrido um golpe que a deixara inconsciente e sido jogada no rio em algum lugar ao longo de Duke's Meadow, que ficava a 800 metros e era um local favorecido pelas prostitutas e seus clientes de West End, assim como por casais de namorados.

Cerca de setecentas pessoas foram interrogadas durante a investigação. Inicialmente, havia a forte suspeita de que a vítima poderia ter sido morta por estar chantageando um cliente. Tinha a reputação de frequentar festas "depravadas" e, em um apartamento que alugava em Victoria para fins de prostituição, a polícia encontrou câmeras e equipamentos de iluminação. Contudo, por mais fortes que fossem essas suspeitas, o júri do investigador se viu compelido a um veredito inconclusivo. A contusão em seu rosto não era evidência comprobatória de que fora atacada. Poderia facilmente ser resultado de uma queda. Era igualmente possível — embora houvesse fortes razões para duvidar — que tivesse cometido suicídio, despindo-se e colocando a calcinha na boca para se impedir de gritar por socorro caso perdesse a coragem, algo que costuma ocorrer em certos tipos de suicídio.

A autópsia mostrou que estava grávida. Assim como Irene Lockwood, cujo corpo despido foi encontrado em uma praia do Tâmisa dez semanas depois, em 8 de abril, em Duke's Meadow, a 300 metros de onde o primeiro corpo fora descoberto. Ela esteve dentro d'água durante 24 horas. Foi identificada pelas digitais e por uma tatuagem no braço direito que dizia "John in Memory" ["Em memória de John"]. Vítima de estrangulamento. Descobriu-se que fora amiga de uma garota assassinada um ano antes, chamada Vicky Pender. Ambas eram prostitutas que abordavam carros e participavam de filmes pornográficos. Achou-se, como ocorrera com Hannah Tailford, que poderia ter sido morta por estar tentando chantagear um cliente com fotografias; Vicky Pender fora espancada várias vezes precisamente por essa razão.

Enquanto essa investigação estava em andamento, um homem confessou o primeiro assassinato. Durante seu julgamento, o solteirão de 54 anos disse que só confessara por estar "de saco cheio", mas a explicação mais provável é que o tenha feito em função da solidão e da necessidade de atenção. A polícia considerou sua confissão mais seriamente do que costuma fazer ao ouvir as usuais confissões imitativas (comuns durante investigações de assassinato) porque algumas de suas descrições da garota, incluindo detalhes sobre seu sotaque e suas roupas, foram assombrosamente precisas. Após um julgamento de seis dias, ele foi considerado inocente. E disse aos repórteres, ao deixar o tribunal: "Eu estava confuso e deprimido, embora jamais vá saber por que disse que era culpado."

A principal prova de sua inocência foi o fato de que, enquanto estava sob custódia, o Stripper atacou novamente. Dessa vez, a vítima era uma ex-aluna de convento chamada Helen Barthelemy, que fugira de casa para Blackpool e trabalhara no Golden Mile como stripper. Ela fora para Londres um ano antes de morrer. Logo antes de se mudar, recebeu uma sentença de quatro anos de prisão por participação em assalto, mas a sentença foi anulada durante a apelação. Era prostituta nas áreas de Shepherd's Bush e Notting Hill. Seu corpo foi encontrado em um beco em Brentford, dezesseis dias depois de o corpo de Lockwood ser retirado do rio. Fora asfixiada e, pelas marcas de descoloração em seu corpo, causadas pelas roupas íntimas, era certo que suas roupas haviam sido removidas após a morte.

Outro fato, que também seria encontrado nos assassinatos posteriores, era que quatro de seus dentes estavam faltando — um deles, quebrado, estava alojado na garganta —, embora não houvesse evidências de que isso fora causado por um golpe. Além de ser a primeira a ser encontrada longe do rio, também forneceu à polícia sua primeira e, aparentemente, única pista. Em seu corpo nu havia flocos de tinta. O analista afirmou em relatório que o cadáver fora mantido em ou perto de uma estação de pintura, talvez em uma oficina mecânica.

Até então, nem a polícia nem a imprensa haviam percebido que um assassino estava à solta. A New Scotland Yard, contudo, tomou a incomum iniciativa de convocar uma entrevista coletiva e fornecer ampla publicidade aos três homicídios anteriores. Em particular, a polícia deixou claro seu temor de que, se não conseguisse as informações que queria, outra mulher fosse assassinada em breve. E enfatizou: "Este é um apelo urgente a todas as mulheres cujo modo de vida as coloca sob o risco de sofrer o mesmo destino."

Como resultado desse apelo, uma quantidade considerável de informação foi fornecida à polícia, particularmente por prostitutas, sobre desajustados conhecidos. Durante três meses, houve uma calmaria inquieta, graças a essa publicidade e ao grande patrulhamento policial no norte de Londres. Então, em 14 de julho, o Stripper atacou de novo.

Sua quarta vítima foi Mary Fleming. Ela foi vista pela última vez nas primeiras horas de sábado, 11 de julho. Seu corpo foi encontrado em uma posição, semiagachada do lado de fora de uma garagem, ao fim de uma rua sem saída em Chiswick. Quando foi vista pela primeira vez, às 5h30, da janela do quarto em frente, o homem que a viu achou que se tratava de um manequim de alfaiate jogado no lixo. Momentos depois, um motorista teve de frear subitamente quando um furgão pequeno e escuro vindo da rua sem saída quase o atingiu. Ele ficou tão furioso que telefonou para a polícia. Minutos depois, os policiais estavam lidando não com um incidente de direção perigosa, mas sim com um caso de homicídio.

Novamente, havia alguns dentes faltando na boca da vítima, embora, dessa vez, fossem de sua dentadura.

Esse caso ainda estava sendo investigado quando uma quinta vítima, Margaret McGowan, foi encontrada sob uma pilha de entulho em um estacionamento em Kensington, em 25 de novembro de 1964. O corpo estava muito decomposto — ela estivera desaparecida desde 23 de outubro — e as mãos precisaram ser cortadas e embaladas em sacos plásticos para que as digitais fossem retiradas. Havia tatuagens em seus braços e as palavras "Helen, Mum and Dad" ["Helen, Mamãe e Papai"].

McGowan era uma garota de Glasgow que fora morar em Shepherd's Bush. Tinha três filhos bastardos e vários nomes falsos, incluindo Frances Brown. Usara esse nome ao depor durante o julgamento de Stephen Ward, que fora a culminância do notório caso Profumo, dois anos antes. (Lembro-me dela caminhando de um lado para o outro do lado de fora de Old Bailey, fumando um cigarro. Era uma escocesa rija, de rosto duro, com aquelas incongruentes tatuagens nos braços nus saindo de manguinhas bufantes.)

O mais perto que a polícia chegou de uma pista foi por meio de uma garota com quem ela estivera 24 horas antes de desaparecer. As duas haviam sido apanhadas em Portobello Road por dois homens que, como pensou a polícia mais tarde, poderiam ser executivos ligados ao Earls Court Motor Show. Os homens pareciam se conhecer. Foram embora juntos, com uma garota em cada carro. O carro de McGowan se perdeu no trânsito. Provavelmente, o motorista foi impedido de se apresentar em função de sua posição social; é bastante improvável que fosse o assassino, mas a polícia teria gostado de eliminá-lo da investigação.

A sexta e última vítima foi Bridie O'Hara, vista pela última vez do lado de fora do pub do Shepherd's Bush Hotel após as 23 horas de 11 de janeiro de 1965. Seu corpo, todavia, só foi encontrado em 16 de fevereiro, atrás de uma oficina em Heron Trading Estate, a curta distância. O homem que a encontrou viu ambos os pés saindo de um arbusto e também achou que pertenciam a um manequim. A autópsia mostrou que fora asfixiada e estrangulada. Alguns de seus dentes estavam faltando.

No mesmo dia, o detetive-chefe e superintendente John Du Rose, conhecido por seus subordinados como Four-Day Johnny [Johnny Quatro Dias] por causa da velocidade com que normalmente solucionava homicídios, foi trazido de volta das férias para liderar a investigação.

A coisa mais notável a respeito desse último homicídio era que o corpo fora parcialmente mumificado em virtude das condições em que fora mantido. O problema de Rose era descobrir onde. Traços de tinta e partículas de poeira similares aos encontrados no corpo de Barthelemy estavam presentes. Também havia traços de óleo. Os corpos deveriam ter sido mantidos em uma loja ou oficina de carros. Analisando o padrão de spray, a polícia sabia que os corpos haviam sido mantidos em um pequeno cômodo, perto da estação de pintura. Buscas foram realizadas em todas as oficinas, fábricas e lojas de peças que utilizavam o processo de pintura spray. Trinta e seis detetives vasculharam os 62 km² de Londres a oeste de Paddington. Centenas de amostras de tinta foram enviadas para análise, mas, com uma exceção, sempre havia alguma ligeira diferença.

Foi introduzido um sistema de "marcação" para observar os carros. Qualquer carro que surgisse mais de uma vez na mesma área durante a noite se tornava suspeito; três ou mais vezes, recebia uma "bandeira vermelha", com o motorista sendo levado para interrogatório. Se esse sistema tivesse sido introduzido antes, talvez o assassino tivesse sido pego.

Finalmente, descobriram o lugar onde o corpo de O'Hara fora mantido. Era o quarto do transformador, nos fundos de uma fábrica em Heron Trading Estate, em frente a uma estação de pintura. Análises mostraram que a tinta utilizada era a mesma encontrada no corpo. Contudo, parecia que essa grande pista era apenas incidental para os homicídios. O corpo certamente fora guardado junto ao transformador, mas isso não levou à identificação do assassino — embora ele claramente possuísse conhecimento detalhado do local. Policiais verificaram os carros que passavam pela propriedade e concentraram seus esforços em uma área cada vez menor. Du Rose iniciou uma guerra de nervos com o Stripper. Ele não sabia sua identidade, mas, em um fluxo constante de comunicados à imprensa, informou que o número de suspeitos caíra de vinte para três, e o Stripper era um deles.

Du Rose achava que o homem que procurava tinha cerca de 40 anos e grande apetite sexual. Cada uma de suas vítimas morrera no momento de seu desvairado orgasmo. Uma teoria dizia que alguns dos dentes haviam sido retirados após a morte para permitir sexo oral. Possivelmente, se apenas uma das vítimas tivesse morrido em função dessa perversão particular, ele teria sido inocentado de qualquer acusação. Outra teoria era de que estaria se vingando dessas mulheres, todas sofrendo de algum tipo de doença venérea e que o teriam infectado. Uma terceira possibilidade era de que estivesse desafiando a polícia a pegá-lo ao alardear seus assassinatos, que pode ter cometido por rancor. Nada era bizarro demais para ser considerado.

Contudo, em vez de os homicídios continuarem, logo se tornou claro que haviam parado. Gradualmente, o número de patrulhas policiais na área foi reduzido e certo grau de normalidade começou a retornar ao noroeste de Londres.

O Stripper fora impedido — mas como? Estava morto, preso, doente ou fugira do país? Four-Day Johnny ordenou que todos os homens aprisionados a partir de fevereiro de 1965 fossem investigados e pediu detalhes dos inquéritos realizados em Londres no mesmo período, envolvendo homens jovens e de meia-idade. Enquanto verificavam o histórico de um suicídio no sul de Londres, certos fatos sugeriram que o suicida poderia ser o Stripper. O homem tinha um disfarce ideal. Era segurança. Nas noites em que as mulheres haviam sido assassinadas, sempre estivera trabalhando entre 22 horas e as 6 horas da manhã seguinte. Seus motivos para o suicídio eram obscuros. Ele deixou uma nota dizendo que era "incapaz de continuar suportando a pressão", mas não havia razões óbvias para sua morte. Por que tirara a própria vida? E por que, se não era o Stripper, os homicídios haviam parado após sua morte?

A despeito de buscas intensas na casa e na garagem do homem, nada foi encontrado, como roupas ou joias, que pudesse ligá-lo firmemente às mulheres assassinadas. Sua perplexa família não podia explicar sua morte e ele continuou sendo um mistério.

Há notáveis similaridades entre esse caso e o do Estripador que mostram como a polícia vitoriana, trabalhando nas mesmas linhas, foi levada até Druitt. Ao menos, demonstra que uma morte aparentemente sem motivo, uma nota ameaçando suicídio e o disfarce perfeito não são fenômenos incomuns.

O Estripador de Düsseldorf

Na sexta-feira, 23 de maio de 1930, Frau Kürten encontrou o marido Peter no Hofgarten, em Düsseldorf. Após a refeição, que ela mal tocou, eles foram caminhar pela ponte sobre o Reno. Os dois formavam um estranho contraste. Ela era uma mulher macilenta e esquelética, prematuramente enrugada, e ele era baixo e bem-vestido, usando chapéu, como era moda, em parte para cobrir seu perfeito cabelo engomado e repartido ao meio, em parte para proteger o pó e o ruge em seu rosto, que o tornavam muito mais jovem do que era. Pela primeira vez em sua vida juntos, Kürten parecia incomumente abatido. Estava nas garras do incontrolável desejo de partilhar seus terríveis segredos. Era sua única confidente. Até um ou dois dias antes, ela nem mesmo tinha a mais leve suspeita de que ele poderia ser o Estripador de Düsseldorf, como a imprensa o chamava. Mesmo agora, depois de ter dito a ela que cometera a série de homicídios e ataques que paralisara a cidade durante os quinze meses anteriores, não conseguia acreditar no que ele dizia. Por fim, para convencê-la de que realmente era o homem que a polícia procurava, ele percorrera os homicídios, passo a passo, fornecendo tantos detalhes que ela foi obrigada a acreditar.

Mais tarde, Kürten disse que seu amor pela esposa era baseado não em sexo, mas no "respeito por seu nobre caráter". É provável que suas infidelidades e seus anos de encarceramento por pequenos crimes tivessem drenado as emoções da pobre mulher. Sua reação à história de terror que ele contara fora de medo não por sua segurança, como se poderia esperar, mas sim de envelhecer sozinha, sem emprego e sem meios para se sustentar. Ela estava inconsolável. O único conselho que pôde dar foi para que ele se matasse. Ela faria o mesmo, pois já não via esperanças. Ansiosamente, Kürten disse que sim, que havia solução — ele podia ajudar ambos. E comentou que havia uma grande recompensa sendo oferecida por sua captura. Se ela contasse à polícia o que sabia, receberia ao menos grande parte dessa recompensa. Não foi fácil convencê-la de que isso não era traição, no verdadeiro sentido da palavra. Mas, após arrancar a promessa de que ela não se mataria, ele combinou encontrá-la em frente à Igreja St. Rochus na tarde seguinte.

Na manhã seguinte, ele tomou banho, cortou o cabelo e se vestiu elegantemente para o encontro. Passou parte da manhã caminhando de um lado para outro em frente à casa da viúva que escolhera para próxima vítima. Estava organizando em sua mente o *grand finale* para sua terrível carreira, mas ainda não decidira se mataria apenas a viúva ou também sua família. Sua esposa chegou e, enquanto conversavam, quatro policiais armados o cercaram. Ele não esperava que ela atendesse seu pedido tão rapidamente.

Seu reinado como monstro de Düsseldorf chegara ao fim. Mas ele conseguira a fama que buscava quando, ainda adolescente, vira modelos de cera de assassinos e dissera que um dia seria tão famoso quanto eles.

Nos últimos quinze meses, ele levara a cabo uma série de ataques e homicídios sexuais quase sem precedentes nos anais do crime. Era piromaníaco, fetichista, masoquista, sadista e assassino sexual. Os melhores cérebros da Alexanderplatz de Berlim, assim como a eficiente polícia de Düsseldorf, haviam se engajado em sua captura. Quase 3 mil pistas tiveram de ser seguidas e mais de 13 mil cartas oferecendo sugestões foram enviadas pelo público aterrorizado. Nada, nem mesmo espiritualistas, médiuns e grafólogos amadores, fora bizarro demais para ser utilizado na caça ao assassino sádico.

Peter Kürten nasceu em 1883 em Mulheim, acima do Reno. Era o terceiro filho em uma família de treze. A família de sua mãe era composta por gente comum e trabalhadora. Mas o histórico no lado paterno estava longe de ser normal: a família era arrogante, violenta e megalomaníaca, caracterizada por tendências criminosas, retardamento, paralisia e *delirium tremens*. Seu avô fora preso várias vezes por roubo e seus filhos, tios e tias de Kürten, eram alcoólatras psicopatas.

O pai de Kürten era moldador e forçou Kürten, que queria ser desenhista, a seguir a mesma profissão. Também era um alcoólatra brutal e obcecado por sexo. Durante muito tempo, a grande família viveu em um único cômodo. Além da constante brutalidade e do alcoolismo, sua sofrida esposa com frequência era forçada a manter relações na frente dos filhos quando ele chegava em casa bêbado. Kürten disse que, mesmo com os laços do casamento, a agressiva brutalidade do pai em relação à mãe constituía estupro. Quando Kürten já era adolescente, ela enfim pediu o divórcio.

As irmãs de Kürten também eram obcecadas por sexo. De acordo com sua própria confissão, uma delas fez avanços sexuais em relação a ele. Em 1897, seu pai foi sentenciado a quinze meses de prisão por tentativa de incesto com uma das filhas, então com 13 anos e meio. (Parece ter sido esse incidente que forneceu à esposa justificativa para o divórcio.) O próprio Kürten tentou cometer incesto com essa mesma criança, sua irmã.

Quando tinha 8 anos, Kürten fugiu de casa por várias semanas, dormindo, durante parte do tempo, em caminhões de mudança. Nos seis anos seguintes, repetiria esse episódio com regularidade. Por algum tempo, antes de chegar à adolescência, viveu como trombadinha, arrancando bolsas e sacolas de suas vítimas, na maioria mulheres e mocinhas.

Depois que seu pai saiu da prisão, a brutalidade alcoolizada se tornou ainda pior e, em mais de uma ocasião, ele o atacou com uma faca. Também passou a ameaçá-lo, dizendo que cortaria sua cabeça e, segundo Kürten, em certa ocasião, a única coisa que o impediu foram os gritos das outras crianças. Kürten, então com 14 anos e já aprendiz de moldador, decidiu fugir de novo. Ele roubou algumas centenas de marcos de seu empregador, mas foi pego e mandado para a prisão. No começo, sentiu vergonha pela humilhação de ser levado algemado pelas ruas. Entretanto, durante a primeira das dezessete sentenças que tomariam 27 dos seus 47 anos de vida, ficou tão impressionado com o indiferente profissionalismo dos criminosos que decidiu se tatuar como eles.

Na prisão, começou a pensar sobre como se vingar da sociedade. Enquanto estivera foragido, morara com um prostituto que o submetera a práticas sádicas. Mesmo durante a adolescência, sua sexualidade fora anormal. Quando era criança, sua família vivera na mesma casa que um apanhador de cães sádico. Cães apanhados nas ruas e não procurados pelos donos eram mortos pela carne e pela gordura, usada como unguento especial pelos supersticiosos. O apanhador mostrara a Kürten como torturar os animais e o garoto sentira ainda mais prazer ao vê-los sendo mortos. Gradualmente, lendo e conversando sobre seus sentimentos, começara a entender sua própria personalidade. Em vez de tentar controlar seus próprios impulsos, dera vazão a eles. Entre os 13 e os 16 anos, praticara bestialidade com ovelhas, cabras e porcos. E descobrira que seu maior prazer era fazer sexo com uma ovelha e esfaqueá-la simultaneamente.

De acordo com sua própria declaração, Kürten cometeu seus primeiros homicídios aos 9 anos. Ele saiu para nadar com dois meninos e empurrou um deles para dentro do rio. Quando o outro tentou resgatá-lo, Kürten conseguiu arrastar os dois para debaixo da balsa e eles se afogaram.

Sobre seu tempo na prisão, escreveu: "Fiz muito mal a mim mesmo lendo histórias violentas. Por exemplo, li várias vezes o conto sobre *Jack, o Estripador*. Na prisão, quando pensava sobre o que lera, imaginava o prazer que sentiria ao fazer aquelas coisas quando fosse solto novamente." (Conscientemente ou não, ele imitou o Estripador no início de seu reinado de terror. Um presságio foi o fato de que o céu de Düsseldorf estava vermelho quando voltou à cidade em 1925, assim como estivera o céu de Londres no outono de 1888.)

Quando foi libertado da prisão, em agosto de 1899, ele retomou sua carreira de pequenos roubos. Também começou a viver com uma mulher com o dobro de sua idade que, de modo significativo para seu desenvolvimento, era masoquista. Enquanto as outras amantes de Kürten haviam se submetido, a contragosto, a suas perversões, essa mulher positivamente as exigia, o que serviu apenas para aumentar suas tendências sádicas.

Em novembro, após sua soltura, com apenas 16 anos, ele tentou estrangular uma garota enquanto mantinha relações com ela em Grafenberger Wald. Achou que ela estava morta, mas, como nenhum corpo foi encontrado e nenhum homicídio foi relatado pela imprensa naquele mês, é provável que ela tenha retomado a consciência e cambaleado até em casa sem jamais revelar a terrível experiência.

Kürten certamente achou que a matara. Pela primeira vez, descobriu que podia obter prazer sexual máximo dessa maneira e, desse momento em diante, dispôs-se a cometer excessos a fim de obter esse tipo de orgasmo. É significativo que isso tenha ocorrido tão pouco tempo após sua longa sentença. Como prisioneiro, Kürten com frequência cometia pequenas infrações na prisão com o objetivo de ser punido com períodos de confinamento solitário, durante os quais, no isolamento de sua cela, tecia fantasias e sonhos de vingança. Quando cedia a essas fantasias, ejaculava. Isso, confessou, acontecia ao imaginar que cortara o estômago de alguém ou o machucara de algum modo. A ideia lhe dava satisfação final e completa. Também inventou vários esquemas para destruir pontes, envenenar reservatórios, matar escolas inteiras de crianças com chocolates envenenados — cada assassinato em massa envolvendo centenas ou milhares de vítimas. Não fez nenhuma tentativa de controlar esses devaneios perversos e passou a obter cada vez mais prazer com eles. Por trás disso tudo, estava a completamente ilógica teoria de vingança que ele chamava de "justiça compensatória". Por exemplo, se matasse alguém, como uma criança, que de modo algum pudesse ser culpada pelas injustiças que ele sofrera, então a sociedade, se houvesse de fato justiça compensatória, deveria se sentir da mesma maneira, mesmo que tal sociedade não soubesse quem cometera o crime.

Logo após ser libertado, ele recebeu duas sentenças menores por fraude e furto. Recebeu um termo mais severo de prisão, de dois anos, por tentar intimidar uma garota atirando nela e, através de uma janela, em sua família. Depois de ser solto, em 1904, foi convocado para o Exército, mas logo desertou. Foi morar com uma mulher que se tornou sua parceira em atividades criminosas, até ser preso e sentenciado a mais sete anos de prisão.

Em maio de 1912, mais uma vez foi solto, mas, alguns meses depois, foi condenado por agressão ao atirar em um garçom que tentara interromper uma conversa entre ele e a mulher que tentava seduzir.

Até então, não fora ligado a nenhuma ofensa sexual. Em vez disso, começou a se especializar no roubo de certos tipos de edifícios, preferencialmente pubs térreos com quartos ou apartamentos nos andares superiores.

Em 25 de maio de 1913, contudo, ele foi até Cologne, subúrbio de Mulheim, onde nascera, e encontrou uma casa adequada para invadir na Wolsftrasse. Entre as 22 e 23 horas, conseguiu se esgueirar até o andar de cima. Em um dos quartos, encontrou Christine Klein, de 13 anos, dormindo. Ele agarrou sua garganta e a estrangulou durante um minuto e meio. Ela se debateu até perder a consciência. Kürten cortou sua garganta quatro vezes e penetrou sua vagina com os dedos. O incidente inteiro durou 3 minutos. Uma das tragédias desse caso é que o tio da garota, Otto, foi acusado do crime, embora inocentado por falta de provas. Morreu com o estigma ainda ligado a seu nome. Na noite do crime, ele discutira com seu irmão Peter, pai de Christine, e, em um momento de raiva, jurara fazer algo de que ele se lembraria para sempre. A polícia encontrara, perto do corpo da garota, um lenço com as iniciais P. K., que assumiu ser o nome de seu pai — Peter Klein. Era concebível que Otto pudesse ter pego emprestado o lenço e essa foi uma das evidências que levaram a sua absolvição.

Alguns meses depois, Kürten se esgueirou até um quarto no qual dormiam várias crianças e uma garota de 17 anos. Em um frenesi de sentimentos que mais tarde foi incapaz de explicar, jogou-se sobre ela e tentou estrangulá-la antes de fugir, sem ser pego. As contusões no pescoço da garota evidenciaram a seriedade do ataque. No verão, invadiu outra casa e estava prestes a estrangular outra garota quando alguém o ouviu e ele foi obrigado a fugir. No mesmo período, atacou um homem e uma mulher com um machado, em ambos os casos chegando ao orgasmo ante a visão do sangue. Também tentou estrangular duas mulheres.

Logo depois dos ataques com machado, pôs fogo em montes de feno e nas carretas utilizadas para transportá-los. Iniciara seu primeiro incêndio criminoso em 1904, incendiando estábulos e montes de feno. Encontrou grande prazer na visão das chamas, mas ainda mais excitantes eram as tentativas de apagá-las e "a agitação dos que viam sua propriedade sendo destruída".

Passou os oito anos seguintes preso. Subsequentemente, afirmaria ter envenenado alguns dos pacientes do hospital da prisão, onde trabalhara como enfermeiro voluntário. Em liberdade novamente, foi para Altenberg, onde vivia a irmã, e disse a ela que fora prisioneiro de guerra. Ela acreditou e o apresentou à mulher que se tornaria sua esposa, a despeito de rejeitar seus primeiros avanços pelo fato de ele ser obviamente bem-sucedido com outras mulheres. Além de ser muito trabalhadora e frugal, ela era bastante ciumenta. Estivera noiva de um jardineiro durante oito anos e fora sua amante; quando ele se recusara a se casar, atirara nele e cumprira quatro anos de uma sentença de cinco. Quando Kürten ameaçou matá-la se não se casassem, ela cedeu e se manteve lealmente ao seu lado até o fim. Não sabia de suas passagens pela cadeia quando se casaram em 1923 e, mais tarde, viu seu casamento como uma espécie de expiação por seus próprios pecados. Ele bateu nela apenas uma vez durante toda a sua vida juntos, mas o incidente fez com que percebesse que havia um lado violento em seu temperamento. Filosoficamente, ignorou as fofocas a respeito das conquistas do marido, sabendo que eram verdadeiras, e teimosamente justificou seu comportamento argumentando que, sem ela, ele estaria completamente perdido.

Durante os dois primeiros anos de casamento, Kürten foi um trabalhador estável e confiável. Ficava em casa à noite e se uniu ao sindicato. A única nota dissonante foi quando deixou a Igreja católica, o que decidiu fazer por causa de uma taxa para levantar fundos. Não tinha amigos e era extremamente reservado. Foi demitido em função do desemprego generalizado e, em 1925, voltou a Düsseldorf. Deliciou-se ao ver que o céu estava vermelho na noite de seu retorno. Era um bom augúrio e marcaria o início de seu reinado de terror na cidade. Começou lentamente. Os primeiros ataques foram cuidadosamente espaçados por quatro anos, até 1929, quando aceleraram em proporções aterrorizantes. Entre 1925 e o fim de 1928, confessou Kürten mais tarde, ele foi responsável por três tentativas de estrangulamento de mulheres e dezessete casos de incêndio criminoso envolvendo estábulos, carretas de feno, montes de feno e, em duas ocasiões, casas.

No início de 1929, ele iniciou mais seis incêndios criminosos. Então, em 3 de fevereiro, uma mulher, Frau Kuhn, estava caminhando para casa, vinda da casa de um amigo, quando foi puxada pela manga e selvagemente atacada. Foi apunhalada 24 vezes e ficou no hospital durante algumas semanas, incapaz de fornecer alguma informação sobre o que ocorrera.

Kürten lembrou que se sentira particularmente excitado. "Naquela noite, se um animal cruzasse meu caminho, eu cairia sobre ele e o mataria." Ele saltara sobre Frau Kuhn com um par de tesouras, que enfiara em sua cabeça várias vezes. Enquanto fugia, viu que ela se levantava e tropeçava para longe. Kürten descobriu, mais tarde, que quebrara a ponta da tesoura.

Ele a afiou novamente.

Dez dias depois, na terça-feira de Carnaval, ele saltou sobre um mecânico de 45 anos, Rudolf Scheer, que estava terrivelmente embriagado. Kürten o apunhalou vinte vezes com a tesoura. Em 8 de março, usava uma tesoura diferente ao matar Rose Ohliger, de 8 anos. Ele a levou para o terreno de um edifício e a estrangulou, antes de apunhalar a menina treze vezes. Mais tarde, na mesma noite, voltou e tentou queimar o corpo. Sua tentava foi malsucedida, assim como quando retornou ao local pela terceira vez, no início da manhã. Por causa da umidade, as roupas apenas carbonizavam, sem produzir chama.

A imprensa local, ao descobrir essas histórias, também começou a publicar artigos sobre o Jack, o Estripador, londrino com cujas atividades havia paralelos óbvios. Com o tempo, os jornais passaram a se referir a Kürten como o Estripador de Düsseldorf. Alguns deles, com o aumento da selvageria dos ataques, também o chamaram de Vampiro e Lobisomem. A polícia estava intrigada com as aparentes inconsistências dos ataques. Estava claro que não se tratava de um maníaco sexual ordinário. As vítimas, até então, haviam sido um homem, uma mulher e uma criança. Mesmo assim, as estocadas nas têmporas e a similaridade nos cortes indicavam que haviam sido feitos pelo mesmo homem. A despeito de centenas de interrogatórios e da vigilância de policiais disfarçados, não havia pistas reais.

Em julho, Kürten tentou, no espaço de 24 horas, estrangular duas outras mulheres. Uma garota de 16 anos foi laçada pelo pescoço e arrastada de costas até uma sebe, onde seu atacante se ajoelhou ao lado de sua cabeça e tentou estrangulá-la com as mãos. Ela segurou seu nariz e lutou contra ele até conseguir se levantar. Vinte e quatro horas depois, ele atacou outra mulher, de maneira idêntica. Mais tarde, ela se lembrou de que ele se ajoelhara ao lado de sua cabeça e tentara ouvir sua respiração. Como a corda estava muito apertada, ela não conseguira abrir a boca ou gritar. Enquanto ele a arrastava pelo chão segurando a corda ainda em volta de seu pescoço, um casal o viu e, embora não pudesse ver o que arrastava, exceto que era grande e pesado, aproximou-se para investigar. Kürten foi forçado a fugir.

Em função da descrição fornecida pelo casal, a polícia prendeu um epilético de 21 anos chamado Hans Strausberg, que morava em uma casa nos arredores de Düsseldorf. Ele não sabia ler nem escrever, tinha fenda palatina e lábio leporino. Ao ser interrogado, confessou não somente os ataques, mas também os homicídios. As discrepâncias em suas declarações e a vagueza das respostas a algumas das perguntas foram atribuídas à perda de memória, condição frequente entre epiléticos, e ele recebeu pena de confinamento perpétuo em um hospício.

Apenas algumas semanas depois, o reinado de terror recomeçou.

Em 30 de julho, uma prostituta chamada Emma Gross foi encontrada nua em seu quarto. Fora estrangulada. Kürten não era o assassino, como se veria mais tarde, mas o homicídio iniciou uma nova onda de pânico. Em 21 de agosto, três pessoas foram apunhaladas por trás, em diferentes momentos do dia, por um atacante desconhecido. Duas das vítimas eram mulheres. Uma ficara apenas um pouco machucada, mas a outra fora seriamente ferida por uma punhalada que atravessara fígado e estômago. A terceira vítima, um homem, foi apunhalada na região lombar; felizmente, o ferimento foi até certo ponto atenuado pelos pesados suspensórios de couro que usava (e que foram cortados).

Houve uma imediata erupção de comentários públicos e da imprensa criticando a polícia. Algumas pessoas já diziam que a polícia prendera o homem errado e houve pedidos para a imediata liberação de Strausberg. Enfrentando tal barragem de criticismo hostil, a polícia intensificou seus esforços para pegar o Estripador de Düsseldorf. Um esquema de vigilância especial foi instituído nas feiras, onde vítimas potenciais poderiam ser escolhidas.

Em 24 de agosto, os corpos de duas irmãs adotivas, uma de 5 e outra de 14 anos, foram encontrados em um terreno perto de sua casa. Ambas foram esfaqueadas; a mais nova também foi estrangulada. Kürten mais tarde descreveu como persuadiu a irmã mais velha a comprar cigarros para ele na feira. Nesse meio-tempo, matou a menina mais nova e, quando a outra voltou, ele a levou até o mesmo local para esfaqueá-la. Ela saiu correndo, gritando, mas foi perseguida e morta, recebendo quatro facadas nas costas. No domingo, quando os corpos foram descobertos, Kürten, ainda se sentindo sexualmente excitado, se aproximou de uma criada chamada Schulte e se apresentou como Fritz Baugmart. Em uma floresta, tentou manter relações com a mulher, mas ela respondeu que preferia morrer. "Então morra", disse ele, e a esfaqueou várias vezes. O último golpe foi tão selvagem que quebrou a ponta da faca, que permaneceu alojada em suas costas. Felizmente, um jovem ouviu seus gritos e correu em seu socorro. Kürten fugiu. A mulher pôde fornecer apenas uma descrição confusa de seu atacante. A única coisa de que parecia se lembrar é que ele tinha um dente faltando na mandíbula superior.

A convicção da polícia de que havia mais de um maníaco à solta ganhou força. Parecia inconcebível que o mesmo homem pudesse matar duas crianças no sábado e, apenas doze horas depois, tentar cometer um terceiro homicídio.

Quase um mês depois, Kürten atacou novamente. Uma empregada doméstica chamada Ida Reuter foi até Düsseldorf para passar a tarde e a noite. Quando foi encontrada, na manhã de segunda-feira, ficou aparente que fora arrastada por uma trilha até o bosque e espancada até a morte com um martelo. A explicação posterior de Kürten para o uso do martelo é que achou que se divertiria mais. A bolsa e a calcinha da vítima haviam desaparecido.

Dez dias depois, Elisabeth Dorrier foi morta da mesma maneira. Ainda estava respirando ao ser encontrada, mas morreu antes de recobrar a consciência. Seu chapéu desaparecera, assim como alguns pedaços de seu casaco, que havia sido cortado em tiras.

Em 25 de outubro, Frau Meurer, uma mulher de 34 anos, foi abordada por um homem em uma rua deserta de Flingern. "Você não está com medo? Aconteceu tanta coisa aqui!", disse ele. Antes que pudesse virar a cabeça na direção da voz que acabara de ouvir, Kürten a deixou inconsciente com seu martelo. Ela ficou desmaiada por uma ou duas horas, até acordar em um hospital. A força dos golpes havia rompido a pele e exposto, mas não quebrado, o osso. O ataque não deu a Kürten a satisfação que ele esperava. Na mesma noite, atacou uma mulher em um parque no centro da cidade. Ele a atingiu quatro vezes, deixando-a inconsciente com o primeiro golpe, mas, quando seu martelo quebrou, resolveu deixá-la em paz.

Em 7 de novembro, foi relatado o desaparecimento de Gertrude Albermann, de 5 anos. Seu corpo foi descoberto, dois dias depois, em um amontoado de cacos de tijolos, perto do muro de uma fábrica. Ela fora estrangulada e apunhalada 36 vezes com uma tesoura.

Ainda mais horrível foi a notícia de que o assassino enviara uma carta a um jornal comunista dizendo exatamente onde encontrar o corpo da vítima, *assim como o corpo de outra vítima*. Não há dúvida de que, a essa altura, Kürten estava imitando as táticas do Estripador. Ele desenhou um mapa em um papel cinzento, mostrando onde estava o corpo, e acrescentou: "Assassinato em Pappendelle. No local marcado com uma cruz, jaz um corpo enterrado." A polícia imediatamente começou a escavar os prados desertos indicados no mapa. Um fazendeiro entregou às autoridades um molho de chaves e um surrado chapéu de palha que encontrara algumas semanas antes. Os objetos foram rapidamente identificados como pertencentes a uma empregada doméstica chamada Maria Hahn, desaparecida desde 14 de agosto. Houve uma nova tempestade de críticas a respeito do fracasso da polícia em prender o assassino de Düsseldorf e a história de

Jack, o Estripador (que estivera presente nos jornais quase desde o início dos assassinatos), sofreu uma nova reviravolta quando se destacou o fato de que o Estripador de Düsseldorf o copiara a ponto de escrever para a polícia exatamente da mesma maneira. Kürten disse que escrever a carta lhe dera sádica satisfação. Em 14 de novembro, o corpo da mulher desaparecida foi encontrado em uma cova rasa. Ela estava nua e fora esfaqueada vinte vezes nas têmporas, na garganta e nos seios.

Todos os recursos da Alexanderplatz, o equivalente da Scotland Yard em Berlim, foram utilizados na maior caçada já iniciada. 9 mil pessoas foram interrogadas somente em Düsseldorf e, nos quinze meses dos ataques, mais de 900 mil pessoas foram denunciadas como possíveis suspeitos em diferentes partes do país. Somente três denúncias foram feitas contra Kürten. Uma foi feita por um ex-colega de prisão que certa vez o ouvira descrever práticas sádicas. A segunda por uma mulher que conhecera Kürten quando criança. Pela descrição dos estrangulamentos, pensou ter reconhecido seu hábito de brincar de estrangular suas namoradas quando passeavam pela floresta. Em seu julgamento, várias mulheres testemunharam a respeito. Ao relatar suas suspeitas, a mulher ouviu que ninguém chamado Kürten morava em seu endereço! A terceira informante foi Christine Heerstrasse, que Kürten tentara estrangular e jogara no rio. Quando relatou o incidente, os policiais riram dela e a multaram por seu "grosseiro disparate". Ela só conseguiu evitar o pagamento ao recorrer da multa.

Os policiais ainda achavam que havia vários maníacos à solta — especificamente o estrangulador, o assassino com a faca, o fanático com um martelo e um quarto, que usava uma arma ainda não identificada, mas que, em retrospecto, sabiam ser uma tesoura. Kürten se empenhara em obscurecer seus rastros e criar esse tipo de confusão. Mais tarde, admitiu: "Eu esperava que, mudando meus métodos, pudesse provocar a teoria de que havia vários homicidas à solta." Ainda mais importante, ele achou que as variações lhe dariam ainda maior satisfação sexual. A polícia fez intensivas incursões ao submundo para encontrá-lo. Chegou-se a vestir um manequim de alfaiate com as roupas de uma das vítimas e levá-lo a salões de dança, cinemas e teatros, na esperança de que alguém pudesse identificar seu misterioso acompanhante.

Logo depois, Kürten cometeu o erro que levou à sua captura.

Em 14 de maio de 1929, Maria Budlik viajou para Düsseldorf em busca de um novo emprego. Um amigo que combinara de encontrar com ela não apareceu, mas um homem que conhecera na estação disse que mostraria o caminho para uma hospedaria feminina. Ele a levou pelas principais ruas de Düsseldorf, mas quando se voltou para o Volksgarten, um parque público, ela ficou alarmada. Ela parou e se recusou a continuar, lembrando-se das histórias a respeito do monstro de Düsseldorf. Felizmente, um segundo homem se aproximou e ofereceu ajuda. Era Peter Kürten. Grata, a garota explicou o que acontecera e, antes que o primeiro homem se afastasse, aceitou a oferta de Kürten de descanso temporário e alguma comida em seu apartamento, em Mettmannerstrasse. Ela ficou desapontada ao ver quão pobremente mobiliados eram seus cômodos no sótão, mas, após um pouco de leite, pão e presunto, insistiu em partir, pois já eram 23 horas e ela precisava encontrar alojamento. Eles percorreram a última parte da jornada de trem. Mas, em vez de ir para o centro de Düsseldorf, estavam indo, na verdade, para a floresta Grafenberg, até um lugar conhecido localmente como Wolf's Glen. Depois de desceram do trem e percorrerem uma curta distância no vale, Kürten subitamente parou e tentou beijá-la. Disse-lhe que podia gritar à vontade, pois ninguém a ouviria. Ela se debateu violentamente, e Kürten tentou penetrá-la ainda em pé. Subitamente, soltou sua garganta e perguntou se ela se lembrava de onde ele morava. Ela disse que não. A mentira salvou sua vida e condenou Kürten.

Ele mostrou a ela o caminho para fora da floresta e a deixou ir embora. Em vez de ir até a polícia, a garota não disse nada a ninguém. Foi somente quando escreveu uma carta a uma amiga que o incidente veio à luz. O destino interferiu: a carta foi enviada ao endereço errado, e a mulher que a abriu imediatamente percebeu seu provável significado e a entregou à polícia. Logo as autoridades entraram em contato com a garota pedindo-lhe que identificasse a casa de Kürten. Ela se lembrava do nome da rua, pois o vira à luz da lamparina, mas não do número da casa. Ela caminhou pela rua várias vezes antes de escolher uma. Foi somente no topo dos quatro lances de escada que se sentiu certa de que escolhera o lugar correto. Quando lhe mostraram o apartamento de Kürten, ela o reconheceu imediatamente como o local que visitara. Ao sair para o patamar, viu, subindo as escadas, o homem de cabelos claros que a atacara. Ele se assustou e desceu correndo os degraus, afastando-se rapidamente. A senhoria anotou seu nome em um papel: Peter Kürten.

Na mesma noite, Kürten visitou a esposa, que normalmente trabalhava até as 4h30, e lhe disse que teria de sair do apartamento por algum tempo por causa da garota. Era somente um caso de agressão, explicou, mas, com seu histórico, significaria uma sentença de quinze anos. Ele caminhou pelas ruas durante toda a noite de quarta-feira e se escondeu em um quarto alugado até a manhã de sexta-feira, quando se encontrou com a esposa, como combinado. Ela lhe disse que a polícia fizera uma busca no apartamento e que ele não deveria voltar, pois ela não queria que fosse preso em casa. Foi então que ele contou que era procurado pelos outros ataques e a persuadiu a ir até a polícia. No dia seguinte, tiveram seu fatídico encontro em frente à Igreja St. Rochus e ele foi preso.

Sua esposa jamais conseguiu entender o que as outras mulheres viam nele. Ela nunca suspeitou de suas perversões, e Kürten fora obrigado a fantasiar atos de violência sádica para conseguir passar pelos esporádicos atos de intercurso marital. Contudo, ela estava acostumada a suas infidelidades. Logo depois de se casarem, tivera de convencer uma garota a desistir de uma queixa de agressão. Menos de um ano antes, estapeara outra em público quando a vira dar uma rosa a seu marido na rua. (Kürten tocara sua bochecha com a rosa antes de se virar e caminhar para longe. Tinha no bolso uma tesoura, com a qual planejava atacar a garota se houvesse oportunidade.) No mesmo dia, ele quase estrangulou outra mulher e, mais tarde, ela testemunhou que, durante um tempo, as marcas de suas unhas ficaram claramente visíveis em seu pescoço.

As mulheres que se apresentaram e testemunharam contra ele claramente gostavam de ser tratadas com brutalidade. A brutalidade, Kürten lhes dissera, "pertence ao amor". Seu charme e fascínio eram inegáveis. Ele dissera a um colega de trabalho: "Venha comigo até as margens do Reno e eu mostrarei. Em uma tarde de domingo, posso contá-las — dez em cada mão." Às vezes, para demonstrar que a culpa não era sempre sua, ele combinava um encontro com uma garota e levava a esposa consigo, dizendo ser sua irmã, para que ela pudesse ver como as mulheres corriam atrás dele. De vez em quando, suas saídas tendiam a terminar em escândalo, pois a sedução nem sempre era unilateral. Em certa ocasião, ela voltara para casa inesperadamente e o encontrara na cama com uma garota, mas, graciosamente, como sempre, ele se livrara da comprometedora situação com uma explicação que ela, dócil, aceitara.

Seu julgamento teve início no dia 13 de abril de 1931, quase um ano após a prisão. De acordo com os costumes alemães, foi presidido por três juízes. A sala de audiências foi o pátio de treinamento da sede da polícia de Düsseldorf, especialmente convertido para a ocasião, e o banco dos réus era uma peça de madeira apressadamente improvisada semelhante a uma gaiola. Em um cômodo atrás da sala de audiências, estava um verdadeiro museu de provas. Em *The Monster of Düsseldorf: the Life and Trial of Peter Kürten* [O monstro de Düsseldorf: a vida e o julgamento de Peter Kürten], Margaret Seaton Wagner escreveu: "Ali estavam os crânios das vítimas, mostrando os vários ferimentos causados por tesouras ou golpes de martelo, bem como as próprias armas, artigos de vestuário pertencentes a mulheres e crianças mortas e a pá usada para enterrar Maria Hahn."

Ele foi acusado de nove assassinatos e de sete tentativas de assassinato. Não menos que quarenta casos de incêndio criminoso foram omitidos. Houve especulações de que poderia retirar a confissão, como fizera enquanto aguardava julgamento, mas, agora que o refletor estava sobre ele, não hesitou em desempenhar integralmente o papel de monstro.

Entre as mulheres que testemunharam contra ele, havia uma citada como Charlotte U. A contragosto, ela falou da facilidade com que Kürten podia persuadir as mulheres a irem com ele até locais isolados, mesmo durante o auge do terror. Margaret Seaton Wagner citou o testemunho de Kürten:

> Conheci uma garota, tomamos uma cerveja e então fomos para o bosque Grafenberg. Fui capaz de acalmar seus medos do escuro e do assassino; disse que sempre havia casais no bosque. No local chamado Beautiful View, eu a golpeei com o martelo na têmpora direita. Ela caiu com um grito e eu a deixei lá caída após atingi-la várias vezes. O martelo era grande como os que eu usara antes. Vi o sangue escorrendo.

Ela o vira tirar algo do bolso e, ao atingi-la, sentira o sangue escorrendo por seu rosto como água de uma torneira. Fora capaz de salvar sua vida protegendo a cabeça com as mãos. Mais tarde, fizera uma atadura com a anágua e se escondera durante duas semanas, enquanto os ferimentos cicatrizavam. Não ousara ir à polícia. Se o tivesse feito, teria provocado a prisão de Kürten muito antes.

Um ponto interessante revelado durante o julgamento foi que os homicídios nem sempre ocorriam para oferecer satisfação sexual a Kürten. Isso explicou por que várias vezes as vítimas puderam recobrar a consciência e, mesmo depois de serem espancadas e apunhaladas, ele permitira que se levantassem e cambaleassem para longe, enquanto ainda as tinha em vista e podia matá-las com certa segurança. A questão que o tribunal precisou decidir era se agira com premeditação antes ou depois desses ataques. O professor Karl Berg, que o examinou, disse que, com exceção do caso Klein, em 1913, os crimes não eram atos de impulso irresistível. Kürten sempre estava no controle absoluto da situação. Ocasionais lapsos de memória em alguns dos detalhes que mencionou foram atribuídos à excitação sexual. Nem insanidade nem impulsos irresistíveis foram aceitos como defesa para os homicídios.

Alguns dos detalhes que revelou eram bastante horripilantes. Certa vez, quando não conseguira encontrar uma vítima, ele cortara a cabeça de um cisne adormecido e bebera o sangue. Em um sonho, vira-se salvando a cidade do assassino de Düsseldorf, com uma procissão à luz de tochas sendo feita em sua homenagem e ele sendo nomeado comissário de polícia. Margaret Seaton Wagner contou:

> Ele se via gravemente ferido em uma luta contra o derrotado assassino em massa, jazendo em um hospital e com a população invadindo o edifício para honrá-lo. Sua recuperação era dificultada pela multidão. Na época de sua prisão, provavelmente chegara ao climatério de sua vida sexual.

No discurso de abertura da promotoria, revelou-se que 12 mil pistas individuais haviam sido seguidas; duzentas pessoas confessaram e cerca de 250 acusações haviam sido recebidas diariamente pela polícia.

O caso terminou em 23 de abril. O júri deliberou por uma hora e meia e, quando retornou, Kürten recebeu nove sentenças de morte por homicídio. O juiz, fornecendo detalhadas razões para o veredito, destacou que Kürten sempre agira com premeditação. Ele nunca saía de casa sem carregar suas armas, jamais abandonou os ataques e sempre planejara cuidadosamente sua fuga e a ocultação das provas. Durante o julgamento, "criara uma impressão de esperteza, calma e considerável deliberação. Kürten é normal", concluiu.

Houve tal tempestade de controvérsias sobre a execução, que seria a primeira desde 1928, que, durante certo tempo, pareceu que a sentença não seria cumprida. Kürten, enquanto isso, era bombardeado com cartas, a maioria delas anônima, incluindo missivas de amor, poemas e pedidos de autógrafos; recebeu igual número de cartas elaborando as horríveis maneiras pelas quais poderia morrer.

Ele apelou da sentença, mas, em 30 de junho, o Ministério da Justiça prussiano rejeitou a apelação. A informação de que seria executado às 6 horas de 2 de julho vazou para a imprensa.

Kürten só soube da decisão doze horas antes da execução. Recebeu a notícia calmamente e passou o tempo que lhe restava escrevendo para as famílias de treze de suas vítimas, pedindo perdão. Alegou que, desde a prisão, seu sono não fora perturbado por fantasias sadoeróticas. Sua última refeição (a Henkersmahlzeit ou refeição do carrasco) consistiu em bife à milanesa, batatas fritas e vinho branco. Ele gostou tanto que se serviu duas vezes.

Às 6 horas, quando o "sino dos pobres pecadores" começou a tocar, foi levado para o pátio interno da prisão de Klingelputz, em Cologne, onde o executor de Magdeburg o esperava, e caminhou rapidamente até a guilhotina. Suas mãos estavam amarradas atrás das costas e, quando lhe perguntaram se tinha algum último pedido a fazer, respondeu que "não" em voz baixa e firme. Alguns segundos depois, sua cabeça rolou para o saco de lona.

Dissera a seu psiquiatra que seu último desejo seria ter o prazer de ouvir seu próprio sangue pingando sobre o saco.

O Estripador de Yorkshire

O julgamento de Peter Sutcliffe, chamado pela imprensa de Estripador de Yorkshire porque algumas de suas vítimas eram prostitutas e por causa da maneira como mutilou alguns dos corpos, começou no Tribunal Criminal Central, em Old Bailey, Londres, em 29 de abril de 1981. Ele foi acusado de treze homicídios e sete tentativas de homicídio. A promotoria estava preparada para aceitar uma alegação de responsabilidade penal diminuída, uma vez que os psiquiatras chamados haviam sido unânimes no diagnóstico de esquizofrenia paranoide e Sutcliffe provavelmente jamais seria liberado.

Mas o juiz, tendo expressado ansiedade em relação à alegação, ordenou que o caso chegasse ao conhecimento de um júri.

Apresentando o caso da promotoria vários dias depois, o promotor-geral disse que o júri precisava decidir se Sutcliffe era um "assassino esperto e insensível, deliberadamente tentando inventar uma história para evitar a condenação por homicídio". Havia grande diferença entre a história que Sutcliffe contara à polícia e aquela que contara aos médicos.

A defesa de Sutcliffe seria alegar que matara as mulheres como parte da missão divina, confiada pelo próprio Deus, de matar prostitutas. Ele dissera aos médicos, ao ser avaliado, que só cumprira parcialmente sua missão e que poderia voltar a ter o desejo de matar (embora não houvesse evidência externa disso). O que o júri tinha de decidir era se essa história era uma tentativa de enganar os médicos e escapar da mandatória prisão perpétua associada a uma condenação por homicídio ou se realmente sofria de responsabilidade penal diminuída na época dos assassinatos. Se esta última hipótese fosse verdadeira, realmente haveria possibilidade de sentença mais leve e libertação precoce, embora a balança de probabilidades pesasse contra. Na prisão, dissera à esposa Sonia que esperava pegar trinta anos, mas que, se pudesse convencer as pessoas de que estava louco, pegaria somente dez anos em um "asilo de malucos".

O reinado de terror de Sutcliffe no nordeste da Inglaterra durou cinco anos. Mais de 4 milhões de libras foram gastas durante sua perseguição. No entanto, quando finalmente o capturaram, foi como resultado de uma parada aleatória realizada por dois policiais à paisana. Quase foi pego em diversas ocasiões. Certa vez, um homem ouviu os gritos da namorada e correu para ajudá-la. Outra vítima, Maureen Long, que miraculosamente sobrevivera a seu ataque homicida com um martelo, passou por ele no centro de Bradford apenas duas semanas antes de Sutcliffe ser capturado, dando-lhe um grande susto, embora não o reconhecesse. Em três ocasiões, ele voltou para mutilar ou mover os corpos antes de serem descobertos, uma vez oito dias após o homicídio e outra quase um mês depois, sempre correndo o risco de ser apanhado em flagrante. Foi entrevistado nove vezes pela polícia; em uma delas, estava vestindo as botas que usava durante os crimes e o detetive que o interrogava tirou uma fotografia das solas. Quando a caçada se intensificou, seu carro foi repetidamente registrado nas zonas de meretrício de Leeds e Bradford, mas, sempre que era entrevistado, explicava sua presença dizendo que morava e trabalhava na região e estava apenas de passagem.

Indubitavelmente, seu maior golpe de sorte foram três cartas e uma fita cassete enviadas à polícia em 1978–79 por alguém afirmando ser o assassino, parecendo ter conhecimento detalhado dos crimes e se identificando como Jack, o Estripador. Todas as cartas haviam sido enviadas de Sunderland e as margens do papel estavam cortadas nos locais onde o autor poderia ter deixado impressões digitais. A voz na fita tinha um monótono e impassível sotaque *geordie*, da área de Tyneside

Embora subsequentemente se revelassem falsas, elas parecem ter criado comparações diretas com os homicídios de 1888, incluindo a zombeteira sugestão de que o assassino poderia atacar em setembro ou outubro, consciente ou inconscientemente sugerindo que, quase um século depois, criaria um segundo outono de terror. Ele zombou da polícia, como o autor da carta ao dr. Openshaw em 1888, dizendo que a única vez em que os policiais estiveram perto de capturá-lo fora quando o haviam incomodado, alguns meses antes, no distrito de Chapeltown, em Leeds. Por causa da teoria de que as cartas e a fita mostravam similaridades com as cartas enviadas à polícia em 1888, bibliotecas do norte foram averiguadas em busca de leitores que tivessem tomado emprestado livros sobre os homicídios de Whitechapel (disseram-me que uma versão anterior deste livro desapareceu completamente das prateleiras). Mesmo falsas, foram suficientes para enviar a polícia no que foi descrito como uma das maiores caçadas frustradas de todos os tempos. Vinte e quatro horas depois de serem publicadas, a polícia foi inundada com mais de 3 mil telefonemas de pessoas afirmando serem capazes de identificar o assassino. Ninguém jamais o fez. Mas os rastros haviam sido tão eficientemente embaralhados que mesmo pessoas que tinham dúvidas sobre Sutcliffe abandonaram suas suspeitas e o retiraram de suas listas mentais de suspeitos.

Sutcliffe foi descrito por um amigo como quieto e não agressivo. Era parte de uma família de seis membros e deixara a escola aos 15 anos. Os onze empregos que se seguiram incluíram operário, ajudante de pedreiro e dois períodos como coveiro. Nove vezes em dez, contou um ex-colega, ele abria os caixões e despojava os corpos de anéis e outras joias, não raro abrindo forçosamente a boca dos cadáveres para ver se havia dentes de ouro. Era ainda mais macabro vê-lo usar os corpos como bonecos de ventríloquo ou espiar sob as ataduras e dentro das sacolas de restos mortais que às vezes eram depositadas nos caixões de vítimas de acidentes de trânsito. Como auxiliar de necrotério, gostava de lavar os instrumentos de autópsia. Foi durante seu segundo emprego como coveiro que afirmou ter ouvido a voz de Deus falando com ele do alto de uma cruz.

Depois de ser despedido por falta de pontualidade, treinou para ser motorista de cargas pesadas. Pegadas de suas botas de borracha com uma depressão na sola direita, uma pista para a polícia de que o assassino pressionava constantemente algum tipo de pedal, foram encontradas em duas das cenas de crime.

Sutcliffe cortejou sua futura esposa Sonia por sete ou oito anos e, finalmente, eles se casaram em agosto de 1974, quando ele tinha 28 anos, e ela, 24; moraram com os pais dela até comprarem uma casa em Bradford. Não tiveram filhos. O emprego regular de Sonia era como professora substituta, mas, uma noite por semana, ela trabalhava como auxiliar de enfermagem.

Essa era a noite que Sutcliffe costumava escolher para os homicídios.

Dez de seus doze ataques ocorreram nas noites de sexta-feira ou sábado, quando a esposa estava trabalhando. O sr. Ognall, conselheiro da rainha, perguntou ao dr. Milne, um dos psiquiatras chamados a depor, por que Deus só falava com ele nessas noites. "Esquizofrênicos paranoides são extremamente inteligentes", respondeu ele, "muito capazes de premeditação e determinados a não serem descobertos."

"Essa não é a marca registrada da esquizofrenia", foi a devastadora resposta. "É a marca registrada de um criminoso comum."

Uma das explicações de Sutcliffe para seu comportamento é que, em 1969, antes de se casarem, em uma tentativa de se vingar de Sonia, que ele suspeitava estar vendo outro homem, ele saíra com uma prostituta e fora enganado por ela — a mulher ficara com as 10 libras que ele lhe pagara sem cumprir sua parte no "negócio". Significativamente, foi em setembro do mesmo ano, enquanto passava de carro pela zona do meretrício de Bradford, que ele pediu a seu amigo Trevor Birdsall que parasse o carro. Voltou um pouco depois, parecendo agitado, como se tivesse corrido. Disse a Birdsall que seguira uma mulher e a golpeara na cabeça. Então retirou uma meia do bolso e jogou fora o fragmento de tijolo ou a pequena pedra que estivera dentro dela. Ambos foram entrevistados pela polícia, mas a questão foi abandonada, pois a mulher não prestou queixa.

Mais tarde, no mesmo mês, Sutcliffe foi preso e acusado de tentativa de roubo. Estava de posse de um martelo. O que tinha em mente era matar prostitutas.

Birdsall estava com ele de novo seis anos depois, quando atacou brutalmente Olive Smelt, de 51 anos, na Boothtown Road, Halifax, em 15 de agosto de 1975. Sutcliffe novamente parou o carro sob o pretexto de se encontrar com alguém. Pareceu pegar algo ao lado do banco ao sair. Ficou ausente por 20 minutos e se mostrou incomumente silencioso ao voltar. No dia seguinte, Birdsall leu sobre o ataque homicida a Olive Smelt na noite anterior e achou que os dois incidentes poderiam estar ligados. Smelt estava caminhando para casa por uma travessa quando foi atingida na cabeça com um martelo, fraturando o crânio em dois lugares. Não se lembrava de nada até acordar no hospital. Em suas costas, foram encontrados dois cortes, de 10 e 30 centímetros, respectivamente. O atacante fora interrompido por um motorista que chegara ao local com os faróis acesos.

Embora Birdsall tivesse suspeitas, ele nada disse e, quatro anos depois, ao ouvir a fita do Estripador, essas suspeitas desapareceram completamente, para só ressurgirem em 1980, após o último homicídio, quando achou que o Rover vermelho-escuro de Sutcliffe poderia pertencer ao Estripador. Ficou preocupado o bastante para enviar uma nota anônima à polícia antes de, enfim, comparecer pessoalmente.

A polícia então ligou o ataque a Olive Smelt a outro realizado por Sutcliffe no mês anterior, em 4 de julho, contra uma divorciada de 37 anos chamada Anna Rogulsky. Sutcliffe a vira tentar acordar o namorado na casa dele perto do centro de Keighley. Quando não houve resposta, ela tirou um de seus sapatos e quebrou a janela do primeiro andar. Sutcliffe a atacara enquanto ela tentava entrar na casa. Ele já a vira e conversara com ela, mas, quando perguntara se ela "gostava daquilo", fora rejeitado. Rogulsky foi encontrada em uma ruela próxima. Sutcliffe a golpeara três vezes com um martelo e, erguendo suas roupas, retalhara seu estômago com uma faca. Fora interrompido antes de conseguir terminar e tivera de fugir.

Mais tarde, questionado sobre sua compulsão para matar, culpou um acidente de motocicleta no qual, alegadamente, batera contra um poste de telégrafo e ferira a cabeça, dizendo a alguns amigos que ficara inconsciente por várias horas e a outros, durante apenas meia hora. Desde então, disse ele, sofrera vários ataques de depressão mórbida e alucinações. Durante seu julgamento, o promotor-geral comentou com o júri que ele não fizera nenhuma menção a ordens de Deus, mas somente a alucinações e depressão.

Sutcliffe matou Wilma McCann em 30 de outubro de 1975. Um leiteiro encontrou o corpo parcialmente vestido na relva de uma barragem a cerca de 100 metros da casa dela, em Leeds. Sutcliffe a interceptara nas primeiras horas da manhã e oferecera uma carona. Ela estava separada do marido, era sexualmente promíscua, bebia demais e negligenciava a própria casa e os filhos. Sutcliffe lhe deu a impressão de querer sexo. Na verdade, queria matar uma prostituta. Quando ela saiu do carro, ele a golpeou duas vezes com o martelo, um dos golpes sendo tão violento que penetrou toda a extensão do crânio. Ela fez muito barulho após o primeiro golpe e então ele a golpeou novamente. Como isso não a silenciou, ele a esfaqueou quatorze vezes no peito e no abdome e uma vez no pescoço. Nenhuma das facadas teria sido fatal por si só. Foi seu efeito cumulativo que a matou.

Quando lhe perguntaram por que bagunçara as roupas após o homicídio, Sutcliffe explicou: "Quando eles as encontrassem, elas [as prostitutas] pareceriam tão baratas quanto realmente eram."

De acordo com seu marido, Emily Jackson, de 42 anos, possuía um apetite sexual insaciável e já tivera vários casos. Os Jackson estavam em dificuldades financeiras e, assim, cerca de quatro semanas antes de ser assassinada e com a anuência do marido, ela começara a se prostituir. Ele a levava de carro até a área da Chapeltown Road, em Leeds, e ficava no carro enquanto ela trabalhava. Se o cliente não tivesse veículo próprio, ela utilizava a traseira da van. Seu corpo foi encontrado em uma construção em 21 de janeiro de 1976. A cabeça fora golpeada com um martelo e ela morrera de lacerações múltiplas, as das costas tendo sido infligidas com uma chave Phillips. No total, havia 52 ferimentos, divididos em cinco grupos. Em sua coxa e na areia perto do corpo havia pegadas que, finalmente, foram identificadas como pertencendo a um par de botas Wellington na casa de Sutcliffe, em Bradford.

Quatro meses depois, em 9 de maio, ele cometeu um erro ao abordar uma nativa das Índias Ocidentais chamada Marcella Claxton, de 20 anos, na Chapeltown Road. Ela estivera em uma festa e bebera demais. E sugeriu que eles fossem até Soldier's Field, onde ele lhe disse para se despir. Sutcliffe derrubou o martelo ao descer do carro, mas a atacou com uma faca até que seus gritos o forçaram a fugir. Incrivelmente, tropeçou no próprio martelo e conseguiu recuperá-lo enquanto a garota se arrastava até a cabine telefônica e pedia ajuda. No hospital, os ferimentos em sua cabeça exigiram mais de cinquenta pontos. Ela foi capaz de fornecer à polícia uma descrição acurada do agressor e de seu carro, mas, em função da mudança na arma do crime, não foi feita uma conexão imediata com os outros ataques e, mais tarde, ela foi listada apenas como "possível vítima".

Quase um ano se passou antes que Sutcliffe matasse novamente. Quando lhe perguntaram por que demorara tanto, respondeu que fora por causa de seu estado de espírito. "Havia uma batalha em minha cabeça. Minha mente estava em conflito sobre se eu deveria ou não matar pessoas."

Quase como se quisesse apagar a memória do fracasso anterior, Sutcliffe voltou a Soldier's Field e escolheu um local não muito longe de onde tentara matar Marcella Claxton no ano anterior. O corpo de Irene Richardson, de 28 anos, foi encontrado no domingo, 6 de fevereiro de 1977. Ela estava desempregada, era separada e vivia em uma quitinete em Leeds. A causa da morte foram fraturas no crânio — um dos golpes fizera com que o crânio penetrasse quase 2 centímetros no cérebro — e lacerações na garganta e no estômago.

Dez semanas depois, ele voltou a matar. Como nos homicídios de 1888, esse foi o único crime a ocorrer dentro de casa. Patricia Atkinson, de 32 anos, foi vista pela última vez no sábado, 23 de abril de 1977, enquanto, embriagada e cambaleando, tentava voltar para seu apartamento na Oak Avenue, Bradford. Sutcliffe mais tarde comentou: "É óbvio por que a escolhi. Nenhuma mulher decente usaria aquela linguagem, gritando a plenos pulmões." Separada do marido e dos três filhos, ela morava sozinha, tinha condenações por prostituição e provavelmente era alcoólatra. Sutcliffe a atingiu por trás e, depois de matá-la, carregou seu corpo até a cama. Deixou uma pegada no lençol, mais tarde identificada como provavelmente sendo do mesmo tamanho da encontrada na cena do homicídio de Emily Jackson.

Agora os assassinatos ocorriam quase sem intervalos. Jayne Macdonald, de 16 anos, foi assassinada no sábado, 25 de junho de 1977. Era uma garota totalmente respeitável e sua morte foi descrita pelo procurador-geral como "tipicamente trágica". Ela saíra à noite e estava pronta para caminhar de volta para casa. O trajeto atravessava a área perigosa em Chapeltown. Na manhã seguinte, seu corpo foi encontrado por duas crianças pequenas em um parquinho. Ela fora golpeada três vezes com um martelo e esfaqueada vinte vezes.

Duas semanas depois, Sutcliffe atacou Maureen Long, de 42 anos, quando, meio zonza, ela deixava o salão de danças Mecca, em Bradford. Em vez de pegar um táxi, ela aceitou uma carona de Sutcliffe. Na manhã seguinte, por volta das 8h30, duas mulheres ouviram seus pedidos de ajuda, vindos de um terreno baldio perto da casa de seu marido. Ela fora atacada cinco horas antes e sofrera uma fratura no crânio e lacerações nas costas e no abdome. Não somente foi capaz de descrever Sutcliffe, como um vigia vira seu carro se afastando logo após o ataque. Em uma pia de cozinha quebrada, a polícia encontrou parte de uma impressão palmar ensanguentada.

Lentamente, a polícia acumulava detalhes sobre o homem que perseguia — número do sapato, modelo do carro, descrição física e marcas de pneus. Chegou ainda mais perto depois do assassinato de Jean Jordan, de 21 anos. Ela estava desempregada e tinha duas advertências por prostituição. Sua história era perturbadora, disse o procurador-geral, "pois seu desaparecimento não foi relatado e ninguém procurou por ela". Fora vista pela última vez no sábado, 1º de outubro de 1977. Seu corpo só foi encontrado na segunda-feira, 10 de outubro; jazia em um terreno abandonado em Chorley, Manchester — um local frequentado por prostitutas. Em algum momento das 24 horas anteriores, o assassino voltara à cena e despira, mutilara e expusera o corpo. A razão para isso era a bolsa verde da prostituta, que foi encontrada pelo dono do terreno. No interior, uma nota nova de 5 libras que fora dada a Sutcliffe como parte de seu pagamento. Havia uma chance de que pudesse ser rastreada e, frustrado por não conseguir encontrá-la, ele tentara cortar a cabeça da vítima.

Nesse ponto do julgamento, o juiz interveio e perguntou se havia alguma razão particular para ele fazer isso.

— Sim — respondeu Sutcliffe —, porque ela estava associada ao demônio e os dois haviam escondido as 5 libras; eu ia fazer a mesma coisa com a cabeça dela. Estava com muita raiva.

— Você está dizendo que ela e seu colega, o demônio, haviam derrotado você e seu deus.

— Parecia que sim.

A nota estava escondida em um pequeno compartimento na frente da bolsa. Grandes esforços foram feitos para localizá-la. 6 mil pessoas foram entrevistadas pela polícia. Uma delas era Sutcliffe. Como os outros, ele negou ter sido pago com a nota.

Logo antes do Natal, em 14 de dezembro, Sutcliffe atacou Marilyn Moore, de 25 anos. Ela era prostituta havia seis anos e estava trabalhando na Chapeltown quando foi abordada. Eles concordaram em um pagamento de 5 libras e foram de carro até um local isolado a 2,5 km. Sutcliffe sugeriu que fossem para o banco traseiro. Quando ela desceu do carro e tentou abrir a porta traseira, ele se aproximou por trás e desferiu um golpe selvagem, atingindo-a na cabeça. Ela gritou e colocou as mãos na cabeça, em uma tentativa de defesa, enquanto ele a golpeava até que caísse. A última coisa de que ela se lembrava antes de perder a consciência era de tentar agarrar as calças dele. Felizmente, seus gritos foram ouvidos e Sutcliffe foi forçado a fugir. O hospital realizou uma cirurgia para tentar diminuir a pressão em seu cérebro, causada por uma fratura atrás da orelha esquerda. Ela foi capaz de fornecer à polícia uma boa descrição do agressor, incluindo o fato de que usava barba e tinha um bigode voltado para baixo como o do personagem de televisão Jason King.

O ano de 1978 começou com dois novos homicídios, embora isso não tenha sido notado de imediato. O corpo da primeira vítima ficou escondido durante dois meses. Ela foi assassinada em janeiro. Em fevereiro, Sutcliffe matou uma bela mestiça jamaicana de 18 anos chamada Helen Rytka. Ela trabalhava nas ruas em Huddersfield com sua irmã gêmea Rita. Ambas haviam estado sob a tutela do Estado durante a maior parte de suas vidas. Trabalhando juntas, haviam desenvolvido uma rotina de segurança. Clientes só tinham direito a 20 minutos. Se uma delas saísse de carro, a outra anotava o número da placa. Em 3 de fevereiro, elas se desencontraram por 5 minutos: enquanto Rita esperava pela irmã, Sutcliffe a matava no pátio de uma madeireira nas proximidades. Dois dias depois, um cão da polícia encontrou o corpo sob algumas tábuas e telhas de amianto. O cadáver estava despido, exceto pelo suéter e pelo sutiã, puxados acima dos seios, no familiar *modus operandi* do Estripador. Sutcliffe mais tarde confessou que, depois que ela o excitara, ele a persuadira a sair do carro para fazer sexo no banco traseiro. Ele calculara mal e o primeiro golpe do martelo atingira a porta; quando ela perguntara o que fora aquilo, ele respondera "Somente uma pequena amostra disto", golpeando-a novamente. Vendo que dois motoristas de táxi haviam entrado no pátio e estavam conversando perto dali, ele a arrastara pelo cabelo até a outra ponta, deitara-se sobre seu corpo, cobrira sua boca com a mão e dissera que tudo ficaria bem se continuasse em silêncio. Como ela o excitara, ele a estuprou. "Ela não se esforçou muito", foi seu inacreditável comentário. Enquanto ela tentava se levantar, ele a atacara novamente com o martelo antes de matá-la com a faca de cozinha que retirara do carro.

O promotor-geral perguntou a ele:

— Como você conseguia, com seu ódio por prostitutas, espumando de raiva, forçar-se a manter contato sexual com elas?

— Eu não sentia ódio sexual por elas — explicou Sutcliffe.

Ele foi lembrado de que fora provocado e constrangido por prostitutas, até que ocorrera a intervenção de Deus e começara sua missão mortal. Mas, então: — Surpresa, surpresa, você encontrou a bela Helen Rytka e fez sexo com ela. Por quê?

— Eu não fiz sexo. Eu a penetrei, mas não houve ação. Era para persuadi-la de que tudo ficaria bem.

— Deus não disse a você para colocar seu pênis na vagina daquela garota. Você fez uma escolha.

Voltando a janeiro de 1976, o promotor-geral então perguntou por que ele forçara um pedaço de madeira contra a vagina de Emily Jackson, o que levou à sugestão de que esfaqueara suas vítimas nos genitais para obter gratificação sexual. Sutcliffe negou.

No domingo, 26 de março, dois meses após ter sido assassinada, o corpo de Yvonne Pearson, de 22 anos, foi encontrado em um terreno baldio em Bradford. Ela fora vista pela última vez em 21 de janeiro, quando deixara o pub Flying Dutchman para tentar conseguir alguns clientes. Seu desaparecimento foi relatado dois dias depois. O corpo foi encontrado debaixo de uma pilha de escombros, incluindo um sofá virado; o braço direito estava enroscado nas molas, o que mostrou que fora colocado ali após a instalação do *rigor mortis*. Sutcliffe esmigalhara seu crânio com uma marreta e então a arrastara até o sofá, enfiando estofamento em sua garganta para mantê-la quieta.

Ele matou novamente na terça-feira, 16 de maio de 1978, atrás da enfermaria do Manchester Royal. Um homem levando o filho para o setor de emergência ouviu os gritos de Vera Milward enquanto Sutcliffe a golpeava com um martelo. Na manhã seguinte, ela foi encontrada em um complexo atrás do hospital, com as pernas fechadas, completamente vestida e os sapatos sobre o peito. Sofrera uma laceração selvagem no abdome, tão profunda que os intestinos haviam saído de sua cavidade, e então fora virada e esfaqueada nas costas, antes que o assassino arrumasse suas roupas. As marcas de pneus encontradas por perto mostraram que o mesmo carro fora usado no assassinato de Irene Richardson e no ataque a Marilyn Moore em 1977.

As seis últimas vítimas de Sutcliffe têm um significado especial. Nenhuma delas era prostituta; todas eram mulheres respeitáveis. Isso levou a uma mudança no *modus operandi* empregado. Nenhuma delas podia ser abordada nas zonas de meretrício e levada para um local deserto, como ocorrera com as outras vítimas. Como disse o promotor-geral, "Você não pode abordá-las, é difícil levá-las para um local isolado e improvável, se conseguir fazer isso, que seja capaz de levá-las para o banco de trás".

Josephine Whitaker, de 19 anos, secretária de uma construtora, visitara a casa dos avós em Halifax, a quase 2 quilômetros da sua, na quarta-feira, 4 de abril de 1979. Uma das razões para a visita fora mostrar o novo relógio que comprara por catálogo. Por volta das 23h30, ela se despediu e foi embora. Seu caminho para casa a fez atravessar o Savile Park, em uma área residencial bem-iluminada. Um homem passeando com o cachorro viu um homem e uma jovem caminhando lado a lado no parque. Sutcliffe conversava com ela. Logo antes de matá-la, teria dito que "Não se pode confiar em ninguém hoje em dia".

Durante a inquirição, o promotor-geral perguntou:

— O senhor consegue pensar em algo mais horrível e mais cínico para dizer a alguém que está prestes a matar?

— Não.

— Por que o senhor disse isso?

— Porque não podia confiar em mim mesmo.

— O senhor estava tentando convencê-la de que estava segura a seu lado?

— Sim, em certo sentido.

— Deus lhe disse para fazer isso?

— Não.

— Foi iniciativa sua?

— Foi isso que pensei.

Sutcliffe parara e, fingindo problemas de vista, pedira que ela visse as horas no relógio da igreja a fim de mantê-la imóvel enquanto ele se colocava em posição.

— Deus lhe disse para pedir que a pobre garota olhasse para o relógio da igreja?

— Sim.

— Você está nos contando mentiras deliberadas?

— Não.

Sutcliffe a atingiu duas vezes, fraturando seu crânio de orelha a orelha, antes de arrastá-la de volta ao parque. Ele afiara especialmente uma gigantesca chave Phillips antes de sair. Então a apunhalou 25 vezes. Um homem caminhando pelo parque ouviu um ruído, o tipo de ruído que faz seu cabelo ficar em pé.

A mesma arma terrível foi usada para matar Barbara Leach, estudante de 20 anos que vivia em Bradford. No sábado, 1º de setembro de 1979, ela estivera em uma festa em um pub e decidira fazer uma breve caminhada para clarear a cabeça. Vestia calça jeans com a frase "Best rump" ["Melhor traseiro"] bordado no bolso de trás. Seu corpo só foi encontrado na tarde de segunda-feira. Fora espremido no recuo de uma lixeira e coberto com um tapete preso com tijolos. Assim como duas das outras vítimas, sua camisa de renda e o sutiã haviam sido erguidos para expor os seios. Ela fora golpeada com o martelo uma única vez e apunhalada com a chave Phillips oito vezes.

Seu assassinato iniciou uma inédita e milionária campanha de publicidade para inundar o público de informações. Havia exibições móveis, reprodução contínua da fita do Estripador, desafios nos jornais ("O Estripador é um covarde"), 2 milhões de exemplares de um jornal de quatro páginas dedicado unicamente ao assassino, linhas gratuitas de telefone para ouvir a fita e o Projeto R, "Ajude-nos a prender o Estripador". Foram entrevistadas 250 mil pessoas, havia 17 mil suspeitos, 26 mil casas foram visitadas, 175 mil veículos foram averiguados e as recompensas oferecidas totalizaram 30 mil libras.

O Estripador recuou. Passou-se quase um ano antes que matasse novamente, com uma mudança temporária de método.

Ele estava dirigindo por Farsley, um distrito de Pudsey entre Leeds e Bredford, quando viu a srta. Marguerite Walls, de 47 anos, caminhando em sua direção. Funcionária do Departamento de Educação e Ciências local, a srta. Walls estava se preparando para tirar férias e vinha fazendo hora extra. Era tarde, por volta das 22h45 de 20 de agosto de 1980. Sutcliffe já estava enraivecido, dirigindo para Liverpool a fim de matar uma prostituta. A srta. Walls estava no lugar errado na hora errada. Sutcliffe estacionou o carro, correu atrás dela e a golpeou na cabeça. Enquanto o fazia, gritou: "Sua prostituta imunda!" Manchas de sangue foram encontradas na entrada da casa diante da qual foi atacada. Sutcliffe arrastou-a pela entrada da garagem, atravessando o jardim, até um bosque, onde a estrangulou. Ele a despiu, com exceção da meia-calça, e escondeu o corpo sob um monte de grama cortada, onde foi descoberto no dia seguinte, depois que seus sapatos foram encontrados perto da entrada da garagem e, junto às pedras do jardim, sua saia, a sacola de compras e um talão de cheques. Era seu décimo segundo homicídio.

A mudança de método fez com que a polícia descartasse qualquer conexão entre esse e os outros homicídios. Foi somente cinco meses depois, quando Sutcliffe confessou, que se soube que estavam ligados. Mesmo então, ele estava relutante, temendo que a confissão pudesse abrir novas linhas de investigação sobre outros homicídios que não cometera, incluindo um em Preston que já fora erroneamente atribuído a ele.

Quando lhe perguntaram por que havia mudado de método, Sutcliffe respondeu que havia sido por causa do estigma associado a seu nome. E acrescentou que não gostava de estrangulamento, pois a vítima levava muito tempo para morrer. Contudo, não abandonou o método, uma vez que um pedaço de corda foi encontrado em seu bolso ao ser preso.

Menos de um mês se passou antes que agisse novamente. A dra. Uphadya Bandara ganhara uma bolsa de estudos de um ano no Leeds University's Nuffield Centre. Em 24 de setembro de 1980, estava caminhando para casa quando ouviu passos atrás de si e se moveu para o lado a fim de permitir que a pessoa passasse. Quando se deu conta, um homem barbado passara uma corda em seu pescoço e ela lutava para se livrar. Perdeu a consciência. Ao acordar, um policial estava sobre ela. Sutcliffe não tivera tempo de matá-la.

Embora fosse estabelecida uma ligação entre esse ataque e o assassinato de Marguerite Walls, nenhum deles foi visto como obra do Estripador. Nem o seguinte, desta vez na Noite de Guy Fawkes, 5 de novembro, quando agrediu Theresa Sykes, de 16 anos, a somente 30 metros da casa da jovem em Huddersfield. Ela saíra para comprar cigarros e estava voltando para casa quando Sutcliffe atacou. Quando lhe perguntaram por que a escolhera, tudo que pôde dizer foi: "Acho que o que me chamou atenção foi que ela usava uma saia reta com fenda. Ela atravessou a rua na minha frente." Enquanto a garota caía no chão, gritando, Sutcliffe golpeou-a novamente na cabeça. Ela tentou agarrar a arma, mas seus gritos foram ouvidos pelo namorado, que apareceu para socorrê-la. Ele chegou depressa, mas Sutcliffe foi mais rápido. Foi o mais perto que chegou de ser apanhado. Escapou escondendo-se em um jardim até que o namorado fosse embora com a garota ferida.

Ele assassinou sua última vítima, a número 13, em 17 de novembro de 1980. Jacqueline Hill era estagiária do Departamento de Condicional, planejando ser efetivada quando se formasse na Universidade de Leeds. Ela estava voltando para seu dormitório em Headingley, tendo saído de um seminário, quando foi vista por Sutcliffe, que acabara de descer de um ônibus. Eram 21h30. Assim que ele a atacou com o martelo, um carro apareceu. Ele se jogou no chão e, surpreendentemente, não foi visto. Jacqueline Hill ainda estava viva e se movendo quando ele a golpeou novamente, antes de arrastá-la por 45 metros até um terreno baldio, rasgar suas roupas e lacerar seus pulmões com uma chave de fenda.

— Seus olhos estavam abertos e ela parecia estar olhando para mim de modo acusador. Isso me deixou meio abalado, então eu a apunhalei no olho. — (No tribunal, o promotor-geral segurou a chave de fenda de cabo amarelo, dobrada na ponta, e demonstrou como fora colocada sobre o olho e então empurrada para baixo com a palma da mão.) O homicídio coincidiu com a formação de um grupo de experientes policiais retirados de diferentes forças, a fim de trazer novas soluções com o objetivo de enfim capturar o Estripador. Em 1978, houvera um Esquadrão de Assassinato de Prostitutas, formado por doze homens; fora chamado assim para evitar o rótulo da imprensa, "O Estripador", embora tenha sido imediatamente chamado de Esquadrão Estripador. Depois, houve referências a oficiais da Força-Tarefa Estripador. O inadequado e inexato nome Esquadrão de Assassinato de Prostitutas foi uma tentativa de evitar a glorificação do assassino pelo uso de sua mais famosa nomenclatura. As falhas em capturá-lo levaram a críticas cada vez mais intensas. Durante uma entrevista coletiva, perguntou-se aos representantes da polícia de West Yorkshire se eles chamariam a Scotland Yard para ajudar a prender o Estripador. Houve uma pausa, antes que um dos policiais respondesse, de maneira fulminante: "Por que deveríamos? Ainda não pegaram seu próprio Estripador."

Chamar a Scotland Yard teria abalado seriamente o moral, além de trair falta de confiança nos oficiais responsáveis pela investigação. Felizmente, não foi necessário.

Sutcliffe foi preso na sexta-feira, 3 de janeiro de 1981, não por um superesquadrão, mas sim por dois policiais durante uma patrulha normal, que o viram conversando em seu carro com uma prostituta de 24 anos chamada Olive Reivers. Sutcliffe havia concordado com o preço, 10 libras, mas não queria sexo. Queria apenas conversar sobre seus problemas domésticos. Ele disse ter saído de casa por causa das constantes reclamações da esposa. Então a garota o surpreendeu contando que acabara de fazer um programa com um taxista gordo que cheirava mal. Ao ser interpelado, Sutcliffe disse aos oficiais que Reivers era sua namorada, mas a história se desintegrou quando não soube dizer seu nome. Isso fez com que os policiais desconfiassem que as coisas não eram o que pareciam ser. Uma chamada pelo rádio revelou que as placas do Rover eram falsas. Ambos foram presos. Mas Sutcliffe, dizendo que precisava urinar, recebeu permissão para ir para trás de um tanque de óleo, onde se livrou do martelo e da faca. No distrito policial, conseguiu jogar uma segunda faca na caixa acoplada de um vaso sanitário. Todas as três armas foram recuperadas. Em seu bolso, foi encontrado o pedaço de corda que usara na dra. Bandara.

Reivers teria sido sua décima quarta vítima. Revisando as armas que estivera carregando, o promotor-geral disse que "todas as suas bases estavam cobertas".

Após a primeira entrevista policial, passaram-se 24 horas antes que Sutcliffe fosse interrogado novamente. Esse intervalo foi crucial para a investigação, pois, durante esse período, um dos policiais que o prendera voltou até o tanque de óleo e encontrou o martelo e a faca. Já haviam encontrado, no bolso de Sutcliffe, a corda que usara na dra. Bandara. Em sua garagem, descobriram a chave de fenda de cabo amarelo e o arco de serra. Ao ser interrogado pela segunda vez, Sutcliffe foi desafiado pelo detetive--inspetor John Boyle sobre a razão de ter ido para trás do tanque de óleo:

— Acho que você foi até lá por outro motivo.

Quando ele não respondeu, Boyle perguntou:

— Você entende o que estou dizendo? Acho que você está em sérios apuros.

Sutcliffe respondeu: — Acho que você está chegando lá.

— Chegando aonde?

— No Estripador de Yorkshire.

— O que tem ele?

— Bem, sou eu.

Após a confissão, Sutcliffe sentiu necessidade de falar. E desafogou o peito durante uma declaração de quase dezesseis horas. Quando lhe perguntaram se sabia o nome das vítimas, respondeu: "Sim. Estão em meu cérebro, lembrando-me da besta que sou."

Em Armley Gaol, Leeds, Sutcliffe foi entrevistado onze vezes pelo consultor forense Hugo Milne. O dr. Milne foi um dos três psiquiatras chamados durante o julgamento. Embora apresentados pela promotoria, seus depoimentos também foram a base da defesa. Milne começou as entrevistas com a suspeita de que Sutcliffe pudesse tentar fingir insanidade, mas, após a terceira, teve certeza de que ele era doente, extremamente perigoso e fora esquizofrênico paranoico durante os últimos quinze anos. Em seu passado, já havia um modelo de esquizofrenia: sua esposa Sonia, que sofrera das mesmas ilusões de grandeza em 1972. Ela tivera a ilusão de ser o segundo Cristo. Os sintomas de Sutcliffe eram similares. Ela fora tratada e, subsequentemente, foi sugerido que ele poderia ter aprendido a simular doenças mentais. Milne assentiu que Sutcliffe poderia ter obtido algumas "ideias de referência", mas não aprendido o modo de pensar esquizofrênico. Sua habilidade para se distanciar de seus crimes era um dos sintomas da esquizofrenia paranoide. Outros eram os impulsos incontroláveis, a paranoia em relação a prostitutas, o comportamento supercontrolado, as identificações errôneas ("sua confusão, às vezes, em identificar absolutamente e com certeza quais eram suas vítimas — ou seja, as prostitutas"), ilusões religiosas (delírios de grandeza e poderes especiais), controle da mente, discussões em pensamento (entre sua mente e uma voz) e distanciamento psicótico (sua habilidade de se divorciar da enormidade do que fizera). Um esquizofrênico pode estar ocasionalmente em contato com a realidade. Em termos leigos, esquizofrenia é insanidade, mas o dr. Milne era da opinião que "pessoas clinicamente insanas não estão necessariamente fora de contato com a realidade".

No terceiro dia de inquirição, o dr. Milne foi lembrado do depoimento dos oficiais correcionais, segundo os quais Sutcliffe esperava ir para a prisão durante muito tempo, a menos que pudesse convencer os médicos de que era louco. Ao lhe perguntarem o que achava disso, à luz do contexto da afirmação, ele respondeu: "Ou ele é um ator competente, ou eu sou um psiquiatra ineficiente. [...] Talvez eu tenha sido enganado." Apenas três coisas foram apresentadas para confirmar o relato de Sutcliffe sobre sua doença: fotografias do cemitério de Bingley onde ele afirmava ter ouvido a voz (o juiz comentou, durante a exposição final, que isso era como ouvir que alguém atravessara nadando o canal da Mancha e, ao pedir provas, obter como resposta uma fotografia do canal); o depoimento de Sutcliffe; e evidências forenses relacionadas a Yvonne Pearson, uma de suas vítimas de homicídio.

Sutcliffe negou consistentemente ter sentido excitação sexual durante os ataques. O psiquiatra disse que não havia sugestão de que ele sofresse de desvio sexual sádico. Estava convencido de que os homicídios não eram sexuais e de que as facadas não possuíam componentes sexuais. Em uma das onze entrevistas, Sutcliffe relatara como ouvira a voz vinda da sepultura polonesa: "Era uma voz ecoante, vaga e distante [...] e vinha diretamente da pedra." Ele decidira que era uma espécie de mensagem vinda de Deus. Fora encorajado a matar a "escória". Sutcliffe negou ter tentado mutilar suas vítimas. Não havia razão para fazê-lo. Ele as expunha, puxando as roupas acima dos seios ou abaixo da região púbica, para mostrá-las pelo que realmente eram. "A questão é somente matá-las", disse.

Milne não encontrou uma razão definida para o fato de, em várias ocasiões, Sutcliffe ter apunhalado suas vítimas repetidamente no mesmo ferimento. Ele não acreditava que essa ação contivesse qualquer simbolismo sexual significativo. Sutcliffe se perguntara se os homicídios eram parte de um plano de Deus para fazê-lo retornar à fé. Ele fora criado como católico e assistira à missa regularmente na prisão. E acrescentara: "Fiquei surpreso comigo mesmo por ter tão pouco para confessar. Deus divide os assassinatos comigo."

A conclusão de Milne era de que Sutcliffe acreditava ter a missão de matar prostitutas e de que esta orientação partira de Deus, com quem estava em constante comunicação. Sutcliffe estivera mentalmente doente durante os ataques às vinte mulheres e isso diminuía substancialmente sua responsabilidade por eles.

Uma contradição se tornou imediatamente aparente. Sutcliffe agora acreditava que todas as suas vítimas eram prostitutas, o que contradizia uma declaração anterior de que algumas delas não eram.

O promotor-geral analisou as datas das entrevistas com o dr. Milne. Foi somente na sétima, dois meses após a prisão, que Sutcliffe falou de sua missão. A voz vinda da sepultura polonesa só foi mencionada na oitava. Isso suscitou a questão de por que demorara tanto para contar aos médicos essa persuasiva razão para os ataques. O dr. Milne descrevera Sutcliffe como possuindo inteligência superior à normal. Isso seria um requerimento para manter uma mentira; seria muito difícil fazer isso com um QI baixo.

Durante a inquirição, o dr. Milne concordou que, se Sutcliffe soubesse que as últimas seis mulheres que atacara não eram prostitutas, a teoria da missão divina estaria destruída. E explicou ao sr. Ognall, que conduzia a inquirição, que Sutcliffe jamais quisera ser visto como assassino sexual. O sr. Ognall redarguiu que a razão pela qual Sutcliffe não queria ser visto como assassino sexual é que, se o fosse, a missão divina iria pelo ralo. Quanto maior o número de exemplos de molestamento sexual que pudesse apresentar, mais a validade do diagnóstico seria minada. Assim, o sr. Ognall lembrou ao júri certos componentes dos ataques, alguns deles claramente sexuais. Havia o ato sexual de inserir três vezes a chave de fenda na vagina de Josephine Whitaker; esfaquear Jacqueline Hill nos seios; empurrar um pedaço de madeira contra a vagina de Emily Jackson; raspar as nádegas de Olive Smelt com um pedaço de arco de serra; e arranhar com as unhas a entrada da vagina de Marguerite Walls. Embora concordando que havia óbvios componentes sexuais nos ataques, o dr. Milne discordou da declaração de que "Ele não é um missionário de Deus, é um homem que obteve prazer sexual ao matar essas mulheres".

O dr. Terence Kay, consultor forense, concordou com seus colegas que Sutcliffe era esquizofrênico paranoide. Ele não acreditava que Sutcliffe fosse um assassino sádico. Se fosse, um aspecto sexual estaria presente em todos os casos, exceto o primeiro ou os dois primeiros, e teria se intensificado, de modo que, nas últimas mortes, haveria mais mutilações que nas primeiras. Tampouco o uso de um martelo, em função de sua velocidade, sugeria um assassino sádico. Facadas múltiplas poderiam ser explicadas por um assassino sádico, mas a ênfase usual estava na lentidão da morte e na agonia da vítima.

Um terceiro psiquiatra disse que precisara de apenas meia hora para diagnosticar esquizofrenia paranoide.

A devastadora inquirição do sr. Ognall e a decisão do juiz de submeter o caso a julgamento levaram a uma minuciosa investigação dos diagnósticos médicos, que os psiquiatras não esperavam ter de defender publicamente. Mas, como disse o juiz durante sua exposição final, os psiquiatras não estavam em julgamento.

No discurso final da acusação, o promotor-geral disse que o júri precisava decidir se Sutcliffe era "louco ou apenas mau". E lembrou aos jurados que os médicos haviam baseado suas opiniões na declaração de um único homem — Sutcliffe. Seu ódio por prostitutas nada tinha de mensagem de Deus: "É muito conveniente que essa missão tenha surgido."

Na exposição final, o juiz disse que a questão que precisava ser respondida era se Sutcliffe acreditava ter sido orientado ou instruído por Deus a matar prostitutas. "Dito de outra maneira: embora sofrendo alucinações, ele realmente acreditava estar cumprindo a missão divina de matar prostitutas?"

O júri levou menos de seis horas para chegar ao veredito. Por uma maioria de 10 a 2, os jurados decidiram que Peter Sutcliffe era culpado de homicídio. E rejeitaram a teoria da missão divina; em sua opinião, ele era são.

Condenando Sutcliffe à prisão perpétua, o juiz disse esperar que a sentença significasse exatamente isso, mas acrescentou uma recomendação de que servisse um mínimo de trinta anos. Disse também que os psiquiatras eram da opinião de que deveria ser mantido confinado pelo resto da vida. (Estimou-se que, com a inflação corrente, o custo de mantê-lo na prisão durante todo esse tempo chegaria a 3 milhões de libras.)

Quando seu irmão perguntou por que ele cometera os homicídios, Sutcliffe sorriu e respondeu: "Eu estava apenas limpando as ruas, criança. Somente limpando as ruas."

10.

Conclusão

Neste livro, tentei lançar um longo e cuidadoso olhar sobre o que se sabe a respeito de Jack, o Estripador, e clarear algumas das muitas obscuridades que atormentam os pesquisadores. Meu modesto objetivo era retornar ao básico e encorajar outros a fazerem o mesmo, enquanto ainda estamos suficientemente próximos de sua época para acrescentar — com sorte — alguns fatos aos preciosamente poucos que possuímos sobre ele. Ninguém pode impedir que a "lenda" de Jack, o Estripador, finalmente triunfe sobre os fatos. Na verdade, pode-se argumentar que isso já ocorreu. Jack, o Estripador, há mais de cem anos de seus crimes, já é parte herói folclórico, parte mito.

Há, contudo, uma coisa da qual podemos estar certos. Crianças costumavam cantá-la ao pular corda no East End de Londres:

Jack, o Estripador, está morto
E jaz em seu leito.
Ele cortou sua garganta
Com sabão Sunlight.
Jack, o Estripador, está morto.

Bibliografia

BEGG, Paul, FIDO, Martin e SKINNER, Keith. *The Complete Jack the Ripper A to Z* (John Blake Publishing Ltd. 2010).

CORFE, Tom. *The Phoenix Park Murders* (Hodder & Stoughton, 1968).

EVANS, S. P. e RUMBELOW, Donald. *Jack the Ripper: Scotland Yard Investigates* (Sutton Publishing Ltd. 2006).

EVANS, S. P. e SKINNER, Keith. *The Ultimate Jack the Ripper Sourcebook* (Robinson, 2000).

HOUSE, ROBERT. *Jack the Ripper and the Case for Scotland Yard's Prime Suspect* (Wiley, 2011).

ODELL, ROBIN. *Written & Red: The Jack the Ripper Lectures* (Timezone Publishing, 2009).

RULE, FIONA. *The Worst Street in London* (Ian Allan Publishing, 2008).

TROW, M. J. *Jack the Ripper: Quest for a Killer* (Wharncliffe True Crime, 2009).

______. *Ripper Hunter: Abberline and the Whitechapel Murders* (Wharncliffe True Crime, 2012).

Whitechapel Society. *Jack the Ripper: The Suspects* (History Press, 2011).

Índice

Abberline, Frederick, xi, 37, 47, 65–6, 75, 93, 105, 146–7, 160, 179–82, 192, 196, 199, 208, 227, 265
Aberconway, Lady, 136, 138
Aberrations of Sexual Life, 196
Adam, H. L., 193, 195, 199
Albermann, Gertrude, 326
Anderson, Isabella Fraser, 142
Anderson, Sir Robert, 63–4, 75, 90, 124–6, 132, 178–9, 181–2, 227, 236, 275
Andrews, Walter — distintivo 272, 131
Angels of Sorrow, 294
"Aranha Vermelha de Katowice", 301
Archer, Fred, 224
Archer, Rodney, 296
Arnold, superintendente, 60–1, 89, 91
Ato de Habitação para os Artesãos, 9
Atkinson, Patricia, 340

Bachert, Albert, 162–3
Baderski, Lucy, 192–3
Bandara, dra. Uphadya, 347, 349
Barnardo, dr. Thomas, 70–1
Barnes, Peter, 284
Barnett, Joseph, 88–9, 93–4, 98, 102–3, 262–5
Barnett, sra. Samuel, 2, 79
Barnett, reverendo Samuel, 2, 8, 10, 14, 43, 44–5, 300
Barrett, Anne, 253
Barret, Michael, 252–4
Barthelemy, Helen, 310–1
Baxter, Wynne, E., 50–1, 69, 97
Beck, inspetor, 89
Bell, Donald, 209
Bell, dr. Joseph, 291
Bell, Quentin, 217
Belloselski, príncipe, 204–5
Berg, Alban, 287
Berg, professor Karl, 331
Best, 125, 250
Best, J., 75
Beiling, reverendo R. C., 4
Birdall, Trevor, 337–8
Bitter Cry of Outcast London, The, 4
Blackwell, dr., 72
Bloch, Robert, 287–8
Bond, dr. Thomas, 133–4, 147–50, 255–6

Booth, Charles, 5–7
Borowitz, Al, 299
Bowyer, Thomas, 989
Boyle, detetive-inspetor John, 349–50
Brewer, J. F., 285
Brooks, dr., 143
bordéis na Londres vitoriana, 12
Brough, Edwin, 80
Brown, dr. Frederick Gordon, 56, 84–6, 124, 128, 275
Brown, Carrie, 196
Brown, James, 76
Bubble Theatre Co., 281–3
Budlick, Maria, 328–9
Bulling, Tom, 125, 250
Burke, Thomas, 175–6
Butler, Arthur, 278–80
By Flower and Dean Street, 299
Byrnes, inspetor, 268

Caine, Michael, 297
Callaghan, E., 156–7
Cameron, professor, 169–73
Campbell, Eddie, 284
Camps, professor, 129, 160–70
Carlsdotter, Beata, 69
Carey, James, 176
Carroll, Lewis, 151
Casebook on Jack the Ripper, A, 237
Cavendish, lorde Frederick, 175–6
Chandler, inspetor Joseph, 36–7
Chaplin, Patrice, 299
Chapman, Annie, 87, 120, 132, 165, 167, 263, 280
  marido, 39
  inquérito, 39–43, 45, 47–51
  últimos dias, 39–41
  motivo para o assassinato de, 50–1
  assassinato de, 35, 42, 64
  mutilação do corpo, 36, 50, 128
  matéria no *Times*, 38, 43–4, 51, 167–8
Chapman, Annie (*amante de Klosowski*), 193
Chapman, George (Severin Antionovich Klosowski), 191–8
  julgamento de, 193, 195
Chase, Richard, 301
Chikatilo, Andrei, 301
Chisholm, inspetor-chefe, 143
Chronicles of Crime, 198
Churchill, lorde Randolph, 151
Churchill, Robert, 175
City of Cork, 96
City of Oporto, 96
Clarence, 214
Clarence, duque de, 147, 180, 211–7
Claxton, Marcella, 330–40
Coke, Desmond, 286
Coles, Frances, 15–17, 140, 146, 219
Colicutt, 142
Collins, Terence, 304
Conway, Kate, *ver* Eddowes, Catherine
Cook, Elizabeth, 235
Cooper, Liza, 40, 43
Corman, Thomas, 72
Cornwell, Patricial, 248–52
Cox, sra., 88, 105
Crawford, sr., 85–6
Cream, Daniel, 210
Cream, Jessie, 210
Cream, dr. Neill, 209–11
Cream, William, 210
Cricketer, The, 165
Crimes, Detection and Death of Jack the Ripper, The, 182
Crook, Alice Margaret, 227–43
Crook, Annie Elizabeth, 226–43

ÍNDICE

Crook, Sarah Ann, 228–43
Crook, William, 228–9
Cross, Charles, 24–5
Cullen, Tom, 136–8, 166, 174
Cutbush, Thomas, 142–6

Davidson, Thomas, 210
Davis, 98
Davis, Derek, 209
Davis, John, 34–6
"Deacon, Richard", 198
Deeming, Frederick Bailey, 269–70
Devereux, Tony, 253
Delhaye, 207
Depp, Johnny, 297
Dew, Walter, 67–8
Dibdin, Michael, 292
Dickens, Charles, 126
Diemschutz, Louis, 53
Dimmock, Emily, 250
Donner, Gerald Melville, 137–8
Donovan, Timothy, 41, 46
Dorrier, Elizabeth, 325
Dors, Diana, 287
Doyle, Sir Arthur Conan, 289–91
médico e o monstro, O, 115, 248
Druitt, Anne, 157
Druitt, Lionel, 157, 165–6
Druitt, Montague John, 129, 157–9
  nascimento, 157
  carreira, 157–9
  morte, 158
  educação, 158–9
  evidências contra, 160, 173–4
  nos documentos Macnaghten, 138, 144, 160–2
  suspeito de ser Jack, o Estripador, 144–6
Druitt, Robert, 157
Druitt, William, 157
Druitt, William Jr., 159, 164
Du Rose, John, 312–14
"Estripador de Düsseldorf", *ver* Kürten, Peter
Dutton, dr. Thomas, 126–7, 198, 206–9, 223

Earth Spirit, The, 287
East End
  bordéis, 12–13
  casas de cômodos, 12, 14–15, 88
  condições na era vitoriana, 1–23
  habitação, 4–5, 12, 14–15
  renda, 5–11, 15
  condições de vida, 3–5, 8, 13
  pobres e muito pobres, 5–6
  população, 2, 5
  desenvolvimento imobiliário, 9–11, 44–5
  prostitutas, 11–13, 88
  padrão de vida, 4–5, 10–11
  abrigos, 11, 18–19
East London Observer, 37
Edalji, George, 291
Eddowes, Catherine, 20, 168, 219, 263, 267
  arquivo sobre, 140–1
  inquérito, 82–5, 128
  "Kate Kelly", 58
  últimos dias, 57–9
  assassinato, 54–7
  mutilação do corpo, 55–7, 123, 128
Ellison, Harlan, 299
Ericsson, Gustaff, 69
"Estripador de Yorkshire, O", *ver* Sutcliffe, Peter
Evans, Stewart, 125, 265, 267, 292

Farmer, Amelia (Annie), 39–41, 219–21
Farson, Dan, 136–8, 165

Feigenbaum, Carl, 151
Fido, Martin, 182
Figg, Elizabeth, 308
Fitzgerald, Annie, *ver* Stride, Elizabeth
Fleming, Joseph, 98
Fleming, Mary, 311
Forbes Winslow, dr. L., 151–7
Force and Hypocrisy, 296
Fraser, coronel Sir James, 54, 79, 112
"Frères Knap, Les", 93
Do inferno, 284, 297
Fuller, Jean Overton, 248

Gainey, Paul, 267, 292
Gardner, John, 75, 293
Gaslight, 298
Jorge, Christopher, 294
Jorge III, rei, 236
Ghost Detectives, 224
Godley, inspetor-chefe, 185, 196, 199
Gorman, sra. Alice, *ver* Crook, Alice Margaret
Gorman, Joseph, *ver* Sickert, Joseph
Gorman, William, 234
Grapel, dr., 195
Great Victorian Mistery, The, 284
Green, sra., 33
Greenwood (Greenaud), sra., *ver* Crook, Annie Elizabeth
Gribble, Leonard, 190
Griffiths, major Arthur, 162, 176
Gross, Emma, 324
Gull, Sir William, 211–14, 217, 2223–6, 236–7, 243
Gustafsdotter, Elisabeth, *ver* Stride, Elizabeth

Hahn, Maria, 326
Hale, inspetor, 143
Halse, Daniel, 60–2
Hamsun, Knut, *ver* Pedersen, Knud
Hardy, Anthony, 301
Harlot's Curse, The, 295–6
Harris, Melvin, 258
Harrison, Michael, 214, 216–23
Harrison, Shirley, 253–5
Harvey, sra. Maria, 88, 95, 99, 103–4, 277
Headlong, 297
Heerstrasse, Christine, 327
Hejn, Ivan, 295
Henderson, coronel Sir Edmund, 21
Henriques, dr., 188
Heron, sr., 1139–40
Hill, Jacqueline, 348, 353
Hill, Octavia, 10
Hinton, James, 235
History of the Russian Secret Service, A, 198
Hitchcock, Alfred, 289–90
Hopkins, Thomas, 304
Horne, Charles, 235
How the Poor Live, 20
Howard, dr. Benjamin, 237–8
Hull, R., 272–3
Hunt the Ripper, 295
Hutchinson, George, 100–104

I Spy Blue, 174
Investigation of Murder, The, 170
Ireland, William, 254
Ironmonger, Sue, 255

Jack, o Estripador
  arquivos do caso, 139, 142–6, 148–50
  personalidade, 129–30
  Jack, o Estripador (livro), 297
  Jack, o Estripador (filme), 165
  Jack, o Estripador (musical), 294
  Jack, o Estripador (originalmente *The Lodger*), 294
  Jack the Ripper in Fact and Fiction, 270

Jack the Ripper Show, The, 281
"Jack the Ripper: The Final Solution", 209
Jack the Ripper: The Final Solution, 223
literatura (ficção) sobre, 283–99
homicídios de (*ver também* nomes individuais e Coles, Smith e Tabram)
Chapman, Annie, 33–42, 143, 167–8
Eddowes, Catherine, 54–60, 82–6, 143, 180
Kelly, Mary, 88–93, 144
cartas do público, 106–9, 249
McKenzie, Alice, 132–4, 153
motivos para, 29–30, 66–7, 258, 263–5, 275
Nichols, Polly, 24–30, 48, 143
fotografias dos, 93, 126–7, 141, 255
investigação policial, 36, 44–5, 79–82
repercussões dos, 301–7
como crimes sexuais, 129, 150
Stride, Elizabeth, 52–4
teorias sobre os, 29, 33, 129–30, 143–4, 150
armas, 27, 41, 72, 84–5, 149
petição à rainha Vitória pela captura de, 79–80
poemas, 106, 126–7, 269–70, 276, 356
histeria pública sobre, 67–8, 79, 95
suspeitos, 136–280
Barnett, Joseph, 262–5
Chapman, George, 191–8, 207–8
Clarence, duque de, 211–47
Cream, dr. Neill, 209–11
Deeming, F. B., 269–70
Druitt, M. J., 157–79, 215
Gull, Sir William, 223–6
Jill, a Estripadora, 276–80
Kosminski, 179–85
"inquilino, O", 151–7
Maybrick, James, 252–6
Ostrog, Michael, 145, 261–2
Pedachenko, dr., 198–209
Sickert, Walter, 163–4, 227–7, 232, 234–43, 247–52
"açougueiro, O", 270–6
Stanley. dr., 186–91
Stephen, J. K., 216–22
Stephenson, Robert Donston, 257–60
Tumblety, dr. Francis J., 259–60, 292–3
Jack, o Stripper, 308–15
Jack Pés de Mola, 125, 284
Jackson, Emily, 339–40, 343, 353
Jill, a Estripadora, 276–80
Johnson, Florence Grace, 142
Jones, Powell, 296
Jordan, Jean, 341

Kaminsky, Nathan, 183–4
Kay, dr. Terence, 353
Kelly, Alexander, 283
Kelly, John, 58
Kelly, Kate, *ver* Eddowes, Catherine
Kelly, Mary, 225, 227, 262–5, 277–8, 286
histórico, 88, 98, 100
arquivo sobre, 139–40
inquérito, 96–100
últimas horas, 88–9, 95, 100–102
motivo para o assassinato de, 187–9, 262–5
assassinato, 89–91, 99, 104
mutilação do corpo, 89, 93
e os Stanley, 186–91
Keyler, sra., 99, 103
Kidney, Michael, 70, 78–9
Klein, Christine, 320–1
Klosowski, Severin Antoniovich, *ver* Chapman, George
Knight, Stephen, 62, 226–43

Knights of the Bushido, 303
Kosminski, Aaron, 144–5, 179–85
Kosminski, Wolf, 183
Krafft-Ebing, 196
Kubrick, Stanley, 284
Kuhn, Frau, 322–3
Kürten, Peter, 129, 221–2, 315–33
  histórico, 317
  confissão, 315–16
  morte, 333
  homicídios cometidos por, 316–7
  julgamento, 330–3

The Lancet, 12, 41
Langham, S. F., 82
Landis, Geoffrey A., 292
Last Sherlock Holmes Story, The, 292
Lawende, Joseph, 105, 184–5
Le Queux, William, 199–209
Leach, Barbara, 345–6
Lees, R. J., 224–6
Leeson, ex-detetive-sargento, 191–2
Levisohn, Wolff, 207–8
Levitski, 203
Lewis, Sara, 95, 99
Liebich, Imanuel, 123
Life and Labour of the People in London, 5–7
Lighter Side of My Official Life, The, 124, 181, 275
Lilly, Marjoril, 234, 238–9
Littlechild, inspetor-chefe John George, 125, 265–8
Llewellyn, dr., 25–7
Lockwood, Irene, 309–10
"inquilino, O", 151–7
Loftus, Philip, 137–8
London, Jack, 8–9, 11–12, 18–19
Long, policial Alfred — distintivo 254A, 59, 61–2, 139
Long, Maureen, 334, 345
Lost London, 191–2
Lowndes, sra. Belloc, 151, 289–90
Lucie, Doug, 296
Lulu, 286–7
Lusk, George, 79, 121
Lynch, Walter, 308
Lyons, srta., 38

McCann, Wilma, 338–9
McCarthy, sargento-detetive, 66, 143
McCarthy, John, 87, 89, 98, 102–3
McCarthy, sra., 102
McCormack, John, 132
McCormick, Donald, 126, 162, 164–5, 188, 198–209, 223
Macdonald, Jayne, 340–1
McDonald, dr. Roderick, 95–7
McGowan, Margaret, 311
McKenzie, Alice, 132, 153
  assassinato de, 132–5, 146
  mutilação do corpo, 133–4
Macleod, C. M., 129–30
Macnaghten, Sir Melville, 75, 125–6, 138–8, 169, 182–3, 185
  principais suspeitos, 142–6, 160–1, 164, 182, 185
  notas, 136–8, 160
McWilliam, sr., 60, 62, 83
Maitland (Macklin), *ver* Crook, Annie Elizabeth
Mancini, Tony, 244–5
Mann, Robert, 151
Mann, Thomas J., 222–3
Mansfield, Richard, 115
Marjoribanks, Edward, 211
Marsh, George, 259
Marsh, Maud, 195

Marshall, Ian, 294
Marshall, William, 75–6
Marshall Hall, Sir Edward, 211
Life of, 211
Matters, Leonard, 186–9
Matthews, Henry, 62–4, 79, 90
Maxwell, sra., 99–100
Maybrick, Florence, 253
Maybrick, James, 252–6, 297
Mearns, Andrew, 4
Meikle, Denis, 283
Meurer, Frau, 326
Miles, George Francis, 131
Milne, dr. Hugo, 336, 350–3
Milward, Vera, 344
Monro, James, 62–3, 90
Monster of Düsseldorf, the Life and Trial of Peter Kürten, The, 330
Montagu, Samuel, 46
Montgomery, Doreen, 252
Moody, Frogg, 294
Moore, Alan, 284
Moore, Charles, 125
Moore, inspetor, 66
Moore, Marilyn, 342, 344
Morganstone, 98
Morrison, Arthur, 1
Assassinato por decreto, 296–7
Homicídios de Jack, o Estripador, *ver* Jack, o Estripador — homicídios de
assassinatos da rua Morgue, Os, 109
Mycroft Memorandum, The, 293
Mysteries of Police and Crime, 162, 176
Mystery of Jack the Ripper, The, 186

Nairn, inspetor, 66
Neate, Alan, 228
Neil, policial John — distintivo 97J, 25
Netley, John, 226, 231, 237, 296
Nichols, Polly (Mary Anne), 24–31, 33, 165, 169, 278–9
motivo para o assassinato de, 29
assassinato, 25, 46, 49
mutilação do corpo, 25–7
Nichols, William, 28–9
Nickley, *ver* Netley, John
Nideroest, 200–204
Nilsen, Dennis, 302
Night of the Ripper, 287
Night Stalker, 284
Noble Essences, 163, 239
Novello, Ivor, 289–90

O'Hara, Bridie, 312–13
Ochrana, The, 204
Odell, Robin, 188, 270–6
Ognall, sr., conselheiro da Rainha, 336, 352–3
Ohliger, Rose, 323
"Old Shakespeare", 196
Olsson, Sven, 69
Openshaw, dr., 123–4, 335
Ostrog, Michael, 145, 261–2

Packer, Matthew, 73, 75–6
Paley, Bruce, 262–5
Pall Mall Gazette, 98, 179–80, 258
Patejdl, Vaclav, 295
Paul, Adolf, 286
Paul, Robert, 25
Paumier, sra., 96
Pearce, sargento-detetive, 66
Pearson, Yvonne, 344, 351
Pedachenko, dr. Alexander, 198–209
Pender, Vicki, 309–10
People of the Abyss, The, 8–9, 18

People's Journal, 176
Phillips, dr. George Bagster
sobre Chapman, Annie, 37–9, 48–9, 128, 170
sobre Coles, Frances, 134
sobre Eddowes, Catherine, 60
sobre Kelly, Mary, 90, 94, 97, 100
sobre McKenzie, Alice, 132–4
sobre Stride, Elizabeth, 72, 78
Piggott, William, 47
assassinato da Pinchin Street, 134–5, 145–6
Pizer, John ("Avental de Couro"), 34, 38, 46–7, 49
Poe, Edgar Allan, 109
Pollard, Hugh, 175–6
Pope-Hennessy, James, 212
Prater, sra. Elizabeth, 89, 95, 99
Problems of a Great City, The, 20
prostitutas na Londres vitoriana, 11–13
Prostitution and Society, 188
"Prowler in the City at the Edge of the World, The", 299
Punch, 106
Purkiss, sra., 33

Queen, Ellery, 288, 291

Rasputin, 199, 204–5
Recollection of Forty Years, 152
Rees, Gwynneth, 308
Reflector, The, 218
Reid, sargento-detetive, 66
Reivers, Olive, 349
Renton, Mary, *ver* Spink, Mary
Reuter, Ida, 325
Reveille, 151
Revenge of Moriarty, The, 293
Reward of Cruelty, The, 294
Richardson, Irene, 340, 344
Richardson, John, 48–9
Ridgway, Gary, 301
Rifkin, Joel, 301
Ripper (peça), 293
Ripper (poemas), 294
Ripper Street (BBC), 298
Ritual in the Dark, 213
Roberts, Barrie, 293
Robins, Anna Gruetzner, 123
Robinson, policial — distintivo, 931, 58
Rogers, Kay, 299
Roots, inspetor, 260
Rogulsky, Anna, 338
Rosenwater, Irving, 165
Classe governante, 284
Russell de Liverpool, lorde, 303
Rytka, Helen, 342–3
Rytka, Rita, 342
Ryzuk, Mary, 294
Ryzuk, Regan, 294

Sadler, James Thomas, 15–17, 146
Salisbury, lorde, 13–14, 227, 236, 239, 247
Sanders, John, 160
Saunders, dr. Sedgwick, 84, 124
Scheer, Rudolf, 323
Schulte, 325
Schwarz, Israel, 73–4
Scourge of the Swastika, 303
Secret Societies of Ireland, The, 175
Sequeira, dr. G., 56, 84, 271
Sharp, David, 283
Shaw, George Bernard, 23, 108–9, 249
Shepherd, C. W., 204–5
Sherlock Holmes and the Royal Flush, 293

Sherlock Holmes versus Jack the Ripper, 288, 291
Sherwood, John, 305
Shipman, Harold, 301
Sickert, Joseph, 226, 232, 243, 248
Sickert, Walter, 163–4, 226–7, 232, 234–43, 247–52
Siffey, Annie, *ver* Chapman, Annie
Silver, John, 151
Sims, George, 20, 265, 268
Sitbon, Erik, 294
Sitwell, Osbert, 163, 239, 251
Smelt, Olive, 337, 353
Smith, Emma Elizabeth, 30–2, 66, 219
Smith, Sir Henry, 54–5, 57, 61, 123, 168, 209, 275
Smith, Robert, 254
Smith, policial William — distintivo 452H, 76
Spiering, Frank, 243–5
Spink, Mary, 193–5
Squibby, 67–8
Stanley, dr., 186–91
Stanley, Herbert, 187
  e Mary Kelly, 187–9
Stead, W. T., 258–60
Stephen, Sir James Fitzjames, 216
Stephen, James Kenneth, 129, 216–22
  personalidade, 216–8
  poemas, 218–9
  como suspeito de ser Jack, o Estripador, 219–22
Stephenson, Robert Donston, 257–60
Stewart, William, 276–80
Stowell, dr. Thomas, 211, 224–6
Strausberg, Hans, 324
Stride, Elizabeth (Annie Fitzgerald), xi, 52–4, 76, 120, 134, 219, 280
  histórico, 68–71
  inquérito, 69, 72–6
  assassinato, 53–4, 74–5
  mutilação do corpo, 53, 72
Stride, John Thomas, 70
Stroud, Dorothy, 174–5
Strover, Anthony, 305
Sung-min, Lee, 295
Sutcliffe, Peter, 302, 333–54
  histórico, 335–6
  homicídios e julgamento, 333–54
Sutcliffe, Sonia, 336–7, 350
Sutton, dr. Henry, 124
Swanson, inspetor-chefe Donald Sutherland, 65, 75, 155–7, 181–5
Sykes, Theresa, 347–8

Tabram, Martha, 33, 146, 154, 165, 189, 190–1, 279–80
Tailford, Hannah, 308–9
Tales of Mean Streets, 1
Taylor, Bessie, 194–5
Taylor, dr. J. O., 166
Thicke, sargento-detetive, 46, 49, 66
Things I Know about Kings, Celebrities and Crooks, 199, 206, 208
Thomson, Sir Basil, 199
Thyne, dr. Thomas, 165–6
Times, The, 44, 57, 71, 80, 128, 152, 167–8, 219–21
Time, Robert, 297
Trial of George Chapman, 193
Trollope, Anthony, 238
Trow, M. J., 293
True Detective, 190
Tumblety, dr. Francis J., 254–9, 292–3
Turgoose, dr., 254–5

Uneasy Lies the Head, 297
Uppskäraren (O Estripador), 286

Vacher, Joseph (o "Estripador francês"), 251, 306–7
Vallon, A., 239
Vassilyev, A. T., 204
Verne, Jules, 93
Vitória, rainha, 79, 95, 118, 224, 227

WADE Journal, 222
Wagner, Margaret Seaton, 330–2
Walker, Dale L., 245–6
Walker, Edward, 28
Walls, Marguerite, 346–7, 353
Walkowitz, Judith, 251
Walsh, Ray, 293
Warren, Sir Charles, 21–3, 54, 60–68, 79–82, 106, 127, 141, 209, 227, 275
Warren, N. P., 176
Watkins, policial — distintivo 881, 82–3, 177
Wedekind, Frank, 286–7
Wells, H. G., 283
Wentworth Bell Smith, G., 156
Whitaker, Josephine, 344–5, 353
White, Arnold, 20
White, "Steve", 176–9
Whitechapel (ITV), 298
Whittington-Egan, Richard, 237
Wilde, Oscar, 150, 227, 288
Williams, Emlyn, 297
Williams, Sir John, 151
Wilson, Colin, 213
Winberg, 200, 203
Winslow, dr. L. Forbes, 151–7
Wolseley, Lord, 212–13
Wood, Robert, 250
Wood, Simon, 227
Woolf, Virginia, 216–7
Yours Truly, Jack the Ripper, 294

Zverieff, Nicholas, 200

Este livro foi composto na tipografia Adobe
Garamond Pro, em corpo 11,5/16, e impresso
em papel off-white no Sistema Cameron
da Divisão Gráfica da Distribuidora Record.